Hans-Jürgen Schulke (Hrsg.)

Sport, Wissenschaft und Politik in der BRD

Sport Arbeit Gesellschaft

Herausgegeben von
Sven Güldenpfennig, Hans-Jürgen Schulke und Peter Weinberg

1 Sven Güldenpfennig
Grenzen bürgerlicher Sportpädagogik I
Zum Gesellschaftsbegriff in Didaktik der Leibeserziehung und Sportcurriculum

2 Andrzej Wohl
Die gesellschaftlich-historischen Grundlagen des bürgerlichen Sports

3 Helmut Wagner
Sport und Arbeitersport

4 Sven Güldenpfennig, Walter Volpert, Peter Weinberg (Hrsg.)
Sensumotorisches Lernen und Sport als Reproduktion der Arbeitskraft

5 Walter Volpert
Handlungsstrukturanalyse als Beitrag zur Qualifikationsforschung

Band 6

Sport, Wissenschaft und Politik in der BRD

Herausgegeben von
Hans-Jürgen Schulke
mit Beiträgen von
Sven Güldenpfennig
Ilse Modelmoog
Joachim Neu
Hans-Gerhard Sack
Hans-Jürgen Schulke
Peter Weinberg
Christian Wopp

Pahl-Rugenstein

Gesamtherstellung: Eric Freudenhammer, Bornheim-Sechtem.
ISBN 3-7609-0197-2

INHALT

HANS-JÜRGEN SCHULKE

Sportwissenschaft zwischen Ideologiekritik und politischer Ökonomie

Einleitende Anmerkungen zur Kontinuität und Qualität sportwissenschaftlicher Theoriebildung in der BRD

Rechtstendenzen in der BRD und Formierungsprozesse in Sport und Sportwissenschaft

Der Titel des hier vorgelegten Bandes – „Sport, Wissenschaft und Politik in der BRD" – kündigt an, daß an dieser Stelle und zu diesem Zeitpunkt eine Auseinandersetzung mit dem Gesamtzusammenhang gesellschaftlicher, politischer und sportlicher Entwicklungen sowie deren wissenschaftlichen Erklärungsversuchen erfolgt. Dieser Band widmet sich demzufolge keinem speziellen oder isolierten sportwissenschaftlichen Detailproblem. Daß davon abgesehen wird, hängt mit der allgemeinen politischen Situation in der BRD zusammen. Diese ist gegenwärtig gekennzeichnet durch massive Versuche reformfeindlicher Kreise, die tiefgreifende ökonomische und gesellschaftliche Krise des Kapitalismus in eine Rechtsentwicklung zu transformieren. Dieser Versuch findet seinen Ausdruck in den Bemühungen, demokratische Grundrechte abzubauen und Machtpositionen zu etablieren, die sich der Kontrolle der Bevölkerung entziehen[1]. Das gelingt diesen Kreisen vielfach, weil die fortschrittlichen Kräfte in der BRD und ihre Organisationen nicht immer geschlossen und offensiv für ihre Ziele eintreten. Zudem ist es anarchistischen Kräften gelungen, bei Teilen der Bevölkerung von den tatsächlichen Hintergründen der gegenwärtigen Krise und ihren Urhebern abzulenken. Die Folge dieser Rechtsentwicklung ist Unsicherheit und Resignation bei vielen demokratischen Kräften, die sich in der Vergangenheit aktiv und konsequent für Reformen eingesetzt haben.

Entsprechende Erscheinungen sind im Sport und in der Sportwissenschaft zu verzeichnen. Auch in diesem Bereich schlägt sich die Krise der kapitalistischen Gesellschaft auf vielfältige Weise nieder, auch hier formieren sich zunehmend konservative und reaktionäre Kreise und auch im Sport wie in der Sportwissenschaft gibt es Anzeichen für resignative Tendenzen und Verunsicherungen bei solchen Kräften, die sich bislang nachdrücklich und

1 Vgl. P. Neuhöffer: Die Rechtsgefahr und die Notwendigkeit einer demokratischen Offensive, in: (Z) Blätter für deutsche und internationale Politik, 12/1974.

unter Berufung auf die demokratischen Traditionen der Sportbewegung für Reformen eingesetzt hatten[2]. In dieser Situation ist es eine wesentliche Aufgabe des vorliegenden Bandes, in die aktuelle politische Auseinandersetzung einzutreten und Position zu beziehen. Er versucht damit, dem Selbstverständnis einer Schriftenreihe gerecht zu werden, welches in dem programmatischen Titel „Sport - Arbeit - Gesellschaft" zum Ausdruck kommt.

Dieser Band weiß sich auch auf einer weiteren Ebene der Programmatik der Schriftenreihe verpflichtet. Die Schriftenreihe will den Anspruch erfüllen, wissenschaftliche Analysen zu wichtigen Problemen des Sports und zu anderen gesellschaftlichen Bereichen zu liefern. Wissenschaftliche Ergebnisse werden unter diesem Selbstverständnis nicht um ihrer selbst willen veröffentlicht, sondern nach dem Kriterium, inwieweit sie reale gesellschaftliche Verhältnisse und Zusammenhänge theoretisch adäquat widerspiegeln und menschliches Handeln anleiten können. Deshalb stellt sich die Schriftenreihe auch unter dem Anspruch der Wissenschaftlichkeit den aktuellen und zeitgeschichtlichen Entwicklungen, und zwar um so mehr, je dringlicher dies angesichts realer gesellschaftlicher Entwicklungen erscheint.

Der Interessengrad einer solchen Bestimmung von wissenschaftlicher Erkenntnis und praktischer Relevanz kann mit der folgenden Aussage von HAUG gegriffen werden: „Wenn fürs Leben Erkenntnis praktisch notwendig ist, so muß es auch ‚notwendige Erkenntnis' sein im Gegensatz zu irgendeiner beliebigen oberflächlichen ‚Ansichtssache'"[3]. Diese Auffassung von HAUG führt in das Zentrum der Auseinandersetzungen in diesem Band. Wenn die Debatte um Sport, Wissenschaft und Politik in der BRD wissenschaftlich und nicht oberflächlich durchgeführt wird, verbindet sich damit die Auffassung der Autoren, daß gerade „Einsichten" in diese „Notwendigkeiten" in anderen Veröffentlichungen innerhalb wie außerhalb der Sportwissenschaft in der BRD nicht oder nur sporadisch vermittelt worden sind. Diese sporadischen Versuche aber sind in der Affirmation des Bestehenden verblieben.

Die Tatsache, daß sich die Sportwissenschaft bei der Auseinandersetzung um Sport, Gesellschaft und Politik bislang ins Feuilleton flüchtete oder der Affirmation verhaftet blieb, sagt einiges über die „Unabhängigkeit" einer Sportwissenschaft in entwickelten bürgerlich-kapitalistischen Gesellschaften aus bzw. verweist darauf, daß die Sportwissenschaft sich in engem Zusammenhang mit gesellschaftlichen Prozessen und politischen Machtkonstellationen entwickelt. Wenn in diesem Band der Zusammenhang zwischen Sportwissenschaft und Politik untersucht werden soll, so geschieht das nicht allein durch die wissenschaftliche Analyse des Zusammenhanges von Sport

---

2 Vgl. Planungsausschuß Sport der Universität Bremen: Grundsätzliche Überlegungen zur Planung eines Bereichs Sportwissenschaften an der Universität Bremen, in K. Rühl: Das Studium der Leibeserziehung, 10. Folge, Saarbrücken 1972.

3 W.F. Haug: Vorlesungen zur Einführung ins „Kapital", Köln 1974, S. 67.

und Politik, sondern zugleich wird damit reflektiert, welche gesellschaftlichen, ökonomischen und politischen Einflüsse die Sportwissenschaft bisher daran gehindert haben, diesen Komplex der allgemeinen, notwendigen Erkenntnis zugänglich zu machen. Damit ist die dritte Zielsetzung dieses Bandes genannt, die zugleich Voraussetzung für die umfassende Analyse des Zusammenhanges von Sport und Politik ist. Insofern steht der vorliegende Band in der Kontinuität der bisherigen Veröffentlichungen der Schriftenreihe.

Die Notwendigkeit der Auseinandersetzung für die Sportwissenschaft mit den materiellen, historischen und gesellschaftlichen Bedingungen ihrer eigenen Existenz soll anhand der sportwissenschaftlichen Diskussion der letzten Jahre verfolgt und begründet werden. Zugleich ist damit die Absicht verbunden, die qualitative Weiterentwicklung und Umorientierung einer kritisch-gesellschaftsbezogenen argumentierenden Sportwissenschaft in der BRD differenziert darzustellen und zu erläutern. Das ist erforderlich geworden, weil immer wieder Aussagen aus Arbeiten zu Beginn der 70er Jahre von Sportwissenschaftlern und Sportfunktionären als repräsentativ für eine kritisch-gesellschaftsbezogen argumentierenden Sportwissenschaft in der hingestellt werden, ohne zur Kenntnis zu geben, daß die theoretischen Positionen sich längst weiter entwickelt haben. Aus dieser pauschalierten Darstellung könnte für manche interessierten Sportwissenschaftler, Studenten und Praktiker Unklarheit über die entwickelten Positionen sowie die politischen Perspektiven aktueller sportwissenschaftlicher Ansätze entstanden sein.

Sport, Gesellschaft und Politik unter dem Blickwinkel der Ideologiekritik

Erste Ansätze einer Aufarbeitung der Zusammenhänge zwischen Sport, Gesellschaft und Politik aus gesellschaftskritischen Positionen hat es bereits zu Beginn und Mitte der sechziger Jahre gegeben. In diesen Arbeiten – meist kürzeren Aufsätzen – wurden lediglich allgemeine Thesen zu dem Gesamtkomplex formuliert; in der sportwissenschaftlichen wie auch in der öffentlichen Diskussion fanden sie nur wenig Beachtung (nicht zuletzt auch deswegen, weil keiner der Autoren aus dem Sportbereich stammte)[4]. Etwa um

---

4 Vor dem Jahre 1969 wären die Arbeiten zu nennen von H. Adam: Leibeserziehung als Ideologie, in (Z) Das Argument 40/1966; T.W. Adorno: Prismen, München 1963; J; Habermas: Soziologische Notizen zum Verhältnis von Arbeit und Freizeit, in Plessner/Bock/Grupe: Sport und Leibeserziehung, München 1967; T. Veblen: Theorie der feinen Leute, Köln o.J. An dieser Stelle wird deutlich, daß es zwar schon vor 1969 ideologiekritische Arbeiten gab, sie jedoch relativ wenig Resonanz fanden, weil die gesellschaftlichen Widersprüche noch nicht so weit vorangetrieben waren, wodurch die ideologischen Krisen des Systems nicht allgemein deutlich sichtbar geworden waren.

das Jahr 1970 entstanden dann eine Reihe von Arbeiten, die sich umfassender und intensiver mit der gesellschaftlichen Funktion des Sports auseinandersetzten. Diese Arbeiten – sie sind mit den Namen RIGAUER, VINNAI, PROKOP, BÖHME u.a. zu verbinden[5] – erlangten in der allgemeinen Sportöffentlichkeit wie auch in der sportwissenschaftlichen Diskussion ein hohes Maß an Aufmerksamkeit – zugeschrieben wurden ihnen Sammelbezeichnungen wie „Neue Linke im Sport" oder „Kritische Sporttheorie".

Die Auseinandersetzung mit dem Phänomen Sport erfolgte seinerzeit ausschließlich unter ideologiekritischen Aspekten und Blickwinkeln. Die Aussagen von Sporttheoretikern und Sportfunktionären wurden einer kritischen Betrachtung daraufhin unterzogen, wie weit sie mit der Realität in Übereinstimmung standen, in sich selbst stimmig waren und welches politisches Selbstverständnis hinter ihren jeweiligen Aussagen stand. Diese Auseinandersetzung mit dem Sport und den theoretischen Aussagen über ihn ist weder aus der Sportwissenschaft selbst heraus entstanden, noch ist sie ein sportspezifisches Phänomen. Sie stellt vielmehr den zeitlich nachgeordneten Vollzug einer Auseinandersetzung dar, die in anderen Wissenschaftsbereichen bereits eingesetzt hatte und in der die lange Zeit vorherrschende Meinung von der selbstverständlichen Wertfreiheit und Gesellschaftsferne wissenschaftlicher Tätigkeit in Frage gestellt wurde.

Die Kritik am bestehenden Wissenschaftsbetrieb sowie den offiziellen Lehrmeinungen ist ein Ausdruck der allgemeinen Krise des kapitalistischen Systems in der BRD gewesen. Sie hatte sich Mitte der sechziger Jahre verschärft, als die wissenschaftlich-technische Entwicklung einerseits neue Qualifikationsstrukturen verlangte (womit die Effektivität herkömmlicher Bildungseinrichtungen in Frage gestellt war) und andererseits eine erste größere ökonomische Krise (Inflation, Massenarbeitslosigkeit) das Ende des sogenannten Wirtschaftswunders signalisierte. Die Folge der verschärften Krise war ein Erstarken der demokratischen und Arbeiterbewegung in diesen Jahren, was seinen Niederschlag in erhöhter Streiktätigkeit und zahlreichen Demonstrationen insbesondere von Schülern, jugendlichen Arbeitern und Studenten fand[6].

Eine besondere Qualität und Stärke erlangte die demokratische Bewegung im universitären Bereich; sie wurde deshalb auch oft als „Studentenbewegung" bezeichnet[7]. Eine relativ umfangreiche Entwicklung konnte die

5 Hier sind zu nennen B. Rigauer: Sport und Arbeit, Frankfurt 1969; G. Vinnai: Fußballsport als Ideologie, Frankfurt 1970; ders. (Hg): Sport in der Klassengesellschaft, Frankfurt 1972; J.O. Böhme und andere: Sport im Spätkapitalismus, Frankfurt 1973 (2); U. Prokop: Soziologie der Olympischen Spiele, München 1971.

6 Vgl. dazu Petrak u.a.: Proletariat in der BRD, Berlin (DDR) 1974.

7 Genau genommen hat es so etwas wie eine reine Studentenbewegung nie gegeben. Tatsächlich sind nämlich zumindest die großen Aktionen, die über den Universitätsbereich hinausgingen, von Lehrlingen, Jungarbeitern und Schülern gemeinsam mit Studenten durchgeführt worden. Lediglich die bürgerliche Presse hat ständig von einer Studentenbewegung gesprochen. Vgl. dazu S. Prokop: Studenten im Aufbruch, Dortmund 1974.

Bewegung an den Universitäten deshalb nehmen, weil es sich einerseits bei den Studenten um eine soziale Gruppe mit spezifischen Eigenarten handelte, andererseits aber auch einflußreiche politische und wirtschaftliche Kräfte Veränderungen innerhalb der universitären Machtstrukturen wünschten. Beides hatte Einfluß auf die Ebene der theoretischen Auseinandersetzung über anstehende gesellschaftliche Probleme wie auch über wissenschaftliche Aussagen. Die Besonderheit der Gruppe der Studenten bestand darin, daß es sich um eine soziale Gruppe mit hohen Qualifikationen und relativ großer Handlungsflexibilität handelte (keine festen Arbeitszeiten und „Produktionszwänge"). Zudem stammten die Studenten in ihrer großen Mehrheit aus mittelständischen Verhältnissen oder der Oberschicht, so daß sie mit den materiellen Veränderungen und Bedingungen im Produktionsbereich im allgemeinen nicht in unmittelbaren Kontakt kamen. Das hohe Qualifikationsniveau und die Flexibilität im Handeln ermöglichte es den Studenten, mehr Informationen aufzunehmen und eher politische Zusammenhänge und Widersprüche zu durchschauen; der geringe Bezug zum Arbeits- und Produktionsbereich führte dazu, die politische Situation mehr von moralischen Positionen zu analysieren und zu beurteilen. Insofern erkannten viele Studenten die ideologische Brüchigkeit einer offiziell als pluralistisch, freiheitlich und friedliebend gekennzeichneten Wohlstandsgesellschaft: Zu deutlich war die fehlende Gleichberechtigung im Bildungswesen, die Manipulation in den Massenmedien und die imperialistische Aggression der USA in Vietnam sichtbar. Deshalb richtete sich der studentische Protest auch primär moralisch gegen die Bildungsmisere, Notstandsgesetze, Springer-Konzern und Vietnam-Krieg[8]. Er richtete sich damit zwangsläufig gegen die offiziellen Lehrmeinungen, die vor den gesellschaftlichen und politischen Realitäten die Augen verschlossen hielten, sowie gegen die Institutionen, die derartige Lehrmeinungen ermöglichten. Hier setzte die ideologiekritische Auseinandersetzung ein. Die wissenschaftlichen Aussagen wurden daraufhin untersucht, wie weit sie die bestehenden gesellschaftlichen Bedingungen mitreflektierten und ob sie zur Affirmation der bestehenden politischen und gesellschaftlichen Verhältnisse beitrugen. Eine Zeitlang wurde die Ideologiekritik zur vorherrschenden Form in der wissenschaftlichen Auseinandersetzung. Die Ideologiekritik erlangte ebenso wie die Studentenbewegung überhaupt eine größere Bedeutung, weil die herrschenden Kräfte in der BRD durchaus selbst ein Interesse am Aufbrechen der traditionellen Ordinarienuniversität besaßen. Diese erwies sich nämlich als ungeeignet, im notwendigen Maße (d.h. den Verwertungsinteressen des Kapitals entsprechend) zur wissenschaftlich-technischen Entwicklung beizutragen[9].

Innerhalb der Studentenbewegung entstand – verstärkt durch kurzfristige Erfolge – zeitweilig die Illusion, daß die Studenten die führende Kraft

8 Ebd.

9 Vgl. J. Hirsch: Wissenschaftlich-technischer Fortschritt und politisches System, Frankfurt 1971 (2).

in den gesellschaftlichen Auseinandersetzungen seien. Erst mit Beginn der siebziger Jahre kamen zunehmend die realen Folgen der kapitalistischen Entwicklung für die arbeitende Bevölkerung (Arbeitshetze, Einseitigkeit der Arbeitstätigkeit, Dequalifikation, Arbeitsplatzunsicherheit usw.) wie auch die ständige Verschlechterung der eigenen Studien- und Lebensbedingungen in den Blick der Studenten und führten dazu, die materielle Basis der ideologischen Krise aufzusuchen.

Das Entstehen einer ideologiekritischen Auseinandersetzung mit dem Sport und der Sportwissenschaft ist in sehr ähnlichen Zusammenhängen zu sehen wie im allgemeinen universitären Bereich. Auch im Sport war unschwer zu erkennen, daß die vorherrschenden Auffassungen von einem zweckfreien, in spielerischer Selbstentfaltung und um seiner selbst willen betriebenen Sport, der sich in einem gesellschaftlichen Freiraum befinde und den Gegensatz zur Arbeit darstelle[10], weit entfernt von den Realitäten des Schul- und Vereinssports war. Der Schul- und Vereinssport wurde nach Auffassung der Ideologiekritiker von den autoritären Leistungsnormen, wie sie in der Arbeitswelt herrschten, bestimmt – was unschwer aus Lehrplänen, Übungsanweisungen und den Veröffentlichungen von Leibeserziehern zu ersehen war. Von daher fiel es nicht schwer, die gängigen Ideologien einer grundlegenden Kritik zu unterziehen, da diese den Blick für die Realitäten versperrten und damit den herrschenden gesellschaftlichen Interessen ungehindert den Zugriff auf den Sport verschafften. Stattdessen wurde die „Entideologisierung" des Sports und seine Orientierung auf „unreglementierte Lernprozesse" gefordert[11].

Die ideologiekritische Phase der Sportwissenschaft ist insgesamt versandet. Wenngleich sie wichtige Anstöße gegeben hat, so ist sie weder sportpraktisch, sportpolitisch noch sportwissenschaftlich dauerhaft wirksam geworden:

– Aus den ideologiekritischen Beiträgen sind zur Neugestaltung der Sportpraxis lediglich abstrakte Vorstellungen wie etwa die Dominanz des Lustprinzips gegenüber der des Leistungsprinzips erfolgt[12]. Der einzige weitergehende Ansatz eines kommunikativen bzw. interaktionsorientierten Sports stieß auf Grenzen insofern, als das konstituierende Moment für sportliche Betätigung, eben menschliches Bewegungshandeln, nur noch als notwendige Applikation zu gesellschaftlichen Bewußtwerdungsprozessen betrachtet wurde[13].

---

10 So etwa bei H. Bernett: Grundformen der Leibeserziehung, Schorndorf 1967 (2); O. Grupe: Grundlagen der Sportpädagogik, München 1969, und K. Paschen: Didaktik der Leibeserziehung in Schule und Verein, Frankfurt 1970 (3).

11 B. Rigauer: Sport und Arbeit, a.a.O., S. 76 u. 86.

12 So etwa bei D. Bott: Sport und Leistung, Frankfurt 1969 (Manuskript), und G. Vinnai: Fußballsport als Ideologie, a.a.O.

13 Zur Kritik der interaktionstheoretischen Ansätze siehe H.J. Schulke: Reform des Hochschulsports, Darmstadt 1974.

– Die ideologiekritische Auseinandersetzung blieb sportpolitisch unwirksam, denn außer der zeitweiligen Verunsicherung einiger Verbandsfunktionäre hat sich in den Herrschaftsverhältnissen des BRD-Sports nichts Wesentliches bewegt. Es gelang weder innerhalb noch außerhalb des Sports, einflußreiche Partner für alternative Vorstellungen zu gewinnen.

– Schließlich hat sich im sportwissenschaftlichen Bereich zumindest darin nichts geändert, daß die zentralen theoretischen Positionen weiterhin überwiegend von Vertretern anthropologisch-geisteswissenschaftlicher Provenienz innegehalten werden. Es kann lediglich eine etwas stärkere Orientierung auf gesellschaftswissenschaftliche Erklärungsmöglichkeiten konstatiert werden, die in der Regel jedoch keine gesellschaftskritische Qualität erlangen.

Die weitgehende Folgenlosigkeit ideologiekritischer Sportwissenschaft resultiert zu einem guten Teil daraus, daß sie in einem spezifischen gesellschaftlichen Bereich – der Universität – entstanden ist und dadurch die Kritiker von einem besonderen Zugang zum Sport ausgingen. Die Kritik am Sport wurde durch die folgenden Momente gefördert, die zumeist eng mit dem jeweiligen Erfahrungsbereich der Kritiker zusammenhingen:

– Solche Wissenschaftler und Studenten, die sich im Rahmen der sogenannten Studentenbewegung aktiv an den politischen Auseinandersetzungen beteiligt hatten, besaßen eine besondere Sensibilität für die politische Qualität selbst fachtheoretischer Aussagen. Deshalb war es für sie nicht schwer, die hinter den sporttheoretischen Aussagen der fünfziger und sechziger Jahre stehenden und bis dahin zumeist vom Schein einer politischen Freiraumvorstellung verborgenen konservativen und mitunter sogar faschistischen Grundposition aufzuzeigen[14].

– Diejenigen, die im Zuge ihrer Ausbildung mit gesellschaftswissenschaftlichen Studieninhalten in Berührung gekommen waren, erkannten unschwer die unterlassenen wissenschaftstheoretischen Klärungsprozesse sowie die empirische Ungesichertheit zahlreicher Postulate über Sinn und Wert des Sports. In diesem Zusammenhang konnten sie darauf aufmerksam machen, daß viele Ergebnisse aus diesem Bereich lediglich Spekulationen oder subjektive Erfahrungsberichte darstellten[15].

– Wer als Aktiver, Journalist, Funktionär oder auch nur als Zuschauer intensiver die Praxis des Spitzensports kennengelernt und sich noch einen Rest kritischer Distanz gegenüber diesem Bereich bewahrt hatte (oder diesen vielleicht auch im Zuge der Studentenbewegung wiedererlangt hatte), vermochte im Spitzensport kaum den offiziell behaupteten Vorrang spielerischer Selbstentfaltung oder einen gesellschaftlichen Freiraum zu ent-

14 Vgl. S. Güldenpfennig: Grenzen bürgerlicher Sportpädagogik, Köln 1973.

15 Vgl. dazu V. Rittner: Zur Kritik anthropologischer Denkweisen in der Sporttheorie, Marburg 1972 (Manuskript).

decken[16]. Vielmehr waren wirtschaftliche Einflüsse und nationalistische Interessen als bestimmende Momente des Spitzensports nicht zu übersehen. Zudem wurde für viele Studenten immer weniger einsichtig, warum der Spitzensport in der BRD ständig forciert wurde (dies zudem häufig auf Kosten des Breitensports wie auch in Anbetracht der allgemeinen materiellen Misere im Bildungsbereich), obwohl die Erfolge gegenüber den Sportlern aus den sozialistischen Ländern kontinuierlich abnahmen und sich der Abstand im Spitzensport zwischen Ost und West weiter vergrößerte.

– Die Sportstudenten als die künftigen Schulsportlehrer mußten sich einer Ausbildung unterziehen, in der unvermittelt neben dem Training sportpraktischer Fertigkeiten abstrakte Theoreme über den Sport vermittelt wurden. Spätestens bei Eintritt in die Schulpraxis erkannten sie, daß sie für ihre eigentliche Aufgabe, (qualifiziert Sportunterricht zu planen, durchzuführen und zu kontrollieren), nur völlig unzureichend vorbereitet waren (vgl. Anmerkung 19).

Alle Momente verweisen darauf, daß sich an den Universitäten die Auseinandersetzungen um den Sport vorwiegend im Überbau abspielten[17]. Die materielle Situation des Sports hingegen stand weniger im Mittelpunkt der kritischen Erörterungen. Das lag vor allem daran, daß für die allgemeine Studentenschaft (nicht allerdings für die Sportstudenten!) Ende der sechziger Jahre keine akute materielle Sportmisere bestand. Das lag zum einen daran, daß die meisten Universitäten zumindest nicht schlechter mit Sportstätten ausgestattet waren als andere Bereiche (Hochschulsport wird überall und kostenlos angeboten; die Studenten können zudem die Sportstätten zu Zeiten frequentieren, an denen sie wegen der für die übrigen Bevölkerungsgruppen üblichen Arbeitszeiten zumeist ungenutzt bleiben), zum anderen die eigene Arbeitssituation nur ein verhältnismäßig geringes Maß an physischer Fitneß verlangte. Weiterhin dürfte für die theoretische Durchdringung des Sports bei den meisten Studenten eine große Rolle gespielt haben, daß sowohl die bürgerliche Sportbewegung wie auch die herrschende Sportwissenschaft sich in einer allgemeinen politischen und ökonomischen Abseitsstellung befand und keine akute Notwendigkeit zur betonten Hervorhebung und Bearbeitung dieses Bereiches bestand. Deshalb schien es auch ausreichend, auf den Sportbereich relativ abstrakt die bestehenden ideologiekritischen Verfahren anzuwenden. Mit ihnen wurde dann weniger auf die eigentliche Sportpraxis gestoßen, als sich vielmehr mit den im Sport herrschenden Ideologien beschäftigt – hier gab es insbesondere in den Schriften aus den fünziger und frühen sechziger Jahren ausreichend Material, das eine ideologiekritische Überprüfung verlangte. Die ideologiekritische Aus-

---

16 Vgl. dazu B. Rigauer: Sport und Arbeit, a.a.O., und J.O. Böhme u.a.: Sport im Spätkapitalismus, a.a.O.

17 Der hier angedeutete Hintergrund der ideologiekritischen Diskussion im Sport hat noch weitgehend hypothetischen Charakter. Er bedarf der weiteren Untersuchungen und empirischen Absicherung.

einandersetzung im Sport dürfte für viele Studenten auch nicht so praxisirrelevant erschienen sein, wie es in anderen Bereichen vielleicht schon früher gesehen worden war. Die aus Richtung der Ideologiekritik stammende Ablehnung von arbeitsaffinen Strukturen in der Sportpraxis fand gerade bei zahlreichen Studenten Resonanz. Die Studenten waren nämlich vermutlich die soziale Gruppe, die am wenigsten die Konkurrenz und Leistungsorientierung im Sport zu akzeptieren vermochte. Für die Studenten schien aufgrund ihrer Arbeitssituation (bewegungsarme, ein hohes Maß an Konzentration verlangende Tätigkeiten) ein unreglementierter und kompensationsorientierter Sport die ausreichende und angemessene Form sportlicher Betätigung darzustellen. Von daher erklärt sich auch die gerade bei vielen Studenten und Akademikern zeitweilig vorherrschende Auffassung, daß ein ohne feste Vorschriften und Ziele ablaufender, lustbetonter Sport am ehesten zur Befreiung des Individuums beitragen könne. Nicht in den Blick kam dabei für die Studenten, daß für den größten Teil der arbeitenden Bevölkerung zu deren „konkreter Befreiung"[18] nur durch systematisch aufgebaute Sportprogramme beigetragen werden kann, da diese Bevölkerungsgruppen eine umfassende physisch-psychische Förderung zum Erhalt und zur Entwicklung ihrer Arbeitskraft existenziell benötigten.

Während also in der Studentenbewegung schon frühzeitig die materielle und soziale Misere der Studenten zumindest als ein Ausgangspunkt der gesamten Bewegung gesehen und in die theoretische Diskussion aufgenommen worden war (wenn auch nicht immer stringent im Zusammenhang mit den zuvor angedeuteten ideologischen Legitimationskrisen kapitalistischer Herrschaftsformen), so blieben innerhalb der „Neuen Linken im Sport" die realen gesamtgesellschaftlichen materiellen Verhältnisse fast vollständig aus dem Blick. Daraus erklärt sich u.a., daß in den theoretischen Arbeiten der „Neuen Linken im Sport" der materielle und historische Entstehungshintergrund der von ihnen kritisierten bürgerlichen Ideologien kaum aufgearbeitet wurde. Es ist in diesem Zusammenhag bezeichnend, daß praktisch nur von den Sportstudenten in der ideologiekritischen Phase Anstöße und Ansätze zur politischen Organisierung erfolgt sind[19].
Das lag vor allem daran, daß an den Ausbildungsstätten für Sportlehrer (Instituten für Leibesübungen) die materielle Misere bereits früher virulent wurde und für die Sportstudenten die ausreichende Qualifikation ihrer Arbeitskraft eine Lebensnotwendigkeit war.

Dennoch ist die ideologiekritische Phase der Sportwissenschaft keineswegs überflüssig gewesen. Wie die theoretische Diskussion in der Studentenbewegung bis Ende der sechziger Jahre waren auch die Positionen der sogenannten „Neuen Linken im Sport" eindeutig gesellschaftsbezogen. Ihre

18 L. Seve: Marxismus und Theorie der Persönlichkeit, Frankfurt 1972.

19 Vgl. dazu S. Güldenpfennig: Anmerkungen zum politischen Bewußtsein der Sportstudenten, in: G. Vinnai: Sport in der Klassengesellschaft, a.a.O., S. 174 ff., und H. Artus u.a.: Reform der Sportlehrer-Ausbildung, Gießen 1973.

fortschrittliche Funktion liegt darin, daß sie auf die Bedeutung ideologischer Aussagen über den Sport für die jeweils herrschenden gesellschaftlichen Kräfte aufmerksam machen konnten und damit den Sport aus seiner angeblichen Freiraumstellung herausführten. So brachten ihre Arbeiten eine wichtige Weiterentwicklung gegenüber spekulativen Sporttheoretikern früherer Generationen. Ihre Grenzen hatte die Ideologiekritik dort, wo sie erklären mußte, warum im Sport vorherrschende Ideologien als Ausdruck der materiellen und politischen Kräfteverhältnisse zwangsläufig auftreten mußten – sie konnte zumeist nicht mehr als beklagen, daß weitestgehend ein falsches Bewußtsein über den Sport bestand.

Die Grenzen der Ideologiekritik bzw. ihr realer Wirkungsgrad konnten einige Zeit verborgen bleiben, weil ihre Aussagen recht große Resonanz in der Öffentlichkeit gefunden hatten und durchaus einiges im Sport in Bewegung gesetzt zu haben schienen. Tatsächlich jedoch ist die öffentliche Aufmerksamkeit gegenüber ideologiekritischen Positionen im Sport kein Indiz für ihre Wirksamkeit. Aufmerksamkeit hat die „Neue Linke im Sport" insbesondere in den Massenmedien deshalb erlangt, weil gesellschaftskritische politische Aussagen im traditionell konservativen Sport ein Novum darstellten und deshalb eine gewisse Attraktivität besaßen. Zum anderen war sie auch ein geeignetes Mittel, zur Verunsicherung altgedienter Sportführer und etablierter Institutionen beizutragen, die sich notwendigen Veränderungen im Sport (die vor allen Dingen in staatlichen Zugriffen ihren Ausdruck fanden) entgegenstellten. Deshalb wurde die „Neue Linke im Sport" innerhalb der Sportorganisationen auch zum Negativ-Symbol hochstilisiert, gegenüber dem sich alle Funktionsträger zusammenfinden konnten (mußten). Dadurch konnte zum Teil von den objektiven Gegensätzen und Widersprüchen ebenso abgelenkt werden, wie von den Hintergründen und Interessenlagen der Veränderungsprozesse, die sich in den Sportorganisationen unter den Bezeichnungen Effektivierung, Konzentration, Partnerschaft usw. seit Ende der sechziger Jahre vollziehen. So hat die kritische Sporttheorie trotz (oder gerade wegen) ihrer verbalen Radikalität real wohl vornehmlich die Funktion erfüllt, das Sensationsbedürfnis der bundesdeutschen Massenmedien mit zu füllen und die erforderlichen Umstrukturierungsprozesse in den Sportorganisationen zu unterstützen. Dies gilt auch für den Bereich der Sportwissenschaft, wo die ideologiekritische Sportwissenschaft mit dazu beigetragen hat, die traditionelle Sporttheorie abtreten zu lassen, die mit ihrem vorwissenschaftlichen Selbstverständnis zu uneffektiv geworden war, um Lösungen für die wachsenden Probleme des Sports zu liefern. Damit dürfte die „Neue Linke im Sport" ähnliche Funktionen erfüllt haben, wie die „Neue Linke" schlechthin, die nämlich dazu beigetragen hat, verkrustete Formationen im Hochschulbereich aufzubrechen und damit dem Monopolkapital die Schaffung angemessener Organisationsstrukturen in wichtigen Teilen des Reproduktionsbereiches zu ermöglichen.

Die wachsenden Probleme des Sports waren vor allem aus dem massenhaften Bedürfnis der Bevölkerung nach sportlicher Betätigung entstanden.

Dahinter stand die Notwendigkeit, die mit der wissenschaftlich-technischen Entwicklung einhergehende zunehmende Bewegungsarmut sowie die durch Arbeitshetze und einseitige Belastung verursachte physisch-psychische Gefährdung weiter Bevölkerungskreise aufzufangen[21]. Dem standen und steht die Schulsportmisere, das Defizit an Sportstätten, die ausgelasteten Kapazitäten des Vereinssports, fehlende Übungsleiter und Sportlehrer sowie ausreichende Programme für den Breitensport gegenüber[22].

In dieser Situation war die Reichweite ideologiekritischer Theoriebildung im Sport nicht länger ausreichend, um die realen gesellschaftlichen Veränderungsprozesse und Probleme des Sports adäquat greifen zu können. Die Untersuchung der realen gesellschaftlichen Basis, d.h. der materiellen Produktion und Reproduktion des gesellschaftlichen Lebens und deren Bedeutung für den Sport war im Interesse einer fortschreitenden Sportwissenschaft notwendig geworden. Es wurde weiter notwendig, Perspektiven für die politische Arbeit im Sport zu gewinnen.

Die realistische Wende: Auf dem Wege zu einer historisch-materialistischen Sportwissenschaft

In der Tat hat sich Anfang der siebziger Jahre in der Sportwissenschaft die Wende von der Ideologiekritik zur Aufarbeitung der realen gesellschaftlichen, ökonomischen und politischen Bedingungen der Gesellschaft und des Sports sowie den daraus abzuleitenden praktisch-pädagogischen und politischen Strategien vollzogen. Diese Wende ist nicht plötzlich eingetreten, sondern wurde durch eine Reihe von theoretischen Analysen vorbereitet. Für die Ebene der Sportpraxis waren das vor allem die Arbeiten von D. UNGERER zur Theorie des sensomotorischen Lernens im Sport[23]. Mit ihnen wurde einerseits der zentrale Gegenstand des Sports – die menschliche Bewegung – in den Mittelpunkt der Betrachtung gerückt, andererseits konnten die mit den Bewegungsvollzügen zusammenhängenden psychischen Prozesse in ihren Strukturen erfaßt, empirisch überprüft und in Lernprozesse eingebracht werden. Beide Momente überwanden die geisteswissenschaftlichen Mutmaßungen vieler Sporttheoretiker über Leib und Leiblichkeit des Menschen und deren Bedeutung für ein letztlich autonomes Individuum[24].

21 Vgl. dazu Petrak u.a.: Proletariat in der BRD, a.a.O., und E. Staark: Zur Lage der arbeitenden Jugend in der BRD nach 1960, Frankfurt 1973.

22 Vgl. dazu Arbeitsgruppe Sport: Schulsport im Absetis, Reinbek 1975.

23 D. Ungerer: Zur Theorie des sensomotorischen Lernens, Schorndorf 1974 (3).

24 Exemplarisch dafür darf angeführt werden O. Grupe: Grundlagen der Sportpädagogik, a.a.O.

Die Wende auf der sportpolitischen Ebene wurde vor allen Dingen durch die historischen Analysen zur Arbeitersportbewegung vorbereitet[25]. Mit der Aufarbeitung dieses Komplexes wurde deutlich, daß sich das Postulat vom unpolitischen Freiraum Sport historisch nicht belegen ließ, sondern immer schon zur Herrschaftssicherung im Sport gedient hatte. Weiter traten bei der Beschäftigung mit der Arbeitersportbewegung die demokratischen Traditionen des Sports in den Vordergrund, an die es theoretisch und praktisch anzuknüpfen galt.

Die wachsenden, immer dringlicher eine Lösung erfordern den praktisch-pädagogischen und politischen Probleme des BRD-Sports einerseits und die eben genannten theoretischen Vorarbeiten andererseits waren wichtige Voraussetzungen für eine Weiterentwicklung und schließlich Überwindung der ideologiekritischen Diskussion. Vollzogen werden konnte die Wende endgültig, als die Erklärungskraft der Marxschen Kritik der politischen Ökonomie Eingang in die Sportwissenschaft fand. Mit ihrer Hilfe konnten die wirklichen Bestimmungsmomente des gesellschaftlichen Entwicklungsprozesses allgemein wie auch in ihrer Bedeutung für den Sport herausgearbeitet werden: So wurde mit der Einbeziehung polit-ökonomische Analysen deutlich, daß eine Verbesserung der Sportsituation in der BRD nicht von irrationalen Vorurteilen einzelner Staatsvertreter, Sportfunktionäre oder gar Sporttheoretiker verhindert wurde (deren ideologischen Gehalt es lediglich aufzudekken galt, um Abhilfe zu schaffen), sondern daß die Misere des Sports in der BRD konsequenter Ausdruck eines Gesellschaftssystems ist, das auf den Prinzipien der Profitmaximierung und Kapitalverwertung basiert. Unter diesem Erkenntnisstand konnte die sportwissenschaftliche Diskussion auf ein neues Niveau gehoben und konstruktiv gewendet werden. Ihr Beginn ist am deutlichsten mit den Arbeiten von VOLPERT und WEINBERG zu markieren[26]. Während VOLPERT mehr Voraussetzungen zur Entwicklung einer wissenschaftlichen Sportpraxis geliefert hat, sind von WEINBERG wichtige Anstöße für die allgemeine politische Diskussion erfolgt.

Der Arbeitswissenschaftler W. VOLPERT befaßt sich u.a. mit Fragen des sensumotorischen Lernens. Von daher bestehen enge Bezüge zur Sportwissenschaft, die ja die menschlichen Bewegungsleistungen zum Gegenstand hat. In seiner 1971 erstmals veröffentlichten Arbeit „Sensumotorisches Lernen" gelang es ihm, die Grenzen der im Sport geübten ideologiekritischen Diskussion zu durchbrechen, ohne dabei wieder den theoretischen

25 Hierfür stehen die Arbeiten von J. Fischer und P. Meiners: Proletarische Körperkultur, Gießen 1973; H. Timmermann: Geschichte und Struktur der Arbeitersportbewegung 1893 bis 1933, Ahrensburg 1973; H. Wagner: Sport und Arbeitersport, Köln 1973 (Neuauflage) ; A. Wohl: Die gesellschaftlich-historischen Grundlagen des bürgerlichen Sports, Köln 1973 und H. Überhorst: Frisch, frei, stark und treu. Düsseldorf 1973.

26 W. Volpert: Sensumotorisches Lernen, Frankfurt 1971, und P. Weinberg: Staatsmonopolistische Formierung, Sport und demokratische Bewegung in der BRD, in: (Z) Blätter für deutsche und internationale Politik 10/1973.

Unzulänglichkeiten der traditionellen Sportwissenschaft und deren praktischen Folgen zu verfallen. Überwinden konnte VOLPERT die ideologiekritischen Positionen insofern, als er seine Überlegungen zum sensumotorischen Lernen von einer historisch-materialistischen Psychologie her entwickelte. Damit waren entscheidende Voraussetzungen gegeben, um relevante sportpraktische Probleme, wie Lernziele, Unterrichtsinhalte, Lernschritte und deren Kontrolle in einem gesellschaftlichen Kontext qualifiziert aufzuarbeiten:

– Mit einer historisch-*materialistischen* Psychologie[27] gelingt es VOLPERT, über das Postulat von einem allgemeinen bzw. abstrakt-funktionalen Zusammenhang zwischen Sport und Gesellschaft hinauszustoßen, indem er den wesentlichen Kernpunkt dieses Zusammenhanges, nämlich die menschliche Arbeit, benennt. Mit seiner Forderung, zuerst von der Arbeit zu sprechen, bevor der Sport behandelt wird[28], ist die prägnante Kurzformel für seine Grundposition genannt. Ihr wird mit Begriffen wie Arbeit und Reproduktion der Arbeitskraft der kategoriale Rahmen gegeben, mit dem die Abhängigkeiten und Zusammenhänge zwischen Arbeit und Bildung oder Arbeit und Freizeit bis auf die individuelle Ebene verfolgt werden können. Der materialistische Ansatz von VOLPERT fordert dazu auf, bei der Diskussion praktischer Sportformen und institutioneller Strukturen im Sport diese bis zur realen Arbeits- und Lebenssituation der Menschen bzw. zur vorhandenen Konzentration ökonomischer (und damit politischer) Macht zu verfolgen. Auf diese Weise kann schließlich zu den tatsächlichen Bedürfnissen der Menschen ebenso vorgestoßen werden wie zu den gegebenen Machtverhältnissen; beides aber sind Voraussetzungen, um eine realistische pädagogische und politische Strategie entwickeln zu können. Unter diesem Selbstverständnis werden von VOLPERT zugleich problematische Auffassungen von ideologiekritischen Theoretikern überwunden, die etwa eine pauschale Denunziation des Bedürfnisses breiter Bevölkerungskreise nach ihrer physischen Leistungsentwicklung vornehmen oder fragwürdige Analogien zwischen dem Spitzensport in der BRD und der DDR vollziehen[29].

---

27 „In der gesellschaftlichen Produktion ihres Lebens gehen die Menschen bestimmte notwendige, von ihrem Willen unabhängige Verhältnisse ein, Produktionsverhältnisse, die einer bestimmten Entwicklungsstufe ihrer materiellen Produktivkräfte entsprechen. Die Gesamtheit dieser Produktionsverhältnisse bildet die ökonomische Struktur der Gesellschaft, die reale Basis, worauf sich ein juristischer und politischer Überbau erhebt, und welcher bestimmte gesellschaftliche Bewußtseinsformen entsprechen. Die Produktionsweise des materiellen Lebens bedingt den sozialen, politischen und geistigen Lebensprozeß überhaupt. Es ist nicht das Bewußtsein der Menschen, daß ihr Sein, sondern umgekehrt ihr gesellschaftliches Sein, das ihr Bewußtsein bestimmt". K. Marx: Vorwort „Zur Kritik der politischen Ökonomie", MEW, Band 13, S. 8.

28 W. Volpert: Die Theorie des sensumotorischen Lernens in Arbeit und Sport (Manuskript), Köln 1971.

29 So etwa bei G. Vinnai: Fußballsport als Ideologie, a.a.O., und B. Rigauer: Sport und Arbeit, a.a.O., Zur Kritik dazu siehe W. Volpert: Sensumotorisches Lernen, a.a.O.

– Eine *historisch*-materialistische Psychologie[30] geht von der historischen Kontinuität und Gerichtetheit aller gesellschaftlichen Prozesse aus. Diese Kontinuität basiert wesentlich auf der prinzipiell unbegrenzten Entwicklung des menschlichen Arbeitsvermögens, d.h. auf der langfristigen Höherentwicklung der Produktivkräfte. Zwar mag die Produktivkraftentwicklung zwischenzeitlich von den politischen Bedingungen (letztlich Produktionsverhältnissen) behindert, unterbrochen, sogar zurückentwickelt werden, doch sprengen die Menschen schließlich diese Hemmnisse und finden zu qualitativ neuen und höheren Formen. Da der Sport vom jeweiligen Stand der Produktivkräfte geprägt wird bzw. umgekehrt auf die Produktivkraft Mensch einwirkt, befindet er sich inmitten dieser historischen Kontinuität und verändert sich entsprechend deren Verlauf. Das läßt sich beispielsweise daran verdeutlichen, daß im Zuge der wissenschaftlich-technischen Veränderungen neue psychomotorische Anforderungen im Arbeitsbereich entstehen, die sich auch auf die Formen des Sporttreibens auswirken bzw. wo im Sport neue Formen entwickelt werden müssen, die eine Antwort auf die neuen psychomotorischen Anforderungen leisten[31]. VOLPERT setzt sich mit der konsequenten Orientierung an der Produktivkraftentwicklung von den ahistorischen Auffassungen bürgerlicher Sporttheoretiker ab, die in den bestehenden Sport- und Spielformen überzeitliche und stets gültige Formen sehen wollen, die ihrer Meinung nach ebenso überzeitliche und immer gültige Beiträge zur Bildung des Individuums leisten[32]. Gleichermaßen setzt er sich von solchen Vertretern der ideologiekritischen Phase ab, die mit einem allein auf das Lustprinzip ausgerichteten Sport die „große Verweigerung"[33] vor eben diesen historischen Kontinuitäten praktizieren

30 „Dank der einfachen Tatsache, daß jede neue Generation die von der alten Generation erworbenen Produktivkräfte vorfindet, die ihr als Rohmaterial für neue Produktion dienen, entsteht ein Zusammenhang in der Geschichte der Menschen, entsteht die Geschichte der Menschheit" K. Marx, Brief an Annenkow, MEW, Band 27, Seite 452; und: „Auf einer gewissen Stufe ihrer Entwicklung geraten die materiellen Produktivkräfte der Gesellschaft in Widerspruch mit den vorhandenen Produktionsverhältnissen oder, was nur ein juristischer Ausdruck dafür ist, mit den Eigentumsverhältnissen, innerhalb deren sie sich bisher bewegt hatten. Aus Entwicklungsformen der Produktivkräfte schlagen diese Verhältnisse in Fesseln derselben um. Es tritt dann eine Epoche sozialer Revolution ein. Mit der Veränderung der ökonomischen Grundlage wälzt sich der ganze ungeheure Überbau langsamer oder rascher um. In der Betrachtung solcher Umwälzungen muß man stets unterscheiden zwischen der materiellen, naturwissenschaftlich treu zu konstatierenden Umwälzung in den ökonomischen Produktionsbedingungen und den juristischen, politischen, religiösen, künstlerischen oder philosophischen, kurz, ideologischen Formen, worin sich die Menschen dieses Konfliktes bewußt werden und ihn ausfechten". K. Marx: Vorwort„Zur Kritik der politischen Ökonomie",

31 Vgl. dazu A. Wohl: Die historisch-gesellschaftlichen Grundlagen des bürgerlichen Sports, a.a.O.

32 Diese Grundauffassung findet sich insbesondere in den Arbeiten von C. Diem wieder

33 H. Marcuse: Ideen zu einer kritischen Theorie der Gesellschaft, Frankfurt 1969.

wollen. Nach VOLPERTs Auffassung jedoch hat sich der Sport an den historischen Kontinuitäten zu orientieren und sich derart in sie zu integrieren, daß er zur Produktivkraftentwicklung sowohl unter individuellen wie auch unter politischen Aspekten beiträgt – gemäß der ENGELschen Auffassung, daß die Menschen nur Herren ihrer eigenen Natur und Gesellschaft werden, weil und indem sie Herren ihrer eigenen Vergesellschaftung werden[34]. Auf der Grundlage eines historischen Verständnisses von der gesellschaftlichen Entwicklung, wie es von VOLPERT in die sportwissenschaftliche Diskussion eingebracht worden ist, können selbst umfassende Lernziele ausgewiesen abgeleitet und begründet werden, ohne sich dem Vorwurf der Spekulation unterziehen zu müssen oder sich auf begrenzte Teilziele beschränken zumüssen, hinter denen der Gesamtzusammenhang nicht mehr ersichtlich wird.

– VOLPERTs Arbeiten bedeuten ein wichtiges Moment bei der Überwindung ideologiekritischer Grenzen, weil er von einer historisch-materialistischen *Psychologie* her argumentierte[35]. Damit wurden nämlich psychische Strukturen und Verarbeitungsprozesse des Individuums wieder stärker in den Blick genommen, ohne den gesellschaftlichen Bezug aus dem Auge zu verlieren – es ist selbstverständlich, daß eine historisch-materialistische Psychologie sich als Sozialwissenschaft versteht[36]. Von ideologiekritischen

---

34 F. Engels: Die Entwicklung des Sozialismus von der Utopie zur Wissenschaft, in: MEW, 19, Berlin (DDR) 1962, S. 226.

35 „Es (ist) nun einmal nicht zu vermeiden, daß alles, was einen Menschen bewegt, den Durchgang durch seinen Kopf machen muß ... Die Einwirkungen der Außenwelt auf den Menschen drücken sich in seinem Kopf aus, spiegeln sich darin ab als Gefühle, Gedanken, Triebe, Willensbestimmungen, kurz, als „ideale Strömungen" und werden in dieser Gestalt zu „idealen Mächten". F. Engels: Ludwig Feuerbach und der Ausgang der klassischen deutschen Philosophie, in: MEW 21, Berlin (DDR) 1962, S. 281 ff. und: „In der gewöhnlichen materiellen Industrie ... haben wir ... die vergegenständlichten Wesenskräfte des Menschen vor uns. Eine Psychologie, für welche dies Buch, also gerade der sinnlich gegenwärtigste, zugänglichste Teil der Geschichte ungeschlagen ist, kann nicht zur wirklichen inhaltsvollen und reellen Wissenschaft werden." K. Marx: Ökonomisch-philosophische Manuskripte, in: K. Marx und F. Engels: Kleine ökonomische Schriften, Berlin (DDR) 1955, S. 135. Und schließlich: „Wenn diese Zugehörigkeit zum Individuum, zum Subjekt das erste wesentliche Kennzeichen des Psychischen ist, so bildet seine Beziehung zum Objekt, das vom Psychischen, vom Bewußtsein, unabhängig ist, seinen zweiten, nicht weniger wesentlichen Zug. Jede psychische Erscheinung unterscheidet sich von allen anderen und wird als eine solche bestimmt aufgrund der Tatsache, daß sie das Erlebnis von etwas ist; ihre innere Natur offenbart sich durch ihre Beziehung zur Außenwelt. Das Psychische, das Bewußtsein, spiegelt die objektive Realität wider, die außerhalb und unabhängig von ihm existiert; das Bewußtsein ist bewußtgewordenes Sein ... Jedes psychische Faktum ist ein Stück reale Wirklichkeit und eine Widerspiegelung der Wirklichkeit, nicht entweder das eine oder das andere, sondern beides zugleich. Gerade darin besteht die Eigenart des Psychischen, daß es gleichzeitig als reale Seite des Seins und als seine Widerspiegelung auftritt, als die Einheit des Realen und des Ideellen". S.L. Rubinstein: Grundlagen der allgemeinen Psychologie, Berlin (DDR) 1968, S. 17/18.

36 Vgl. dazu K. Holzkamp: Sinnliche Erkenntnis. Historischer Ursprung und gesellschaftliche Funktion der Wahrnehmung, Frankfurt 1973.

Positionen war die Psychologie bis dahin weitgehend ignoriert worden – teils weil diese Positionen sich in der Feststellung des Ideologiecharakters sportwissenschaftlicher Theoreme erschöpften, teils weil eine starke Distanz gegenüber einer lediglich an Detailerscheinungen interessierten behavioristischen Psychologie amerikanischer Provenienz der gegenüber einer mehr geisteswissenschaftlich orientierter Psychologie, die bei der Betrachtung des isolierten Individuums die gesellschaftlichen Bedingungen weitgehend vernachlässigte, bestand.

Wo ideologiekritische Positionen über die eigentlichen Fragestellungen hinausstießen und Überlegungen zur Gestaltung der Sportpraxis anstellten (womit zwangsläufig eine Reihe von psychologischen Problemen angesprochen waren), gelangten sie zumeist in die Nähe solcher psychoanalytischer Theorien[37], die ursprüngliche Bedürfnisse formulierten oder eine Triebbefriedigung und Triebbefreiung forderten. Dahinter stand – etwas zugespitzt formuliert – die Auffassung, daß die Gesellschaft dem Individuum unvermittelt und durch und durch repressiv gegenüberstände. Die gesellschaftlichen Repressionen könne das Individuum nur dadurch überwinden, indem es konsequent seine ursprünglichen Bedürfnisse durchsetze. Grundlegende psychologische (und pädagogische) Fragen, wie hierbei gesellschaftliches Bewußtsein als Teil und Voraussetzung zielgerichteten Handelns entstehen und sich entwickeln sollte, blieben weitgehend ungeklärt. Deshalb konnten derartige Auffassungen in der Praxis nicht weiterführen.

Die von VOLPERT in die bundesdeutsche Sportwissenschaft eingebrachte historisch-materialistische Handlungspsychologie verspricht hier auf Dauer praxiswirksame Lösungen. Sie verneint zunächst einmal entschieden die unvermittelte Gegenüberstellung von Gesellschaft und Individuum. In der materialistischen Psychologie wird statt dessen davon ausgegangen, daß der Mensch seine Umwelt durch zielgerichtete, bewußte und kontrollierte Handlungen selbst gestaltet und gestaltet hat und daß die Umwelt wiederum seine Handlungen bestimmt. Die Umwelt des Menschen ist also weitestgehend das konkret-historische Resultat gesellschaftlicher Handlungen; in ihr ist der Mensch „das ensemble der gesellschaftlichen Verhältnisse"[38].

Demnach ist der Mensch nicht vollständig hilflos irgendwelchen Zwängen ausgeliefert, sondern höchstens den von den Menschen geschaffenen; entsprechend können sie auch von Menschen verändert und aufgehoben werden. Dies wiederum ist nicht allein durch spontane oder triebhafte Auflehnung möglich, sondern verlangt ein entwickeltes Bewußtsein über die historischen und gesellschaftlichen Zusammenhänge von Arbeit und Leben und die in ihnen enthaltenen Widersprüche und Eingriffsmöglichkeiten. Das zum wirksamen Eingreifen notwendige gesellschaftlich-politische Bewußtsein aber entwickelt sich weder abrupt noch es ist von vornherein vorhan-

37 Dies gilt innerhalb der kritischen Theorie insbesondere für Marcuse, ebenfalls für spätere Arbeiten von J. Habermas.

38 K. Marx: Thesen über Feuerbach, in: MEW 3, Berlin (DDR) 1969, S. 6.

den. Es bedarf eines langen Entwicklungsprozesses (d.h. einer praktisch unendlichen Folge von konkreten Handlungen), der durch zahlreiche Faktoren behindert und verändert werden kann und daher durchaus widersprüchlich verläuft.

Der von der materialistischen Psychologie in den Mittelpunkt gestellte Handlungsbegriff unterscheidet sich in seiner Komplexität und Struktur wesentlich von bestimmten Trieb-Bedürfnis-Konzeptionen. Menschliche Handlungen stellen nach dieser Auffassung eine funktionelle Einheit motivationaler, volitiver, kognitiver und motorischer Vorgänge dar. Handlungen besitzen bestimmte psychische Seiten wie Ziele und Motive sowie Wahrnehmungs-, Vorstellungs-, Denk- und Gedächtnisprozesse, die den Antrieb sowie die Ausführung der jeweiligen Handlungen regulieren. Die Struktur der psychischen Seiten und Prozesse wird wesentlich – hier wird vielleicht der Zusammenhang zwischen inneren psychischen Prozessen und äußeren Bedingungen am deutlichsten – durch die Aufgabe bestimmt, die mit den jeweiligen Handlungen gelöst werden soll. Dieses kurze Umreißen handlungspsychologischer Grundauffassungen soll zweierlei verdeutlichen: Einserseits kann anhand der konkreten Handlungen der Menschen ermittelt werden, welche psychischen Seiten bei ihnen wie weit entwickelt sind. Hieraus kann wiederum gefolgert werden, welche psychischen Seiten bzw. welche Kenntnisse, Fähigkeiten und Fertigkeiten gefördert werden müssen, um die Individuen schließlich zur bewußten Planung und Gestaltung ihrer zentralen Lebensbereiche zu befähigen. Andererseits kann aufgrund handlungspsychologischer Überlegungen auch die psychische Struktur der Aufgaben analysiert werden, die durch die Handelnden in ihren verschiedenen Lebensbereichen (Arbeit, Schule, Spiel usw.) gelöst werden sollen – also welche psychischen Leistungen der einzelne zur Bewältigung einer bestimmten Aufgabe vollbringen muß. Damit läßt sich nicht nur bestimmen, wieweit beispielsweise bestimmte Arbeitshandlungen aufgrund ihrer Struktur den Menschen in der Entfaltung seiner Möglichkeiten fördern oder hemmen, sondern es können für den Erziehungsprozeß solche Inhalte gezielt ausgewählt werden, die dem individuellen Handlungsniveau der Schüler angemessen sind bzw. zu ihrer allseitigen Entwicklung beizutragen vermögen[39].

Die besondere Bedeutung von VOLPERTs Überlegungen für den Sport bestand und besteht darin, daß er den Zusammenhang herstellte zwischen den im Sport realisierten sensumotorischen Fertigkeiten und allgemeinen Handlungen. Ausgehend von der Auffassung einer Einheit von Wahrnehmen, Denken, Sprechen und Bewegen im Handeln konnte er aufzeigen, daß die sensumotorischen Fertigkeiten Bestandteile menschlicher Handlungen sind. Im Mittelpunkt der Sportpraxis aber stehen nicht isolierte Fertigkeiten, sondern tatsächlich menschliche Handlungen. Deshalb lassen sich auch

39 S, hierzu insbesondere W. Hacker: Allgemeine Arbeits- und Ingenieurpsychologie, Berlin (DDR) 1973; ebenfalls W. Volpert: Handlungsstrukturanalyse als Teil der Qualifikationsforschung, Köln 1974.

im Sport die oben angedeuteten Möglichkeiten handlungspsychologischer Theorien wie die Bestimmung des Handlungsniveaus oder die Diskriminierung von Inhalten (Sportarten) nach ihrer psychischen Struktur im Sport vornehmen und schließlich Verbindungen zwischen Sport und Bewußtseinsbildung oder Sport und Persönlichkeitsentwicklung herstellen[40].

Während VOLPERTs Arbeiten ihre primäre Bedeutung für die Entwicklung einer wissenschaftlichen Sportpraxis besitzen, eröffnet der rund zwei Jahre nach VOLPERTs Buch erschienende Aufsatz von P. WEINBERG „Staatsmonopolistische Formierung, Sport und demokratische Bewegung in der BRD" die politische Diskussion im Sport auf einer materialistischen Ebene. WEINBERG beläßt es nicht bei der bis dahin verschiedentlich geübten Kritik am ideologischen Gehalt von Aussagen führender Sportfunktionäre[41], sondern zeichnet aktuelle Formierungstendenzen im Sport nach. Er vollzieht das vor dem Hintergrund der höchst widersprüchlichen Produktivkraftentwicklung in der BRD, die einerseits im Zuge der wissenschaftlich-technischen Umwälzungen einer immer sträkeren gesamtgesellschaftlichenchen Planung bedarf, andererseits aber von privatkapitalistischen Interessen bestimmt wird. Diesen Widerspruch versucht der Staat durch vielfältige Interventionen zu beheben, wobei er grundsätzlich die privatkapitalistische Produktionsweise nicht in Frage stellt. Die wachsenden staatlichen Interventionen lassen sich nicht nur im ökonomischen Bereich feststellen, sondern vollziehen sich in zunehmendem Maße auch im Reproduktionssektor (Bildung, Gesundheit, Freizeit usw.). Indem WEINBERG nun die ökonomischen und ideologischen Funktionen des Sports herausarbeitet und sie in den Zusammenhang mit der wirtschaftlichen wie auch der politischen Entwicklung in der BRD stellt, vermag er differenziert die Zusammenhänge zwischen Sport und Gesellschaft bzw. Sport und Politik aufzuzeigen und die aktuellen Bewegungen in der Sportpolitik zu erklären. Damit sind zugleich Voraussetzungen geschaffen, die politischen Kräfteverhältnisse zu benennen und den Sport hier einzuordnen; also die Organisierung fortschrittlicher Kräfte im Sportbereich zu antizipieren und auf ihre Stabilisierung durch Bündnisse mit anderen Kräften innerhalb und außerhalb des Sports hinzuwirken.

Mit der Einbeziehung historisch-materialistischer Grundpositionen in die sportwissenschaftlichen Analysen, wie sie hier anhand der Arbeiten von VOLPERT und WEINBERG umrissen wurden, wurde und wird immer deutlicher, daß sowohl die bisherige theoretische Diskussion wie auch die praktische (Fehl-) Entwicklungim Sport konsequenter Ausdruck gesellschaftlicher Entwicklungsmechanismen sind. Sie resultieren aus gewachsenen und im Laufe der Zeit verfestigten ökonomischen und politischen Formationen, die nicht durch spontane moralische Empörung gefährdet oder gar aufge-

40 S. dazu P. Weinberg: Lernmodell Volleyball, Bremen 1974 (schriftl. Hausarbeit zum Staatsexamen an der Universität Bremen).

41 Beispielsweise bei J.O. Böhme u.a.: Sport im Spätkapitalismus, a.a.O.

hoben werden können. Dazu ist ein langwieriger politischer Lernprozeß und eine ebenso langwierige Organisierung aller demokratischen und fortschrittlichen Kräfte erforderlich. Das (politisch und praktisch gesehen) folgenlose Versanden ideologiekritischer Positionen im Sport ist ein Beleg für diese Feststellung.

Dennoch besteht kein Anlaß zur Resignation: Gerade die Verdeutlichung der wirklichen Bestimmungsmomente und der bestehenden Gesetzmäßigkeiten, insbesondere aber die Hervorhebung der darin enthaltenen Widersprüche machen es möglich, zumindest langfristig wirkungsvolle Strategien zu entwickeln, die zur Überwindung der reformfeindlichen Kräfte beitragen. Hiermit ist auch noch einmal die Absicht dieses Bandes in seiner Gesamtheit gekennzeichnet: In Weiterentwicklung der Arbeiten von VOLPERT und WEINBERG die ökonomischen, politischen und gesellschaftlichen Bedingungen und Widersprüche deutlicher herauszuarbeiten, die die sporttheoretische Diskussion wie auch die praktischen und institutionellen Gegebenheiten bestimmen und innerhalb dieses Bedingungsgefüges immer wirkungsvollere politische und praktisch-pädagogische Strategien auf allen Ebenen des Sports entwickeln zu können.

Versuch einer Leseanleitung: Eigenständigkeit und Zusammenhang der Beiträge dieses Bandes

Die demokratische Sportbewegung hat in der BRD in den letzten Jahren sichtlich zugenommen und an Stabilität gewonnen. Das zeigt sich auf der institutionellen Ebene an der Entwicklung des Allgemeinen Deutschen Hochschulsportverbandes (ADH), der Gründung der Freunde der Arbeitersportbewegung (CSIT), Aussagen der Gewerkschaften zum Sport und Aktivitäten bei der Naturfreundejugend[42]. Auch die sportwissenschaftlichen Diskussionen haben sich weiterentwickelt und fundiert, was zahlreiche theoretische Analysen und praktische Versuche aus den beiden letzten Jahren belegen[43]. Dennoch ist davon auszugehen, daß sich die genannten sportwis-

42 Vgl. dazu besonders die Beiträge von Weinberg u. Güldenpfennig in diesem Band.

43 An theoretischen Arbeiten ist beispielsweise auf S. Güldenpfennig: Grenzen bürgerlicher Sportpädagogik, a.a.O., und S. Güldenpfennig, W. Volpert u. P. Weinberg: Sensumotorisches Lernen und Sport als Reproduktion der Arbeitskraft, Köln 1974, sowie auf W. Volpert: Handlungsstrukturanalyse als Teil der Qualifikationsforschung, a.a.O., und Arbeitsgruppe Sport: Schulsport im Abseits, a.a.O., hinzuweisen. Praktische Versuche und Modelle liegen vor bei G. Hagedorn u.a.: Wissenschaftliche Trainingsplanung, Frankfurt 1972; M. Polzin u.a.: Sportbezogene Vorschulerziehung - theoretische Entwürfe und praktische Arbeit, in: S. Güldenpfennig u.a.: Sensumotorisches Lernen und Sport ... a.a.O., P. Weinberg: Lernmodell Volleyball, a.a.O., und H.J. Schulke: Sport am Arbeitsplatz, Ein praktischer Vorversuch zu einer sportlichen Erwachsenenbildung (Manuskript), Bremen 1975; insbesondere aber verschiedene Lernprogramme aus der Arbeitsgruppe der TU Berlin.

senschaftlichen Arbeiten zum Teil noch in ihrem Anfangsstadium befinden und nicht immer die Qualität erreicht haben, wie sie etwa in einigen sozialistischen Ländern zu finden ist[44]. Das ist bei der relativ kurzen Entwicklungszeit, die historisch-materialistische Ansätze in der Sportwissenschaft der BRD besaßen wie auch ihren unzureichenden institutionellen Bedingungen – verschärft noch durch das aktuelle politische „roll-back" – geschuldet. Der gegenwärtige Stand der theoretischen Entwicklung ist aber auch der Tatsache zuzuschreiben, daß der Sport von den Organisationen der Arbeiterbewegung immer noch häufig rechts liegengelassen wird und demzufolge die erarbeiteten Positionen oftmals nicht zur Kenntnis genommen werden.

Der hier angedeutete Entwicklungsstand einer historisch-materialistischen Sportwissenschaft in der BRD schlägt sich zwangsläufig im Anspruch der folgenden Texte nieder. Der vorliegende Band 6 der Schriftenreihe „Sport, Arbeit, Gesellschaft" erhebt nicht den Anspruch, eine abgeschlossene Analyse über Entwicklung, Abhängigkeit und Perspektiven von Sport, Wissenschaft und Politik in der BRD zu leisten. Im gegenwärtigen Stadium der Diskussion ist es nicht mehr möglich, als erste wichtige Aspekte zu diesem Themenkomplex zu erarbeiten und zusammenzustellen. Deshalb behandeln die verschiedenen Autoren in ihren Beiträgen auch Bereiche, die sich nicht unmittelbar auseinander ergeben oder thematisch eng zusammengehören; und deshalb basieren die verschiedenen Beiträge durchaus auf unterschiedlichen wissenschaftstheoretischen und politischen Ausgangspositionen der Autoren. Insofern steht jeder der Beiträge für sich allein. Der Zusammenhang der verschiedenen Beiträge besteht zunächst nur darin, daß die Autoren sich mit dem Zusammenhang zwischen Sport, Wissenschaft und Gesellschaft befassen – dies allerdings aus unterschiedlichen Blickwinkeln und mit ihrem eigenen theoretischen Selbstverständnis.

Die eben formulierten Einschränkungen hinsichtlich Vollständigkeit und Homogenität der Analyse zu dem Komplex von Sport, Wissenschaft und Politik in der BRD mag mancher Leser insofern feststellen, als er nicht in jedem einzelnen Beitrag alle von ihm gesuchten Antworten finden wird. Dem ist entgegenzustellen, daß nicht ein einzelner Beitrag der Komplexität des Themas gerecht werden kann.Der Wert dieses Bandes kommt erst dann zum Tragen, wenn alle Beiträge gemeinsam – gleichgültig, auf welchen Ebenen sie im einzelnen auch argumentieren – in den Blick genommen werden. Dann nämlich treten recht deutlich die Konturen über den tatsächlichen Zusammenhang von Sport, Wissenschaft und Politik in der BRD hervor.

---

44 Dies gilt insbesondere für die Arbeiten aus der Sowjetunion und der DDR. Dabei meinen wir nicht nur sportwissenschaftliche Texte, sondern insbesondere psychologische Arbeiten (Hacker, Kossakowski u.a.), die auch den Sportbereich ansprechen und zunehmend Eingang in die fachwissenschaftliche Diskussion finden.

In der Übereinstimmung, daß ein wie eben umrissener Zusammenhang der verschiedenen Beiträge des Bandes besteht, haben Autoren und Herausgeber versucht, den Zusammenhang durch die Folge der verschiedenen Beiträge weiter herauszustellen. Der Band beginnt mit einem Beitrag von P. WEINBERG: „Funktion und Genese der Staatstätigkeit im Sport". Diesem Beitrag liegt der oben benannte Aufsatz „Staatsmonopolistische Formierung, Sport und demokratische Bewegung in der BRD" zugrunde, der durch die Aufnahme der aktuellen Entwicklungen sowie die Vertiefung zentraler politischer Analysen praktisch neu vorgelegt wird. Dies findet seinen Ausdruck auch in der gegenüber dem früheren Text veränderten Überschrift. Über den inhaltlichen Stellenwert dieses Beitrages ist an anderer Stelle bereits so viel gesagt worden, daß sich hier eine Wiederholung erübrigt. Der Beitrag steht deshalb am Anfang der verschiedenen Aufsätze, weil in ihm grundlegende Kategorien eingebracht werden, mit deren Hilfe Materialien und Resultate aus den folgenden Beiträgen eingeordnet bzw. abgesichert werden können.

Der darauffolgende Beitrag „Sport, Wissenschaft und Politik in der BRD" von H.J. SCHULKE wendet sich intensiver der sportwissenschaftlichen Seite des Gesamtthemas zu. SCHULKE nimmt die Tatsache zum Ausgangspunkt, daß trotz massiver Kritik an der herrschenden Sportwissenschaft diese ihre grundlegenden Positionen wie die von einem gesellschaftlichen Freiraum Sport im Kern beibehalten hat. Mittels einer wissenschaftssoziologischen Analyse wird verdeutlicht, daß sich die theoretische Diskussion nicht losgelöst von den gesellschaftlichen Gegebenheiten allein nach den Prinzipien eines freien Diskurses entwickelt, sondern entscheidend von wissenschaftspolitischen Positionen bestimmt wird. Der Beitrag weist nach, daß in diesen wissenschaftspolitischen Positionen letztlich konservative und reaktionäre Kräfte aus staatlichen und wirtschaftlichen Bereichen bestimmen und die herrschende Sportwissenschaft mit ihren Freiraumvorstellungen die Aufgaben eben dieser Kräfte erfüllt und deshalb unbeschadet ihre Auffassungen vertreten darf.

Allerdings gerät die in der Sportwissenschaft dominierende geisteswissenschaftlich-anthropologische Richtung im Zuge der fortschreitenden gesellschaftlichen Entwicklungen in immer größere Widersprüche zu den herrschenden Interessen, da sie weder die in Zukunft notwendigen sportpraktischen Programme noch die sportpolitischen Planungsinstrumente zu liefern vermag, die bei der weiteren Vergesellschaftung des Lebens auch im Sport erforderlich werden.

In I. MODELMOGs Beitrag „Philosophische Anthropologie und Sportwissenschaft. Ein Beitrag zur Soziologie des Sports" wird der gesellschaftlich-historische Hintergrund einer theoretischen Richtung ausgeleuchtet, die in der herrschenden Sportwissenschaft sehr stark dominiert und deren Erklärungsanspruch für den bestehenden Sport allenthalben anerkannt wird. Es handelt sich um geisteswissenschaftlich-anthropologische Auffassungen, deren wissenschaftstheoretische Prämissen bislang in der Sporttheorie nicht ernsthaft problematisiert worden sind. In dem Text von I. MODELMOG wird Entstehung und Funktion der Anthropologie vor dem Hintergrund der Konstitution der bürgerlichen Gesellschaft nachgezeichnet und anhand führender Vertreter geisteswissenschaftlich-anthropologischer Auffassungen im Sport dargelegt, wieweit dort die Grenzen allgemeiner anthropologischer Auffassungen (GEHLEN) in der Sporttheorie noch weiter verkürzt werden. Dies führt dazu, daß geisteswissenschaftlich-anthropologische Richtungen in der Sporttheorie nicht mehr vermögen, als die jeweils herrschenden Interessen im Sport zu legitimieren.

Der von H.G. SACK vorgelegte Text „Bias in der Sportpsychologie der USA" entstammt einem einjährigen Aufenthalt des Autors in den USA. Er untersucht in einer empirisch-statistischen Studie über einen begrenzten Zeitraum die Themen sportpsychologischer Arbeiten in amerikanischen Universitäten folgert daraus individuelle Forschungsinteressen wie auch gesellschaftliche Relevanz der Arbeiten und versucht in einigen Thesen, Zusammenhänge zwischen diesen beiden Komplexen anzudeuten. Auf den ersten Blick mag es wenig einsichtig sein, warum eine empirische Untersuchung aus den Vereinigten Staaten in einem Buch erscheint, das sich gemäß seinem Titel mit Sport, Wissenschaft und Politik *in der BRD* befaßt. Wer jedoch die Verhältnisse in der bundesdeutschen Sportpsychologie kennt, wird unschwer ersehen können, daß die in den USA gewonnenen Ergebnisse weitgehende Gültigkeit für die BRD besitzen. Neben der Erstellung und ersten Interpretation empirischen Materials besitzt die Arbeit ihre Bedeutung auch im methodischen Bereich, wo mit Hilfe einer quantitativen Inhaltsanalyse versucht wird, die Kritik am herrschenden Wissenschaftsbetrieb empirisch abzusichern. Es bleibt zu hoffen, daß Verfahren wie die quantitative Inhaltsanalyse verstärkt Eingang in die Untersuchung wissenschaftlicher Entwicklungen in der BRD finden.

Der Hochschulsport (früher Studentensport), der lange Zeit quantitativ und qualitativ nur eine marginale Bedeutung neben Vereins- und Schulsport besessen hatte, ist in den letzten Jahren zunehmend in das Blickfeld sportpolitischer Auseinandersetzungen gerückt. Das ist vor allem seit dem Zeitpunkt der Fall, wo der Allgemeine Deutsche Hoschulsportverband (ADH) öffentlich kritisch zu Entwicklungen in der Sportpolitik der BRD Stellung bezieht und an den Hochschulen für einen konsequenten, demokratisch legitimierten Breitensport eintritt. Der Bereich des Hochschulsports verdient in diesem Band besonderes Interesse, weil sich in ihm einmal erste Entwicklungen demokratischer Kräfte im Sport charakterisieren lassen und zum anderen beispielhaft ein Beitrag zur Analyse der politischen Taktik bundesdeutscher Sportführungen als bürgerlicher Sportführungen geliefert werden kann. C. WOPP und J. NEU, die als Funktionsträger im Allgemeinen Deutschen Hochschulsportverband die Entwicklungen dieses Bereichs lange Zeit unmittelbar verfolgen konnten und mitbeeinflußt haben, zeichnen in ihrem Beitrag „Transformation des Hochschulsports" die Auseinandersetzung auf und gehen ihren Hintergründen nach. Dabei entwickeln sie, daß es sich bei den heftigen Polemiken und zum Teil massiven Auseinandersetzungen weniger um institutionelle Konflikte etwa zwischen Vereinssport und Hochschulsport handelt noch um eine vordergründige Auseinandersetzung zwischen Breiten- und Spitzensport, sondern um die politische Ausrichtung des Sports in der BRD überhaupt. Am Hochschulsport wird exemplarisch deutlich, daß die sich offiziell unpolitisch oder zumindest pluralistisch gebende Führung des verfaßten Sports massiv ihre konservativen politischen Interessen vertritt, wenn in ihrem eigenen Bereich konsequent für eine Demokratisierung des Sports bzw. eine Orientierung an den Interessen der arbeitenden und lernenden Bevölkerung eingetreten wird. Es wird ferner gezeigt, daß die Wahrnehmung der politischen Interessen seitens bundesdeutscher Sportführer nicht in offener Diskussion und Argumentation, sondern vielfach über diffamierend-denunziatorische Presseartikel oder über administrative Maßnamen geschieht.

In einem abschließenden Aufsatz mit dem Titel „Sportpolitik und gesellschaftliche Entwicklung" untersucht S. GÜLDENPFENNIG die Herausbildung und Veränderung sportpolitischer Globalkonzeptionen in den Sportorganisationen der BRD in Abhängigkeit von allgemeinen ökonomischen und politischen Entwicklungen sowie von politischen Kräfteverhältnissen innerhalb der Sportbewegung selbst. Nach Darstellung der vorherrschenden sportpolitischen Orientierungen, deren Grundkonzeptionen mit den Formeln „Politische Autonomie des Sports" und „Partnerschaft zwischen Sport und Staat" charakterisiert werden können, werden Ansätze für „gewerkschaftliche Orientierungen im Sport" identifiziert, deren Bedeutung für eine künftige demokratische Entwicklung der Sportbewegung herausgearbeitet wird. In einigen Thesen wird erläutert, welche konkreten Forderungen dementsprechend in der gegenwärtigen Situation zu stellen und mit Nachdruck zu verfolgen sind. Die bisherigen Analysen werden damit und insofern konstruktiv gewendet, als zumindest ansatzweise benannt wird, wie und mit wem diese Forderungen durchgesetzt werden können. Der Beitrag steht deshalb auch am Schluß dieses Bandes, weil damit die Hoffnung verbunden und inhaltlich präzisiert wird, daß die hier vorgelegten Analysen weiter zur Stärkung der demokratischen Kräfte in der Sportbewegung der BRD beitragen.

PETER WEINBERG

Funktion und Genese der Staatstätigkeit im Sport Zum Problem der Formierung des Sports in der BRD

1. Vorbemerkung

Bei der vorliegenden Arbeit handelt es sich um eine überarbeitete Fassung eines Aufsatzes, der 1973 unter dem Titel „Staatsmonopolistische Formierung, Sport und demokratische Bewegung in der BRD" in den „Blättern für deutsche und internationale Politik" erschienen ist.

Der Aufsatz hatte nach seinem Erscheinen z.T. erhebliches Aufsehen erregt. Das läßt u.a. darauf schließen, daß hier Zusammenhänge von Sport und Politik hergestellt worden sind, die der herrschenden Sportauffassung entgegenstehen.[1]

Vor allem die Fragestellung des Aufsatzes, inwieweit staatliche Aktivitäten und Institutionen historisch und gegenwärtig als Lösungsstrategien von Problemen des in Struktur und Funktion widersprüchlichen Produktions- und Reproduktionszusammenhangs zu verstehen sind, hat zur Reaktion derer geführt, die sich verbal des Staatseingriffs in den Sport erwehren und die die Freiheit des Sports vom Staat proklamieren. Entgegen diesen Auffassungen wurde also versucht, durch einen Rückgriff auf gesellschaftlich-historische Bedingungen der kapitalistischen Produktionsweise und der entsprechenden gesellschaftlichen Verhältnisse den bis dato angenommenen Freiraum Sport zu verlassen und über die Unmittelbarkeit sportbezogener Probleme (z.B. Schulsport, Sportförderung) hinauszugehen, um eben die Vermittlungen zu jenen oben angedeuteten Bedingungen aufzuzeigen.
Die damalige Diskussion um den Aufsatz zeigt, wie sehr sein Inhalt und seine Thesen gewirkt haben und welche Probleme vorrangig ins Blickfeld geraten sind. Wenn daher an dieser Stelle einige Eindrücke der damaligen politischen Tagesdebatte vermittelt werden, so geschieht dies, um eine

---

1 Vgl. z.B. Die Zeit vom 16.11.1973 (Utopisten an der Macht); Schwäbische Zeitung vom 9.11.1973 (Sport und Klassenkampf) und den Bayernkurier vom 30.3.1973 (Frisch, fromm, fröhlich, rot). Für den Artikelschreiber G. Müller, ehemals SPD, gab kein geringerer als Herbert Wehner das Signal: „Wehner gab das Signal zur Politisierung der Sportvereine. Selbst die Freude am Fußball und Leichtathletik will einem diese Bundesregierung noch vermiesen."

gewisse Kontinutität der Diskussion herzustellen und zu begründen, warum es sinnvoll erscheint,diese Arbeit erneut der wissenschaftlichen und politischen Diskussion zugänglich zu machen.

Dabei sind folgende drei Schwerpunkte der Diskussion von besonderer Bedeutung. Es handelt sich

1. darum, ob der Sport überhaupt einer politischen Fragestellung unterworfen werden darf;
2. inwieweit eine Kritik des Spitzensports zulässig ist und „geduldet“ wird und
3. um die Berechtigung politischer Orientierungen im Sportbereich, die nicht ungefragt das Einheitspostulat hinnehmen und dieses mit politischer ‚Eindimensionalität‘ verwechseln: also die Frage nach demokratischen Alternativen stellen.

zu 1)

Die bewußte und offen vorgetragene politische Zielsetzung des Aufsatzes hat bei Journalisten und innnerhalb der Sportorganisationen zu heftigen, teilweise unangebrachten Attacken geführt. [2]

Daran ist immerhin positiv, daß die in den Angriffen erkennbaren politischen Standpunkte und Interessen die stets verbal vertretene Auffassung vom „neutralen“ oder „unpolitischen“ Sport widerlegen. Was auffällt, ist das Verfahren, mit dem die von der herrschenden politischen Auffassung vom Sport abweichende Meinung gerade als *politisch* denunziert wird. Diese Methode wurde von den Herrschenden z.B. auch gegen die Arbeitersportbewegung angewendet [3] und hatte die Funktion, diese aus einem besonderen politischen Handlungszusammenhang herauszudrängen. Die politischen Angriffe gegen den Aufsatz haben im Kern die gleiche Funktion: sie sollen bewirken bzw. mit dazu beitragen, demokratische Kräfte aus dem Sport herauszudrängen. Um dies angesichts der wachsenden Rechtsentwicklung in der BRD zu verhindern, ist es um so mehr erforderlich, Probleme und Zusammenhänge von Politik und Sport nach Jahren sportpolitischer Ruhe und Abstinenz aufzuzeigen. Dies wird auch eine Zielsetzung der Arbeit sein: Formierungen im Sport kenntlich zu machen und zu erklären.

---

2 Vgl. Bremer Nachrichten vom 6.11.1973 (Kein Platz für Spitzensport an der Bremer Universität); Die Welt vom 8.11.1973 (Klassenfeind Grambke). Dort heißt es u.a.: „Marx und Mao sei Dank. Den Kaderschmieden der Bremer Universität ist es gelungen, eine Marktlücke im Kampf gegen die staatsmonopolistischen Formierungen im Interesse der Herrschenden aufzuweisen.”

3 Vgl. Deutsche Turnzeitung vom Februar 1914, S. 98/99 (Ein wichtiges Urteil). Zitat: „Ein wichtiges Urteil hat das preußische Oberverwaltungsgericht gefällt, und zwar hat es den Arbeiter-Turnerbund und seine sämtlichen Einzelorganisationen für politisch erklärt!”

zu 2)

Die Formierungen im Sport sind ohne einen Bezug zu Stellung und Funktion des Spitzensports in der BRD nicht hinreichend zu klären. Im Spitzensport wird klarer als in anderen sportlichen Bereichen das Verhältnis von Staat und Sport widergespiegelt. Dieses Verhältnis gewinnt seine besondere Qualität durch das Bekenntnis des Staates zum Spitzensport aus Gründen der ,nationalen Repräsentanz'. Von daher gesehen ist eine Auseinandersetzung mit dem Spitzensport *wesentlich* zur Bestimmung des Verhältnisses von Sport und Politik. So haben die Thesen des Aufsatzes zum Charakter des Spitzensports diffamierende und unsachliche Kritik auf sich gezogen, die in dieser Form durchaus als typisch für eine ,Kritik' der Kritiker angesehen werden kann [4].

Dadurch konnte und kann immer wieder von der notwendigen Auseinandersetzung um den Sport in der BRD abgelenkt werden. Daß diese Diskussion *notwendig* ist, zeigen die Entwicklungen im Sport, der z.B. über den Hebel der materiellen Absicherung des Sportbetriebs in Form von Werbegeldern, Mäzenatentum und staatlicher Finanzierung zunehmend stärker von den Geldgebern abhängig wird. [5] Diese Prozesse sind insgesamt die materielle Basis der Formierungen im Sport; sie sollen in dieser Arbeit näher dargestellt werden. Ein weiterer Schwerpunkt der Arbeit wird darin liegen, die aus der Untersuchung des Problems gewonnenen Einsichten für politisches Handeln auszuweisen. In den Einschätzungen möglicher Entwicklungen im Sport stehen politisch-organisatorische Aspekte und Orientierungen im Vordergrund, da hiervon maßgeblich demokratische und fortschrittliche Handlungsalternativen abhängen. Dies führt uns zum dritten Schwerpunkt der damaligen Diskussionen.

zu 3)

In dem Aufsatz wurden durch Hinweise auf Traditionen der bürgerlich-demokratischen und Arbeitersportbewegung historisch fortschrittliche

---

4 Vgl. z.B. die ungeheure Behauptung von Morgenstern: „Mit den dialektisch formulierten Angriffen, bei denen allerorten erkannte Wahrheiten vielfach als eigene fundamentale Erkenntnisse verhökert werden, soll letzten Endes übertüncht werden, was man wirklich meint: Die totale Systemveränderung. Auch im Sport. Und jeder ernsthaft Leistungswillige steht auf diesem Kurs in die Anarchie buchstäblich im Wege." In: Die Zeit, a.a.O.

5 Hier liegt der Kern der Auseinandersetzungen in den Sportorganisationen in den nächsten Jahren. Niemand wird langfristig daran vorbeikommen, daß der Sportbereich ohne staatliche Finanzierung keine großen Chancen haben wird, seine Expansion fortzusetzen und gleichzeitig ein Sportangebot zu garantieren, das dem Breiten- und Leistungssport gerecht werden kann. Es fragt sich nur, wie Maßnahmen in diese Richtung angesichts der jahrelangen Diffamierung des Sports in der DDR als Staatssport gegenüber dem freien Sport in der BRD ideologisch der Bevölkerung und den Vereinen gegenüber vertreten werden können.

Positionen der Sportbewegung benannt, die zur Diskussion über eine demokratische Orientierung des Sports beitragen sollten. Dieser Bezug hat allerdings entgegen jeder erkennbaren Absicht ausgereicht, dem Verfasser zu unterstellen, er betreibe eine Spaltung des bundesdeutschen Sports. [6] Es mag schmeichelhaft sein, dies überhaupt einer Einzelperson zuzutrauen, und zeugt keineswegs von allzu großem Selbstvertrauen der DSB-Sportführung, wenn diese sich angesichts der „spalterischen", Bedrohung ausdrücklich zur Einheit des Sports bekennen muß.[7]

Schwerer wiegt allerdings, daß die DSB-Führung offensichtlich wenig geneigt ist, demokratische Traditionen, die in der historisch begründeten Einheit des Sports logischerweise aufgehoben sein müßten, zur Kenntnis zu nehmen, geschweige denn offen zu diskutieren.[8]

Niemand wird zum Beipiel um die historische Tatsache des antifaschistischen Widerstands bürgerlicher, sozialdemokratischer und kommunistischer Sportler herumkommen. Der Deutsche Sportbund kann ein Verständnis für demokratisch-fortschrittliche Positionen beweisen, wenn er mit dazu beiträgt, die o.a. Traditionen zu beleben und diese innerhalb wie außerhalb der Sportbewegung zu vermitteln.

Ziel dieser Arbeit wird es sein, die gegenwärtige sportpolitische Situation in einen politisch-sportgeschichtlichen Zusammenhang zu stellen, indem über reine Fakten und Daten hinausgegangen wird, um auf der begrifflichen Ebene die Einheit des Sports mit anderen gesellschaftlichen Erscheinungsformen greifen zu können. Daten und Fakten verschwinden dabei nicht, sie werden vielmehr in einem anderen Interpretationszusammenhang wieder erscheinen.

Ausgehend von der hier dargelegten Argumentation ist es insgesamt Ziel der Arbeit, spezifische Bezugspunkte, Abhängigkeiten und Verflechtungen zwischen Sport und Politik kenntlich zu machen und aufzuzeigen,

---

6 Vgl. Nordseezeitung vom 29.12.1973 (Spalter am Werk) und Wilhelm Kregel, Die angewandte Demokratie des Sports, in: DSB – Information, Frankfurt/Main, 6/1974.

7 Vgl. Kregel a.a.O.; W. Weyer in einem Redebeitrag, dokumentiert in: ADH (Allgemeiner Deutscher Hochschulsportverband) – Dokumentation zur Sportpolitik Nr. 1, Darmstadt 1974; ebenda H. Haag: „Ich kann hier nur noch einmal betonen, daß es uns um eine Einheit des deutschen Sports geht . . ." (Seite 11).

8 „Ist es nicht kennzeichnend dafür, daß in unserem Sportbund kaum oder überhaupt nicht über den antifaschistischen Widerstand von Sportlern wie Werner Seelenbinder und andere gesprochen wird? Ja, ein Name Werner Seelenbinder, der wegen seiner antifaschistischen Haltung im Sport von den Nazis hingerichtet wurde, ist unseren Sportlern völlig fremd." Aus: Referat F. Janecek anläßlich einer Arbeitstagung des CSIT-Comites am 1.12.1974 in Mainz, in: CSIT-Mitteilungen, 1/1975, Frankfurt/Main, Seite 2. CSIT = Comite sportif international du travail)

daß Sport und Politik keineswegs voneinander unabhängige, gegeneinander abgrenzbare Bereiche sind. [9]

Um diese Zielsetzung konkret plausibel zu machen, sollen zunächst drei Entwicklungsmerkmale innerhalb des Sports in der BRD angeführt werden:

1)Es ist allgemein eine zunehmende Verbreitung des Sports festzustellen. Neben dem Schulsport treiben über 10 Millionen Menschen organisiert im Deutschen Sportbund (der damit weit größer ist als der DGB) und weitere Millionen Menschen unorganisiert Sport. Die Sport- und Freizeitindustrie verzeichnet außerordentliche Zuwachsraten. Sport wird mittlerweile in der Vorschulerziehung, in der Resozialisierung, im Betrieb und zur Betreuung von Gastarbeitern eingesetzt. In den Tageszeitungen sowie in den Massenmedien nimmt die Sportberichterstattung einen breiten Raum ein. Milliardensummen aus öffentlichen wie privaten Händen werden für den Bau von Großsportanlagen oder z.B. für die Unterstützung von Bundesliga-Fußballclubs bereitgestellt.

2) Während in der Nachkriegsperiode bis fast zum Ende der sechziger Jahre der Sport vornehmlich mit externen Schwierigkeiten zu kämpfen hatte, treten seit einigen Jahren vor allem im verfaßten Sport (DSB) zunehmend Krisensymptome und Widersprüchlichkeiten auf. Sie äußern sich in Führungskrisen innerhalb der Spitzengremien, in der Konkurrenzunfähigkeit vieler Vereine gegenüber der Freizeitindustrie, im Verlust der Vormachtstellung im Spitzensport gegenüber den sozialistischen Staaten, in teilweise kriminellen Praktiken insbesondere im Berufssport (Bundesligaskandal), aber auch in einer schon chronischen Schulsportmisere.

3) Der Staat nimmt sich in zunehmenden Maße dieses Bereichs an. Während in den Regierungserklärungen von Adenauer das Wort Sport überhaupt nicht auftauchte, die Erwähnung des Sports in der Regierungserklärung Erhards stürmische Heiterkeit hervorrief, gehören Aussagen über den Sport fest zum Programm sozialliberaler Regierungskoalitionen, was dann auch seinen Niederschlag in einer Reihe von Entwicklungen findet wie der Einrichtung einer „Deutschen Sportkonferenz" und eines Bundestagsausschusses für Sport, in der Bereitstellung großer Summen für den Spitzensport usw.

---

9 „Im Sport kenne ich keine Parteien, sondern nur Sportler." So der ‚CSU-Abgeordnete und DFB-Freund' R. Stücklen während einer Sportdebatte im Deutschen Bundestag, in: FAZ vom 15.11.1974. Dazu die Arbeiterturnzeitung (ATZ), ehemaliges Organ der Arbeitersportbewegung) schon 1920:

„Die bürgerliche Sportbewegung hält krampfhaft an dem Dogma fest, daß der Sport unpolitisch, neutral sei. Das Dogma wird mit der Behauptung begründet, daß man es einer Uebung doch nicht ansehen könne, ob sie von einem Sozialdemokraten oder Konservativen ausgeführt werde, sie sehe in beiden Fällen ganz gleich aus. Ein Verein – so argumentiert man weiter –, der sich mit dem Betrieb von Leibesübungen befasse, könne aus Anhängern der verschiedensten Parteien bestehen, denn der Zweck des Vereins sei eben ein unpolitischer. Auf harmlose Gemüter wirkt diese Argumentation immer noch bestechend . . ." Aus: ATZ, Nr. 15, 1920, Seite 143.

Folgendermaßen läßt sich begründen, warum eine intensive Beschäftigung mit dem Sport unter politischen Gesichtspunkten notwendig ist:

Aufgrund seines Umfangs und seiner Vielfalt (siehe Punkt 1) ist der Sport ein wichtiger gesellschaftlicher Bereich, der beim gegenwärtigen Stand der gesellschaftlichen Auseinandersetzungen von den fortschrittlichen Kräften nicht „rechts" liegen gelassen werden darf – es sei denn, der Sport wäre per se unpolitisch. Gegen diese Annahme sprechen die Punkte 2 und 3. Sie lassen vermuten, daß sich im Sport ähnliche Entwicklungen wie in anderen gesellschaftlichen Bereichen vollziehen und daß diese in ihren Krisensymptomen nur durch staatliche Maßnahmen behoben werden können, was sich wiederum auf die politischen Verhältnisse in der BRD allgemein auswirkt.

Trifft dies für den Sport zu, dann ist es konsequent, auch diesen Bereich in die Bewegung der fortschrittlichen und demokratischen Kräfte mit einzubeziehen. Um jedoch die Ebene der Vermutungen und Annahmen über Zusammenhänge von Sport und Politik zu verlassen, ist es notwendig, gesellschaftliche Entwicklungen und Widersprüche im Sport, Stellenwert und Funktion des Sports im Rahmen nationaler und internationaler Klassenauseinandersetzungen, Einfluß der Kräfte der Reaktion im Sport sowie politische Aufgaben für die im Sportbereich und anderen gesellschaftlichen Bereichen fortschrittlichen Kräfte zu untersuchen. Was diese Aufgabe betrifft, muß die Arbeit in enger Verbindung zur Untersuchung von GÜLDENPFENNIG in diesem Band gesehen werden.

2. Ansatz und Problemstellung der Untersuchung Sport als gesellschaftlicher Freiraum?

Zunächst geht es in dieser Arbeit um das Problem, wie der Sport als Teilbereich gesellschaftlicher Wirklichkeit und menschlicher Praxis dargestellt und vermittelt werden kann.

Wenn wir den Sport so betrachten, wie wir ihn als Zuschauer oder aktive Sportler erleben, werden wir feststellen, daß der Sport ständigen Veränderungsprozessen und vielfältigen Entwicklungen unterliegt und durch große Widersprüchlichkeiten und Fehlentwicklungen gekennzeichnet ist, die sich offensichtlich nicht oder nur sehr schwer beheben lassen (z.B. Schulsportmisere; Mißverhältnis zwischen Spitzen- und Breitensport; Sportstättenbau etc.).

Diese Sachverhalte widerlegen die umgangssprachlich und wissenschaftlich verbreitete Auffassung, daß der Sport ein gesellschaftlicher Freiraum ist, d.h. ein Bereich, der unabhängig von der jeweiligen Gesellschaftsform ist (unhistorische Betrachtungsweise). Der Sport ist gemäß dieser Auffassung ein Handlungsfeld neben und außerhalb der Gesellschaft, „eine Erscheinung aus dem großen Lebensbereich des Spiels. Spiel ist ein zweckfreies Tun um seiner selbst willen, also im Gegensatz zur Arbeit ..."[10]

So wie DIEM den Sport sieht und wie er begrifflich in der TERMINOLOGIE (1968) erscheint, ist er ein überzeitlicher und ahistorischer Bereich.

Vom Ansatz dieser Untersuchung her gehen wir nicht davon aus, daß der Sport ein gesellschaftlicher Freiraum ist, sondern vielmehr Teilbereich gesellschaftlicher Verhältnisse, aus denen sich seine historischen Formen und Inhalte erklären; denn:

„In der gesellschaftlichen Produktion ihres Lebens gehen die Menschen bestimmte, notwendige, von ihrem Willen unabhängige Verhältnisse ein, Produktionsverhältnisse, die einer bestimmten Entwicklung der Produktivkräfte entsprechen." (MARX 1969, S. 719/720.)

In der „gesellschaftlichen Produktion" ihres Lebens werden die Menschen vom Sporttreiben weder „satt", noch reicht diese Tätigkeit zur Lebensbewältigung aus. Die menschliche Lebenstätigkeit ist nicht durch den Sport, sondern wesentlich durch Arbeit bestimmt. Die Menschen müssen essen, trinken, wohnen, schlafen und sich kleiden, bevor sie Sport treiben können oder anderen Tätigkeiten nachgehen, und die Produktion der hierfür erforderlichen Lebensmittel ist an die menschliche Arbeit unabdingbar gebunden.

„Indem die Menschen ihre Lebensmittel produzieren, produzieren sie indirekt ihr materielles Leben selbst . . . Diese Weise der Produktion ist

---

10 DIEM 1960, Seite 3 . Vgl. DIEM 1971, S. XI/XII: „Das Spiel ist ein Weg der Natur, das Lebewesen lebenstüchtig zu machen. . . . Wohl gehört der Sport zum Reich des Spiels, er ist aber eher ein Spiel besonderer Art: freigewählt, wertgehalten, ernstgenommen, genau geregelt, vor allem nach Leistung strebend . . . . Er ist eine Reaktion gegen die moderne Technik, durch welche die körperliche Bewegung unter das lebensnotwendige Maß herabgedrückt wird. . . . Der Sport, als dem Spiel zugehörig ist nur solange Sport, wie er um seiner selbst willen betrieben wird, ohne jeden politischen oder wirtschaftlichen Zweck. . . . So erklärt sich der Sport aus dem meist biologischen Leistungswillen, besonders in jugendlichem Alter, der in freier Wahl nach dem Schönheitsbilde der eigenen Wesenheit, sei es zur Ausbildung drängender Begabungen, sei es zum Ausgleich fühlbar werdender Schwächen, getrieben wird."

Das Zweckfreiheitspostulat enthält ebenfalls die Erklärung des Sports in der „Terminologie der Leibeserziehung" (BERNETT, Red. 1968, S. 96), herausgegeben vom Ausschuss Deutscher Leibeserzieher (ADL):

„Sport (von lat. disportare) ist ein Weltwort unserer Zeit (...) und bezeichnet im Bereich der Leibesübungen vielerlei, hier und sonst aber auch vieles, was nicht mehr mit Leibesübungen zu tun hat. Die Erklärung für diesen Vielgebrauch ergibt sich aus dem Doppelsinn des Wortes: sich strebend, entsagend, unter Opfern zu bemühen und sich spielend und vergeudend zu erholen. Im engeren Bereich der Leibesübungen kennzeichnet das Wort Sport eine der modernen Zeit angepaßte, spezifische Einstellung zu Leibesübungen, das den → Leistungswillen und den → Leistungsvergleich über Ort und Zeit hinaus betont und dafür einen markanten Ausdruck im → Rekord gefunden hat, was zwangsläufig zur Normierung der Geräte, der Übungsstätten und des Vergleichsverfahrens führte, wenn auch starke Spielelemente erhalten geblieben sein können. Sport wird spielerisch-planvoll in sozialen Formen eigener Art freiwillig und zweckfrei ausgeübt."

nicht bloß nach der Seite hin zu betrachten, daß sie die Reproduktion der physischen Existenz der Individuen ist. Sie ist vielmehr schon eine bestimmte Art der Tätigkeit dieser Individuen, eine bestimmte Art, ihr Leben zu äußern, eine bestimmte Lebensweise derselben. Wie die Individuen ihr Leben äußern, so sind sie. Was sie sind, fällt also zusammen mit ihrer Produktion, sowohl damit, was sie produzieren, als auch damit, wie sie produzieren. Was die Individuen also sind, das hängt ab von den materiellen Bedingungen ihrer Produktion". (MEW, 3, 1969, S. 21.)

Die gesamte Lebenstätigkeit der Menschen wird von materiellen Umständen bestimmt. Diese Umstände sind Resultate der Auseinandersetzung des Menschen mit der Natur, aber nicht naturnotwendig und unbeeinflußbar. Sie sind Umstände, die von den Menschen im Verlauf der gesellschaftlich-historischen Entwicklung geschaffen worden sind.

In diesem Sinne handelt es sich um „*materielle* gesellschaftliche Verhältnisse, weil und insofern ihre Form, ihre Notwendigkeit und ihre Existenz nicht von der Willkür der Menschen abhängen, sondern im Charakter der materiellen Produktivkräfte gegeben, angelegt sind . . . Es handelt sich um materielle *gesellschaftliche* Verhältnisse, weil und insofern sie sich nicht um Produkt von Naturkräften konstituieren, sondern Beziehungen der Menschen zur Natur und untereinander darstellen". (HAHN, 1971, S. 430, Hervorhebungen von mir – P.W.).

Es wird zu zeigen sein, 1) inwieweit Formen und Inhalte von Körperkultur, Leibeserziehung und Sport Resultate gesellschaftlicher Entwicklungen und Ausdrucksformen menschlicher Tätigkeit sind; inwiefern sie von der Entwicklung der Produktivkräfte abhängen und sich mit diesen wandeln; 2) inwieweit der Sport in der BRD spezifischer Ausdruck bürgerlich-kapitalistischer Gesellschaftsverhältnisse ist und in bestimmter Form zur Reproduktion der Arbeitskraft beiträgt. Die Ziele und Fragestellungen sind bestimmende Momente der Themenstellung. Sie erfahren aber hinsichtlich ihrer argumentativen Breite gewisse Grenzen und orientieren sich an der Frage nach Funktion und Entwicklung gegenwärtiger Staatstätigkeit im Sport.

Die Darstellung erfordert zunächst eine Verdeutlichung des theoretischen Ansatzes; dazu wird in Kapitel III auf das Verhältnis von kapitalistischer Produktionsweise, Staat und Sport eingegangen. Im Kapitel IV sollen Funktion und Wesen der gegenwärtigen Staatstätigkeit dargestellt werden.

3. *Zum Verhältnis von kapitalistischer Produktionsweise, Staat und Sport*

Ziel dieses Kapitels ist es, den Ansatz der Untersuchung auszuführen. Es handelt sich um eine allgemeine Darstellung des Verhältnisses von kapitalistischer Produktionsweise und Staat, die besondere Probleme und Entwicklungen des Sports bedingen.

Dieser Darstellung folgt eine sporthistorische Skizzierung, in der Momente der Staatstätigkeit herausgearbeitet werden. Die Skizze führt Entwicklungen bis zur Zeit der Weimarer Republik auf, da bis zu diesem Zeitpunkt wesentliche Merkmale der heute wieder wirksam werdenden Formierung ersichtlich werden.

1. *Kapitalistische Produktionsweise und Staat*

Wir gehen in unserer Arbeit von der Grundauffassung aus, daß die materielle Produktion die Grundlage des gesellschaftlichen Lebens der Menschen ist. Dieser Satz gilt für jede Gesellschaftsordnung unabhängig von der jeweils besonderer Produktionsweise. Die Produktionsweise wiederum unterscheidet die verschiedenen Gesellschaftsordnungen voneinander.

Die bestehende Gesellschaftsordnung „ist geschaffen worden von der jetzt herrschenden Klasse, der Bourgeoisie. Die der Bourgeoisie eingetümliche Produktionsweise, seit Marx mit dem Namen kapitalistische Produktionsweise bezeichnet" (ENGELS 1970, S. 249), entwickelte sich aus Formen und Inhalten der feudalen Ordnung. Mit der Umwandlung der Manufaktur und der handwerklichen Produktionsweise in die große Industrie entwickelten sich zugleich neue Produktivkräfte, neue Formen der Arbeitsteilung und der Kombination der Teilarbeiten: es entsteht das Fabriksystem.

Die Bourgeoisie verwandelt die Produktions- und Arbeitsmittel in gesellschaftliche – den individuellen Arbeitsakt in ein umfassendes gesellschaftliches Kooperationssystem.

Die neue, kapitalistische Produktionsweise produziert Gebrauchswerte ihres Tauschwertes wegen. Sie ist auf Verwertung des Werts aus, sie ist kapitalistische Warenproduktion. Als solche verwandelt sie den Handwerker und Bauern des Feudalismus zu einer neuen Produktivkraft, indem sie ihm jede „Kunstfertigkeit" nimmt und sein individuelles Arbeitsvermögen in verwertbare Arbeitskraft verwandelt: Die Arbeitskraft wird zur Ware wie jeder andere Gebrauchsgegenstand auch. Der Arbeiter muß diese Ware gegen Lohn verkaufen, um sich selber und seine Familie reproduzieren zu können. Die Menschen gehen also „bestimmte, notwendige . . . Produktionsverhältnisse" ein. Die gesellschaftliche Produktion folgt den Gesetzen der Konkurrenz. Hinter dieser Konkurrenz um das bestmögliche Losschlagen der Waren verbirgt sich das private Interesse der Warenbesitzer, der Kapitalisten: Sie eignen sich den gesellschaftlich produzierten Reichtum an. Dieser Reichtum, der nach außen hin durch die „ungeheure Warenansammlung" repräsentiert wird, beruht wesentlich auf Mehrarbeit der arbeitenden Bevölkerung im Produktions- und Arbeitsprozeß. Der Mehrarbeit entspricht aber kein Äquivalent im Lohn. Der Arbeiter erhält, was er zur Reproduktion der Arbeitskraft benötigt, den Rest behält der Kapitalist in Form von Mehrwert und Profit (= Reingewinn abzüglich aller Unkosten). Aus den Gesetzen der kapitalistischen Produktionsweise ergibt sich die „kapitalistische" Logik, den Profit stets hoch und die Kosten der Produktion für Material, Rohstoffe und menschliche Arbeitskraft möglichst niedrig zu halten. Menschliche Arbeitskraft muß „überflüssig" gemacht werden, d.h. zugleich, daß die Maschinerie ständig weiter entwickelt werden muß.

Da diese Prozesse der gesellschaftlichen Produktion nicht gesellschaftlich geregelt, geplant, sondern privaten Profitinteressen untergeordnet sind, sind Widersprüche und der Kampf der Arbeiter gegen ein solches System der Produktion unausbleiblich:

– Verbesserung der Maschinerie geht einher mit Arbeitslosigkeit;
– technische Entwicklungen gehen einher mit Intensivierung statt Erleichterung der Arbeit;
– Senkung der Produktionskosten geht einher mit Verringerung des Reallohns usw. usf.

Die Folge davon sind ökonomische und gesellschaftliche Krisen und ihre Auswirkungen auf die arbeitende Bevölkerung: die Produktionsweise steht im Widerspruch zu den Reproduktionsnotwendigkeiten der Gesellschaft – die Produktivkräfte als gesellschaftliche stehen im Widerspruch zu deren privater Nutzung:

„Es ist dieser Gegendruck der gewaltig anwachsenden Produktivkräfte gegen ihre Kapitaleigenschaft, dieser ständige Zwang zur Anerkennung ihrer gesellschaftlichen Natur, der die Kapitalistenklasse selbst nötigt, mehr und mehr, soweit dies innerhalb des Kapitalverhältnisses überhaupt möglich, sie als gesellschaftliche Produktivkräfte zu behandeln. Sowohl die industrielle Hochdruckperiode . . . wie der Krach selbst durch den Zusammenbruch großer kapitalistischer Etablissements treiben zu derjenigen Form der Vergesellschaftung größerer Massen von Produktionsmitteln, die uns in den verschiedenen Arten von Aktiengesellschaften gegenübertritt. Manche dieser Produktions- und Verkehrsmittel sind von vornherein so kolossal, daß sie, wie die Eisenbahnen, jede andre Form kapitalistischer Ausbeutung ausschließen. Auf einer gewissen Entwicklungsstufe genügt auch diese Form nicht mehr: der offizielle Repräsentant der kapitalistischen Gesellschaft, der Staat, muß ihre Leitung übernehmen" (ENGELS 1970, S. 258/9) [12]

Der Staat greift also in den Prozeß der materiellen Produktion ein; er ist in dieser Funktion der „ideelle Gesamtkapitalist". Hierin drückt sich die kapitalistische Form der Vergesellschaftung der Produktion aus. Ökonomisch gesehen bleibt die Macht der Bourgeoisie, die ihrerseits die Widersprüche der Produktion und Konkurrenz durch zunehmende Konzentration und Zentralisation der Produktion (Monopolisierungsprozeß) zu lösen versucht. Dieses politisch-ökonomische Wechselverhältnis von Staat und Kapital verändert sich mit zunehmender Vergesellschaftung der Produktion und Reproduktion; es ändert sich die Funktion des Staates:

„Je mehr Produktivkräfte er in sein Eigentum übernimmt, desto mehr wird er wirklicher Gesamtkapitalist, desto mehr Staatsbürger beutet er aus." (ENGELS 1970, S. 260)

Das heutige Monopol basiert auf Konzentration der Produktion und des Kapitals und ist durch die besondere Verbindung mit dem Staat gekennzeichnet.

Der Kapitalismus regelt sich nicht länger naturwüchsig über den Markt und die Konkurrenz vieler Einzelkapitale, was auf die Entwicklung der Produktivkräfte zurückwirkt. Die Produktivkräfte verlangen „gesellschaftliche Anwendung, aber ihre Entwicklung hängt nach wie vor vom Profit ab. Der Maßstab der Produktion erfordert jetzt zunehmend langfristige Dispositionen, größere Kontinuität, Planmäßigkeit, systematische und regional weitgreifende Organisation von Beschaffung, Produktion und Absatz, eine gewisse Sicherheit des Marktes als Voraussetzung der Kapitalanlage, eine Sicherung der gemachten Kapitalanlage durch Einschränkung der Konkurrenz." (HESS, zitiert nach SCHLEIFSTEIN 1973, S. 385)

Das Zusammenwirken von Staat und Monopolkapital erstreckt sich also auf alle Bereiche wie Produktion, Konsumtion, Zirkulation u.a.m.. Die Tätigkeit des Staates richtet sich allerdings nicht auf die unmittelbare Lenkung einzelner Monopole, sondern auf die – wohl letztendlich entscheidenden – Planungs- und Entscheidungsprozesse (vgl. Bildungsgesamtplan, konzertierte Aktion, mittelfristige Finanzplanung usw.) Das bedeutet, daß in der Realisierung der Plandaten sich die kapitalistische Konkurrenz fortsetzt, zu wessen Gunsten und Ungunsten ist die Frage.

---

12 In einer Anmerkung dazu führt ENGELS aus:
„Ich sage, muß. Denn nur in dem Falle, daß die Produktions- oder Verkehrsmittel der Leitung durch Aktiengesellschaften wirklich entwachsen sind, daß also die Verstaatlichung ökonomisch unabweisbar geworden, nur in diesem Falle bedeutet sie, auch wenn der heutige Staat sie vollzieht, einen ökonomischen Fortschritt, die Erreichung einer neuen Vorstufe zur Besitzergreifung aller Produktivkräfte durch die Gesellschaft selbst." (Ebenda)
Unter gewissen Umständen ist auch eine Rekapitalisierung möglich, wenn die entsprechende Produktionssphäre wieder „profitabel" geworden ist.

Sie wird durch die realen Machtverhältnisse beantwortet: zu Gunsten der Monopole.

Im heutigen entwickelten staatsmonopolistischen System des Kapitalismus zählen zu den Tätigkeiten des Staates wie z.B. bei Post, Eisenbahn etc. Maßnahmen für die sog. Infrastruktur, Verkehrs- und Transportwege; Informationswesen; Energiebewirtschaftung; Müll- und Abwässerbeseitigung; Gesundheitswesen und das umfangreiche System der Sozialpolitik; zählen Bildung, Wissenschaft und Forschung, Wohnungswesen und Städtebau. In diesen Prozess der Übernahme relevanter gesellschaftlicher Tätigkeiten durch den Staat im Produktions- und Reproduktionsbereich ist auch der Sport einbezogen:

„Die veränderten Reproduktionsbedingungen des Kapitals stellen außerordentlich hohe und ständig wachsende Anforderungen an die Akkumulationskraft, die immer mehr die Möglichkeiten einzelner kapitalistischer Unternehmen, ja nicht selten sogar die großer Monopole und Monopolgruppen . . . übersteigen . . . Unumgänglich werden zunehmende Investitionen zur Sicherung der Reproduktion der Arbeitskraft, angefangen von Aus- und Weiterbildung, über Maßnahmen des Gesundheitsschutzes, zur *sportlichen* und kulturellen Betätigung bis zur Erhaltung beziehungsweise Wiederherstellung entsprechender Umweltbedingungen." (PETRAK u.a. 1974, S. 63/4; Hervorhebung von mir – P.W.).

Im weiteren Verlauf der Untersuchung wird gezeigt, wie das Verhältnis des Staates zum Sport i.e. aussieht. Die Staatstätigkeit ist in ihrer Entwicklung und Funktion also vor dem Hintergrund der an dieser Stelle notwendig kurzen Darstellung zu sehen und über folgenden Widerspruch vermittelt:

– der Staat trägt mit seinen Maßnahmen der zunehmenden Vergesellschaftung der Produktion Rechnung; darin liegt ein fortschrittliches Moment und auch die Möglichkeit einer politischen Lösung gesellschaftlicher Probleme im Interesse der arbeitenden Bevölkerung;

– in dem Maße allerdings, in dem der Staat Produktion und Reproduktion reguliert und die gesellschaftliche Grundstruktur der Produktion unverändert beläßt, können und müssen seine Maßnahmen als Formierungen, d.h. als Unterwerfung seiner Aktivitäten und der davon abhängigen Bereiche unter die einzig von den Herrschenden sanktionierte Form der gesellschaftlichen Produktion, der kapitalistischen Produktionsweise, verstanden und bewertet werden.

2. *Sportgeschichtliche Entwicklungslinien und Staatstätigkeit*

Die im vorigen Abschnitt skizzierte Form der kapitalistischen Produktionsweise ist wesentlich durch den Widerspruch von Lohnarbeit und Kapital, durch gesellschaftliche Produktion und private Aneignung, gekennzeichnet. Die Widersprüche äußern sich in den Verhältnissen der Gesellschaft und wirken auf Formen und Inhalte der Körperkultur (vgl. WOHL 1973).

Das widersprüchliche gesellschaftliche Verhältnis von Lohnarbeit und Kapital ist kein statisches, im Gegenteil, die „moderne Industrie betrachtet und behandelt die vorhandene Form eines Produktionsprozesses nie als definitiv. Ihre technische Basis ist daher revolutionär, während die aller früheren Produktionsweisen wesentlich konservativ war. Durch Maschinerie, chemische Prozesse und andere Methoden wälzt sie beständig mit der technischen Grundlage der Produktion die Funktionen der Arbeiter und die gesellschaftlichen Kombinationen um." (MEW, 23, 1972, S. 510/511).

Die Dynamik dieser Entwicklung überträgt sich (allerdings nicht linear) auf die Entwicklung des Sports: So entsprechen z.B. der Turnbarren und das Turnpferd der Produktivkraftentwicklung der handwerklichen Produktionsweise ebenso wie die „handwerkliche" Kunstfertigkeit der Turnübungen. Der Hochsprungstil „Flop" wiederum ist ohne Weichkernmatten, die eine Rückwärtslandung ohne Bruch der Wirbelsäule erlauben, undenkbar und an die Entwicklung der Produktivkräfte und erweiterten Möglichkeiten der Stoffumwandlung gebunden.

Die Entwicklung des Sports wird vor allem mit England in Verbindung gebracht (vgl. WOHL 1973). In England ist der Sport zuerst Sport der „müßigen" Aristokratie [13] gewesen und nicht so sehr Tätigkeit von Arbeiter und Kapitalist. Diese waren in den Anfängen des Kapitalismus kaum aktiv am Sportbetrieb beteiligt.

Während der eine wesentlich ausgelastet war durch die Funktion einer „Maschine zur Verwandlung (des) Mehrwerts in Kapital" (MEW, 23, 1972, S. 621) fand für den Proletarier die mögliche sportliche Betätigung vorerst ihre Grenzen in der Länge des Arbeitstages, der Intensität des Arbeitsprozesses und der Lage der arbeitenden Klasse überhaupt (vgl. ENGELS 1972)[14].

Die Entwicklung des Kapitalismus hat aber sehr bald den Sport entscheidend geprägt, und als Ursachen für seine Ausbreitung führt WOHL (1973) folgende Momente an:

1. die Entwicklung des Fabriksystems,
2. die Entstehung der Städte,
3. die Trennung von Stadt und Land,
4. die Konzentration der Lohnarbeiter an einem Ort.

Damit waren Voraussetzungen geschaffen, daß der Privilegiertensport zum Massensport werden konnte.

---

13 Hier hat der „Mythos" des Amateursports seinen Ursprung (vgl. WOHL 1973).

14 „Während eines Teils des Tages muß die Kraft ruhen, schlafen, während eines andren Teils hat der Mensch andre physische Bedürfnisse zu befriedigen, sich zu nähren, reinigen, kleiden usw. Außer dieser rein physischen Schranke stößt die Verlängrung des Arbeitstages auf moralische Schranken. Der Arbeiter braucht Zeit zur Befriedigung geistiger und sozialer Bedürfnisse, deren Umfang und Zahl durch den allgemeinen Kulturzustand bestimmt sind." (MEW, 23, 1372, S. 246).

Die Entwicklung des Sports wird zu dieser Zeit hauptsächlich durch privat initiierte Klubs und Vereine getragen. So entsteht auch um 1893 die Arbeitersportbewegung in Nachfolge der bürgerlich-demokratischen Sportbewegung in Deutschland von 1800 bis 1848 und der Arbeiterbildungsvereine [15].

Die Tätigkeit des Staates beschränkt sich während dieser Zeit hauptsächlich auf die Organisierung des Schulsports.

Seit dieser Zeit wird der Sport stark durch die Prozesse der Monopolisierung und durch den Imperialismus politisch-ökonomisch und ideologisch geprägt. In Deutschland zeigen sich diese Prozesse innerhalb des Sports durch die zunehmend reaktionäre Haltung der deutschen Turner, durch den Widerspruch der Turnerschaft zur Sportbewegung und zur Idee

---

15 Die damaligen Klassenauseinandersetzungen im allgemeinen sowie die innerhalb der Deutschen Turnerschaft damals zunehmende chauvinistische und Hurrapatriotische Ausrichtung des Turn- und Sportbetriebs führten 1893 zur Gründung eines Arbeiter-Turnbundes. Nach dessen Gründung fühlte sich die Turnbewegung von Feinden umringt (GÖTZ 1893, S. 699).Das preußische Innenministerium z.B. sah sich bald zu Maßnahmen gegen Arbeitersportler veranlaßt, z.B. durch Verbot der Teilnahme von Schülern an den Veranstaltungen der Arbeitersportvereine, durch Ablehnung von Gesuchen nach Übungszeiten in Turnhallen sowie durch „Fernhaltung solcher Personen von den staatlichen Cursen zur Ausbildung von Turnlehrern und -lehrerinnen, sowie von den Turnlehrer- und Turnlehrerinnen-Prüfungen, die möglicherweise die Leitung des Turnunterrichts in den nicht zur Deutschen Turnerschaft gehörenden Vereinen übernehmen könnten." (DEUTSCHE TURNZEITUNG 1894, S. 75)

Gleichzeitig mit dieser Entwicklung unternahmen bürgerliche Kräfte verstärkte Anstrengungen zur Integration vor allem der Arbeiterjugend in den bürgerlichen Sport- und Spielbetrieb; dabei wurde die offene Militarisierung des bürgerlichen Turn- und Sportwesens eingeleitet. (Vgl. zur Spielbewegung DEUTSCHE TURNZEITUNG 1899, S. 69)

Hier ist zu berücksichtigen, daß die bürgerliche Turn- und Sportbewegung in Deutschland im Zuge der ökonomischen und politischen Durchsetzung der bürgerlichen Gesellschaft im 19. Jahrhundert bis hin zur Durchsetzung imperialistischer Interessen zunehmend ihre ehemals demokratische Tradition abstreifte. Bei dieser demokratischen Tradition ist etwa an die politische Stellung der Turnbewegung in den Befreiungskriegen anfangs des 19. Jahrhunderts zu denken oder an die aktive Beteiligung von Teilen der Turnbewegung an der bürgerlichen Revolution von 1848/49. In der weiteren Entwicklung arrangierte sich die bürgerliche Turn- und Sportbewegung immer mehr mit den reaktionären Kräften in Deutschland, bis hin zur offenen Kooperation mit dem Faschismus, während z.B. wesentliche Teile der Arbeitersportwegung sich bewußt in den Kampf der antifaschistischen Kräfte einreihten (Vgl. TIMMERMANN 1973 und WOHL 1973).

Nach 1945 wurde der Sportbereich von der Arbeiterbewegung zunehmend den bürgerlichen Interessen überlassen, wodurch eine bewußte Anknüpfung des Sports in der BRD an die demokratischen Traditionen der deutschen Sportbewegung verhindert wurde. Die Tradition der bürgerlichen Sportbewegung ist indessen bis heute gegenüber etwa der Weimarer Zeit weitgehend erhalten geblieben, wenn sich auch auf den Gebieten der Sportpraxis und -ideologie manche Wandlungen vollzogen haben.

der Olympischen Spiele sowie durch die Gründung eines „Zentralausschusses für Volks- und Jugendspiele" von 1891.

Am Beispiel des „Zentralausschusses" (ZA) soll diese Entwicklungsetappe verdeutlicht werden. Der ZA setzte sich zum Ziel, den Gedanken des Spiels, zu der damaligen Zeit gewissermaßen Mittelweg zwischen Turnen und Sport in Deutschland, zu verbreiten. Im Verlauf der Arbeit des Zentralausschusses werden bis 1914 zunehmend offener die militaristischen und arbeiterfeindlichen Zielsetzungen formuliert. [16]

Hieran zeigt sich auch das Zusammenspiel von Staat, ZA und Militär: Der Staat geht dazu über, nicht nur den Schulsport zu organisieren, sondern in den organisierten Sport- und Spielbetrieb einzugreifen. [17]

Die weitere Entwicklung des Sports vollzieht sich nach 1914 unter dem Einfluß des sich entwickelnden staatsmonopolistischen Kapitalismus. Dabei ist auffallend, daß sich die Sportbewegung gegenüber der Spiel- und Turnbewegung durchzusetzen beginnt. [18]

Für die Entwicklung des Sports sind folgende Punkte kennzeichnend:

1. Die enorme Breitenwirkung des Sports und sein *Massencharakter.*

2. Die zunehmende Bedeutung der Körperkultur und des Sports für die *Reproduktion der Arbeitskraft.* Sie wuchs in dem Maße, „in dem die kapitalistische Produktion und Ausbeutung intensiviert wurden und die sport-

---

17 Vgl. Themen und Personen der „Verhandlungen und Vorträge in den Sitzungen des Zentralausschusses am 21. und 22. Januar 1893 zu Berlin." In: von SCHENCKENDORFF und F.A. SCHMIDT (Hrsg) (1893): Über Jugend- und Volksspiele. Jahrbuch 1893. Berlin.

16 1894 stellte der ZA auf seinem 1. Kongreß fest: „Wir wollen mit dem Spiele die wahren Lebensfreuden geben und damit den sozialen Frieden fördern . . . Die Wehrhaftigkeit unseres Volkes wird wachsen, wenn erst wieder richtig gespielt wird" („Deutsche Turnzeitung", 1894, Nr. 8, S. 123). 1898 beschließt der ZA, daß die deutsche Jugenderziehung aus „Rücksicht auf die Erhaltung und weitere Förderung der nationalen Wehrkraft ihre Maßnahmen . . . den Anforderungen des Heerdienstes anzupassen (hat) . . ., aus: „Deutsche Turnzeitung", a.a.O., 1899, Beilage zur Nr. 31, S. 691.

18 Das soll nicht heißen, daß hiermit ein direkter Zusammenhang mit der Herausbildung des staatsmonopolistischen Kapitalismus behauptet würde. Wir wollen lediglich feststellen, daß sich mit Herausbildung des Sports als Massenbewegung unter aktiver und weit höher passiver Beteiligung der Arbeiterklasse entscheidend bessere Bedingungen zur politischen Beeinflussung der Massen ergeben hatten.

An dieser Stelle sei noch einmal auf den Versuchscharakter dieser Untersuchung hingewiesen. D.h. daß noch weit mehr Detailstudien und Heranziehung konkreten empirischen Materials notwendig sein wird, um die hier noch weitgehend hypothetischen und nicht vollständig abgesicherten Aussagen zu verifizieren. In dieser Untersuchung wird daher auch auf eine Darstellung der Theorie des staatsmonopolistischen Kapitalismus verzichtet, da dies einmal nicht Gegenstand dieser Untersuchung ist und zum anderen der Leser sich ein besseres Bild von dieser Theorie durch Studium der relevanten Lektüre machen kann, so z.B. bei BOCCARA u.a. (1972) oder WYGODSKI (1972).

liche Betätigung der Massen wuchs." (GESCHICHTE DER KÖRPERKULTUR IN DEUTSCHLAND von 1917 – 1945, BAND III, 1969, S. 28)

3. Neben den Vereinen der Sport- und Turnbewegung entstehen *staatliche* und *kommunale Sportorganisationen* (Post- und Eisenbahnsportverein z.B.) und die *Werksportvereine*. (Vgl. ebenda)

4. 1917 wird der „*Deutsche Reichsausschuß für Leibesübungen*" (DRA) gebildet, ein Gremium von Sport-, Monopol- und Staatsvertretern[19].

5. 1920 entsteht ein *Reichsbeirat* für körperliche Erziehung im Reichinnenministerium. Der DRA und die Zentralkommission für Arbeitersport und Körperpflege waren darin gleich stark vertreten.

6. Auf kommunaler Ebene bilden sich zur Zeit der Weimarer Republik 120 *Stadtämter für Leibesübungen* heraus.

An diesen Beispielen zeigt sich auf vielfältige Weise die Formierung des Sports, und ihr wesentlicher Inhalt wird deutlich: die politische Bindung der Sportbewegungen und der sporttreibenden Arbeiter an die Interessen der Bourgeoisie[20].

Neben der materiellen Unterstützung der Sportbewegung durch den Staat unterstützten die Monopole z.T. jene auch durch direkte finanzielle Zuwendungen[21]. Wir erkennen diese Maßnahme heutzutage an der

---

19 „Der DRA war kein Zentralverband der bürgerlichen Turn- und Sportbewegung, sondern ein Gremium von Sportführern und Sportförderern, das zur Interessenzentrale der Bourgeoisie im Sport wurde . . . Am Ende der Weimarer Republik umfaßte der DRA die Sportführer von 49 Verbänden, die Vertreter von 26 Regierungs- und Behördenstellen und 27 Universitäten und Hochschulen, die Vorsitzenden von 407 Landes- und Ortsgruppen sowie 91 persönliche Mitglieder." Aus: GESCHICHTE DER KÖRPERKULTUR . . . , BAND III, S. 32).

20 „Leibesübungen bedeuten für die Wirtschaft: Verringerung der Krankenkosten, Verringerung der Unfallkosten, Hinausschieben der Invalidität, den Produktionsgewinn der Gesundgebliebenen und Nichtverunglückten, die geistigen Abwehrkräfte gegen politische Verhetzung, die seelischen Abwehrkräfte gegen das Entseelte des tailorisierten Arbeitsvorgangs . . . (Die) geistige Beschäftigung mit sportlichen Problemen lenkt von vorzeitiger Politisierung ab. Der Besitzer der Treptower Radrennbahn berichtet, daß er jede kommunistische Versammlung um die Hälfte schwächen kann, wenn er zur gleichen Zeit Rad- und Motorradrennen einlegt. Wer diese geistige Beschäftigung als Sportverdummung ansieht, möge berücksichtigen, daß diese dem deutschen Volke immer noch billiger zu stehen kommt als politische Verdummung. . . Es nützt der Industrie nicht nur, wenn ihre eigenen Angestellten Sport treiben, die Industrie lebt ja ebenso vom Lebensstandard des ganzen Volkes, und für ihr eigenes Gedeihen ist es eine Befriedigung, ein Ausgleich der politischen Spannungen notwendig." Aus: TIMMERMANN 1973, Dokument VIII, Denkschrift von C. DIEM an die Spitzen der Wirtschaft vom 4.11.1926.

21 „Unschätzbare Dienste leisten die (. . .) Vereine durch ihre Arbeit auch der Deutschen Wirtschaft, die vielerorts bereits durch bedeutende Spenden ihr volles Verständnis für die ungeheure Wichtigkeit dieser deutschen Aufbauarbeit bewiesen hat und auch weiterhin ihre Mithilfe nicht vergessen sollte und auch nicht versagen wird." Aus: H.W. ZENGEN (1922): Das Vereinswesen im heutigen Deutschland. Ein Vademecum für Industrie-, Bank- und Handelskreise. Berlin, S. 15. Zitiert nach Geschichte der Körperkultur Band III, S. 39.

Form von Firmensportvereinen (BAYER Leverkusen, QUELLE Fürth, RÖCHLING Völklingen, SALAMANDER Kornwestheim) und der Beeinflussung des Sports über Werbegelder (Eintracht Braunschweig und JÄGERMEISTER, HSV und CAMPARI sowie Bayern München und ADIDAS).

Wesentlich für die Bestimmung des Verhältnisses von Staat, Monopolbourgeoisie und Sport wird nunmehr nicht länger das Problem, wie der Sportbetrieb über Einzelpersonen politisch reguliert, sondern wie er unter sich verschärfenden ökonomischen und politischen Bedingungen so „in den Griff“ genommen werden kann, daß der Sportbereich bei dem hohen Grad der Massenmobilisierung kein politischer Konfliktherd wird, aber dennoch die objektiv notwendigen reproduktiven Funktionen erfüllt.

Wie dieses Problem gelöst werden kann, ist mit eine Frage des jeweiligen politischen Kräfteverhältnisses und läßt sich keinesfalls mit einer Ausschließlichkeitsformel beantworten.

Historisch gesehen kennzeichnet die Entwicklung der Sportbewegung im Faschismus nach 1933 z.B. die offen terroristische Variante dieser Problemlösung: Der Sport wurde dem nationalsozialistischen Herrschaftssystem unterworfen, die Arbeitersportbewegung wurde organisatorisch zerschlagen und ihre Mitglieder politisch verfolgt.

Die derzeit angestrebte Lösung des Problems dürfte darin liegen, den Sport durch finanzielle und materielle Unterstützung durch den Staat und die Monopole politisch zu binden, um so die Schwierigkeiten der Sportorganisationen langfristig zu überwinden – es sei denn, die Mitglieder der Sportorganisationen würden den Sportbetrieb ausschließlich freiwillig organisieren, was aber allein angesichts der Entwicklungen im Spitzensport illusionär erscheint – oder man würde auf den Spitzensport verzichten, was wohl derzeit niemand ernsthaft diskutieren wird.

Unsere Aussage für das Wesen des Sports unter den Bedingungen des staatsmonopolistischen Kapitalismus, für das Wesen der Formierungsprozesse im Sport lautet daher, daß die Sportbewegung durch materielle und finanzielle Absicherung des Sportbetriebs politisch effektiver reguliert werden kann, was Konsequenzen für das politische Handeln der DSB-Sportführung hat. [22]

---

22 Vgl. hierzu ausführlich folgende Meldung der Frankfurter Rundschau im Zusammenhang mit der Vergabe der Turnweltmeisterschaften 1974. Diese Meldung soll deshalb ausführlich zitiert werden, weil sie exemplarisch recht deutlich die obige Aussage stützt:

„Im Hinblick auf den möglichen Start einer südafrikanischen Turnriege bei den Turnweltmeisterschaften war es zu Kontroversen im internationalen Turnerbund und zwischen Bundesregierung und DTB gekommen. Das auswärtige Amt schrieb dazu an den DTB:
‚Es ist nicht auszuschließen, daß sich die Bundesregierung als Mitglied der Vereinten Nationen im Falle einer nach Apartheid-Grundsätzen zusammengesetzten südafrika-

Die Art und Weise der Formierung unterscheidet sich wesentlich von einer lediglich über Personen vermittelten Beziehung zwischen Staat, Monopolen und Sport bei weitgehender Unabhängigkeit der Sportorganisationen. Dieser Aussage soll im folgenden Kapitel i.e. nachgegangen werden.

4. *Funktion und Formen gegenwärtiger Staatstätigkeit*

1. *Zur allgemeinen Situation in der BRD*

Vor dem Hintergrund der Darstellung in Kapitel III kommt der Frage nach den allgemeinen politischen Verhältnissen in der BRD insofern Bedeutung zu, als von ihrer Beantwortung politische Handlungsmöglichkeiten für eine Arbeit im Sportbereich abhängen; diese Frage ist auch für „Sportler" wichtig, da ihre Beantwortung auch die Lösung sozusagen sportlicher Probleme und Schwierigkeiten aufzuzeigen vermag.

Die Situation in der BRD ist momentan gekennzeichnet durch verstärkte Krisenerscheinungen und reaktionäre politischer Entwicklungen, durch eine Krise, die sich ständig verschärft, neue Ausmaße annimmt und weitere Bereiche des gesellschaftlichen Lebens erfaßt. Preissteigerungen, Abbau des Reallohns, Verstärkung der inflationären Tendenzen, Arbeitshetze und zunehmende Arbeitsplatzunsicherheit und steigende Zahl von Arbeitslosen – Wohnungsprobleme, Umweltverschmutzung, Bildungsmisere, Verschlechterung der Krankenversorgung und anderes mehr sind Symptome der allgemeinen Krise.

Für den Sportbereich lassen sich folgende Erscheinungen anführen: fehlende Sportstätten, mangelhafte Freizeitsporteinrichtungen und -angebote, Vernachlässigung des Breitensports, Schulsportmisere etc.

Die Ursachen für diese Krisensituation liegen einmal in den zunehmenden Verwertungsschwierigkeiten des Kapitals selbst begründet, die

---

nischen Riege gehalten sehen könnte, Schritte zu erwägen, die das Auftreten einer solchen Riege verhindern.' "

Die FR schreibt weiter:

„Bei einem Abstimmungsergebnis von 26:24 zugunsten Varnas wäre die WM um ein Haar für München bestätigt worden. Bundeskunstturnwart Albert Zellekens (Frankfurt) schließt nicht aus, daß man ‚in der Endkonsequenz die Weltmeisterschaften wieder hätte zurückgeben müssen.' Um diesen Eklat jedoch unter Umständen zu verhindern, spielte der Frankfurter Fabrikant auch mit dem Gedanken, durch persönliche Investitionen die Münchner Weltmeisterschaften zu retten. Zellekens: ‚Nach den Erkenntnissen der letzten Wochen mußten wir uns damit abfinden, weder vom Bund noch vom Land Bayern einen Pfennig Zuschuß zu erhalten.' Der WM-Haushaltsplan indes aber wies rund 1,5 Millionen Mark aus." Aus: FR vom 27.7.74 (Zellekens wollte die Münchner WM retten).

verschärft und zugespitzt werden durch die Auseinandersetzung zwischen dem imperialistischen System sowie den sozialistischen Ländern und den Ländern der sogenannten Dritten Welt. Vor diesem Hintergrund erweisen sich die Krisensymptome insgesamt als Zeichen der Überlebtheit des kapitalistischen Systems und der Notwendigkeit fundamentaler gesellschaftlicher Veränderungen. Das volle Aufbrechen der Widersprüche dieses Systems kann in zunehmendem Maße nur noch über direkte staatliche Maßnahmen verhindert werden. Diese Maßnahmen sind sowohl ökonomischer wie politischer Art; sie dienen in erster Linie den Interessen der herrschenden Monopole.

Die Politik des Staates ist darauf verwiesen, die Krise des Systems zu lindern und einen offenen Ausbruch zu verhindern. In ihren Maßnahmen verhält sich dabei die gegenwärtige Regierung, repräsentiert durch die sozialliberale Koalition, höchst ambivalent und widersprüchlich:

– Außenpolitisch ist gegenüber den sozialistischen Staaten eine realistische Entspannungspolitik eingeleitet worden;

– Innenpolitisch verstärken sich in allen Bereichen reaktionäre Entwicklungstendenzen. Die innenpolitischen Maßnahmen reichen als sogenannte innere Reformen von Versuchen, die Stabilität zu erhalten, über Maßnahmen zur Neuorganisation der Produktivkraft Wissenschaft (Hochschulrahmengesetz) bis hin zum Ausbau des Polizeistaatsinstrumentariums und verstärkter Disziplinierung fortschrittlicher Kräfte (Berufsverbote). (Vgl. STUBY 1973)

Hier soll sich das Interesse nun darauf richten, auf welche Weise politisch-ökonomische Grundverhältnisse und konkrete Entwicklungen des Gesamtsystems der BRD Entwicklungen im Sport beeinflussen bzw. bestimmen.

Dazu soll im folgenden herausgearbeitet werden, wieweit, warum und in wessen Interesse der Staat mit bestimmten Maßnahmen im Sportbereich eingreift. Es geht uns zunächst einmal darum, aufzuzeigen, in welchem Maße der Produktionsprozeß auf den Sport einwirkt, welche ökonomischen Prozesse die gesellschaftliche Krise bestimmen und welche Folgen dies für den Sport hat.

Wenn dabei auch noch keine detaillierte Ableitung von den aktuellen Entwicklungen im Produktionsbereich auf Entwicklungen im Sport geleistet werden kann, wird doch das Aufzeigen der grundlegenden Zusammenhänge von gesellschaftlicher Produktion und Sport zur Absicherung unserer Thesen beitragen.

2. *Produktion und Sport*

Wie wir in Kapitel III gezeigt haben, bestimmt die kapitalistische Produktionsweise den politischen, sozialen und kulturellen Lebensprozeß der BRD-Gesellschaft; dazu zählen wir auch den Sport.

Um Aufschluß darüber zu gewinnen, wie sich aus der materiellen Produktion die Beziehungen von Sport, Staat und Gesellschaft ableiten lassen, wollen wir mit folgenden Aussagen die Fragestellung, die wir eingangs skizziert haben, entwickeln. Es handelt sich dabei einmal um eine Äußerung des Bundeskanzlers Willy Brandt anläßlich seiner Regierungserklärung vom 18. Januar 1973 sowie um eine Äußerung von Wilhelm Kregel, dem ehemaligen Präsidenten des DSB.

In seiner Regierungserklärung sagt Brandt in bezug auf den Sport: „Für unsere Gesellschaft ist manches lebenswichtig geworden, was uns einer natürlichen Existenz wieder näherbringen kann – auch der Sport und das Spiel". („bilanz" 1973, S. 30)

Brandt begründet seine Aussage mit der Vermutung, „daß gerade auch der Sport das Verlangen nach der Freude am Leben erfüllen kann. Das ist um so wichtiger, weil unsere tägliche Existenz eingepfercht ist in die Normen einer oft monotonen und überstrapaziösen Arbeitswelt". (Ebenda)

Auch für Kregel ist der Sport ein Mittel gegen die „unmenschlichen Auswirkungen der Technisierung, Industrialisierung und des Konsums" (KREGEL 1971, Seite 64), die seiner Meinung nach das gesellschaftliche Leben der Menschen zerstören.

In den Aussagen von Brandt und Kregel wird Sinn und Zweck des Sports aus dem Charakter der Arbeit im Kapitalismus heraus begründet. Dabei fällt auf, daß die besondere Form der Arbeit unter kapitalistischen Produktionsverhältnissen zwar geahnt, nicht aber als solche offen thematisiert wird.

Dieser Zusammenhang ist entscheidend, denn: Der Zwang kapitalistischer Lohnarbeit, der einseitig profitorientierte Zweck der Arbeit und ihr Ausbeutungscharakter sind wesentliche Momente des Verhältnisses von Sport und Arbeit. Die obigen Merkmale kennzeichnen zutreffend die Arbeit im Kapitalismus. Der unmittelbare Arbeitsprozeß ist nicht der Ort, wo sich die Persönlichkeit des arbeitenden Menschen so vielseitig wie notwendig entfalten könnte. [23]

---

23 „Was bist du, junger Genosse, während der 8 Stunden täglicher Lohnarbeit? Zwei Hände! Sie halten die Zange, mit der du den Eisenstab deinem Kollegen zur Rechten abnimmst, in die Glut legst und ihn weißglühend dem Nachbarn zur Linken weitergibst. Deine Füße rühren sich nicht vom Fleck; deine Beine sind Säulen. Wozu haben sie Muskeln, wozu ein Gelenk? Dein Rumpf birgt den Hohlraum, der dem Feuerloch einer Dampfmaschine entspricht; er wird gespeist wie jenes, auf daß deiner Hände Bewegung nicht ins Stocken geraten. Und dein Kopf, dein Gehirn? Es überträgt gleich dem Kolben der Maschine die Kraft, die in dir steckt, in die jeweilige Bewegung deiner Arme und Hände, die von dir gefordert wird. Fängt es einmal an zu denken und steigt mit dir fort aus dem Getöse der Fabrik zu Muttern, zum Freund oder gar zur Freundin, gleich ruft ein ‚Mensch, paß op' deine Gedanken von ihrer Tätigkeit ab. So bist du 8 Stunden täglich Hand und Arm . . ." Aus: ATZ, 14.7.1920, Seite 132 (Der Sport als Mittel oder Selbstzweck?)

Von daher gesehen hat der Sport u.a. die Funktion, eine Einheit im menschlichen Lebenszusammenhang herzustellen, der im Produktionsprozeß in der Form des Arbeits- und Verwertungsprozesses extrem auseinanderfällt. [24]

Die kapitalistische Produktion ist Produktion von Mehrwert, als solche produziert sie „nicht nur die Verkümmerung der menschlichen Arbeitskraft, welche ihrer normalen moralischen und physischen Entwicklungs- und Betätigungsbedingungen beraubt wird. Sie produziert die vorzeitige Erschöpfung und Abtötung der Arbeitskraft selbst. Sie verlängert die Produktionszeit des Arbeiters während eines gegebenen Termins durch Verkürzung seiner Lebenszeit." (MEW, 23, 1972, S. 281)

Der Arbeiter verfügt nicht frei über den Gebrauchswert seiner Arbeitskraft (wohl aber über deren Tauschwert). Damit verfügt er auch nicht über die Mittel, die seine Arbeitskraft erst in Bewegung setzen, und auch nicht über die Mittel zur Reproduktion seiner Arbeitskraft und allseitigen Entwicklung. Es versteht sich von daher, daß der Arbeiter in erster Linie „nichts ist außer Arbeitskraft, daß daher alle seine disponible Zeit von Natur und Rechts wegen Arbeitszeit ist, also der Selbstverwertung des Kapitals angehört. Zeit zu menschlicher Bildung, zu geselligem Verkehr, zum freien Spiel der physischen und geistigen Lebenskräfte, selbst der Feiertag des Sonntags"(MEW, Band 23, 1973, Seite 2) sind, wenn es nach den Kapitalisten ginge und die Arbeiterklasse im ständigen Kampf um ihre Rechte keinen Erfolgt gehabt hätte, „reiner Firlefanz".

Die Erscheinungsformen der Ausbeutung haben sich zwar heutzutage verändert, nicht aber der grundlegende Charakter der kapitalistischen Lohnarbeit. So haben sich die Auswirkungen der Produktion auf den physischen Fonds der Werktätigen tendenziell verlagert. Wir können beobachten, daß die technischen Entwicklungen die Tätigkeiten des Arbeiters im Produktionsprozeß permanent umwälzen und damit insgesamt zu neuen Formen der Belastung führen. Dies trifft vor allem im Hinblick auf die

---

24 Hieraus erklären sich auch die ideologischen Verzerrungen der Wirklichkeit, wie sie uns in der bürgerlichen Sporttheorie in der Auffassung vom Sport als Freiraum und Bereich menschlicher Selbstverwirklichung immer wieder begegnen; aber gerade darin liegen wesentliche, bürgerlich-orientierte politische Funktionen des Sports und die verschiedensten idealistischen Theorien über ihn begründet. Unter anderem heißt es, daß der Sport der einzige Bereich sei, in dem die Individuen die Herstellung eines Produkts, ihre sportliche Leistung, noch selbst verfolgen und regulieren könnten (LENK 1972) und in dem daher gesellschaftliche Entfremdung abgewehrt und aufgehoben werden könnte (LENK 1973).

Lenk, der diese Thesen vertritt, übersieht dabei, daß der Sportler – und hier vor allem im Bereich des Breitensports – nicht nur sich selbst irgendwie produziert, sondern sich zugleich als Gebrauchswert für das Kapital reproduziert. (MARX, o.J.) Das Kapital verfügt über den Einsatz der Arbeitskraft, die auch der „Sportler" verkaufen muß, um leben zu können (im Berufssport kann er das – wenn auch mit der allgemeinen Situation des Lohnarbeiters nur sehr bedingt vergleichbar – sogar unmittelbar mit seiner sportlichen Tätigkeit verbinden).

zunehmende Intensivierung des Arbeitsprozesses zu. Die Folgen der wissenschaftlich-technischen Revolution unter kapitalistischen Produktionsverhältnissen haben z.B. zu einer verstärkten Reduktion bzw. zu einer Veränderung und Vereinseitigung der Bewegungs- und Handlungsstrukturen innerhalb und außerhalb des Arbeitsprozesses geführt. Damit haben aber zugleich die nervlichen und emotionalen Belastungen zugenommen. „Die Verschlechterung des physischen Fonds infolge ungenügender Bewegung nimmt mancherorts krasse Formen an. In dieser Hinsicht ist in Zukunft eine rationelle Regelung des Bewegungsregimes geboten, das die entsprechende Arbeitsbelastung durch Sport und Körperkultur ausgleicht und als aktives Ausruhen eine wichtige Form der Entfaltung der körperlichen wie der geistigen Kräfte des Menschen darstellt" .(RICHTA u.a. 1971, S. 88/89 l, Teil III) [25]

---

25 In der BRD wird der „Sport am Arbeitsplatz" (Vgl. PALM 1971 u. EICHLER 1972) bereits erprobt. Daran zeigt sich, daß die Auswirkungen des kapitalistischen Arbeitsprozesses auf den Verwertungsprozeß des Kapitals gesehen werden. Einzelne Betriebe schaffen bereits eigene Sportstätten. (Vgl. WESER–KURIER vom 13.31973) Der Sport soll u.a. gezielt eingesetzt werden, um den Arbeiter gesund zu erhalten; das zielgerichtete und regelmäßige Sporttreiben soll zum Wohlbefinden des einzelnen und zur beruflichen Leistungsfähigkeit beitragen. (Vgl. PALM 1971, Seite 18) Hiermit ist keineswegs ausgesagt, daß Sport als ein Mittel zur Reproduktion der Arbeitskraft nicht grundsätzlich im Interesse der Arbeiterklasse läge. Im Gegenteil. Nur muß eben festgehalten werden, daß unter kapitalistischen Bedingungen diese reproduktive Möglichkeit nur insoweit und in solchen Formen organisiert wird, wie sie mit dem Profitinteresse des Kapitals vereinbar sind; die vorliegenden Programme zur Bewegungspause zeigen das beispielhaft.

Wenn sich auch die Diskussion um Sport am Arbeitsplatz vorerst noch in ihrem Anfangsstadium befindet, so lassen sich allein aus der Tatsache, daß erste Bestrebungen in dieser Richtung anzutreffen sind, und in bezug auf unsere bisherigen Ausführungen zwei Punkte festhalten, die die Zusammenhänge von Produktion und Sport belegen:

1 Die Überlegungen einzelner Firmen wie die von Politikern gehen – bewußt oder unbewußt – von der Tatsache aus, daß Sport ein wesentlicher und notwendiger Bereich zur Wiederherstellung der Arbeitskraft ist – ganz im Gegensatz zu vielen bürgerlichen Sporttheoretikern.

2 Aufgrund der Arbeitshetze und der Bewegungsarmut im Produktionsprozeß wächst das Interesse der arbeitenden Bevölkerung an regelmäßiger sportlicher Betätigung; es findet seinen Ausdruck z.B. im Jedermann-Sport, in der Trimm-dich-Aktion, im Sporturlaub etc. (Vgl. EICHLER/SCHERHORN 1971)

Wenn es in diesem Zusammenhang in manchen Arbeiten über die Teilnahme am Sportbetrieb heißt, daß gerade Arbeiter nicht aktiv am Sportgeschehen teilnahmen und eher passive Formen der Reproduktion bevorzugen (vgl. OSTERLAND u.a. 1973), so sagt dies nichts über die tatsächlichen Beziehungen der Arbeiter zum Sport aus.

Diese These unterschlägt einmal das reale Bedürfnis der arbeitenden Bevölkerung nach reproduktiver Betätigung im Sport, zum anderen die reale Situation der Arbeiterklasse insgesamt, die dem einzelnen Arbeiter vielfach außer Zuschauen keine Zeit und Gelegenheit läßt, sich aktiv am Sport zu beteiligen. Es wäre also vielmehr zu fragen, welche objektiven und subjektiven Gründe dazu führen, daß Arbeiter trotz ihrer objektiven Bedürfnisse relativ wenig am aktiven Sportgeschehen teilnehmen.

Während die Entwicklung der Produktivkräfte und die Vergesellschaftung weiter Lebensbereiche objektiv die Vergesellschaftung des Sports hervorrufen und die Voraussetzungen dafür schaffen, daß der Sportbereich bewußt geplant und in den gesellschaftlichen Reproduktionszusammenhang integriert werden kann, verhindert die privatkapitalistische Orientierung staatlicher Politik eine objektiv notwendige Weiterentwicklung des Sports. Staatliche Maßnahmen sind immer noch schwerpunktmäßig auf den Spitzensport ausgerichtet und weiten sich nur allmählich auf andere Bereiche des Sports aus. Diese Prozesse stehen am Beginn einer Entwicklung zur umfassenden finanziellen und materiellen Förderung des Sports – sie scheinen allerdings unaufhaltbar. [26]

3. *Sport und Sportvereine*

Für jeden, der im Sportbereich „schreibend" oder anders praktisch tätig ist, steht fest, daß der Sport eine bedeutsame Erscheinungsform des gesellschaftlichen Lebens ist (BAITSCH u.a. 1972). In der Organisierung dieses Lebensbereichs spielen die Sportvereine und -verbände eine wichtige Rolle. Ihre politische und ökonomische Funktion steht außer Zweifel, vor allem deshalb, weil sie einen nicht unwesentlichen Teil der physischen Reproduktion der Arbeitskraft und der ideologischen Erziehung für den kapitalistischen Produktionsprozeß leisten, und dies noch dazu in hohem Maße gratis.

Der bürgerlich-kapitalistische Staat weiß um die wichtige politische Funktion der Sportvereinigungen und hat daher schon immer mit einzelnen Maßnahmen und über einzelne Personen aus Wirtschaft und Politik den Sport gefördert und ihn politisch ideologisch abgestützt. Aber dennoch hat der Sport immer seine Eigenständigkeit im Rahmen seiner allgemeinen Funktionen zu wahren versucht.

Um die neue Qualität der verstärkten Staatseingriffe auch im Sport, von denen hier die Rede ist, zu begreifen, werden wir kurz auf die bürgerliche Sportorganisationen eingehen; und zwar aus folgenden Gründen:

---

26 Dies läßt sich z.B. an folgender Formulierung zur Sportförderung des Bundes ablesen: Während sich der Bund in früheren Jahren (vgl. WEINBERG 1973) allein für eine Förderung des Spitzensports zuständig hielt, heißt es zur Sportförderung 1973: „Im Rahmen des haushaltsmäßig Möglichen soll die finanzielle Beteiligung des Bundes an zentralen Maßnahmen des DSB auf dem Gebiet des Breitensports in den folgenden Jahren weiter verstärkt werden. In diesem Zusammenhang soll ausdrücklich darauf hingewiesen werden, daß sich die Finanzierungskompetenz des Bundes zwar auf zentrale Maßnahmen der Spitzenorganisationen des deutschen Sports bezieht, aber in diesem Rahmen nicht auf Maßnahmen für den Hochleistungssport beschränkt ist. Bundesmittel werden deshalb künftig beispielsweise auch für eine zentrale Schulung von Vereinsübungsleitern eingesetzt werden können. Damit wird der Förderungsrahmen des Bundes künftig nicht unerheblich ausgeweitet." Aus: Sportförderung des Bundes 1973 – 1976, Bonn, 1973, S. 9/10.

– Die bürgerlichen Sportorganisationen sind die Hauptvertreter des BRD-Sport;

– Die bürgerlichen Sportorganisationen verstehen sich selbst als Sachwalter des westdeutschen Sports und lehnen verbal Staatseingriffe ab;

– Die bürgerlichen Sportorganisationen versuchen, jede Aktivität im sportlichen Bereich zu kontrollieren und zu beeinflussen; sie beanspruchen quasi ein Sportmonopol.

Ihrer inhaltlichen Zielbestimmung nach verstehen sich die Vereine als Organisationsformen allgemein menschlicher Selbstbetätigungsweisen. Dies drückt sich z.B. im Begriff der „freien Vereinigung" aus, die die Sportvereine zu sein beanspruchen. Als solche freie Vereinigung verfolgen die Sportorganisationen vielfältige, in der Hauptsache privat orientierte Interessen, die an den Normen und Werten der herrschenden Klasse ausgerichtet sind. So erfüllt der Sport „in der modernen Gesellschaft wichtige biologische, pädagogische und soziale Funktionen. Die deutsche Turn- und Sportbewegung ist verpflichtet, Bedeutung und Aufgaben des Sports und der Leibeserziehung ständig zu überdenken und sich um ihre angemessene Einordnung in den Kulturbereich zu bemühen." (KLEIN 1972, Kapitel A II, Seite 1)

Oder: „Sport im Dienste der Freiheit und der Menschenwürde, darum geht es uns. Freie Menschen im freiwilligen sportlichen Spiel, das ist es, was wir wollen". (KREGEL 1971)

Die freie Entfaltung der Persönlichkeit und die Selbstbestätigung der Individuen im Sport sind zentrale Motive, von denen her der bürgerliche Sport sein Selbstverständnis ableitet. Sein Verhältnis zum Staat bezeichnet er als ein partnerschaftliches: „Die deutsche Turn- und Sportbewegung bekennt sich zu den Grundsätzen und Forderungen (ihrer) Charta. Dieses Programm beruht auf der Initiative freier Bürger; es bedarf zu seiner Erfüllung der Mitwirkung des ganzen Volkes. Schule und Elternhaus, Kirche und Staat, alle gesellschaftlichen Gruppen und die politischen Parteien sind zur Partnerschaft aufgerufen". (Vgl. WINKLER 1972, Seite 124)

Angesichts der gesellschaftlichen Probleme und der Widersprüchlichkeiten innerhalb des Sportbereichs erscheinen die Vorstellungen der offiziellen Sportvertreter illusionär bzw. einer Zeit angehörig, die durch die Anfänge der Sportbewegung charakterisiert ist. Dennoch ist die objektive Funktion und normative Kraft dieser Aussagen nicht zu übersehen: Sie sollen den Sport als Gegenraum zur Arbeitswelt rechtfertigen und bilden das ideologische Fundament zur Abwehr alternativer Sportvorstellungen.

Wie sieht nun die Wirklichkeit der Vereine aus?

Die Vereine klagen über personelle Probleme und finanzielle Sorgen, die sich z.B. durch das rapide Anwachsen der breitensportlichen Aktivität der Bevölkerung verschärfen (vgl. FAZ vom 25.5.1974: Die Sportvereine: Drei Milliarden Eigenleistung). Die Appelle Weyers, des derzeitigen DSB-Präsidenten, zur Rückbesinnung auf die Eigenleistungen der Vereine, auf Freiwilligkeit und Ehrenamtlichkeit bleiben moralische Appelle (vgl. FAZ vom 10.12.74:

Weyer ruft die Vereine zur Besinnung auf), wenn er an anderer Stelle die folgende Lösung finanzieller Probleme angedeutet: „Vielleicht wäre das Problem der Werbung im Sport gar nicht erst aufgekommen, wenn diese Entwicklung rechtzeitig erkannt und angemessene Maßnahmen ergriffen worden wären." (FAZ vom 2.12.74: Konzertierte Aktion von Sport und Staat angestrebt). Welcher Art die „angemessenen" Maßnahmen sind, läßt Weyers Auffassung erkennen, daß „ohne die Hilfe der öffentlichen Hände das Problem der Werbung nicht zu lösen" ist. (Ebenda)

Vor allem Stellung und Funktion des Spitzensports im nationalen und internationalen Maßstab lassen eine „öffentliche Hilfe" politisch notwendig erscheinen.

„Wenn wir die Einsicht in die notwendigen Schritte jetzt nicht besitzen, worden sie uns spätestens die Olympischen Spiele 1976 mit programmierten Erfolgen der Sportler aus den sozialistischen Ländern bringen." Und: „ ... der Sport (ist) längst zu einer Pflichtaufgabe des Staates geworden. " (Ebenda). Letztendlich aber soll bewiesen werden, „daß unser demokratisch-föderatives System mit seinen hohen freiwilligen Leistungen (. . .) genau so erfolgreich arbeiten kann wie ein zentralistisches." (Ebenda) [27] Die politische Funktion des Sports wird aus den Worten des DSB-Präsidenten Weyer hinreichend deutlich; Rigauer (1970, S. 51) sagte dazu an anderer Stelle und schon zu einem früheren Zeitpunkt: „Die gesellschaftlichen und politischen Funktionen der Sportvereine und -verbände in der BRD liegen 1) in einer zunehmend immanent zweckrationalen Organisation des Sportbetriebs innerhalb von Interessengruppen und -verbänden; 2) in einer Ideologisierung des Sports als eines Handlungsbereichs nationalintegrativer Symbole; sowie 3) leistungs- und 4) sozialintegrativer Symbole; 5) in einer Entpolitisierung der Sportbewegung und 6) in einer organisatorischen Einengung der sporttreibenden Individuen".

Rigauer verweist in der obigen These auf die insgesamt systemerhaltende politische Funktion der bürgerlichen Sportorganisationen. Nun ist es nicht so, daß die politische Funktion des Sports für das Gesamtsystem in jedem Fall und zu jeder Zeit identisch wäre mit den konkreten Bedürfnissen und Motiven der Sporttreibenden selbst und allein im Spitzensport wirksam würde. Es ist aber ebensowenig der Fall, daß die Sportler ihre politischen Interessen im Sport beliebig subjektiv bestimmen und verfolgen könnten. Inwieweit sich politisches Bewußtsein als richtige Erkenntnis der objektiven Struktur und Funktion des Sports unmittelbar aus der sportlichen Betätigung entwickelt, ist eine sehr wichtige Frage, der wir uns nachfolgend zuwenden wollen.

---

27 Politisch-ideologisch „rückübersetzt" hieße die Aussage Weyers (und dies wirft ein Licht auf die „Logik" dieser Aussagen): Mir will nicht in den Kopf, daß ein besseres System wie das unsrige nicht genau so gut für den Sport ist wie ein schlechteres in der DDR.

Dazu gehen wir erneut auf Zusammenhänge von kapitalistischer Produktionweise und Arbeitsprozeß ein, um festzustellen, ob und in welcher Form sie die sportliche Betätigung beeinflußen.

4. *Zur Analyse sportlicher Tätigkeit*

Die kapitalistische Produktionsweise hat auf seiten des Arbeiters dazu geführt, daß er nichts ist außer Arbeitskraft, die er austauscht gegen Lohn. Durch den Verkauf seiner Arbeitskraft an den Kapitalisten, den Besitzer der Produktionsmittel, übt dieser die Verfügungsgewalt über den Einsatz der Arbeitskraft und damit zugleich über den Einsatz des Arbeiters aus; die Arbeitskraft ist der entscheidende Gebrauchswert für den Kapitalisten, da sie „Quelle von Mehrwert" ist. Der kapitalistische Produktionsprozeß ist die Einheit von Arbeits- und Verwertungsprozeß. Da der Schwerpunkt auf der Verwertungsseite liegt, bestimmt diese den Arbeitsprozeß.

Im Arbeitsprozeß leistet der Arbeiter nicht primär konkret-nützliche Arbeit, sondern abstrakte Arbeit, d.h. er verausgabt seine Arbeitskraft in einer bestimmten Zeitspanne (Arbeitstag). Sie bemißt sich nach der gesellschaftlich notwendigen Durchschnittsarbeitszeit, die für die Herstellung eines bestimmten Produkts aufgewendet werden muß; darüber hinaus leistet er Mehrarbeit für den Kapitalisten. Die Teilung der Arbeit im Produktionsprozeß, der Charakter der Arbeit als abstrakte Arbeit und damit – als Resultat – die Reduzierung des Arbeiters auf eine Detailgeschick rauben ihm nicht nur die Möglichkeit, in der Arbeit schöpferisch und vielseitig tätig zu sein, sie schließen ihn auch von den Entscheidungsprozessen über den Einsatz der Produktionsmittel, der Verwendung der Produktivkräfte, Nutzung der Arbeitsergebnisse aus und bewirken Entfremdungsprozesse (vgl. OPPOLZER 1974), die den subjektiven Faktor (vgl. CAGIN 1974) und das Handlungssystem der Menschen (vgl. VOLPERT 1974) auf vielfältige Weise beeinflussen. Dieser Vorgang wird bis in einzelne Arbeitshandlungen wirksam.

Die Teilung der Arbeit und die kapitalistische Organisation des Produktionsprozesses partialisieren die Persönlichkeit des Arbeiters. Seine Arbeitshandlungen sind *„isoliert,* d.h. der Gesamtzusammenhang der gesellschaftlichen Arbeit wird vom Handelnden nicht mit erfaßt und mit bestimmt; sie sind *restringiert,* d.h. der individuelle Handlungszusammenhang ist im Sinne einer Unterentwicklung umfassender und komplexer Planungsvorgänge gestört." (VOLPERT 1973, S. 37; Hervorhebungen im Original)

Obwohl die Handlungen des Arbeiters ideell ganzheitlich sind, führt der kapitalistische Arbeitsprozeß dazu, daß der Arbeiter nur „Hand" ist und vor allem die intellektuelle Ebene der Handlungsregulation in den Arbeitshandlungen tendenziell ausgeblendet ist. Die geistigen und schöpferischen

Fähigkeiten der Arbeiter ruhen oder werden auf andere – meist private – Bereiche verlagert (Hobbies, individuelle Bildung, Sport etc.).

Daraus kann gefolgert werden, daß die Handlungs- und Denkstrukturen der Menschen entscheidend durch ihre Arbeit und ihre Stellung im Produktionsprozeß bestimmt werden, was Ergebnisse der Arbeitswissenschaft bestätigen können. (vgl. VOLPERT 1971; HACKER 1973)

Danach würden in anderen gesellschaftlichen Bereichen die Handlungs- und Denkstrukturen, die im Produktionsprozeß ausgebildet worden sind, auf die konkreten Handlungen der Menschen generell einwirken, was nicht heißt, daß sie mit den Handlungen der Arbeit identisch sind.

Auf dieser theoretischen Grundlage kann das Verhältnis von Sport und Arbeit konkret untersucht werden, indem die Kategorie der konkreten und abstrakten Arbeit begrifflich auf eine Analyse von Handlungen im Sport ausgeweitet wird: Umgangssprachlich wird der Sport allgemein in Spitzen-(Leistungs-) und Breitensport unterschieden. Auf der Ebene dieser Begrifflichkeit und unter quantitativem Aspekt würde Spitzensport Sport einiger weniger Sportler bedeuten; diese Sportler zeichnen sich qualitativ durch hervorragende sportliche Leistungen aus. Breitensport wäre demzufolge Sport breiter Bevölkerungsschichten, wo – in negativer Abgrenzung zum Spitzensport – in der Regel keine Spitzenleistungen erbracht werden, was nicht ausschließt, daß sich aus dem Kreis der Breitensportler Spitzensportler entwickeln (sogenannte Talente).

Die qualitativen Aspekte des Breitensports umfassen Erholung, Gesundheit, Kompensation, Freizeitgestaltung usw., also wesentlich Inhalte, die auf die Funktion des Sports zur Reproduktion der Arbeitskraft hin weisen.

Was unterscheidet den Breitensport außer einer Negativabgrenzung nun wesentlich vom Spitzensport?

In der bisherigen Betonung der reproduktiven Funktion des Sports haben wir allgemein herausgestellt, daß Reproduktion einmal die physische Reproduktion meint (die Wiederherstellung der Arbeitskraft), ohne daß wir damit Sporttreiben auf den physischen Aspekt reduziert hätten, wodurch wir indirekt dem Dualismus Körper-Geist erlegen wären. Die Reproduktion ist nicht nach der physischen Seite hin allein zu betrachten – und selbst als solche ist sie stets an Wahrnehmungs- und Denkprozesse (sensumotorische Handlungsabläufe) gebunden –, sondern sie ist zugleich eine besondere Art, in der die Menschen ihre sozialen Beziehungen, den gesellschaftlichen Charakter ihrer Tätigkeit realisieren und zum Ausdruck bringen.

Der Sport ist ein individueller Handlungs- und gesellschaftlicher Tätigkeitsbereich, wodurch die Handlungen der Menschen im Sport einen über den naturnotwendigen Aspekt der physischen Reproduktion hinausgehenden sozialen Aspekt erhalten. Darin zeigt sich der nützliche, gesellschaftliche Charakter des Sports (Sport für wen?). Den „Sportlern" ist dies aber nicht ohne weiteres einsichtig und wird aus einer „Rolle vorwärts" nicht ersichtlich: Der nützliche Charakter des Sports muß, da er gesellschaftlich bedingt ist, gesellschaftlich vermittelt werden (was z.B. über Erziehung, Sozialisation sowie politische und gewerkschaftliche Aktivitäten auch geschieht).

Wenn wir unter Anwendung der Kategorien abstrakte und konkrete Arbeit sportliche Tätigkeit und Handlungen untersuchen, sind für uns Handlungen konkret, wenn überwiegend der nützliche Charakter der Tätigkeit erhalten geblieben ist, da sich z.B. hauptsächlich von daher politisches Bewußtsein entwickelt und sich die politischen Interessen der arbeitenden Bevölkerung vermitteln lassen, indem bewußt und unmittelbar an Bedürfnisse und Interessen im Sport angeknüpft werden kann (Gebrauchswertorientierung des Sports *für* die Arbeiter).

Abstrakt sind Handlungen überwiegend dann, wenn sie mehr und mehr die Form einfach strukturierter Handlungsabläufe annehmen, mechanische Tätigkeit werden, die zwar durchaus auf hohem Niveau stehen kann, die aber extrem einseitig ist und in der der nützliche Charakter für die entsprechenden Individuen weitgehend in den Hintergrund getreten ist, ja außerhalb des objektiven Interesses der Individuen liegen kann.

Wir vermuten, daß letzteres für den Spitzensport in der BRD zutrifft. Der Spitzensport ist eine überwiegend abstrakte Form der körperlichen Betätigung, bei der es um die effektive Umsetzung sportlicher Fertigkeiten in Höchstleistungen geht.

Dies bedingt wiederum, daß ein Spitzensportler in der BRD weitgehend viele seiner objektiven Interessen [28] zurückstellen muß, also auch bewußtseinmäßig von ihnen absehen, abstrahieren, können muß, da er sonst nicht dazu in der Lage sein könnte, Höchstleistungen im Sport zu erbringen. Dieser Vorgang zeigt sich exemplarisch am numerus clausus Problem für Spitzensportler[29].

Die Absehung von den unmittelbaren Lebensinteressen ist aber nicht zwangsläufig, weil im Sport prinzipiell angelegt, sondern sie folgt aus der

28 Die Lebensinteressen zeigen sich in der Gesamtheit schulischer und beruflicher Qualifizierung; einer gesicherten Berufsperspektive; Förderung der Sportler bei gleichzeitiger demokratischer Mitbestimmung (also: keine Sportförderung bei Ausnutzung der dadurch hervorgerufenen Situation der materiellen Abhängigkeit).

29 Wie sehr die angeblich ‚totale' Freiwilligkeit der Entscheidung, Spitzensport zu betreiben, sich gegen die Aktiven zu wenden scheint, belegen die Äußerungen von H. Berlin, Direktor der Zentralstelle für die Vergabe von Studienplätzen:

„Die sportliche Betätigung von Hochleistungssportlern beruht auf einer freiwilligen Entscheidung. Sofern Hochleistungssportler wegen ihrer sportlichen Betätigung den erforderlichen Notendurchschnitt oder die Hochschulzugangsberechtigung in der normalen Zeit nicht erreichen, ist dies somit auf Umstände zurückzuführen, die diese Personen selbst zu vertreten haben." (FR vom 21.3.1974; Die Hochschulen sperren sich).

Die Logik der Argumentation ist einsichtig und entspricht der seit Jahren geäußerten Auffassung von der Freiwilligkeit und damit auch Risikobereitschaft, Spitzensport zu betreiben; eben dadurch unterscheiden sich der herrschenden Ideologie zufolge westdeutsche Spitzensportler von „Staatsamateuren sozialistischer Länder"

Organisation von Spitzensport in einem kapitalistischen System. Sie kann gewissermaßen „zurückgenommen" werden, das aber heißt u.U. Ausstieg aus dem Spitzensport, wofür unlängst die Schwimm-Europameisterin Justen ein Beispiel lieferte (vgl. FAZ vom 8.2.1975).

Im Breitensport, wo hauptsächlich die Reproduktion der Arbeitskraft geleistet wird und Formen der Geselligkeit praktiziert werden können, ist der konkrete, nützliche Charakter tendenziell erhalten geblieben; diese Betätigung ist motivational enger an die unmittelbaren Interessen gekoppelt und erlaubt entsprechende Handlungsorientierungen. Der Breitensport läßt Spielräume zu für die freie Gestaltung sozialer Beziehungen im Sport sowie für freiere Handlungsformen, die von den Normierungen des Spitzensports noch nicht vollständig erfaßt sind. Allerdings gibt es auch im Breitensport Erscheinungsformen, die, ähnlich wie im Spitzensport, normierten Leistungscharakter tragen (siehe am Beispiel der Trimmspirale etc.) und in denen sich über bestimmte Fertigkeitsmuster und Trainingsformen der abstrakte und beliebige Charakter der Handlungen im Sport durchsetzt (Sport als bloßer Konsum oder bloße Dienstleistung).

Wenn auch die politische Funktionalisierung dieses Bereichs über die bürgerlichen Sportorganisationen geleistet wird, so bietet der Breitensport nichtsdestoweniger konkrete und vermittelbare Ansatzpunkte für eine politische Arbeit im Sport z.B. über breitensportliche politische Forderungen oder über veränderte Formen und Inhalte des Sporttreibens [30], ohne dabei den Normierungen des Spitzensport zu verfallen.

(FAZ vom 2.12.74). So verwundert in diesem Zusammenhang die Antwort des damaligen DSB-Präsidenten Kregel:

„Wir haben schon 1966 ausgeführt, daß die Gesellschaft vom Sport Höchstleistungen verlangt, das Streben nach Leistungen und Rekord tief in das Leben des Leistungssportlers eingreift und aus diesem Grunde Sport und Gesellschaft verpflichtet sind, dem Leistungssportler durch menschliche Führung zu helfen und ihn bei Lösung seiner sozialen Probleme zu unterstützen." (FR vom 21.3.74). Diese Aussage ist zu begrüßen (wenngleich sie aus dem Munde „linker" Kritiker belächelt worden wäre), doch was hat der DSB seit 1966 politisch dafür getan, die Situation der Spitzensportler zu verbessern? Solange daher die Aktiven selbst nicht ebenso ‚aktiv' ihre Interessen wahrnehmen, kann davon gesprochen werden, daß sie Objekte einer vielfach von ihnen nicht gewollten und politisch unbegriffenen Situation sind. Siehe dazu einmal den Hürdensprinter G. Nickel, der laut Bremer Nachrichten vom 4.12.74 von der Sporthilfe sagte, daß diese ein „totales Engagement" der Spitzensportler zur Voraussetzung von Hilfe mache. Zum andern die Stoßrichtung einer Aussage des Schwimmers F. Meeuw: „Wir haben in Herzogenaurach zwei Tage lang um unser Selbstverständnis als Spitzensportler gerungen. Wir wollen den linken Kritikern des Leistungssports beweisen, daß uns auch ein Platz in unserer Gesellschaft zusteht." (FAZ vom 10.12.74). Als ob es die ‚linken' Kritiker wären, die so etwas verhindern wollten oder gar könnten!

30 „Unser gesamtes sportliches Geschehen steht – zumindest von außen gesehen – im Zeichen des Hochleistungssportes, des Leistungssports überhaupt. Auf ihn richtet sich das Interesse aller. Die Spitzensportler sind die gehätschelten Kinder der Nation, denen jede Förderung zuteil wird. Keine Kosten und Mühen werden gescheut, damit die Muskeln Medaillen bringen und die Athleten neue Rekorde aufstellen. Die Massen-

Die bisherigen Ausführungen machen die Ambivalenz des Sports in der BRD für die Interessen der arbeitenden Bevölkerung deutlich:

– Einerseits ist er wichtig für Entwicklung, Wiederherstellung und Erweiterung menschlicher Fähigkeiten und objektiv notwendig;

– andererseits nimmt der organisierte Sport politische Funktionen wahr und vermittelt ein bestimmtes gesellschaftliches Bewußtsein an die arbeitende Bevölkerung, welche beide nicht den objektiven Interessen der Arbeiterklasse entsprechen.

Wie diese Ambivalenz politisches Handeln im Sport beeinflußt, hängt von der jeweiligen gesellschaftlichen Entwicklung und den politischen Verhältnissen ab und wird entscheidend mit bestimmt durch die Politik des Staates.

Hinsichtlich der von uns untersuchten Formierungsproblematik können wir als Ergebnisse festhalten, daß die Eigenständigkeit des Sports bei Erhalt seiner Struktur und Funktionen in zugespitzten Situationen der historischen Entwicklung eine politisch funktionierende Parteinahme für die herrschende Klasse nicht mehr garantiert und eine Integrationstätigkeit des Staates verlangt. Dies kann nicht länger über Personen allein geschehen. Es sind folgende Varianten politischer Beherrschung des Sportbereichs historisch möglich:

1) Die totale Unterordnung und Vereinnahmung des Sports (vgl. zur Zeit des Faschismus)

2) Die Übernahme der finanziellen und materiellen Basis der Vereine und Sportorganisationen durch den Staat zum Zweck einer gezielten Intervention in den Reproduktionsbereich Sport.

Eine solche Intervention ist aber erst dann möglich, wenn der Sport als Massenbewegung und in seinen Funktionen nicht mehr allein von den Sportorganisationen getragen werden kann (objektive Prozesse der Vergesellschaftung) sowie die internationale sportliche Wettkampftätigkeit aus Gründen der nationalen Repräsentanz und der Systemauseinandersetzung zur Darstellung der Überlegenheit des 'freien' Sports gegenüber dem 'Staatssport' in den sozialistischen Ländern notwendig ist, ebenfalls aber nicht allein von den Sportorganisationen getragen werden kann.

Weitere Grundlagen gezielter Staatstätigkeiten sind einmal wissenschaftlich-technische Entwicklungen und Veränderungen im Produktions-

---

medien treiben einen Kult um die Spitzensportler und ihre Leistungen. Der Spitzensport ist geradezu zu einem Fetisch unserer Gesellschaft geworden und droht zu einer heiligen Kuh der Nation zu entarten.

Ich bezweifle, ob die Fixierung auf höchste Leistungen den gesellschaftlichen Aufgaben gerecht wird. Der Sport muß sich vielmehr daran messen lassen, inwieweit er seine sozialen, seine gesellschaftlichen Aufgaben erfüllt. Er soll auf breiter Basis Ausgleich schaffen zu der oft einseitigen Belastung in der Arbeitswelt, und er soll zugleich Fähigkeiten vermitteln, die uns – neben anderem – in die Lage versetzen, die Ursachen dieser Belastungen zu beseitigen." In: Heinz Oskar Vetter, Sport als gesellschaftliche Aufgabe, Referat auf der 16. Jahrestagung der Arbeitsgemeinschaft Deutscher Sportämter am 2.11.1972, unveröffentl. Manuskript, S. 4.

prozeß, die neue Anforderungen an die physische und psychische Reproduktion der arbeitenden Bevölkerung stellen (Verwissenschaftlichung des Sports; vgl. Bundesinstitut für Sportwissenschaft) und zweitens ein hoher Grad der Vergesellschaftung der Produktion (Zentralisierung und Monopolisierung), der eine umfassende Integration des Reproduktionsbereichs notwendig macht (vgl. Deutsche Sportkonferenz; Deutsche Sporthilfe).

Daher gilt für das Verhältnis von staatlicher und „sportlicher" Politik auf der Basis der „materiellen Verhältnisse der gesellschaftlichen Produktion":

— In Phasen des gesellschaftlichen Aufschwungs und ökonomischer Prosperität ist die Eigenständigkeit des Sports stark ausgeprägt (vgl. die ökonomische Entwicklung in der BRD bis zur Rezession 1961);

— in Phasen gesellschaftlichen Abschwungs und ökonomischer Krise wird der Sport zunehmend bewußter politisch reguliert und den herrschenden Interessen untergeordnet.

Ausmaß und Art von Eigenständigkeit und Integration hängen ab vom Ausmaß der ökonomischen Krise, den Notwendigkeiten der erreichten Produktivkraftentwicklung und den politischen Kräfteverhältnissen (vgl. Aufbau des Sports nach 1945 oder Übernahme des Sports durch den Fachismus 1933).

Im Verlauf unserer Darstellung wurden die vielfältigen Verflechtungen zwischen Staat, Politik, Sport und herrschender Ideologie sowie daraus resultierende Widersprüchlichkeiten und Probleme des Sports aufgezeigt. Wir wollen nun zeigen, in welchem Maße Interventionen und Formierungsmaßnahmen gegenwärtig erscheinen und welchen finanziellen und institutionellen Umfang sie angenommen haben.

5. *Staatstätigkeit im Sport*

Der Maßnahmenkatalog staatlicher Intervention in den Sportbereich erstreckt sich derzeit auf folgende Bereiche:

- Spitzensport;
- Sport in den Entwicklungsländern;
- Sport im Rahmen der Bildungsplanung.

Es kommen hinzu die Förderungen des Sportstättenbaues, der Sportwissenschaft sowie die Intensivierung des Sports im Dienstbereich des Bundes (Bundeswehr, Bundesgrenzschutz und Behördensport) (vgl. SPORTFÖRDERUNG DES BUNDES 1971).

Die Förderung des Spitzensports steht an hervorragender Stelle; für ihn werden die meisten Mittel bereitgestellt. Als Begründung dafür wird angeführt, daß der Spitzensport der gesamtstaatlichen Repräsentation dient und deshalb im wesentlichen nur bundeszentral gefördert werden kann. (Vgl. ebenda).

Nachfolgende Tabellen verdeutlichen den finanziellen Aufwand der Sportförderung i.e. [31]

TABELLE 1
Zuwendungen an den Deutschen Sportbund für zentrale Führungsaufgaben und Sondermaßnahmen (z.B. Anstellung von Bundestrainern).

Jahr	Zentrale Führungs-aufgaben	Sonder-maßnahmen	insgesamt
		DM	
1960	90 000	35 000	125 000
1961	–	45 000	45 000
1962	100 000	7 400	107 400
1963	314 000	3 558	308 553
1964	334 800	209 300	544 100
1965	450 000	19 500	469 500
1966	450 000	410 500	860 500
1967	500 000	350 000	850 000
1968	590 000	–	590 000
1969	572 000	73 000	645 500
1970	990 000	100 000	1 090 000
1971	1 767 500	100 000	1 867 500
1972	2 409 500	–	2 409 500
1973	3 259 900	–	3 259 900

31 Die Tabellen entstammen insgesamt dem Sportbericht der Bundesregierung 1973, Bundestagsdrucksache 7/1040 vom 26.9.1973, Bonn.

TABELLE 2
Bundesmittel für das Nationale Olympische Komitee

Jahr	Zentrale Führungsaufgaben	Vorbereitung und Teilnahme an Olympischen Spielen
	DM	
1960	–	499 930
1961	175 900	–
1962	162 700	–
1963	301 000	500 000
1964	123 300	3 275 000
1965	95 000	–
1966	175 800	–
1967	150 000	375 000
1968	225 000	2 684 800
1969	173 000	–
1970	310 000	–
1971	447 000	750 000
1972	436 000	1 803 000
1973	470 000	–

TABELLE 3
Förderungskatalog für Lehrgänge und Wettkampfprogramme der Bundessportfachverbände

Jahr	Wettkampf-programm	Schulungs-programm	Sonstige Maßnahmen (Technische Hilfsmittel, Teilnahme an Kongressen u.a.	Hauptamtliche Führungskräfte
1967	1 760 000	2 560 000	285 000	–
1968	1 711 000	3 450 000	272 000	–
1969	3 275 000	3 993 000	306 000	–
1970	3 390 000	6 450 000	400 000	500 000
1971	5 645 200	5 972 800	611 000	507 300
1972	6 437 500	6 570 600	729 600	700 600
1973	5 090 000	7 815 100	500 000	800 000

TABELLE 4
Mittel für die Anstellung von Bundestrainern

1967	775 000 DM	1971	2 675 000 DM
1968	940 000 DM	1972	2 770 000 DM
1969	1 433 000 DM	1973	3 000 000 DM
1970	2 600 000 DM		

TABELLE 5
Förderungsbeträge für den Sportstättenbau

	Allgemeiner Sport-stättenbau	Zonenrand-gebiet und Berlin	Sportstätten für den Hoch-leistungs-sport	Stadienbau Fußball-Welt-meisterschaft	Sport-stättenbau insgesamt
1960	10				10
1961	20				20
1962	19	5			24
1963	21,1	4,8			25,9
1964	24	6			30
1965	19,9	4,6	2,7		27,2
1966	26,5	4,6	4,1		35,2
1967	30,7	8,4	6,7		45,8
1968	26,4	5,8	4,8		37
1969	21,3	7,6	6,1		35
1970	8,4	7,4	17,2	4	37
1971	7,5	16	19,5	10	53
1972	5,5	16	18,5	16	56
1973	3,5	16	20	20	59,5
Summe	243,8	102,2	99,6	50	495,6

(Zahlen in Millionen)

Hier fällt vor allem der Prioritätswechsel vom Jahr 1969 auf das Jahr 1970 auf, also ein Jahr nach den Olympischen Spielen von Mexiko. Man beachte ferner die kontinuierliche Abnahme der Mittel für den Allgemeinen Sportstättenbau bei gleichzeitig kontinuierlicher Zunahme der Mittel für den Bau von Sportstätten für den Hochleistungssport (mit Ausnahme des Jahres 1972)

Die Konzentration der Mittel und Kräfte sowie die politische Stoßrichtung staatlicher Maßnahmen lassen sich weiter an folgenden Beispielen demonstrieren:

1) Bundesinstitut für Sportwissenschaft

Das Bundesinstitut für Sportwissenschaft soll laut Aussage des Bundesinnenministeriums den Stand der Sportwissenschaft analysieren, laufende Forschungsvorhaben koordinieren etc., „um auf diese Weise eine stärkere Konzentration der Sportwissenschaft in der Bundesrepublik Deutschland zu erreichen und zugleich eine engere Verbindung zwischen Wissenschaft und Sportpraxis zu schaffen." (Vgl. betrifft: Sportförderung 1971)

Seiner Rechtsform nach ist das Bundesinstitut nicht dem Bundeswissenschaftsministerium zugeordnet, sondern es untersteht dem Geschäftsbereich des Bundesinnenministeriums. Auch hieraus werden die von uns vermuteten politischen Zusammenhänge im Rahmen verstärkter staatlicher Förderung des Spitzensports deutlich; die Förderung der Sportwissenschaft ist Bestandteil der politischen Strategie, die mit der Förderung des Sports insgesamt verfolgt wird.

TABELLE 6

Haushalts- und Stellenlage des Bundesinstituts

Das Haushaltsvolumen des Bundesinstituts betrug

1971:	4,309 Millionen DM.
1972:	5,655 Millionen DM.

Es beläuft sich 1973 auf 5,816 Millionen DM.

Der Haushaltsansatz für Forschungsmittel zeigt folgendes Bild:

1971:	2,0 Millionen DM
1972:	2,3 Millionen DM
1973:	2,5 Millionen DM.

2) „Deutsche Sporthilfe"

Die „Deutsche Sporthilfe", das „Sozialwerk" des westdeutschen Sports, (DIE WELT vom 26.10.1971) sieht ihre Hauptaufgabe in der Förderung von Spitzensportlern, um ihnen einen materiellen und ideellen Ausgleich für die Inanspruchnahme durch die Gesellschaft (!) zu verschaffen (vgl. DWERTMANN 1972).

Der Anspruch der „Deutschen Sporthilfe", die im westdeutschen Sport eine zentrale Position innehat, im Interesse der Gesellschaft zu handeln, erweist sich bei näherem Hinsehen als eine Aussage, in der die wahren Hintergründe und -männer der „Deutschen Sporthilfe" verschleiert werden. Ein Blick auf die Mitglieder des Kuratoriums der „Deutschen Sporthilfe" im Jahre 1971 zeigt, welche Kräfte die bundesdeutschen Spitzensportler in Anspruch nehmen; dem Kuratorium gehörten zu jener Zeit u.a. an: Eberhard v. Brauchitsch, Fritz Berg, Hans Gerling, Max Grundig,

Helmut Horten, August Oetker, Ludwig Poullain, Herbert Quant und Otto Wolf v. Amerongen. (Vgl. DOTZERT 1971)

Die „Deutsche Sporthilfe" erweist sich also als ein „illustrer" Kreis der die BRD beherrschenden Industrie-, Bank- und Pressemonopole, die „auch den Leistungssport auf den ‚rechten' Weg bringen" (DWERTMANN, 1971, Seite 69), was die Bundesregierung offenbar großzügig unterstützt. [32]

3) „Deutsche Sportkonferenz"

Die„Deutsche Sportkonferenz" hat sich am 22. Oktober 1970 konstituiert. Sie ist ein Koordinierungsgremium, das sich vorrangig mit Fragen der gesellschaftspolitischen Relevanz des Sports befassen soll [33] , um von dieser Basis aus sportrelevante Planungs- und Entscheidungsprozesse zu initiieren. Das Gewicht der „Deutschen Sportkonferenz" liegt auf der politisch-ideologischen und nicht so sehr auf der finanziell materiellen Seite, wie dies bei der „Deutschen Sporthilfe" der Fall ist.

---

32 Erstaunlich sind die Beträge, die indirekt der Deutschen Sporthilfe zugeflossen sind. „Die Bundesregierung hat der Deutschen Sporthilfe über die Stiftung zur Förderung der Olympischen Spiele in den Jahren 1968 bis 1972 Zuschlagserlöse aus den Olympia-Sonderpostwertzeichen zur Verfügung gestellt. In dieser Zeit sind der Stiftung Deutsche Sporthilfe 29 499 300 DM Zuschlagserlöse zugeflossen. Hierbei fällt auf das Jahr 1972 ein Betrag von insgesamt 14 464 800 DM. Von der Stiftung wurden im Jahre 1972 2953 Sportler unterstützt." (Sportbericht 1973, S. 19)

33 Interessant sind in diesem Zusammenhang Auszüge aus Reden von Kregel, Genscher und Kraske anläßlich der konstituierenden Sitzung der Deutschen Sportkonferenz, die wir nachfolgend wiedergeben. Kregel vertritt eine romantischen Vorstellungen verhaftete Auffassung vom Sport, die objektiv reaktionär ist. Genschers Auffassung vom Sport ist klar und nüchtern, mehr technokratisch orientiert. Sie repräsentiert die momentan einflußreichste Position im BRD-Sport. Kraskes Auffassung widerspiegelt die am meisten reaktionäre Variante in der Auffassung vom Sport; sie ist Bestandteil der reaktionären Politik der CDU/CSU.

Kregel: „Sport im Dienst der Freiheit und Menschenwürde, darum geht es uns. Freie Menschen im freien sportlichen Spiel, das ist es, was wir wollen. Dieser Sport für alle soll außerdem die Demokratisierung des Sports einleiten, die klassenlose Gesellschaft, von der so viel gesprochen wird, die aber viele Minderheiten und Minderbegünstigte bisher noch nicht erreicht hat . . . Er hilft mit, jene individuellen und kulturellen Eigenwerte zu entfalten, welche die Voraussetzung für die notwendige Humanisierung der technischen Zivilisation und für den Fortbestand unserer freihaltlich-demokratischen Grundordnung sind."

Genscher: „Wenn wir die geschichtliche Entwicklung übersehen, dann dürfen wir, so glaube ich, sagen, daß wir jetzt eine Phase der Kooperation erreicht haben, in der alle gesellschaftlichen Kräfte unseres Landes und vor allem die Verantwortung tragenden Kräfte im Sport und im Staat gleichberechtigt zusammenwirken . . . Der Staat braucht den Sport . . . ebenso wie der Sport in steigendem Maße den Staat braucht, um seinen wachsenden Aufgaben gerecht zu werden."

Kraske:„ Für Sport und Politik aber sollte dieses gemeinsame neue Beginnen nicht zuletzt eine Herausforderung sein, zu zeigen, daß die freiheitliche Demokratie im Vergleich mit dem totalitären Staat nicht nur die bessere, sondern auf längere Sicht auch die erfolgreichere und effektivere Staatsform ist — auch im Bereich des Sports." Alle Aussagen in: betrifft: Sportförderung, a.a.O., S. 58—74.

4) Bundestagsausschuß für Sport

Der Deutsche Bundestag hat in dieser Legislaturperiode erstmals einen ordentlichen Ausschuß für Sport eingesetzt, der die Nachfolge des ehemaligen „Sonderausschusses für Sport und Olympische Spiele" angetreten hat.

Die Einrichtung eines ordentlichen Ausschusses wird mit der zunehmenden gesellschaftspolitischen Bedeutung des Sports und den auf dieses Gremium zukommenden Aufgaben begründet (DSB-Information 1973, Seite 4, Nr. 4) . Dem Ausschuß gehören insgesamt 17 Mitglieder an, davon jeweils acht SPD- und CDU/CSU-Abgeordnete und ein FDP-Abgeordneter. Vorsitzender des Ausschusses ist der CDU/CSU-Abgeorndete Dr. Hans Evers, Präsident der „Freiburger Turnerschaft von 1848".

Laut Evers (1973) dürfte die Frage der Weiterentwicklung von Leistungszentren und deren rechtliche Gestaltung von besonderer Bedeutung für die Arbeit des Ausschusses sein, wobei es entscheidend darauf ankomme, Kriterien für die Effizienz der Leistungszentren zu entwickeln. Des weiteren werde sich der Ausschuß folgenden Arbeitsschwerpunkten zuwenden:

– Aktivierung des Bundesinstituts für Sportwissenschaft;
– Verbesserung des Versehrten- und Betriebssports;
– Behandlung aller Fragen der Sportmedizin;
– Fragen von Sport und Entwicklungshilfe,
– Beschäftigung mit den Sportbeziehungen zur DDR.

Wie wir sehen, konzentrieren sich die Maßnahmen des Staates auf den Bereich des Spitzensports. Offensichtlich können die Sportvereine und -verbände in der BRD aus sich heraus nicht länger dafür garantieren, daß ausreichend sportliche Spitzenleistungen für die internationalen Systemvergleiche erbracht werden können.

Aber dennoch sind die organisatorische Kraft des DSB und die Verankerung der Sportvereine im Bewußtsein der Bevölkerung nach wie vor die besten Voraussetzungen, um die Interessen der Herrschenden am Sport wirksam werden zu lassen.

Im Bereich des Spitzensports geschieht dies vermittels ausreichender staatlicher Intervention, welche insgesamt die Funktion hat,

– den bürgerlichen Sport auf eine qualitativ höhere Stufe zu heben, damit er zukünftige Aufgaben besser und effektiver erfüllen kann;

– den bürgerlichen Sport fest an das staatsmonopolistische System zu binden;

– über die „Deutsche Sporthilfe" und andere Gremien die scheinbare Unabhängigkeit des organisierten „freien Sports" zu wahren.

Wenn sich auch die staatlichen Maßnahmen z.Z. noch weitgehend auf den Spitzensport beziehen, so sind sie auch im Breitensport zu erwarten. Im Breitensport erstrecken sich Förderungsmaßnahmen z.Z. auf den Bau von Sportstätten sowie auf die Unterstützung der Sportvereine. Welche

Entwicklungen sich hier in Zukunft vollziehen werden, ist gegenwärtig nur annähernd zu bestimmen, wobei wir Genschers obige Ausführungen als bestimmte Tendenz annehmen dürfen, wonach der Sport insgesamt in steigendem Maße den Staat brauchen werde, was auch von kompetenter Seite im DSB so gesehen wird. (Vgl. DSB-Information 1973, Nr. 8, Seite 1) Dabei wird das Zusammenwirken von Staat und DSB im Breitensport wohl dadurch bestimmt werden, wie breitensportliche Maßnahmen auf immer größere Bevölkerungsteile ausgedehnt werden können, ohne auf seiten der Sportorganisationen einen politischen Funktionsverlust zu erleiden.

Um so den Breitensport zu fördern, sind sowohl finanzielle Maßnahmen des Staates erforderlich wie auch Veränderungen im Sportangebot der Sportvereine, das vermehrt den Charakter von Dienstleistungen annehmen wird (womit dann sogar einzelne Sektoren des Sports für bestimmte Einzelkapitale profitabel würden; wie z.B. bei Ortlepp, Sport-Scheck und Neckermann).

Die reproduktive Seite des Breitensports wird zwar erhalten bleiben, die Möglichkeit aber, den Breitensport im Interesse der Werktätigen zu nützen, wird weiter eingeschränkt werden in dem Maße, wie der Breitensport zum Dienstleistungbereich herabsinkt, wo gegen Geld sportliche Aktivitäten „erkauft" werden können.

Diese Entwicklung kann nur dann aufgehalten bzw. in ihrer Auswirkung abgeschwächt werden, wenn einmal die reproduktive Funktion des Sports unmittelbar auf die Produktion und Qualifikation bezogen wird (Betriebssport und Schulsport) und zum anderen die politischen Interessen der Werktätigen, die sich im Sport ausdrücken, von den Gewerkschaften als der wichtigsten Organisation der arbeitenden Bevölkerung vertreten werden (gewerkschaftliche Orientierung des Sports).

Hierzu ist allerdings eine politische Strategie notwendig, die den objektiven Entwicklungen und Zusammenhängen des staatsmonopolistischen Kapitalismus entspricht.

LITERATUR

ALLGEMEINER DEUTSCHER HOCHSCHULSPORTVERBAND (1974) (Hrsg.): Dokumentation zur Sportpolitik, Nr. 1, Darmstadt.

ARBEITERTURNZEITUNG (ATZ), Jahrgang 1920, Leipzig.

BAITSCH, Helmut u.a. (1972) (Hrsg.): Sport im Blickpunkt der Wissenschaften, Berlin (West)/Hamburg/New York.

BAYERNKURIER 1974.

BERNETT, Hajo (1968) (Red.): Terminologie der Leibeserziehung, Schorndorf.

BILANZ, Magazin für Wirtschaft und Politik, Heft 1 (1973), Dortmund.

BLÄTTER FÜR DEUTSCHE UND INTERNATIONALE POLITIK, 1973, Köln.

BOCCARA, Paul, u.a. (1972): Der Staatsmonopolistische Kapitalismus, Frankfurt/M.

BREMER NACHRICHTEN 1973.

ČAGIN, Boris (1974): Der subjektive Faktor. Struktur und Gesetzmäßigkeiten, Köln.

CSIT Mitteilungen (1975), Nr. 1, Frankfurt/M.

DEUTSCHE TURNZEITUNG 1893, 1894, 1899.

DIEM, Carl (1926): Welches Interesse hat die deutsche Wirtschaft an der Förderung der Leibesübungen? In: TIMMERMANN 1973.

Ders. (1960): Wesen und Lehre des Sports und der Leibeserziehung, 2. Auflage, Berlin (West).

Ders. (1971): Weltgeschichte des Sports, Stuttgart.

DIE WELT 1973.

DIE ZEIT 1973.

DOTZERT, Ludwig (1971): Mühsal der Medaillen. Das Olympische Programm der Deutschen Sporthilfe, in: Frankfurter Rundschau vom 4.12., Frankfurt/M.

DSB-INFORMATION 1973, 1974, Frankfurt/M.

DWERTMANN, Franz (1972): Sporthilfe: eine gemeinnützige Einrichtung? In: VINNAI 1972.

EICHLER, Gert, und SCHERHORN, Gerhard (1971): Der Wunsch nach sportlichen Erholungszentren in der Großstadt, Hamburg.

ENGELS, Friedrich (1972): Die Lage der arbeitenden Klasse in England, Berlin (DDR).

Ders. (1970): Herrn Eugen Dührings Umwälzung der Wissenschaft (Anti-Dühring), Berlin (DDR).

EVERS, Hans (1973): Kein Mangel an Arbeit und Zielen. Dr. Hans Evers antwortet auf vier Fragen, in: DSB-Information Nr. 4.

FRANKFURTER ALLGEMEINE ZEITUNG 1974, 1975.

FRANKFURTER RUNDSCHAU 1971, 1974.

GESCHICHTE der Körperkultur in Deutschland (1969): Band III, 1917 - 1945, Berlin (DDR).

GÖTZ, Ferdinand (1893): Von Feinden umringt, in: Deutsche Turnzeitung.

GÜLDENPFENNIG, Sven (1974): Erweiterte Reproduktion der Arbeitskraft – Ein Ansatz zur Bestimmung des Verhältnisses von Sport und Arbeit, in: GÜLDENPFENNIG/VOLPERT/WEINBERG 1974.

Ders., VOLPERT, Walter, und WEINBERG, Peter (1974) (Hrsg.): Sensumotorisches Lernen und Sport als Reproduktion der Arbeitskraft, Köln.

HACKER, Wilfried (1973): Allgemeine Arbeits- und Ingenieurpsychologie, Berlin (DDR).

HAHN, Erich (1971): Eine historisch-materialistische Konzeption gesellschaftlicher Systeme, in: TJADEN 1971.

KLEIN, Willi (1972): Deutsches Sporthandbuch, Wiesbaden u.a.

KREGEL, Wilhelm (1971): Rede zur Konstituierung der Deutschen Sportkonferenz, in: betrifft: SPORTFÖRDERUNG 1971.

Ders. (1974): Die angewandte Demokratie des Sports, in: DSB-Information Nr. 6.

LENK, Hans (1972): Leistungssport: Ideologie oder Mythos? , Stuttgart.

Ders. (1973): Manipulation oder Emanzipation im Leistungssport? Die Entfremdungsthese und das Selbst des Athleten. In: Sportwissenschaft, Heft 1, Schorndorf.

MARX, Karl (1969): Das Kapital, Band 1, Frankfurt/M.

Ders. (o.J.): Grundrisse der Kritik der politischen Ökonomie, Wien.

MARX/ENGELS WERKE (1969): Band 3, Berlin (DDR).

MEW (1972): Band 23, Berlin (DDR).

NORDSEEZEITUNG 1973.

OPPOLZER, Alfred A. (1974): Entfremdung und Industriearbeit, Köln.

OSTERLAND, Martin, u.a. (1973): Materialien zur Lebens- und Arbeitssituation der Industriearbeiter in der BRD, Frankfurt/M.

PALM, Jürgen (1971): Sport gehört zum modernen Arbeitsplatz, in: DAK, Hamburg.

PETRAK, Heinz, u.a. (1974): Proletariat in der BRD, Berlin (DDR).

RICHTA, Radovan, u.a. (1971): Richta-Report, Berlin (West), Raubdruck.

RIGAUER, Bero (1970): Funktionen der Sport- und Turnvereine und -verbände, Loccum 1970 (Loccumer Protokolle, Heft 9).

v. SCHENCKENDORFF, E., und SCHMIDT, F.A. (Hrsg.) (1893): Über Volks- und Jugendspiele, Jahrbuch 1893, II. Jahrgang, Berlin.

SCHLEIFSTEIN, Josef (1973): Zur Theorie des staatsmonopolistischen Kapitalismus, in: BLÄTTER für deutsche und internationale Politik, S. 378 - 394, Köln.

SCHWÄBISCHE ZEITUNG 1973.

Betrifft: SPORTFÖRDERUNG 1971, Bonn.

SPORTBERICHT DER BUNDESREGIERUNG 1973.

STUBY, Gerhard (1973): Der Widerstand gegen die Beschlüsse der Ministerpräsidentenkonferenz vom 28. Januar 1972 und ihre Auswirkungen, in: BLÄTTER für deutsche und internationale Politik, Heft 1, Köln.

TIMMERMANN, Heinz (1973): Geschichte und Struktur der Arbeitersportbewegung von 1893 - 1933, Ahrensburg.

TJADEN, K.H. (1971) (Hrsg.): Soziale Systeme, Neuwied und Berlin (West).

VETTER, Heinz-Oskar (1972): Sport als gesellschaftliche Aufgabe, Referat anläßlich der 16. Jahrestagung der Arbeitsgemeinschaft Deutscher Sportämter, Manuskript.

VINNAI, Gerhard (1972) (Hrsg.): Sport in der Klassengesellschaft, Frankfurt/M.

VOLPERT, Walter (1971): Sensumotorisches Lernen, Frankfurt/M.

Ders. (1974): Möglichkeiten und Probleme einer Handlungsstrukturanalyse industrieller Tätigkeiten. Manuskript. Berlin (West).

Ders. (1974): Handlungsstrukturanalyse als Beitrag zur Qualifikationsforschung, Köln.

WAGNER, Helmut (1973): Sport und Arbeitersport, Köln.

WEINBERG, Peter (1973): Staatsmonopolistische Formierung, Sport und demokratische Bewegung in der BRD, in: BLÄTTER FÜR DEUTSCHE UND INTERNATIONALE POLITIK, Heft 10, Köln.

WESER-KURIER 1973.

WINKLER, Hans-Joachim (1972): Sport und politische Bildung, Modellfall Olympiade, Opladen.

WOHL, Andrzej (1973): Die gesellschaftlich-historischen Grundlagen des bürgerlichen Sports, Köln.

WYGODSKI, S.L. (1972): Der gegenwärtige Kapitalismus, Versuch einer theoretischen Analyse, Köln.

HANS-JÜRGEN SCHULKE

Sport, Wissenschaft und Politik in der BRD

1. Zur Bedeutung des Kampfes um bessere Reproduktionsbedingungen

Die immer stärkere Vergesellschaftung der Arbeit auf nationaler und internationaler Ebene ist ein Merkmal entwickelter kapitalistischer Gesellschaften. Mit der zunehmenden Vergesellschaftung der Arbeit wirkt sich der Grundwiderspruch kapitalistischer Wirtschafts- und Gesellschaftsformen, nämlich die private Aneignung gesellschaftlich produzierter Werte immer stärker aus. Die Dominanz privatwirtschaftlicher Interessen gegenüber gesamtgesellschaftlichen Erfordernissen führt zu wachsenden Mißständen in den verschiedenen Lebensbereichen der Menschen, da die kapitalistische Wirtschaftsanarchie eine planvolle Lösung der gesellschaftlichen Probleme nicht zuläßt.

Die Zunahme der Mißstände gilt für den Arbeitsbereich genauso wie für den Reproduktionsbereich. Das macht die desolate Situation des Erziehungs- und Freizeitbereiches in der BRD ebenso deutlich wie die des Gesundheitswesens oder des Wohnungssektors. Die immer größer werdenden Probleme im Reproduktionsbereich rufen bei den Betroffenen zwangsläufig vielfältige Bemühungen zu deren Behebung hervor. Das zeigen zahlreiche Mieter- und Elterninitiativen für bessere Wohnungen und Kindergärten oder Forderungen von Verbänden nach mehr Freizeitstätten oder Bildungseinrichtungen. Im Zuge dieser Initiativen hat mittlerweile eine sichtbare Formierung fortschrittlicher und demokratischer Kräfte in verschiedenen Bereichen des Reproduktionssektors stattgefunden.

Formierungen wie die eben angedeuteten rücken zum Zeitpunkt einer offenen ökonomischen Krise, wie sie sich gegenwärtig in der BRD abzeichnet, leicht in den Hintergrund, weil die zentralen Kämpfe um den Erhalt des Arbeitsplatzes und höheren Lohn im Arbeitsbereich stattfinden. Den Auseinandersetzungen im Reproduktionsbereich wird lediglich periphere Bedeutung zuerkannt, oder sie werden als Kontroversen im Überbau betrachtet. Eine solche Einschätzung besitzt nur bedingte Richtigkeit, denn die Auseinandersetzungen im Reproduktionsbereich haben oftmals wichtige ökonomische und politische Bedeutung. Das rührt daher, daß die Reproduktionsmöglichkeiten der Arbeitskraft nicht allein über den Lohn sichergestellt werden (was im Rahmen der von den Gewerkschaften geführten Tarifauseinandersetzungen erfolgt), sondern beispielsweise über Steuern zur Schaffung von Erholungs-, Gesundheits- und Bildungseinrichtungen.

Verdeutlichen läßt sich die ökonomische und politische Bedeutung der Auseinandersetzungen im Reproduktionsbereich an der Entwicklung von Arbeitsqualifikationen, wie sie sich aus der zunehmenden Verwissenschaftlichung der Arbeit notwendigerweise ergeben. PETRAK u.a. weisen darauf hin, daß für das Kapital „heute die größte Quelle zur Steigerung der Mehrwertmasse im Übergang zu komplizierterer Arbeit"[1] liegt. Das wiederum hat weitreichende Folgen für den Reproduktionsbereich: „Kompliziertere Arbeit verlangt aber in der Regel eine höhere Qualifikation der Arbeitskraft. Die höher qualifizierte Arbeitskraft erfordert unter sonst gleichen Bedingungen höhere Reproduktionskosten als die weniger qualifizierte"[2]. Da das Kapital die Reproduktionskosten der Arbeitskraft stets möglichst niedrig halten bzw. die Mehrwertmasse zumindest schneller wachsen muß als die Reproduktionskosten für qualifiziertere Arbeitskraft, haben viele der aktuellen Auseinandersetzungen um die Sicherung und Verbesserung der Reproduktion der Arbeitskraft „ihre ökonomische Grundlage gerade darin, daß das Kapital zwar den Effekt der komplizierteren Arbeit vollständig als Mehrwertsteigerung zu realisieren versucht, der Anerkennung der damit wachsenden Reproduktionskosten der Arbeitskraft jedoch erbitterten Widerstand leistet"[3]. Vor diesem Hintergrund verdienen die Kämpfe um bessere Reproduktionsbedingungen in Zukunft besondere Beachtung und Förderung.

Dies ist von Teilen der wissenschaftlichen Intelligenz erkannt worden. Diese haben sich in den Auseinandersetzungen um bessere Reproduktionsbedingungen entschieden auf seiten der arbeitenden Bevölkerung engagiert:

Zum einen, indem sie – da sie an einer qualifizierteren Ausbildung und Erhaltung ihrer eigenen Arbeitskraft interessiert sind – an den Hochschulen den Kampf um bessere materielle Bedingungen und demokratische Lehrinhalte aufgenommen haben. Zum anderen, indem sie in Analysen die gesellschaftlichen Hintergründe der Widersprüche im Reproduktionsbereich und deren Folgen für die arbeitenden und lernenden Menschen aufzuhellen versuchen – dies zumeist in intensiver Auseinandersetzung mit den herrschenden Ideologien der bürgerlichen Fachwissenschaft[4]. In den Teilen des Reproduktionssektors, in denen fortschrittliche Wissenschaftler die ökonomischen und gesellschaftlichen Ursachen der Widersprüche zu vermitteln vermochten, ist der Kampf um bessere Reproduktionsbedingungen intensiver und bewußter, also auf einem höheren Niveau geführt worden. Damit haben diese Wissenschaftler wichtige politische Aufgaben erfüllt.

---

1 Petrak u.a.: Proletariat in der BRD, Berlin (DDR) 1974, S. 83.

2 Ebd.

3 Ebd., S. 83/84.

4 Vgl. dazu Altvater u.a.: Protokoll des Kongresses Wissenschaft und Demokratie, Köln 1973.

2. *Sport als Reproduktionsfaktor und die Bedeutung der Sportwissenschaft*

Wachsende gesellschaftliche Widersprüche zeigen sich auch in einem spezifischen Bereich des Reproduktionssektors, der – aus noch darzustellenden Gründen – viel zu lange der politischen Diskussion entzogen worden ist. Wir meinen hier den Sport, der heute zu recht als eine der „auffälligen sozialen Erscheinungen"[5] unserer Zeit gilt. Neben dem Spitzensport als Teil der internationalen politischen Auseinandersetzungen ist vor allem die zahlenmäßige Entwicklung des Breitensports bemerkenswert: Rund 12 Mill. Menschen sind in der größten Mitgliederorganisation der Bundesrepublik, dem Deutschen Sportbund (DSB) organisiert; mindestens die gleiche Zahl treibt wöchentlich in der Schule oder unorganisiert Sport. Mit diesen Daten kommt ein enorm gestiegenes Bedürfnis der Bevölkerung nach sportlicher Betätigung zum Ausdruck. Es ist vor dem Hintergrund zunehmender Bewegungseinschränkungen im Arbeits- und Wohnbereich sowie immer stärker werdender psychischer Belastungen durch Arbeitshetze und Streß zu sehen[6]. Mit dem Anwachsen des Sports werden auch in diesem Bereich die Widersprüche eines kapitalistisch organisierten Gesellschaftssystems deutlicher: Die chronische Schulsportmisere oder die mangelnde Förderung des Breitensports in Verbindung mit unzureichenden Arbeits- und Wohnbedingungen führen zur physischen Gefährdung breiter Bevölkerungskreise. Den Bedürfnissen der Bevölkerung nach umfassender Reproduktion ihrer Arbeitskraft wird nicht annähernd entsprochen[7]. Vor diesen immer offenkundigeren Unzulänglichkeiten beginnen sich im Sport ähnliche Entwicklungen abzuzeichnen wie in anderen Teilen des Reproduktionssektors: Mittlerweile formieren sich auch im Sport fortschrittliche Kräfte, die sich gegen die einseitige Förderung des Spitzensports in der BRD sowie dessen Inpflichtnahme für unternehmerische und nationalistische Interessen wenden und stattdessen den konsequenten Ausbau eines Breitensports fordern[8]. Ähnliche Entwicklungen vollziehen sich auch im Bereich der Sportwissenschaft[9]. In der sporttheoretischen Diskussion werden idealistisch-konservative Grund-

---

5 H. Baitsch und andere (Hrgb.): Sport imBlickpunkt der Wissenschaften, Berlin, Heidelberg, New York 1972, S. 4.

6 Vgl. dazu Petrak und andere: Proletariat in der BRD a.a.O., Osterland, M.: Materialien zur Lebens- und Arbeitssituation der Industriearbeiter in der BRD, Frankfurt 1973; Stark, E.: Die Lage der Arbeiterjugend in der BRD nach 1960, Frankfurt 1973.

7 Vgl. Arbeitsgruppe Sport: Schulsport im Abseits, Reinbek 1975.

8 Derartige Entwicklungen zeichnen sich in einzelnen Vereinen des DSB bzw. in einigen Bereichen der Deutschen Sportjugend sowie dem Allgemeinen Deutschen Hochschulsportverband, der CSIT (Freunde der Arbeitersportbewegung) und der Naturfreundejugend ab.

9 Vgl. Weinberg, P.: Staatsmonopolistische Formierung, Sport und demokratische Bewegung in der BRD, in (Z) Blätter für deutsche und internationale Politik 10/1973.

positionen kritisiert und statt dessen Auffassungen formuliert, wonach Körperkultur und Sport als Teile des Reproduktionssektors „historisch bedingt sind und sowohl den Stand der Produktivkräfte als auch die Form der jeweiligen Produktionsverhältnisse widerspiegeln"[10]; deshalb wird versucht, sportliche Inhalte zu entwickeln, die „einen wichtigen Bestandteil der erweiterten Reproduktion der Arbeitskraft"[11] leisten. Derartige Bemühungen finden zunehmend Beachtung bei Sportwissenschaftlern, Studenten und Praktikern. Dagegen werden sie von der etablierten Sportwissenschaft nicht akzeptiert – Ansätze wie die eben genannten haben noch keinen angemessenen Platz in der allgemeinen sportwissenschaftlichen Diskussion gefunden. Nicht zuletzt deshalb haben fortschrittliche Inhalte im Schulsport und in der Sportlehrerausbildung bisher nur schwer Eingang gefunden; ein Brückenschlag zu demokratischen Kräften in anderen wissenschaftlichen Disziplinen ist erst ansatzweise gelungen. Die etablierte Sportwissenschaft begegnet den eben zitierten Ansätzen auf bemerkenswerte Weise: Sie ignoriert gegensätzliche Auffassungen, wo sie sich selbst darstellt und produziert; dort pflegen sie ungebrochen die These von einem gesellschaftlichen Freiraum Sport, in dem sie das Wesen des Sports mit „Gegensatz zur Arbeit"[12], „Zweckfreiheit"[13], „Objektivation des Geistes"[14], „Weltausgrenzung"[15], „Mythos"[16] erklärt. Wo die etablierte Sportwissenschaft gegensätzliche (historische und gesellschaftsbezogene) Auffassungen zur Kenntnis nimmt, begegnet sie ihnen mit Unterstellungen, platter Polemik und Diffamierungen. Neue „Fangreviere" werden gesucht, „nachdem spektakuläre Weiden schon abgegrast sind"[17]; „verbale Selbstbefriedigung"; „Marx-Adepten vom dritten Glied"[18] und dergleichen mehr wird konstatiert. Solche Aussagen werden von maßgeblichen Politikern, Sportfunktionären und Journalisten auf den verschiedenen Ebenen unterstützt, indem beispielsweise marxistische Sporttheoretiker kurzerhand als „Agit-Prop-Literaten" denunziert werden[19].

10 W. Volpert: Sensumotorisches Lernen, Frankfurt 1971, S. 128.

11 Ebd.,S. 128.

12 C. Diem: Wesen und Lehre des Sports und der Leibeserziehung, Berlin 1960.

13 O. Grupe: Grundlagen der Sportpädagogik, München 1960.

14 H. Bernett: Grundformen der Leibeserziehung, Schorndorf 1964.

15 C. v. Krockow: Sport und Industriegesellschaft, München 1972.

16 H. Lenk: Leistungssport: Ideologie oder Mythos? Stuttgart 1972.

17 Ders.: Das Büroherz als revolutionäre Kraft? In (Z) Olympische Jugend II/1972, S. 4.

18 J. Schmitz: Sport und Leibeserziehung zwischen Spätkapitalismus und Frühsozialismus, Schorndorf 1974, S. 57.

19 W. Knecht: Zweifel am Mandat für den Hochschulsport, in FAZ vom 10.7.1974, S. 24.

Nun sind in den letzten Jahren ebenso die Freiraumtheoreme der etablierten Sportwissenschaft[20] wie auch die Vorgehensweise und „Argumente" ihrer Polemik eingehender Kritik unterzogen worden[21]. Dennoch hat sich die Situation nicht nennenswert geändert: Unbeschadet aller Kritik pflegt die etablierte Sportwissenschaft weiterhin undiskutiert ihre Postulate; die Angriffe auf gegensätzliche Positionen erfolgen nach wie vor unter weitgehendem Verzicht auf die üblichen wissenschaftlichen Gepflogenheiten. Die Angriffe haben sich vielmehr in jüngster Zeit eher noch verschärft. Bei dieser Konstellation erscheint es müßig, die Kritik an den Freiraumtheoremen zu wiederholen oder erneut Stil und Inhalt der Gegenkritiker auf einer fachimmanenten Ebene ernsthaft zu diskutieren. Im Folgenden soll statt dessen der Versuch unternommen werden, der Frage nachzugehen, warum sich bestimmte theoretische Positionen wie auch unqualifizierte „Kritiken" derart hartnäckig in der sportwissenschaftlichen Diskussion halten können.

Da die wissenschaftliche Argumentation offensichtlich folgenlos für Form und Entwicklung der theoretischen Diskussion bleibt, nehmen wir an, daß die etablierte Sportwissenschaft institutionell derart einflußreich ist, daß sie inhaltliche Angriffe ohne Schwierigkeiten ignorieren kann. Weiterhin nehmen wir an, daß die herrschenden gesellschaftlichen Kräfte in der BRD ein besonderes Interesse an der Aufrechterhaltung bestimmter theoretischer Positionen besitzen. Um diese Annahmen belegen zu können, ist eine wissenschaftssoziologische Studie notwendig, mit deren Hilfe die Machtstrukturen und Entscheidungsprozesse innerhalb der Sportwissenschaft sowie die sie ausfüllenden politischen und ökonomischen Interessen kenntlich gemacht werden können.

3. Wissenschaft als sozialer Prozeß: Einige Anmerkungen zur Notwendigkeit wissenschaftssoziologischer Untersuchungen

Wissenschaftssoziologische Untersuchungen als Erklärungshilfen für den Verlauf der theoretischen Diskussion werden noch relativ selten angewendet – zu sehr widersprechen sie dem Ehrenkodex der geisteswissenschaftlichen Tradition wie auch dem privatistischen Selbstverständnis vieler Wissenschaftler von der Autonomie ihrer Forschung und Lehre. Immer noch wird, zumindest implizit, die Entwicklung der Wissenschaft „als ein autonomer, allein aus wissenschaftsimmanenten Prinzipien heraus sich entfal-

---

20 Vgl. Güldenpfennig, S.: Grenzen bürgerlicher Sportpädagogik, Köln 1973.

21 Vgl. dazu Böhme und andere: Sport im Spätkapitalismus, Frankfurt 1973 (2), S. 146 ff; V. Rittner: Hans Lenk und das Pathos des letzten wissenschaftlichen Streiters für den Sport, in (Z) Olympische Jugend VI/1972, und R. Denker: Drei Bücher zur Sporttheorie (-philosophie), in (Z) Sportwissenschaft I/1973.

tender Prozeß aufgefaßt, innerhalb dessen die jeweils älteren, schlechteren von den jeweils neueren, besseren theoretischen Konzeptionen abgelöst werden, wobei der Grund der Ablösung lediglich in der wissenschaftlichen Widerlegung der älteren Theorien zu suchen ist"[22]. Dabei wird von der Annahme ausgegangen, „die Forschung selbst und nichts anderes habe die jeweils eigene überlegene Konzeption hervorgetrieben"[23].

Eine solche Auffassung läßt sich heute weniger denn je halten: Die Wissenschaft ist in ihrer Gesamtheit eine gesellschaftliche Erscheinung, und eine gesellschaftliche Erscheinung wie die Wissenschaft kann „in ihrer Eigenart nur dann angemessen erfaßt (werden), wenn man sie aus dem Realzusammenhang des gesellschaftlichen Prozesses, der Weise der Produktion und der Reproduktion des gesellschaftlichen Lebens begreift"[24].

Es wäre allerdings verfehlt , einer mechanistischen Übertragung gesellschaftlicher Tendenzen auf einzelne Wissenschaftsdisziplinen zu verfallen[25]. Bestimmen läßt sich der Zusammenhang von Wissenschaft und Gesellschaft differenzierter, wenn man „alle wissenschaftliche Arbeit, alle Entwicklung, alle Erfindung" als „allgemeine Arbeit"[26] begreift: „Als Arbeit ist Wissenschaft zielgerichtete Verausgabung gesellschaftlicher Arbeitskraft, an menschliche Zwecke gebundene Tätigkeit. Sie vollzieht sich unter bestimmten gesellschaftlichen Verhältnissen, den Produktionsverhältnissen der jeweiligen Gesellschaftsordnung; ihre Voraussetzungen, Ausführungen und Zwecke sind durch diese Produktionsverhältnisse und die aus ihnen entspringenden sozialen Erfordernisse ebenso determiniert wie die Bestimmung ihrer Inhalte und ihres Umfanges; mit ihrem Vollzug reproduziert sie selbst diese Verhältnisse. Wissenschaft ist das historisch determinierte Produkt und ein aktuell notwendiges Glied der gesellschaftlichen Arbeitsteilung innerhalb einer konkreten ökonomischen Gesellschaftsformation"[27].

Unter diesem Ausgangspunkt lassen sich auf verschiedenen Ebenen Untersuchungen vornehmen, in denen der Zusammenhang zwischen dem jeweiligen Stand der Produktivkräfte wie auch der Produktionsverhältnisse und der Tätigkeit des einzelnen Wissenschaftlers ermittelt werden kann: die Arbeits- und Reproduktionsbedingungen der wissenschaftlichen Intelligenz,

---

22 K. Holzkamp: Sinnliche Erkenntnis – historischer Ursprung und gesellschaftliche Funktion der Wahrnehmung, Frankfurt 1973, S. 36.

23 Ebd., S. 37.

24 Ebd., S. 39.

25 Vgl. dazu R. Maikowski: Psychologie und Entwicklung der Produktivkräfte, in: Psychologie als historische Wissenschaft, Pressedienst Wissenschaft FU Berlin 3/1972.

26 K. Marx und F. Engels: Werke Band 25, Berlin 1969, S. 114.

27 G. Kröber: Die Wissenschaft und ihre Erforschung im Sozialismus: Prozesse, Probleme, Prinzipien: in: Autorenkollektiv: Wissenschaft im Sozialismus, Berlin (DDR) 1973, S. 41.

der Bezug zwischen Wissenschaft und Produktion, Veränderungen in der Motivation der Forscher, Entwicklung neuer Forschungstechniken usw.[28].

Vermittelt wird dieser Zusammenhang zwischen gesellschaftlicher Entwicklung und individueller Forschungstätigkeit bzw. theoretischem Diskussionsverlauf heute vor allem durch die Wissenschaftsorganisationen. Dies aus folgendem Grund: Die stürmische Entfaltung der Produktivkräfte in den letzten 150 Jahren ist nur möglich gewesen durch die ebenso stürmische Entwicklung der wissenschaftlichen Forschung[29]; zugleich ist die Entfaltung der Produktivkräfte bestimmendes Moment für die Ausweitung und Effektivierung des Wissenschaftsbetriebes geworden. Mittlerweile ist die Wissenschaft längst über den Bereich der Produktion hinausgedrungen. Das Wort von der „Verwissenschaftlichung aller Lebensbereiche" stellt vor diesem Hintergrund nichts anderes dar als die populäre Bezeichnung eines Prozesses, in dem die Wissenschaft zur unmittelbaren Produktivkraft wird[30].

Die Ausdehnung der Wissenschaft bleibt natürlich nicht ohne Auswirkung auf die Formen des wissenschaftlichen Arbeitens bzw. die Organisierung des Forschungsprozesses. Der Wissenschaftsbetrieb wird heute von Instituts- und Fachbereichsräten, behördlichen Stellen, vor allem aber überregionalen Einrichtungen organisiert. Die Einrichtung derartiger Institutionen ist notwendig geworden, weil immer mehr gesellschaftliche Probleme der wissenschaftlichen Bearbeitung und Lösung bedürfen – umgekehrt kann man sagen, daß die Wissenschaft eine immer stärkere Vergesellschaftung erfährt[31].

In den Wissenschaftsorganisationen treffen nun die verschiedenen gesellschaftlichen Interessen aufeinander, setzen sich die stärksten Kräfte durch und prägen durch planerische und kontrollierende Maßnahmen sowohl den forschungsmäßigen Output wie auch die individuelle wissenschaftliche Tätigkeit. Will man also näher belegen, auf welche Weise sich die dominierenden gesellschaftspolitischen Positionen in der Wissenschaft durchsetzen, empfiehlt sich die Untersuchung der verschiedenen Wissenschaftsorganisationen[32]. Mit ihrer Hilfe vermag man die realen Interessen wie auch den realen Einfluß der verschiedenen am Wissenschaftsprozeß beteiligten Gruppen offenzulegen und damit Beiträge zur Erklärung für die Form der theoretischen Auseinandersetzung in einer Wissenschaftsdisziplin zu erhalten.

---

28 Vgl. dazu P. Weingart: Wissenschaftssoziologie I und II, Frankfurt 1972, und Autorenkollektiv: Wissenschaft im Sozialismus, a.a.O.

29 Vgl. dazu A. Weinberg: Probleme der Großforschung, Frankfurt 1970, und H. Steiner: Vergesellschaftung der Wissenschaft und wissenschaftlich-schöpferische Tätigkeit in: Autorenkollektiv: Wissenschaft im Sozialismus, a.a.O.

30 Vgl. R. Richta und andere: Richta-Report, Berlin (West) 1971.

31 Vgl. H. Steiner: Vergesellschaftung der Wissenschaft ... a.a.O.

32 Vgl. J.D. Bernal: Wissenschaft (4 Bände), Reinbek 1970.

4. Die Organisierung der Wissenschaft: Zur Bestimmung der Untersuchungsebenen

Das forcierte Wachstum des theoretischen Wissens findet seine Konkretion u.a. in steigenden Mitteln zur Forschungsförderung, neuen Forschungseinrichtungen und Wissenschaftsdisziplinen, internationalen Kongressen und vielfältigen Publikationen. Alle diese Aktivitäten werden durch Wissenschaftsorganisationen wahrgenommen. Die Ausweitung des theoretischen Wissens wird dabei hauptsächlich innerhalb der Wissenschaftsorganisationen in den beiden folgenden Bereichen vorangetrieben:

– Planung, Initiierung und Förderung sowie Ausführung von Forschungsvorhaben etwa durch Festlegung von Programmen und Schwerpunkten, Bereitstellung von Personal und Forschungsmitteln usw.

– Förderung und Intensivierung der Kommunikation durch Herausgabe von Büchern, Fachzeitschriften sowie Veranstaltungen von Kongressen, Tagungen, Symposien usw.

Entsprechend der zunehmenden Vergesellschaftung der Wissenschaft ist zu berücksichtigen, daß die am Wissenschaftsprozeß beteiligten Institutionen nicht allein im engeren Bereich der Wissenschaft anzusiedeln sind und von dorther bestimmt werden. Die immer stärkere Konzentration wirtschaftlicher und politischer Macht in der Bundesrepublik führt dazu, daß auch im Wissenschaftsbereich direkte staatliche und unternehmerische Einflüsse zunehmen[33]: „Staatsverwaltungen, Wissenschaftsorganisationen und Wirtschaftsbürokratien sind bei der Planung und Lenkung des Forschungs- und Ausbildungssystems der Bundesrepublik beinahe unentwirrbar miteinander verflochten"[34].

Ein erster Schritt zur Beantwortung der gestellten Fragen, wie weit die theoretische Diskussion in der Sportwissenschaft durch die wissenschaftsorganisatorischen Gegebenheiten beeinflußt wird, muß also sein, die verschiedenen wissenschaftsorganisatorischen Institutionen aufzuführen und Umfang und Gewicht der dort entwickelten Aktivitäten sowie Entwicklungstendenzen zu beschreiben.

Doch ist es mit einer Beschreibung allein nicht getan. Es ist unschwer zu erkennen, daß die Organisierung des vielfältigen Aktivitäten in den beiden oben genannten Bereichen nicht allein unter dem Gesichtspunkt der Optimierung der theoretischen Entwicklung bzw. nach gesamtgesellschaftlichen Interessen verläuft. Vielmehr fließen in die wissenschaftsorganisatorischen Gremien unmittelbare ökonomische und politische, aber auch fachliche

33 Vgl. J. Huffschmidt: Die Politik des Kapitals, Frankfurt 1969. K.T. Schuon: Wissenschaft, Politik und wissenschaftliche Politik, Köln 1972; J. Hirsch/S. Leibfried: Materialien zur Wissenschafts- und Bildungspolitik, Frankfurt 1971.

34 J. Hirsch: Wissenschaftlich-technischer Fortschritt und politisches System, Frankfurt 1971 (2), S. 136.

und ständische Interessen seitens des Staates, von Parteien, Wirtschaft, Kirchen, Gewerkschaften, Wissenschaftlern und freien Organisationen ein.

Sichtbar werden die Gewichte der einzelnen Gruppen u.a., wenn man die Bedeutung der verschiedenen mit der Wissenschaftsorganisation befaßten Institutionen miteinander vergleicht.

Dort findet sich eine Hierarchie von Entscheidungsinstanzen[35], deren Stellung u.a. an folgendem zu messen wäre: Welche Entscheidungskompetenzen besitzen sie; über welche finanziellen Ressourcen können sie verfügen; wieweit steht ihnen ein Verwaltungsapparat zur Entscheidungsfindung zur Verfügung; wieweit sind sie weisungsberechtigt gegenüber anderen Insituationen; wo können sie Kontrollfunktionen ausüben usw. Hierbei ist es unzureichend, nur die offiziöse Entscheidungshierarchie zu untersuchen: „Wird eine Untersuchung allerdings ausschließlich an institutionellen Kriterien und formalen Kompetenzverteilungen festgemacht, so besteht die Gefahr, daß die wechselseitige Abhängigkeit, die wichtigen personellen und funktionalen Verflechtungen zwischen den formalen Kompetenzträgern vernachlässigt werden und so der gesellschaftliche und politische Charakter des Lenkungsapparates unterschlagen wird. Dem ist nur zu entgehen, indem man versucht, die unterschiedlichen wissenschaftspolitischen Zielsetzungen und die in ihnen zum Ausdruck kommenden Interessen in die Analyse einzubeziehen und von daher die Schwergewichte innerhalb des komplexen Lenkungsapparates zu bestimmen, also den Zusammenhang zwischen formalen Organisationsstrukturen und gesellschaftlichen Inhalten im Auge zu behalten"[36].

Nun ist die Analyse der informalen Strukturen innerhalb der Wissenschaftsorganisationen mit einigen Schwierigkeiten verbunden. Das rührt vor allen Dingen daher, daß die in den Gremien vertretenen Wissenschaftler zumeist nicht als Interessenvertreter irgendwelcher politischer oder wirtschaftlicher Gruppierungen sitzen, sondern als Fachleute bzw. als Interessenvertreter der „reinen Wissenschaft." Eine solche Vertretung der Wissenschaft schlechthin (gewissermaßen als idealer Gesamtwissenschaftler) gibt es nicht; es können bestenfalls bestimmte theoretische Richtungen, Ansätze, Schulen usw. vertreten werden, denen der einzelne Wissenschaftler zuneigt. Deren theoretische Auffassungen und Präferenzen – die vom Wissenschaftler subjektiv möglicherweise für wertfrei gehalten werden – besitzen natürlich eine bestimmte gesellschaftliche Funktion; in sie fließen vermittelt gesellschaftliche Interessen mit ein bzw. sie haben eine bestimmte gesellschaftliche Auswirkung[37].

Für die Untersuchung der informalen Struktur stellt sich damit die Aufgabe, die gesellschaftlich-politische Funktion der theoretischen Position zu

35 Ebd., S. 136.

36 Ebd., S. 136.

37 Vgl. J. Habermas: Erkenntnis und Interesse, Frankfurt 1969.

bestimmen, die von dem in den Wissenschaftsorganisationen tätigen Wissenschaftler vertreten wird. Welches Gewicht diese Ansätze insgesamt besitzen, ist daran festzustellen, wie weit etwa Wissenschaftler in Gremien vertreten sind, die grundsätzlich die gleiche theoretische Auffassung besitzen oder wie weit sich wissenschaftsorganisatorische Funktionen bei einer Person (und damit bei einem theoretischen Ansatz) häufen.

Entsprechend dieser Überlegungen soll in den folgenden Abschnitten im Bereich der Sportwissenschaft zunächst untersucht werden, welche Wissenschaftsorganisationen dort bestehen, wie weit staatliche, fachliche und andere Interesse in die Organisationen hineinspielen und wer die größten Einflüsse und Möglichkeiten besitzt. Anschließend soll die informale Ebene insofern betrachtet werden, als die personale Struktur und die dort gegebenen Verflechtungen sowie die theoretische Ausrichtung untersucht werden soll. Daraufhin ist die gesellschaftlich-politische Funktion der in den Sportorganisationen dominierenden theoretischen Ansätze zu bestimmen. Abschließend soll untersucht werden, ob die auf der wissenschaftsorganisatorischen Ebene dominierenden Gruppen und Personen tatsächlich die theoretische Diskussion durch gezielte organisatorische Maßnahmen zu bestimmen versuchen.

5. Die Organisierung der Sportwissenschaft in der Bundesrepublik

Die Organisierung der Sportwissenschaft wird fast vollständig von den drei folgenden Gruppierungen geleistet:

a) Durch den Ausschuß Deutscher Leibeserzieher (ADL) als Vertreter der fachwissenschaftlichen Seite.

b) Durch den Deutschen Sportbund (DSB) als Interessenvertreter des sogenannten freien Sports (Vereinssports)

c) Durch das Bundesministerium des Innern als Vertreter staatlicher Interessen.

Bevor wir die tatsächlichen und möglichen Aktivitäten dieser drei Bereiche und ihre gegenseitigen Verflechtungen näher betrachten, sind einige Vorbemerkungen zur Entwicklung der bundesdeutschen Sportwissenschaft in den letzten 25 Jahren notwendig.

Die Entwicklung der Sportwissenschaft nach dem Zweiten Weltkrieg läßt sich im wesentlichen in zwei Phasen aufteilen. Die erste Phase (sie reicht etwa bis Mitte/Ende der 60iger Jahre) kann als die „passive" Phase bezeichnet werden. Hier war die theoretische Diskussion geprägt durch die unverhüllte Ideologie eines „Freiraums Sport", mit der der gesellschaftliche Charakter des Sports verleugnet wurde. Das hatte die Funktion, die Rolle der bürgerlichen Sportorganisationen im Dritten Reich zu verdrängen und eine Abgrenzung gegenüber dem „politischen" Sport in der DDR wie auch den theoretischen Traditionen der Arbeitersportbewegung zu ermöglichen. Die Auffassung von einem „Freiraum Sport" war zu dieser Zeit zu halten, weil an den Sport und die Sportwissenschaft von der Gesellschaft keine ausdrücklichen Forderungen gerichtet wurden, die Wissenschaft also nicht produktiv zu werden brauchte. Dies geschah vor allen Dingen aus zwei Gründen: Die Überlegenheit des westdeutschen Spitzensports gegenüber der DDR war bis Anfang der sechziger Jahre ungefährdet und bedurfte keiner besonderen staatlichen und wissenschaftlichen Hilfe. Zum anderen wurde die physische Reproduktion der arbeitenden Bevölkerung aufgrund der noch wenig durch die Automation geprägten Arbeitsplatzstruktur sowie einer unterentwickelten Infrastruktur (insbesondere Nahverkehr) notdürftig „von selbst" am Arbeitsplatz oder im Wohnbereich geleistet; vor allem bestand aufgrund der für das Kapital günstigen Arbeitslage (Unterbeschäftigung) die Möglichkeit, verschlissene Arbeitskräfte schnell zu ersetzen. Deshalb standen eine Förderung des Freizeitsports oder die gezielte Entwicklung von Sportprogrammen etwa für den Betriebssport nicht auf der Tagesordnung[38].

Die zweite Phase in der bundesdeutschen Sportwissenschaft kann die „aktive" Phase genannt werden. Sie wird bestimmt einerseits durch die wachsenden Erfolge des DDR-Spitzensports, andererseits durch die zunehmende physisch-psychische Gefährdung der Berufstätigen, Schüler und Kinder in der Bundesrepublik, wie sie sich aus der Intensivierung der Arbeit und den Unzulänglichkeiten im Reproduktionsbereich ergeben[39]. Beide Momente machten den Sport als gesellschaftliches Problem deutlich – und damit eine Förderung der Sportwissenschaft zur Bewältigung dieser Probleme auch im Interesse der herrschenden gesellschaftlichen Kräfte notwendig. Deshalb ist etwa seit Ende der sechziger Jahre ein sichtbarer Ausbau der Institute für Leibesübungen an den Universitäten sowie eine erhebliche Intensivierung der Forschung festzustellen. Diese Entwicklung fiel zum Teil mit den Intentionen fortschrittlicher Studenten und Lehrkräfte zur Verwissenschaftlichung des Sportstudiums zusammen.

Der in dieser Entwicklung deutlich sichtbar gewordene gesellschaftliche Charakter des Sports brachte die traditionelle Sportwissenschaft mit ihren bis dahin gepflegten Theorien eines „Freiraum Sport" in Begründungsschwierigkeiten:

Die Freiraumvorstellungen sind aufgrund der realen Entwicklung nicht länger zu halten; die gesellschaftlichen und ökonomischen Ursachen für die im Sport aufgetretenen Widersprüche wiederum dürfen nicht analysiert oder gar Ausgangspunkt für eine gesellschaftsverändernde Praxis werden. Wir

---

38 Vgl. J. Neu: Entwicklungstendenzen und -linien in der Sportdidaktik oder: Sportpädagogik ohne Gesellschaftstheorie, in Arbeitsgruppe Sport: Schulsport im Abseits, a.a.O.

39 Vgl. A. Keil und H. Maier: Die heimliche Sporterziehung der kapitalitischen Gesellschaft, in Arbeitsgruppe Sport: Schulsport im Abseits, a.a.O.

werden später zu zeigen haben, wie die theoretische „Lösung" dieses Problems durch eine sich als modern bezeichnende Sportwissenschaft erfolgt ist[40].

a) Ausschuß Deutscher Leibeserzieher (ADL)

Der ADL repräsentiert mit seinen Mitgliedsorganisationen ASH (Arbeitsgemeinschaft Sportwissenschaftlicher Hochschuleinrichtungen), DSLV (Deutscher Sportlehrerverband), FLPH (Fachgruppe Leibeserziehung an den Pädagogischen Hochschulen) und GEW-Sportkommission den Bereich des Sports vor allem an Schule und Hochschule. Er steht formal gleichberechtigt und unabhängig neben dem Deutschen Sportbund (DSB) und führt selbständig seine Verhandlungen mit dem für die Sportwissenschaft in der Bundesrepublik vorrangig befaßten Ministerium, dem Bundesministerium des Inneren (von diesemMinisterium werden die Aktivitäten des ADL weitgehend finanziell getragen). Strukturiert ist dieser Ausschuß als halboffizielle Assoziation, d.h. er arbeitet ohne festgelegte Statuten und Geschäftsordnung. Die Hauptaufgaben dieses Ausschusses bestehen in der Beschikkung von internationalen Kongressen, der Durchführung eines alle drei Jahre stattfindenden Kongresses zu Themen des Sports und der Leibeserziehung (der größte Sportkongreß im deutschsprachigen Raum) sowie der Herausgabe verschiedener Publikationen (durch einen seiner Mitgliedsverbände die Zeitschrift „Sportunterricht", gemeinsam mit dem DSB die Zeitschrift „Sportwissenschaft" sowie die Schriftenreihe „Beiträge zur Lehre und Forschung der Leibeserziehung"). Diese Aufgaben werden wahrgenommen durch einen Auslandsausschuß, einen Kongreßausschuß und einen Redaktionsausschuß. Sowohl an seiner Struktur (keine Satzung, kein Verwaltungsapparat, keine Kompetenzabgrenzung zwischen den Verbänden) wie auch an seinen Aktivitäten wird deutlich, daß der ADL noch stark durch die erste (passive) Phase der sportwissenschaftlichen Entwicklung geprägt ist.)

In seinen Reihen besitzen also noch Wissenschaftler maßgeblichen Einfluß, die den Sport als gesellschaftlichen Freiraum betrachten. Andererseits sind aber auch schon Richtungen vertreten, die eine politische Funktion von Sport und Sportwissenschaft durchaus anerkennen und deshalb eine stärkere sportpolitische Artikulation des ADL wünschen. Sichtbar werden diese gegensätzlichen Strömungen beispielsweise einerseits an der ADL-Schriftenreihe, die ausschließlich konservative Texte enthält (und an der die aktuelle Diskussion der letzten Jahre völlig vorbeigegangen ist) sowie

40 Der hier und im Folgenden angerissene Zusammenhang zwischen politisch-ökonomischer Entwicklung und theoretischer Diskussion bzw. die enge Verflechtung zwischen Staat und Wirtschaft und deren Bedeutung für den Sport können hier nicht im Detail dargestellt werden. Eine differenziertere Untersuchung über die Zusammenhänge von Sport, Wissenschaft und Staat steht noch aus. Ernste Ansätze dazu liegen vor von Weinberg, P.: Staatsmonopolistische Formierung ... a.a.O. bzw. in seinem Beitrag in diesem Band.

an den ADL-Kongressen andererseits, in denen zuletzt durchaus ein Wissenschaftspluralismus gegeben war. Aufgrund seiner Struktur wie auch der unterschiedlichen Zielvorstellungen besitzt der ADL nur sehr geringe Wirkungsmöglichkeiten.

b) Sportwissenschaft im Deutschen Sportbund

Der DSB als organisatorischer Zusammenschluß der bundesrepublikanischen Sportvereine und -verbände hat sich nie als bloßer Interessenvertreter des Vereinssports gesehen, sondern sich schon frühzeitig zum Sachwalter des gesamten Sports ernannt[41]. Deshalb hat er sich seit seiner Gründung im Jahre 1950 auch für die Belange der Sportwissenschaft verantwortlich gefühlt: „Der DSB erstrebt die Förderung und Auswertung der wissenschaftlichen Forschung für den Sport"[42]. Konkretisiert hat sich die Förderung der Sportwissenschaft vor allen Dingen in folgenden Maßnahmen:

– 1950 mit der Einrichtung des Deutschen Sportbeirats (später Wissenschaftlicher Beirat)

– 1952 mit Ausschreibung des Carl-Diem-Preises zur Förderung hervorragender sportwissenschaftlicher Arbeiten,

– 1957 mit der Einrichtung einer wissenschaftlichen Schriftenreihe.

Die hier angeführten Maßnahmen des DSB hatten im wesentlichen die Funktion, die politische und ökonomische Restauration in der Bundesrepublik[43] auch im Sport ideologisch abzusichern. Deutlich wird das am Deutschen Sportbeirat, in dem der katholische Geistliche Wolker (später – bis 1974 – der Prälat Bokler) den Vorsitz hatte, womit eine konservativ-klerikale Richtung wesentlichen Einfluß besaß[44]. Ähnlich ist der Carl-Diem-Wettbewerb einzuschätzen, der nach einem Mann benannt wurde, der bis zum Zweiten Weltkrieg hoher Sportfunktionär im Nationalsozialismus war[45] und von dem noch nach dem Zweiten Weltkrieg Äußerungen vorliegen, in denen sich die Grundhaltung eines militanten Antikommunismus offenbart. In diesem Wettbewerb sind bis heute noch keine gesellschaftskritischen Texte ausgezeichnet worden. Auch die wissenschaftliche Schriftenreihe, die der DSB 1957 eingerichtet hatte und die die erste Schriften-

41 DSB: Charta des deutschen Sports, Frankfurt o.J.

42 Satzung des DSB von 1950, zitiert nach F. Lotz: Der Deutsche Sportbund und die Sportwissenschaft in DSB: Jahrbuch des Sports 1973/74, Frankfurt 1973 S. 8.

43 Vgl. U. Schmidt/T. Fichter: Der erzwungene Kapitalismus, Berlin (West) 1972, (2). Hier findet sich auch der interessante Hinweis, daß die Freie Sozialistische Gewerkschaft (FSG), die 1945 von antifaschistischen Arbeitern gegründet worden war, in ihren Forderungen u.a. die Einordnung der bürgerlichen Sportorganisationen in die Gewerkschaften erhob.

44 Vgl. F. Lotz: Trauer um Prälat Willi Bokler, in (Z) Olympische Jugend III/1974, S. 17.

45 Vgl. H. Bernett: Sportpolitik im Dritten Reich, Schorndorf 1971.

reihe im Bereich der Sportwissenschaft überhaupt war, zeichnete sich bisher durch Texte mit einer konservativ-idealistischen Grundhaltung aus[46].

Eine an der unmittelbaren Förderung der Sportpraxis orientierte wissenschaftliche Tätigkeit wurde in der ersten Phase vom DSB lediglich mit der Einrichtung eines Kuratoriums für die sportmedizinische Forschung im Jahre 1955 gefördert, dessen Funktion vor allen Dingen in der Förderung des Spitzensports zu sehen war (diese Maßnahme schien wegen der damaligen günstigen Situation des Spitzensports gegenüber der DDR noch ausreichend). In der zweiten Phase hat der DSB die Ausweitung sportwissenschaftlicher Forschung bzw. ihre organisatorische Absicherung in vielfältiger Hinsicht unterstützt. Dies geschah durch die Einrichtung eines „Zentralkommitees für die Forschung auf dem Gebiete des Sports", die nachdrückliche Förderung eines staatlichen „Bundesinstituts für Sportwissenschaft" (in dessen Leitungsgremien der DSB seine Vertreter entsendet), die Mitherausgabe der internationalen Zeitschrift „Sportwissenschaft", die Herausgabe weiterer Publikationen sowie die maßgebliche Beteiligung an wissenschaftlichen Kongressen[47]. Außerdem wurde die Einrichtung der Institute für Leibeserziehung Ende der sechziger Jahre durch einen massiven persönlichen Einsatz des damaligen DSB-Präsidenten W. DAUME vorangetrieben[48].

Entsprechend diesen Aktivitäten hat der DSB in den letzten Jahren einen dem Präsidium unmittelbar unterstehenden „Bundesausschuß für Bildung und Wissenschaft" eingerichtet sowie die diesen Bereich betreuende Geschäftsstelle erweitert. Außerdem setzt der DSB zu spezifischen bildungspolitischen Fragestellungen ad-hoc-Ausschüsse ein, wie kürzlich ein Gremium zur Entwicklung von Studienreformkonzeptionen für die Sportlehrerausbildung.

Die Mitglieder der sportwissenschaftlichen Gremien im DSB werden nicht von der Basis bzw. den kompetenten Mitgliedsorganisationen gewählt und kontrolliert, sondern vom Präsidium des DSB benannt. Da in den Führungsgremien des DSB vor allen Dingen Vertreter des Großkapitals und Politiker konservativer Prägung sitzen, regulieren diese Kräfte in starkem Maße die sportwissenschaftliche Entwicklung in ihrem Sinne[49].

---

46 Dies gilt auch für die Texte mit fachwissenschaftlichen (insbesondere medizinischen) Themenstellungen, denen letztlich ebenfalls ein positivistisches bzw. konservativ-idealistisches Menschenbild zugrunde liegt.

47 Vgl. F. Lotz: Der Deutsche Sportbund und die Sportwissenschaft a.a.O.

48 W. Daume: Moderne Lebensformen für den Sport, in ders.: Deutscher Sport 1952-1972, München (1973), S. 284 ff.

49 So sind im Präsidium des DSB gegenwärtig u.a. W. Weyer (FDP-Innenminister von Nordrhein-Westfalen), O. Gmelin (CDU-Oberbürgermeister) sowie W. Daume (Eisengießereibesitzer) und J. Neckermann (Versandhauschef) vertreten. Daume und Neckermann werden nicht durch die Basis des DSB gewählt, sondern sind aufgrund ihrer Funktion in anderen Bereichen des Sports automatisch Mitglieder des Präsidiums. Ferner haben Vertreter der Großwirtschaft wichtige Funktionen im deutschen Sport

c) Staatliche Institutionen der Sportwissenschaft

Von staatlicher Seite aus ist der Sport und die Sportwissenschaft lange Zeit unbeachtet geblieben. Erst in der Regierungserklärung Bundeskanzler Erhards wurde der Sport erstmals erwähnt (was mit herzhaftem Gelächter der Abgeordneten honoriert wurde)[50]. Zwischenzeitlich ist allerdings eine Änderung eingetreten. Seit knapp fünf Jahren wird der Sport und die sportwissenschaftliche Forschung staatlicherseits erheblich gefördert. Das Geschieht vor allem durch das Bundesministerium des Innern bzw. durch das dem Bundesinnenministerium unterstellte Bundesinstitut für Sportwissenschaft. Das 1971 gegründete Institut für Sportwissenschaft ist „eine neue Einrichtung zur Förderung des Sports durch wissenschaftliche Forschung und ihre Umsetzung in die Praxis"[51].

Dieses Institut vermag zumindest mittelfristig (gegenwärtig befindet es sich noch in einer Reihe von Anfangsschwierigkeiten) diese Aufgabe durchaus wahrzunehmen, da es über einen erheblichen Personalstand sowie finanzielle Mittel verfügt (zumindest wenn man es mit dem DSB oder dem ADL vergleicht), so daß Publikationen ausgewertet, Aufträge vergeben, Tagungen veranstaltet und wissenschaftliche Texte veröffentlicht werden können (so zur Zeit etwa regelmäßig eine „Sportdokumentation" und die Zeitschrift „Sportwissenschaft"). Andere Ministerien können zwar auch wissenschaftliche Forschungen oder Publikationen im Bereich des Sports fördern, doch werden solche Maßnahmen tendenziell im Zuge einer Flurbereinigung immer stärker vom Bundesinstitut für Sportwissenschaft erfaßt und dort koordiniert, so daß man mit einigem Recht von diesem staatlichen Institut als der zentralen Stelle zur Steuerung der Sportwissenschaft sprechen kann[52].

Selbstverständlich stehen die drei eben dargestellten Bereiche nicht isoliert nebeneinander, sondern sie sind sowohl formal wie auch informal auf vielfältige Weise miteinander verflochten. Das sieht auf der formalen Ebene hinsichtlich DSB und ADL so aus, daß fast alle ADL-Verbände Mitglieder des Deutschen Sportbundes sind und als dessen Mitglieder ihre Aktivitäten zunächst in diese Richtung lenken müssen. Außerdem wird die Zeitschrift

---

inne, wie beispielsweise F. Dietz und B. Beitz. Besonders deutlich wird das in den Spitzengremien der Stiftung Deutsche Sporthilfe. Dagegen ist in den Führungsgremien des bundesdeutschen Sports kein Vertreter der Gewerkschaften zu finden.

50 Vgl. A. Spiegel: Das Krisenkarussell, Frankfurt 1971.

51 Bundesinstitut für Sportwissenschaft: Eine neue Einrichtung zur Förderung des Sports durch wissenschaftliche Forschung und ihre Umsetzung in die Praxis, Köln o.J. (Informationsbroschüre).

52 Es wäre allerdings verfehlt, von einer direkten und ausschließlichen Interessenvertretung für die wirtschaftlich-politisch herrschenden Kräfte durch die zuständigen Ministerien zu sprechen. So fördert das Bundesinnenministerium primär Vorhaben des Spitzensports, während beispielsweise das Wissenschaftsministerium – noch beeinflußt durch die Reformeuphorie in der ersten Phase der sozial-liberalen Koalition – durchaus Projekte mit fortschrittlichen Inhalten fördert.

„Sportwissenschaft" gemeinsam vom ADL und DSB herausgegeben (was die Besetzung des Redaktionskollegiums einschließt) und finanziell vom Bundesinstitut für Sportwissenschaft getragen. Zwischen DSB und Innenministerium ergeben sich Verflechtungen vor allem durch das Bundesinstitut, weil die Direktoriumsmitglieder wie seine Ausschußmitglieder vom Bundesministerium auf Vorschlag des DSB berufen werden. Außerdem bezuschußt das Innenministerium den DSB für seinen Verwaltungsaufwand und besondere Aktivitäten wie Kongresse, Symposien usw. Die Verbindung zwischen ADL und Innenministerium wiederum besteht darin, daß die ADL-Aktivitäten (Kongresse, Lehrgänge, Schriftenreihe) durch das Bundesministerium teilfinanziert werden.

Bei der Darstellung der Organisationsstrukturen in sportwissenschaftlichen Bereichen wird deutlich, daß die Institutionen, die primär die Interessen der Wissenschaft zu vertreten haben (ADL), mit Abstand den geringsten Einfluß besitzen.

Dem ADL wie auch seinen Mitgliedsverbänden fehlen nicht nur einheitliche wissenschaftspolitische Zielvorstellungen, sondern sie verfügen auch hinsichtlich der Besetzung sportwissenschaftlicher Gremien über keine verbrieften Rechte gegenüber dem DSB oder dem Innenministerium – sie sind auf deren Wohlwollen angewiesen. Zudem können sie sich in ihren Aktivitäten nur in dem Rahmen bewegen, der ihnen vom Innenministerium finanzmäßig bzw. politisch zugestanden wird. Dagegen ist die Ausgangsposition des DSB eine weit bessere, weil er neben einem größeren Verwaltungsapparat auch über erhebliche finanzielle Mittel verfügt, feste Vereinbarungen mit dem Bundesinnenministerium hinsichtlich der Besetzung bestimmter Gremien besitzt und aufgrund seiner Satzung (die dem Präsidium uneingeschränkte Möglichkeiten bei der Benenung von Delegierten gibt) ungehindert die Personalpolitik in zentralen sportwissenschaftlichen Gremien regulieren kann. Dem Bundesinnenministerium kommt eine beherrschende Bedeutung aufgrund seiner finanziellen Möglichkeiten zu. Diese kann es indirekt über ADL und DSB oder direkt durch das Bundesinstitut wirksam werden lassen. Damit wird bereits auf der formalen Ebene deutlich, daß staatliche Instanzen und Großkapital auf der organisatorischen Ebene wesentlichen Einfluß auf die Sportwissenschaft nehmen. Nicht erschöpfend beantwortet ist allerdings die Ausgangsfrage, welchen Einfluß die eben aufgezeigte Konstellation im organisatorischen Bereich auf die theoretische Diskussion in der Sportwissenschaft besitzt. Um das angemessen beantworten zu können, ist eine Untersuchung erforderlich, welche Personen mit welchen Interessen bzw. mit welchem theoretischen Selbstverständnis in den relevanten Gremien vertreten sind.

6. Macht und Herrschaft in der Sportwissenschaft der BRD

Betrachtet man etwas näher die Personalstruktur in den relevanten sportwissenschaftlichen Organisationen (nämlich die Redaktionen der Zeitschriften und Schriftenreihen sowie die für Forschungsplanung und Wissenschaftspolitik verantwortlichen Gremien in ADL, DSB und beim Innenministerium), so lassen sich folgende Tendenzen aufzeigen:

a) Feststellbar ist zunächst einmal die hochgradige Ämterhäufung innerhalb der sportwissenschaftlichen Organisationen. So werden die relevanten Gremien fast vollständig von einem Kreis besetzt, der nicht mehr als ca. 10 Personen umfaßt. Diese nehmen z.T. 5 oder 6 Funktionen in den verschiedenen Gremien wahr[53].

b) Innerhalb dieses Personenkreises gibt es noch deutliche Abstufungen. Während einige Wissenschaftler eine begrenzte Zahl von Funktionen in Gremien mit peripherer Bedeutung ausüben, nehmen andere zahlreiche Funktionen in allen wichtigen Gremien wahr. Ein besonders eindrucksvoller Beleg dafür ist der Tübinger Sportwissenschaftler GRUPE, der praktisch in allen wichtigen wissenschaftsorganisatorischen Gremien sitzt und dort auch den Vorsitz führt: Vorsitzender im Direktorium des Bundesinstiuts für Sportwissenschaft, Vorsitzender des Fachausschusses Pädagogik/Psychologie im Bundesinstitut für Sportwissenschaft, Vorsitzender des Bundesausschusses für Wissenschaft und Bildung des DSB (damit Präsidiumsmitglied im DSB!), Leiter des wissenschaftlichen Beirats des DSB, geschäftsführender Herausgeber der Zeitschrift „Sportwissenschaft", ehemals Redaktionsmitglied der ADL-Schriftenreihe„Beiträge zu Lehre und Forschung der Leibeserziehung" (er schied hier aus, weil er beim selben Verlag eine eigene Schriftenreihe gründete), mitverantwortlich für die Vorbereitung des wissenschaftlichen Kongresses anläßlich der Olympischen Spiele 1972, Herausgeber der wissenschaftlichen Schriftenreihe des DSB u.a.m.

c) Die Wissenschaftler, die aufgrund ihrer Berufung durch das DSB-Präsidium mehr diesem zuzuordnen sind, besitzen die wichtigsten und meisten Funktionen. Damit wird auch hier die Dominanz des DSB gegenüber dem

---

53 Vgl. dazu K. Graßhoff: Der Deutsche Sportbund und die Sportwissenschaft, in (Z) Olympische Jugend I/1973, S. 10 und K. Dietrich: Zum Problem der Lehrplanentscheidung, Ahrensburg 1972 sowie J. Funke/P. Kläß: Inhalt und Verfahren in E. Jost (Hrsg.): Sportcurriculum, Schorndorf 1973, S. 67 ff. Insgesamt empfiehlt sich die Lektüre von DSB: Jahrbuch des Sports 1973/74, a.a.O.

Sinnvoll wäre für die Zukunft die Erstellung einer Matrix, in der alle möglichen Posten in wissenschaftsorganisatorischen Gremien aufgeführt und gewichtet werden. Hieraus ließe sich eine Rangskala entwickeln, aus der der Machteinfluß einzelner Sportwissenschaftler quantifizierbar werden würde. Eine derartige Skala wäre für verschiedene Zeitabschnitte zu erstellen, um zu überprüfen, wieweit sich Entwicklungen in der theoretischen Diskussion auf der wissenschaftsorganisatorischen Ebene widerspiegeln würden.

ADL deutlich. Verstärkt wird das noch durch die Tatsache, daß mit A. KIRSCH kürzlich ein neuer Direktor des Bundesinstituts für Sportwissenschaft ernannt worden ist, der zugleich Präsident des Deutschen Leichtathletikverbandes (eines der größten Fachverbände im DSB) ist und bis vor kurzem Präsidiumsmitglied im DSB war[54].

d) Was die theoretische Zuordnung der einzelnen Wissenschaftler betrifft, so ist eine signifikante Konzentration auf geisteswissenschaftlich-anthropologische Ansätze zu konstatieren. Dabei sind im großen und ganzen zwei Gruppierungen zu unterscheiden: Die einen äußern explizit, daß sie von anthropologischen Positionen ausgehen, was zugleich einen umfassenderen Erklärungsanspruch impliziert; die anderen verstehen sich als Fachwissenschaftler und beschränken sich auf die Beantwortung begrenzter und spezifischer Fragestellungen[55]. Theoretiker, die den in der Sportwissenschaft gepflegten anthropologischen Ansätzen skeptisch oder ablehnend gegenüberstehen, sind in den genannten Gremien nicht vertreten.

Tendenzen wie die hier aufgezeigten, nämlich die Konzentration vieler Funktionen auf wenige Personen sowie ein weitgehender theoretischer Konsens zwischen diesen wenigen Personen bedeuten im allgemeinen, daß der genannte Personenkreis seine fachlichen und persönlichen Vorstellungen weit eher verwirklichen kann als die übrigen Wissenschaftler in diesem Bereich. Dies ist vor allem darauf zurückzuführen, daß diese Gruppe den schnellsten und umfassendsten Zugriff zu allen relevanten Informationen besitzt (Verteilung von Forschungsmitteln, Berufungspolitik, Publikationsmöglichkeiten usw.); ihre einzelnen Vertreter können deshalb entweder direkt aufgrund ihrer Funktion oder indirekt aufgrund der ihnen offenstehenden Informationskanäle oder informalen Kontakte in wichtige Entscheidungsprozesse eingreifen. Einige allgemeine Untersuchungen über soziale Faktoren hinsichtlich der Anerkennung von wissenschaftlichen Leistungen oder dem aus außerfachlichen Motiven herrührenden Widerstand von Wissenschaftlern gegen neue Erkenntnisse bestätigen die aufgeführten Mecha-

---

54 Vgl. DSB: Jahrbuch des Sports 1973/74, a.a.O.

55 Zu der hier erstgenannten Gruppierung lassen sich insbesondere H. Bernett, O. Grupe und J. Schmitz rechnen, die sich in ihren Auffassungen nicht grundlegend unterscheiden (dort lassen sich lediglich Ausprägungen ins Geistesgeschichtliche, Existenzialphilosophische oder Neothomistische finden). Die andere Gruppierung, die den Fachwissenschaftlern zuzurechnen ist, bezieht sich zumeist implizit oder explizit auf die erstgenannten Vertreter. Hinzuweisen ist an dieser Stelle darauf, daß es sich bei den sich selbst als „Anthropologen" bezeichnenden Wissenschaftlern um eine Richtung handelt, die nur schwer in die allgemeine anthropologische Diskussion einzuordnen ist (vgl. dazu den Beitrag von I. Modelmog). Von ihnen werden Erkenntnisse der allgemeinen Anthropologie oftmals ignoriert; sie argumentieren vorwiegend geisteswissenschaftlich. Insofern ist die Bezeichnung „anthropologisch" nur mit Einschränkungen richtig.

nismen[56]; ein weiterer Beleg sind die Disziplinierungsversuche gegenüber kritischen Wissenschaftlern in der BRD[57].

Mechanismen wie die eben angedeuteten lassen sich in der Tat in der Sportwissenschaft finden. Hinweis dafür ist etwa der Umstand, daß bei der Auffüllung von wissenschaftsorganisatorischen Gremien stets solche Wissenschaftler bevorzugt werden, die den herrschenden Ansätzen nicht entgegenstehen. Dadurch wird hier ein verbal häufig geforderter Wissenschaftspluralismus faktisch verhindert, obwohl er personell längst möglich wäre[58]. Weitere Indizien sind eine sichtliche Präferenz von anthropologisch argumentierenden bzw. dieser Richtung neutral gegenüberstehenden Veröffentlichungen etwa in der von Anthropologen redigierten Zeitschrift „Sportwissenschaft"[59], eine relativ starke Förderung von Forschungsvorhaben anthropologischer Vertreter durch das Bundesinstitut für Sportwissenschaft[60] sowie die Dominanz von Wissenschaftlern anthropologischer Provenienz in den Grundsatzreferaten der größeren Kongresse[61].

Die Tatsache, daß sich die wissenschaftsorganisatorischen Funktionen auf wenige Personen konzentrieren und diese wiederum praktisch nur eine theoretische Richtung vertreten, braucht allerdings nicht von vornherein negativ bewertet werden. Denkbar ist zunächst auch, daß das bei den genannten Funktionsträgern vorherrschende theoretische Selbstverständnis eine fortschrittliche Grundlage enthält; also diese Sportwissenschaftler in den entsprechenden Gremien die reproduktiven Interessen der arbeitenden und lernenden Bevölkerung gegenüber wirtschaftlichen und staatlichen Restriktionen verteidigen. Und denkbar wäre es genauso, daß die in der Sport-

---

56 Vgl. S. Cole: Wissenschaftliches Ansehen und die Anerkennung wissenschaftlicher Leistungen, in P. Weingart: Wissenschaftssoziologie a.a.O., S. 165 ff., und B. Barber: Der Widerstand von Wissenschaftlern gegen wissenschaftliche Entdeckungen, ebd., S. 205 ff.

57 Vgl. C. v. Braunmühl/J. Hirsch: Am Ende der Hochschulreform, in (Z) Ästhetik und Kommunikation 18/1974.

58 Hier wäre etwa zu denken an B. Rigauer (Tübingen), H. Timmermann (Hannover), D. Ungerer (Bremen) und W. Volpert (Berlin).

59 Bei dieser Zeitschrift fällt auf (sie wird zu einem großen Teil aus Bundesmitteln getragen!), daß sehr viele der Beiträge von inländischen Autoren anthropologischer Provenienz sind bzw. aus dem Hause des Herausgebers stammen. Zum anderen zeichnen sich die Rezensionen in zunehmendem Maße durch massive Polemiken gegenüber kritischen Autoren aus. Neuerdings scheinen Texte bundesdeutscher Marxisten überhaupt keine Berücksichtigung mehr in dieser Zeitschrift zu finden.

60 Vgl. A. Kirsch: Forschungsförderung in den Jahren 1973 und 1974, in (Z) Sportwissenschaft 4/1974, S. 395 ff.

61 Als Beispiel mag etwa die Ankündigung für den wissenschaftlichen Kongreß anläßlich der Olympischen Spiele 1972 in München dienen (mitverantwortlich u.a. O. Grupe), in der die Thematik „Entfremdung und Identität des Menschen im Sport" mit folgenden (in dieser Reihenfolge angegebenen) Disziplinen geleistet werden sollte: Anthropologie, Theologie und Philosophie.

wissenschaft vorfindbaren anthropologischen Vertreter in ihren wissenschaftlichen Bemühungen derart ergiebig sind, daß sich gar keine ernsthafte Alternative zu ihnen bei der Besetzung bestimmter Funktionen ergibt. Derartige Annahmen sind deshalb nicht abwegig, weil führende Vertreter anthropologischer Denkweisen etwa die individuelle Emanzipation als ein zentrales Ziel ihrer Arbeit nennen oder ihnen in der Sportwissenschaft allgemein hohe Anerkennung gezollt wird[62]. Im Folgenden soll das theoretische Selbstverständnis wie auch die gesellschaftliche Funktion anthropologischer Theorien in der Sportwissenschaft näher untersucht werden.

7. *Exkurs: Ansatz und Funktion anthropologischer Denkweisen in der Sporttheorie*

Aus Raumgründen soll die folgende Untersuchung exemplarisch an einem besonders anerkannten Theoretiker geleistet werden, der „in seinen anthropologisch-didaktischen Untersuchungen eine Fülle neuer Einsichten und Befunde erschlossen" und „als erster eine anthropologisch fundierte Theorie der Leibeserziehung" entworfen hat[63]. Es handelt sich um O. GRUPE, also denjenigen, der auf der wissenschaftsorganisatorischen Ebene alle wesentlichen Funktionen auf sich konzentriert.

GRUPE geht von „der anthropologischen Grundthese von der Vielschichtigkeit, der Variationsbreite und dem Pluralismus menschlicher Wirklichkeit" aus[64]. Diese Unbestimmtheit findet ihren Ausdruck in dem ständig wechselnden Verhältnis zwischen Ich, Leib und Welt, in dem der Mensch sich stets befindet und das in jeder Lebenssituation neu definiert wird: „Die Übergänge zwischen Ich und Leib und Welt werden vielmehr fließend, ihr gegenseitiges Verhältnis bekommt ambivalente Züge"[65].

Das besondere Augenmerk GRUPEs gilt der Leiblichkeit, die in den pädagogischen Überlegungen bisher zu wenig Berücksichtigung erfahren habe: „Die Leiblichkeit des Menschen wird in den dynamischen und prozeßhaften Charakter des menschlichen Lebens eingeschlossen. Sie wird vom Vollzug des Menschenlebens und seinen möglichen Verwirklichungen, seiner Plastizität und Unvollendetheit her begriffen. Gegenüber ihren formalen

62 Beide Argumente klingen etwa in der Betrachtung durch von H. Bernett: Zum gegenwärtigen Entwicklungsstand der Fachdidaktik der Leibeserziehung, in (Z) Sportwissenschaft 1/1971, S. 65 ff.

63 Ebd., S. 65.

64 O. Grupe: Zur anthropologischen Dimension von Curriculum-Entscheidungen im Sport, in (Z) Sportwissenschaft 2/1971, S. 158.

65 Ders.: Grundlagen der Sportpädagogik, München 1969, S. 8.

und logischen Aspekten werden ihre Erlebnisaspekte und veränderlichen Sinnqualitäten betont. Im Unterschied zu traditionellen Auffassungen wird sie umfassender und in ihrer komplexen Natur gesehen, ihre Verengung auf bestimmte Bedeutungen wird vermieden. Über ihre allgemeine Bedeutung hinaus werden ihre aktualen Bedeutungen für bestimmte Formen und Bereiche menschlichen Lebens (Bewegung, Gesundheit und Krankheit, Sexualität, Begegnung) sichtbar gemacht"[66].

Zentrale pädagogische Bedeutung kommt seiner Auffassung nach dem Spiel zu, das „der Rechtfertigung von außen nicht (bedarf)"[67]: „Mit dem Spielcharakter ihres Verhaltens verändert sich die Qualität der Dinge, werden ungewöhnliche Sinnschichten und neue Zugangsmöglichkeiten zu ihnen frei. Im Tun des nicht Notwendigen, im Suchen des wägbaren Wagnisses, geradezu in der Verschwendung der eigenen Kräfte in die spielerisch-sportliche Tätigkeit, ja, noch im „Spiel mit der eigenen Gesundheit" wird „Freiheit" wirksam. Im individuellen und freiwilligen Vollzug erhält das an sich Bedeutungslose einen neuen Sinn"[68].

Auf eine theoretische Einordnung der eben vorgestellten Überlegungen muß hier verzichtet werden. Das resultiert daraus, daß GRUPE sich nirgends eindeutig festlegt und auch keine wissenschaftstheoretische Zuordnung vornimmt; er äußert lediglich an verschiedenen Stellen und ohne nähere Ausführungen, daß seine Überlegungen der (!) philosophischen Anthropologie zuzurechnen sind und bezieht sich dann u.a. auf SCHELER, PLESSNER, FEUERBACH, MERLAU-PONTY, MARX und v. WEIZSÄCKER[69]. Erschwert wird eine Zuordnung GRUPEs zudem dadurch, daß er seine zentralen Kategorien nicht entwickelt (Begriffe wie Ich, Leib und Welt werden schlicht gesetzt) und eine methodologische Diskussion unterbleibt.

Im Folgenden soll deshalb auf einer mehr immanenten Ebene der Stellenwert GRUPEscher Theoreme diskutiert werden, nämlich sein selbst formulierter Anspruch an den von ihm gelieferten Ergebnissen gemessen werden.

GRUPE mißt anthropologischen Überlegungen einen hohen Stellenwert bei; er hält sie für fundamental und unverzichtbar: „Eine anthropologiefreie Wissenschaft (ist) nicht möglich"[70].

Sie steht sogar über Auseinandersetzungen etwa zwischen idealistischen und materialitischen Positionen, denn – so GRUPE – es läßt sich eine „Wiederbelebung (...) anthropologischer Fragestellungen ... inzwischen auch in der marxistischen Philosophie finden"[71].

66 Ebd., S. 6.

67 Ebd., S. 148.

68 Ebd., S. 148.

69 Ders.: Zur anthropologischen Dimension ..., a.a.O.

70 Ebd., S. 156.

71 Ebd., S. 157.

Nach seiner Auffassung ist es erklärte Aufgabe und Anspruch seiner Anthropologie, „Lösungen, die freilich letztlich politischer, sozialpolitischer bzw. bildungspolitischer Art sind, vorbereiten zu helfen"[72].

In seinen Ergebnissen und Schlußfolgerungen wird GRUPE diesem Anspruch jedoch so gut wie nirgends gerecht. Da er weder seine Kategorien entwickelt noch sein Vorgehen erklärt hat, kann er seinen Gegenstandsbereich nicht analysieren – er kann nur subjektive Empfindungen anführen, die er dann unbedenklich ins schlechthin Menschliche verallgemeinert. Deshalb vermag GRUPE auch auf aktuelle Probleme keine Antworten zu liefern. Curriculumrevision im Schulsport, Schulsportmisere, Reform der Sportlehrerausbildung, politische Funktion des Spitzensports oder die Problematik des Sports am Arbeitsplatz werden als Probleme bestenfalls genannt, nicht jedoch Stellung dazu bezogen und ausgewiesene Handlungsperspektiven entwickelt. Das zeigt sich exemplarisch an einem Beitrag zur Curriculumdiskussion, wo GRUPE nur einen Katalog von allgemeinen Lernzielen anzubieten vermag, bei dem weder der gesellschaftlich-historische Ableitungszusammenhang deutlich wird noch eine politische Perspektive zu erkennen ist, die hinter den Qualifikationszielen der Schüler steht. Vielmehr erschöpfen sich die genannten Ziele in einem unsystematischen Begriffskatalog: „Könnensbewußtsein", „Selbstvertrauen", „Selbsttätigkeit", „Spontaneität", „Mitbestimmung", „Anspruch auf Freude, Befriedigung, Lusterfüllung", „soziale Aktivität", „körperliche Sensibilität", „Bewußtseinsinhalte erweitern" usw. Und schließlich: „Gar nichts zu tun lehren"[73].

Die Unergiebigkeit seiner Überlegungen manifestiert sich in der Sprache. Dort finden sich eine Fülle von semantisch aufgeladenen Begriffen, die Bedeutungsvolles suggerieren sollen, sich aber als substanzlos oder Mystifikation erweisen: Du-Transparenz, das Gültige-in-der-Welt-sein, das-mitmenschliche-Sein-bei, das Aus-dem-Feld-Müssen, Leib-sein und Leib-haben usw.[74].

Vergleicht man GRUPEs Ergebnisse mit denen der Sportwissenschaftler der sogenannten ersten Phase, so sind keine gravierenden Unterschiede

---

72 Ebd., S. 160.

73 Ebd., S. 173; daß eine Anthropologie keineswegs spekulativ sein muß, sondern gerade aus der Aufarbeitung der Human- und Gesellschaftswissenschaften wichtige wissenschaftliche Probleme bearbeiten kann, ist in jüngster Zeit etwa von J. Habermas: Anthropologie, in ders.: Arbeit, Erkenntnis, Fortschritt, Amsterdam 1970, und L. Sève: Marxismus und Theorie der Persönlichkeit, Frankfurt 1972, aufgezeigt worden.

74 Siehe dazu O. Grupe: Grundlagen der Sportpädagogik a.a.O. und ders.: Anthropologisch-pädagogische Grundlagen der Leibeserziehung, in Grupe und andere: Einführung in die Theorie der Leibeserziehung, Schorndorf 1968, S. 13 ff. Zur Kritik an Grupes Sprachgebrauch vergleiche V. Rittner: Zur Kritik anthropologischer Denkweisen in der Sporttheorie, Manuskript eines Referats, gehalten 1972 in Marburg, und B. Roth: Zur Kritik gegenwärtiger wissenschaftstheoretischer Ansätze der Sporttheorie am Beispiel O. Grupe: Grundlagen der Sportpädagogik, Examensarbeit, Universität Tübingen 1971.

festzustellen. Zentrale Positionen über den Gesellschaftsbezug spielerischer und sportlicher Betätigungen (Spiel als Freiraum) werden von ihm beibehalten. Er unterscheidet sich lediglich in seiner Vorsicht, Unentschiedenheit und Positionslosigkeit etwa hinsichtlich der Erziehungsmöglichkeiten von Leibesübungen und Sport gegenüber „Generationen von enthusiasmierten Sportpädagogen"[75]. Eine derartige Zurückhaltung ist sicherlich nur zu begrüßen, wenn man berücksichtigt, mit welcher Unbefangenheit lange Zeit Wert und Funktion des Sports behauptet worden ist (so etwa im Tugendkanon zahlloser Lehrpläne). Überraschend ist allerdings, wieso bei der bis an einen Agnostizismus heranreichenden Unentschlossenheit nach wie vor ein derart hoher Anspruch für die eigene Arbeit erhoben wird und unbedenklich alle zentralen Funktionen in wissenschaftspolitischen Entscheidungsgremien eingenommen werden.

Plausibel wird diese Konstellation, wenn man sich noch einmal Effektivität und Anspruch anthropologischer Richtungen vergegenwärtigt und dies in Beziehung setzt zu den gesellschaftlichen Veränderungen im Sport sowie den sich daraus ergebenden Konsequenzen für die Sportwissenschaft (wie sie im fünften Abschnitt angedeutet wurden): Einerseits stehen sie stets „mit leeren Händen" denen gegenüber, die Antworten auf die im Sport zunehmend auftretenden Probleme erwarten und sprechen lediglich zum Trost „von der Offenheit aller Dinge"[76], während sie andererseits „nachdrücklich auf den Wert von Fundamentalerkenntnis, d.h. ihrer Erkenntnis" pochen[77]. Damit bewältigt diese Theorie genau die Schwierigkeiten, in die die herrschenden Kräfte aufgrund des immer deutlicher werdenden gesellschaftlichen Charakters des Sports geraten sind (nämlich einerseits die Notwendigkeit seiner direkten gesellschaftspolitischen Steuerung und seiner wissenschaftlichen Bearbeitung, andererseits die Erhaltung der Freiraumideologie gegenüber der Öffentlichkeit):

– Mit ihrer Offenheit und Positionslosigkeit ermöglichen es die anthropologischen Ansätze, ungehindert die für die herrschenden Kräfte erforderlichen Veränderungen im Sport allgemein wie auch in der Sportwissenschaft (etwa medizinische oder psychologische Untersuchungen zum Spitzensport) durchführen zu lassen. Von der herrschenden Sporttheorie ist dazu keine substantielle und damit politisch relevante Kritik zu erwarten.

– Interessen artikulieren anthropologische Denkweisen nur, wenn es um ihre eigene Position geht. Aufgrund ihres – nur sich selbst zuerkannten – umfassenden Erklärungsanspruches wehren sie alle Ansätze ab, die über Detailuntersuchungen hinausgehen bzw. diese in weitergreifende gesellschaftliche Zusammenhänge stellen (z.B. Theorien zum sensumotorischen Lernen oder historisch-materialistische Ansätze). Damit aber behindern sie

75 H. Bernett: Zum gegenwärtigen Entwicklungsstand der Fachdidaktik... a.a.O.

76 V. Rittner: Zur Kritik anthropologischer Denkweisen ..., a.a.O.,S. 12.

77 Ebd.

die Aufklärung über die realen Verhältnisse im Sport – das wiederum objektiv im Interesse der Herrschenden: „Die Bestrebungen der philosophischen Anthropologie tragen apologetischen Charakter ... Das geschieht in eindeutiger Frontstellung zu Theorie und Praxis des Sozialismus"[78]. Aufgrund dieser Funktionalität wird die Dominanz anthropologisch orientierter Theoretiker auf wissenschaftsorganisatorischer Ebene von den herrschenden Kräften nicht nur geduldet, sondern bis zu einem gewissen Zeitpunkt sogar gefördert. Es bleibt im Folgenden zu zeigen, wie von den Vertretern anthropologischer Denkweisen im einzelnen diese Funktionen erfüllt werden können.

8. *Von der Integration zur Konfrontation: Die herrschende Sportwissenschaft benennt ihre Interessenposition*[79]

Varianten bürgerlicher Wissenschaft wie die in der Sportwissenschaft vorherrschenden geisteswissenschaftlich-anthropologischen Überlegungen besitzen theoretisch wie organisatorisch verschiedene Möglichkeiten zur Abwehr ihnen entgegenstehender Ansätze. Welche Möglichkeit gewählt wird, richtet sich nach dem jeweiligen Stand der Auseinandersetzung bzw. dem Kräfteverhältnis. Sie lassen sich idealtypisch wie folgt darstellen, wobei die drei Möglichkeiten in der Reihenfolge ihrer Nennung im allgemeinen jeweils mit der Verschärfung der Widersprüche im gegebenen Praxisfeld verlaufen:

– Strategie der Ignorierung: Hierunter ist eine Strategie zu verstehen, bei der gegensätzliche Ansätze in der Diskussion übergangen werden oder ihnen von vornherein Irrelevanz attestiert wird. Entsprechend kann auf wissenschaftsorganisatorischer Ebene verfahren werden, indem Forschungsprogramme unberücksichtigt bleiben oder Ämter in Wissenschaftsgremien nicht mit Vertretern gegensätzlicher Auffassungen besetzt werden. Diese Strategie ist möglich, solange die nicht der herrschenden Auffassung entsprechenden Ansätze noch nicht voll entwickelt oder unbekannt sind bzw. durch bürgerliche Ideologien verdrängt werden können, weil die gesellschaftlichen Widersprüche noch nicht so weit fortgeschritten sind und die Plausibilität alternativer Erklärungsmodelle für breite Kreise relativ gering ist.

– Strategie der Integration: Hier werden kontroverse Auffassungen in die theoretische Diskussion so weit einbezogen, daß ihnen für gewisse Be-

78 M. Buhr: Anthropologie, in: G. Klaus und M. Buhr (Hrsg.) :Philosophisches Wörterbuch, Berlin (DDR) 1971, S. 78 und 77.

79 Diese Arbeit entstand in enger Korrespondenz mit zahlreichen Sportwissenschaftlern. Zu danken für Hinweise und Informationen ist insbesondere H. Artus (Bremen), A. Neu (Marburg), C. Tiedemann (Hamburg) und W. Volpert (Berlin).

reiche ein Erklärungswert bescheinigt wird. Tatsächlich werden die Ansätze jedoch nicht ernsthaft in der eigenen Argumentation berücksichtigt oder so eingearbeitet, daß der eigene Ansatz wesentlich modifiziert wird. Auch auf wissenschaftsorganisatorischer Ebene werden Vertretern derartiger Ansätze Funktionen zuerkannt. Dabei wird das Kräfteverhältnis jedoch nicht entscheidend verändert. Eine solche Strategie ist erforderlich, wenn die kontroversen Auffassungen schon einen gewissen Bekanntheitsgrad sowie theoretische Abgesichertheit und damit für weitere Kreise Plausibilität erreicht haben.

– Strategie der Konfrontation: Sie muß einsetzen, wenn gegensätzliche Positionen ein bestimmtes Maß an theoretischer Ausgereiftheit wie auch an politischer Wirksamkeit zu verzeichnen haben und damit den herrschenden Theorien wie auch den herrschenden politischen Kräften gefährlich werden. Auf wissenschaftsorganisatorischer Ebene bedeutet das die Zurückdrängung der Repräsentanten dieser Richtung aus allen Funktionen. In der wissenschaftlichen Diskussion werden gegensätzliche Ansätze rigoros und unter zunehmendem Verzicht auf rationale Argumentationen bekämpft. Die gängigsten, zumeist nur notdürftig wissenschaftlich drapierten Stereotypen sind dabei: Der wissenschaftliche Kontrahent sei dogmatisch, er habe letztlich nur politische Absichten (Vorwurf der Indoktrination) oder er arbeite unmarxistisch. Oder aber die Auseinandersetzung erfolgt offen und ausschließlich auf der Ebene platter Polemik. Je aggressiver geisteswissenschaftlich-anthropologische Vertreter vorgehen, desto unverhüllter tritt ihre bürgerliche Interessenposition zu Tage.

Bezieht man die drei eben aufgezeigten Möglichkeiten der Auseinandersetzung auf die gegenwärtige Situation, so kann man davon ausgehen, daß seit dem Herbst 1973 anstelle einer integrationistischen Strategie vornehmlich die Strategie der Konfrontation eingetreten ist. Dieses Datum fällt zusammen mit dem 5. ADL-Kongreß, der im Oktober 1973 unter dem Thema „Sozialisation im Sport" stattfand. Dieser Kongreß war in dreierlei Hinsicht bemerkenswert:

– Inhaltlich zeigte er (sicherlich nicht zuletzt wegen der Thematik) bei den Referenten eine bisher in der Sporttheorie nicht vorhandene Breite von sozialwissenschaftlichen Positionen mit starker Affinität zu einem marxistischen Grundverständnis. Diesen Beiträgen wurde von sehr viel mehr Kongreßteilnehmern ein höherer Erklärungswert für sportliche Wirklichkeiten zugemessen als das bei früheren Kongressen der Fall gewesen war.

– Politisch artikulierte sich ein großer Teil der rund 1800 Teilnehmer bei der Abschlußkundgebung (es sprach ein Staatssekretär aus dem Innenministerium) lautstark gegen die Berufsverbote, indem Kongreßteilnehmer Spruchbänder enthüllten und eine Resolution verlasen; der Staatssekretär verließ daraufhin unter Protest die Veranstaltung[80].

---

80 Dieser Protest wie auch das Vorgehen von DSB- und ADL-Funktionären wurde durch das aktionistische Vorgehen einer Gruppe leicht gemacht, die sich über getroffene

– Zum Kongreß wurde eine neue Schriftenreihe vorgelegt, die sich explizit zum Ziel gesetzt hatte, „Anknüpfungen an vergessene oder unterdrückte demokratische Traditionen in der deutschen Sportbewegung herzustellen" und „die historisch-materialistische Analyse der Voraussetzungen, Funktionen und Entwicklungen des Sports im Rahmen des gesellschaftlichen Reproduktionsbereiches voranzutreiben"[81]. Diese Schriftenreihe hat sehr schnell einen ungewöhnlich großen Leserkreis gefunden. Damit war die bis dahin nahezu monopolartige Publikationssituation für die herrschende Sportwissenschaft in Frage gestellt[82].

Alle drei hier genannten Momente stellen die Widerspiegelung einer Entwicklung dar, die sich in verschiedenen Sportbereichen abzuzeichnen beginnt: Immer mehr Vereinssportler erkennen, daß trotz groß angekündigter Reformmaßnahmen wie beispielsweise der Einrichtung der Deutschen Sportkonferenz (in ihr sitzen Vertreter des Sports und des Staates paritätisch zusammen) keine Verbesserungen etwa für den Jugend- und Breitensport eingetreten sind; das neue – gemeinsam von Bund, Ländern und DSB verfaßte – Aktionsprogramm für den Schulsport fällt noch hinter die Forderungen früherer Programme zurück und stellt keinerlei Abhilfe der Schulsportmisere in Aussicht[83]; an den Instituten für Leibesübungen ist die Situation für Lehrende und Lernende gekennzeichnet durch Numerus Clausus, fehlendes Personal und unzureichende Sportstätten. Deshalb haben fortschrittliche Positionen im Raum der Sporttheorie relativ fest Fuß gefaßt und beginnen theoretisch wie praktisch spürbaren Einfluß auf die sportwissenschaftliche Entwicklung zu nehmen. Diese Entwicklung aber bedeutete für die etablierte Sportwissenschaft und die hinter ihr stehenden gesellschaftlichen Gruppen das Ende einer integrationistischen Strategie.

Es mußte eine Gegenstrategie entwickelt werden, die die kritischen Positionen nicht wirksam werden ließ. Da eine offene theoretische Diskussion kaum erfolgreich bestanden werden würde, mußte die Auseinandersetzung

---

Absprachen hinwegsetzte und damit Gelegenheit bot, mit formalen Begründungen inhaltlichen Fragestellungen auszuweichen.

81 Herausgebervorwort zu S. Güldenpfennig: Grenzen bürgerlicher Sportpädagogik, a.a.O., S. 7.

82 Lange Zeit sind fast alle Arbeiten mit grundlegendem Anspruch in der Sportwissenschaft in einem süddeutschen Spezialverlag erschienen; hier werden sowohl die Schriftenreihen des DSB wie auch die des ADL und des Bundesinstituts für Sportwissenschaft, aber auch die zentralen Periodika herausgegeben (zum Teil mit erheblicher staatlicher Unterstützung!). Das durch geisteswissenschaftlich-konservative Texte geprägte Verlagsprogramm veranlaßt zweifellos viele Autoren, ihre Publikationen auf die Ausrichtung des Verlages einzustellen. Es ist in diesem Zusammenhang aufschlußreich, daß die in den letzten Jahren erschienenen kritischen Arbeiten fast ausnahmslos in anderen, nicht sportbezogenen Verlagen erschienen sind.

83 Vergl. Arbeitsgruppe Sport: Schulsport im Abseits, a.a.O.

dort geführt werden, wo die Dominanz auf organisatorischer Ebene bessere Möglichkeiten eröffnete. Dies läßt sich am Oldenburger Kongreß aufzeigen.

Das Ende einer integrationistischen und der Beginn einer entschlossenen Konfrontationsstrategie wurde bereits beim Kongreß selbst deutlich. So beklagte die Direktorin der Kölner Sporthochschule, L. DIEM, in einer offiziellen Veranstaltung im Rahmen des Kongresses, daß sich alternative Vorstellungen in der Sportwissenschaft verbreiten konnten, weil der „echte Widerstand" fehle: „Man macht es ihnen zu leicht, man stimmt durch Stillschweigen zu"[84]. In einem Beitrag in der Wochenzeitung „Die Zeit" machte K. PASCHEN, zu Beginn der sechziger Jahre einer der führenden Sportdidaktiker in der BRD, sogleich deutlich, wo vor allem der Widerstand einzusetzen habe. Er beklagte in seinem Beitrag nicht nur die Politisierung bei vielen Kongreßbeiträgen, sondern warnte vor einem Eindringen sozialkritischer Wissenschaftler in die wissenschaftsorganisatorischen Gremien im Sport[85].

Hauptziel der Gegenstrategie war, eine breite Resonanz oder gar Solidarisierung mit den beim Kongreß deutlich gewordenen kritischen Positionen bei Sportwissenschaftlern, Vereinsfunktionären und Sportlehrern zu verhindern. Deshalb wurde die politische Demonstration bei der Schlußkundgebung entweder völlig verschwiegen (so erwähnte das ZDF in einer ausführlichen Sendung über den Kongreß die zweifellos telegene Demonstration mit keinem Wort; in der Kongreßrezension der Zeitschrift „Sportwissenschaft"[86] wurde das Ereignis – da nach Meinung der Verfasser offensichtlich ohne wissenschaftliche Bedeutung – nicht weiter aufgearbeitet). Oder es wurde versucht, Vertreter kritischer Positionen von den übrigen Mitgliedern zu isolieren. So erklärten unmittelbar nach dem Eklat bei der Abschlußveranstaltung führende ADL- und DSB-Funktionäre als „Sportlehrer" und „im Namen vieler Kollegen", daß sie sich entschieden von der politischen Demonstration distanzierten und forderten die Anwesenden auf, sich nicht von einer kleinen Gruppe manipulieren zu lassen. Auch in einer Einschätzung des Oldenburger Kongresses in einem offiziellen DSB-Organ versuchte ein hauptamtlicher DSB-Funktionär den Eindruck zu erwecken, eine kleine Minderheit habe den Kongreß in unlauterer Weise für ihre Zwecke mißbraucht, da es sich – so die Auffassung des Autors – bei den Berufsverboten um kein sportliches Thema gehandelt habe[87].

„Wissenschaftlicher" wurde die Auseinandersetzung in einer Kongreßrezension der Zeitschrift „Sportwissenschaft" geführt. Welche Stoßrichtung diese besaß, wird deutlich, wenn man die Behandlung von Vertretern mit

---

84 L. Diem in ADL: Sozialisation im Sport (Kongreßbericht), Schorndorf 1974, S. 460.

85 K. Paschen: Sozialisierung im Sport, in „Die Zeit" vom 7.12.1973, S. 32.

86 D. Kurz u.a.: Sozialisation im Sport, in (Z) Sportwissenschaft 4/73.

87 N. Wolf: Sozialisation im Sport ist in, in (Z) Olympische Jugend XI/1973, S. 4 ff.

unterschiedlichen wissenschaftstheoretischen Positionen betrachtet. Dabei zeigt sich, daß Kongreßbeiträge mit zumindest im weiteren Sinne anthropologischen Bezügen mehr Raum und deutlich positivere Beurteilungen erhielten als Beiträge von Vertretern, die derartigen Denkweisen sehr skeptisch gegenüberstehen. Letztere galten den Rezensenten noch als unreif, unausgewiesen, enttäuschend usw.[8]. Die „theoretische" Gegenoffensive fand ihren Höhepunkt bisher in einem Buch von J. Schmitz, der in dem Versuch einer Gesamtabrechnung mit der von ihm sogenannten „Neuen Linken" – unter Verzicht auf die simpelsten Standards wissenschaftlicher Argumentation – ganz offen das Ziel verfolgte, unbequeme Kritiker wissenschaftlich zu vernichten[89].

Auch von der DSB-Führung wird die neue Strategie vielfältig unterstützt. Das läßt sich an Aussagen des damaligen DSB-Präsidenten W. KREGEL belegen, der vor dem Bundestag des DSB den fortschrittlichen Kräften in der Sportwissenschaft Spaltungsabsichten innerhalb der Sportorganisationen unterstellte und sie damit von den übrigen Sporttreibenden zu isolieren versuchte[90]. Gleichermaßen lassen hohe DSB-Funktionäre keine Gelegenheit aus, warnend auf die Existenz marxistischer Sporttheoretiker hinzuweisen[91]. Und um den fortschrittlichen Sportwissenschaftlern die organisatorische Grundlage zu erschweren, wurden – obwohl verschiedentlich gefordert – keine ASH-Vertreter (die ASH tritt auch im personellen Bereich konsequent für einen Wissenschaftspluralismus ein) in DSB-Gremien berufen[92].

Einer breiteren Öffentlichkeit gegenüber versuchen einige der DSB-Führung nahestehende Sportjournalisten, fortschrittliche Kräfte in der Sportwissenschaft als außerhalb der gesetzlichen Grundlagen befindlich darzustellen: „Mit den dialektisch formulierten Angriffen, bei denen allerorten erkannte Wahrheiten vielfach als eigene fundamentale Erkenntnisse verhökert werden, soll letzten Endes nur übertüncht werden, was man wirklich meint: die totale Systemveränderung auch im Sport, und jeder ernsthaft Leistungswillige steht auf diesem Kurs in die Anarchie buchstäblich im Wege"[93].

Die reale Funktion der hier aufgezeigten konzertierten Aktion von Sportwissenschaftlern, DSB-Funktionären und reaktionären Journalisten wird dann deutlich, wenn man sich das Instrumentarium vergegenwärtigt, mit dem heute im Ausbildungsbereich zunehmend fortschrittliche Positionen bekämpft werden. Die Versuche, den fortschrittlichen Wissenschaftlern

---

88 D. Kurz u.a.: Sozialisation im Sport, a.a.O.

89 J. Schmitz: Sport und Leibeserziehung ..., a.a.O.

90 W. Kregel: Die Demokratie des Sports, in (Z) Olympische Jugend III/1974.

91 Siehe U.Joerres: DSLV-Stellungnahme zum Kongreß „Sozialisation im Sport", in (Z) Sportunterricht 5/1974, S. 169 ff.

92 Vgl. DSB: Mitgliederrundschreiben Nr. 7/1974, S. 13.

93 K. Morgenstern: Utopisten an der Macht, in „Die Zeit" vom 16.11.1973, S. 30.

einerseits Unwissenschaftlichkeit und andererseits nicht verfassungsgemäße Radikalität zu bescheinigen, bereitet objektiv die Maßnahme vor, mit der diese Wissenschaftler aus dem Sportbereich herausgehalten werden sollen: Berufsverbot.

9. Einige Anmerkungen über die Perspektiven fortschrittlicher Wissenschaftler im Sport

Die vorgelegte Studie hat allgemein gezeigt, daß auch in einem relativ randständigen Gebiet des Reproduktionssektors wie dem Sport gesellschaftliche Widersprüche vorhanden sind und sich verschärfen. Das spiegelt sich in der sportwissenschaftlichen Auseinandersetzung deutlich wider. Die Studie hat insbesondere gezeigt, daß diese Auseinandersetzung nicht allein auf der theoretischen, sondern in erheblichem Maße auf der wissenschaftsorganisatorischen Ebene geführt wird.

Die Auseinandersetzung wird sich in der nächsten Zeit noch weiter verschärfen. Auf der theoretisch-ideologischen Ebene werden anthropologische Vertreter heftiger ihre Positionen (und damit die der herrschenden Kräfte in der BRD) verteidigen – die ihren Positionen fehlende inhaltliche Absicherung wird zunächst für breite Kreise der Öffentlichkeit von dem allgemeinen Rechtstrend in der BRD überdeckt werden. Auch auf der wissenschaftsorganisatorischen Ebene wird die Dominanz etablierter Sportwissenschaftler anhalten, die die von staatlichen und politisch-wirtschaftlichen Interessen bestimmte Formierung im Hochschulbereich zum weiteren Ausbau ihrer Positionen auszunutzen verstehen werden – wobei man sich dankbar der allgemeinen staatlichen Reglementierungen und Disziplinierungen bedienen wird, wie sie etwa durch das geplante Hochschulrahmengesetz gegeben sind.

Dennoch ist die Situation für fortschrittliche Sportwissenschaftler keineswegs perspektiv- und hoffnungslos. Die in der Sportwissenschaft vorherrschenden geisteswissenschaftlich-anthropologischen Ansätze geraten immer mehr in Schwierigkeiten, weil ihre Erklärungskraft bei der fortschreitenden Vergesellschaftung des Sports und den dabei auftretenden Widersprüchen sinkt und ihr Unvermögen, konkrete Handlungsanleitungen zu liefern, immer evidenter wird: „Da auf den fortschreitenden Wissenschaftsprozeß nicht zu verzichten ist, entstehen für das bürgerliche Herrschaftssystem auf jeder neuen Stufe auch neue Aufgaben der Integration der gewonnenen Erkenntnisse in die ideologische Tradition"[94]. Geisteswissenschaftlich-anthropologische Ansätze aber können weder den Wissenschaftsprozeß inhaltlich entscheidend vorantreiben noch vermögen sie die notwendigen Formierungsmaßnahmen im Sport auf Dauer ausreichend ideo-

94 F. Tomberg: Bürgerliche Wissenschaft, Frankfurt 1973.

logisch abzusichern (gegenwärtig gelingt ihnen das zum Teil noch, indem sie verbal etwa die Einbeziehung sozioökonomischer Erkenntnisse für die Sportwissenschaft fordern[95], was bei ihren eigenen Überlegungen allerdings nicht eingelöst wird). Für die gegenwärtig herrschende Sportwissenschaft trifft damit die Aussage zu, die TOMBERG für die Wissenschaft allgemein formuliert hat: „Der größte Feind der bürgerlichen Wissenschaft ist heute die Wissenschaft selbst ... (deshalb) fördert das bürgerliche Wissenschaftssystem mit dem Fortschritt der Wissenschaft auch seine eigene theoretische Negation"[96]. Dieser Prozeß hat in der Sportwissenschaft bereits eingesetzt, indem etwa staatliche Instanzen indirekt die Ineffizienz anthropologischer Untersuchungen beklagen[97]. Das ist letztlich auch der Grund, warum die Hauptvertreter dieses Ansatzes so massiv in alle wissenschaftsorganisatorischen Positionen hineindringen – nämlich nur so werden sie sich relativ lange in der theoretischen Diskussion halten und damit ihren Marktwert sichern können.

Die zunehmende ideologische Brüchigkeit und Ineffizienz geisteswissenschaftlich-anthropologischer Erklärungsmodelle im Sport wird nicht dazu führen, daß diese Ansätze von selbst aus der Diskussion herausfallen werden. Vertreter dieser Auffassungen werden sich auch weiterhin ihren Einfluß sichern wollen, indem sie beispielsweise eine „technokratische Wende"[98] zulassen, d.h. eine Effizienzsteigerung durch Rekrutierung auf empirisch-positivistische Verfahren unter Abziehung gesellschaftlich-politischer Reflektionen. Die wirkliche Überwindung anthropologischer Ansätze und ihrer Modifikationen wird sich nur vollziehen, wenn die theoretisch-ideologische Auseinandersetzung mit diesen Ansätzen aktiv weitergeführt werden wird. Parallel hierzu werden sich auf der wissenschaftsorganisatorischen Ebene verstärkt Aktivitäten entfalten müssen. Die dauerhafte Organisierung fortschrittlicher Kräfte ist nur zu erreichen, wenn man sich weder als Kampfverbandmarxistischer Theoretiker noch als ständische Vereinigung oder rein fachwissenschaftlicher Diskussionskreis konstituiert, sondern ein breites Bündnis demokratischer Kräfte bildet. Ein solches Bündnis wäre in der Lage, sich innerhalb des vorfindbaren politischen Kräfteparallelogrammes prononciert zu sport- und bildungspolitischen Zielvorstellungen zu artikulieren. Ein derart breites Bündnis findet seine Begründung in der objektiven Entwicklung, nach der auch in der Sportwissenschaft weite Teile der wissenschaftlichen Intelligenz tendenziell zu Lohnabhängigen werden[99]

95 Vgl. O. Grupe: Einleitung in die „Sportwissenschaft", in (Z) Sportwissenschaft 1/1971.

96 F. Tomberg: Bürgerliche Wissenschaft, a.a.O., S. 141.

97 So betont beispielsweise ein Staatssekretär aus dem Wissenschaftsministerium die Effizienz, die man sich aus einem „Studienmodell Sensomotorik" erhofft; vergl. dazu Technische Universität Berlin: Studienmodell Sensomotorik, Berlin 1974, S. 7.

98 Vgl. J. Neu: Entwicklungstendenzen und -linien in der Sportdidaktik ..., a.a.O.

99 Vgl. H. Lange: Wissenschaftlich-technische Intelligenz, Köln 1972.

und sich erträgliche Arbeitsbedingungen wie auch eine Selbstbestimmung der Arbeitsinhalte nur sichern können, wenn sie ihre Interessen gemeinsam vertreten.

Zu verwirklichen ist eine wirksame Organisierung schließlich nur, wenn eng mit anderen fortschrittlichen Organisationen kooperiert wird. Dieser Weg wird bereits seit einiger Zeit beschritten, wie die Zusammenarbeit zwischen Sportorganisationen aus dem Hochschulbereich mit den Gewerkschaften ÖTV, GEW und dem BDWi zeigt[100].

---

100 ADH: Zur gewerkschaftlichen Orientierung des Hochschulsports, Darmstadt 1974.

ILSE MODELMOG

Philosophische Anthropologie und Sportwissenschaft Ein Beitrag zur Soziologie des Sports

1. Funktionen des Sports in der kapitalistischen Gesellschaft

Der Sport ist an der Oberfläche der Gesellschaft ein soziales Phänomen des Reproduktionsbereiches, mit dem gesellschaftliche Werte und Normen wie Leistung und Konkurrenz vermittelt werden. Außer dieser, die Gesamtgesellschaft umfassenden Funktion der Normenvermittlung läßt sich freilich noch kein Hinweis darauf ableiten, wie der Sport für die verschiedenen wenn auch eine Einheit bildenden Arbeits- und Lebensbereiche der Individuen unterschiedliche Funktionen erfüllt. Und wie auf der anderen Seite auch wiederum der innere Zusammenhang der differenzierten Funktionsbereiche gegeben ist.

Der Sport wird in der Wissenschaft als ein eigenständiger Bereich untersucht, dessen gesellschaftlicher Bezug höchstens darin liegt, gesamtgesellschaftliche Werte zu vermitteln. Er wird als ein Freizeitphänomen analysiert, das vom Produktionsbereich und von der Zirkulationssphäre getrennt ist und lediglich einen isolierten Teil der Lebensbereiche der Individuen ausmacht. Das Individuum erfährt hier, wie die Internalisierung der Normen und Werte zu seiner Selbststabilisierung, zu seiner Selbstwerterhöhung und zu seiner Selbstbeherrschung beitragen. Damit vertieft sich die Vereinzelung des Einzelnen im Freizeitbereich, so daß es Gemeinschaftlichkeit nurmehr in der Auseinandersetzung geben kann. „Sportliche Leistungen, kulturell institutionalisiert und bewertet, wie sie sind, stellen für den jüngeren Menschen ein besonders attraktives Medium der demonstrativen Individualisierung, Selbstfindung, -gestaltung und -bekräftigung anhand eines kulturell positiv bewerteten Zielmusters dar: Auszeichnungsmöglichkeit in der konformistischen Gesellschaft, die dennoch individualistische Werte betont."[1] Darin liegt eine Verherrlichung der sportlichen Leistung als körperlicher Bewegung. Während zwar die Vorstellung vorherrscht, daß im Sport körperliche Bewegung sich ausschließlich an vorgegebenen Leistungsmaßstäben orientieren muß, besteht darüber hinaus aber immerhin die Vermutung, daß hier eventuell Freude

1 Hans Lenk, Leistungssport: Ideologie oder Mythos? Stuttgart 1972, S. 162.

am spielerischen Moment des Sports durchschlagen könnte. Das beruht auf dem Erfahrungshintergrund, daß im Arbeitsprozeß Körperbewegung immer an objektive Zwänge angepaßt werden muß, die keine Spontaneität und Phantasie zulassen. „Körperliche Arbeit ist längst derart stumpfsinnig und einseitig belastend geworden, daß niemand auf die Idee kommt, durch einen entsprechenden Beruf seine Freude an körperlicher Bewegung ausbilden zu wollen."[2]

Die ideologischen Prämissen des Sports werden in der Wissenschaft zum Teil durchaus gesellschaftlich eingebunden gesehen, indem die Leistungsgesellschaft mit ihrem Konkurrenzprinzip als gegeben akzeptiert wird. „Was den modernen Sport so symbolträchtig macht, ihm Faszinationskraft verleiht, ist nicht zuletzt die Exaktheit, um nicht zu sagen Idealität, mit der er diese Grundprinzipien der Industriegesellschaft verwirklicht."[3] Das Leistungsprinzip wird im direkten Zusammenhang mit seiner Zielbestimmung, dem Sieg, gegenüber den übrigen Konkurrenten unmittelbar für jedermann erfahrbar. Es wird der Schein der Objektivität erzeugt, der die gerechte Verteilung von Belohnung in Aussicht stellt. „Die Leistung kann genau nachgerechnet und verglichen werden, sie triumphiert rein als solche – und in *diesem* Sinne bei *absoluter* Gleichheit der Bedingungen."[4] Es zählt „der Rekordsprung: jedem verständlich, dreifach nachgemessen, optisch in jedes Haus getragen."[5]

Der Sport scheint auf diese Weise idealtypisch die Werte der Industriegesellschaft zu verwirklichen, was im Produktionssektor so bruchlos nicht erreicht werden kann. „Denn daß jemand als Geschäftsmann Erfolg hat, kann man allenfalls an der Größe des Wagens ablesen, den er fährt ... Daß jemand rasch befördert wird, mag mehr mit Beziehungen und Parteibuch als mit Leistungen zu tun haben."[6] Leistungsbrüche, die in der Arbeitswelt vorkommen, sind im Sport – millionenfach beobachtbar und nachvollziehbar – undenkbar. Der Staffelläufer, der seinen Stab verliert, disqualifiziert sich eben. Gesellschaftliches Ideal erfüllt sich hier. Es kann auch nur im Reproduktionsbereich angesiedelt werden, da in der Produktionssphäre der maßlose Verwertungszwang des Kapitals dies im Hinblick auf die Einzelkapitale und deren Konkurrenzverhältnis verhindert. Denn diese Kapitalbesonderungen bauen zum einen jeweils unterschied-

---

2. Rudolf zur Lippe, Naturbeherrschung am Menschen, Bd. 1, Frankfurt 1974, S. 11. (Vgl. präzisierend Anm. 12).

3 Christian Graf v. Krockow, Sport und Industriegesellschaft, München 1972, S. 94.

4 Ebenda, S. 95.

5 Ebenda.

6 Ebenda.

liche Leistungssysteme (Lohnleistung) auf und abstrahieren bei der Entlohnung auf gesamtbetrieblicher Ebene sogar von Leistung.[7]

Die Wert- und Norminhalte des Sports sind in der scheinbaren Erfüllung eines Ideals gesellschaftlich begründet. Das aber reicht den Sporttheoretikern noch nicht aus, da offensichtlich ein ungeklärter Rest bleibt, den es zu bestimmen gilt: das Moment des Verdachtes, daß im Sport Möglichkeiten liegen könnten, die – wenn sie auch nicht so interpretiert werden – aus der Widersprüchlichkeit der Realität resultieren und sich als gesellschaftlich nicht einzufangende Ansätze bemerkbar machen. Zum Beispiel die Tatsache, daß der Sport die Aussicht auf eine körperadäquate Bedürfnisbefriedigung eröffnen könnte, statt ausschließlich körperentfremdete Disziplinierungsübung zu sein. Einen solchen Fall stellt der sogenannte Fosbury Flop dar. Zunächst erscheint er als ein Ausdruck von Phantasie und Spontaneität, die dann unter den Bedingungen, unter denen er eingesetzt werden muß, „repressiv umgebogen" (Narciss Goebbel) wird zu einem Instrument, das zur besseren Leistung befähigt. Die Widersprüchlichkeit der Realität, die gerade im Sport mit seinem spielerischen Momenten, auf die er selbst in seinen rigidesten Formen immer noch verweist, Ansätze vermuten läßt, die über das bestehende Gesellschaftssystem hinausweisen, ermöglicht augenscheinlich das Aufkommen und die Ahnung nach freien und spontanen Körperbewegungen. Allerdings werden solche sporadischen Erscheinungen wie auch der Fosbury Flop wieder gesellschaftlich verwertet. Als „gebundene Phantasie" liefern sie dann die erforderlichen innovatorischen Momente, die auf bestimmten Stufen nötig werden, um Leistungsgrenzen weiter zu verschieben. Von Krockow beschreibt dieses Moment als „Weltausgrenzung". „... das Prinzip der Weltausgrenzung, der Freiheit vom sorgenvollen Angespanntsein auf Zukunft, von Gewalt, Machtkampf, Herrschaft und Unterwerfung scheidet den Sport zugleich von der Gesellschaft, der er angehört."[8] Einerseits gilt Gesellschaftsbezogenheit und damit harte Arbeit, andererseits zählt Weltausgrenzung und dadurch das Glück der Gegenwärtigkeit, meint Krockow. Für ihn liegt dieser unerklärliche Rest, der sich im Phänomen Sport verbirgt, in der Ahistorizität, im Bezug auf Jetztheit, die das Denken an Zukunft auslöscht. Frei von seinen alltäglichen Sorgen ist es dem Einzelnen im Sport vergönnt, den Augenblick zu genießen. Ahistorizität wird zum höchsten Glücksempfinden hypostasiert, das in einem gesellschaftlichen Freiraum stattfindet. In seinen widersprüchlichen Thesen zum Sport kann Krockow nicht die emanzipatorische Seite des Sports ent-

---

7 Rudi Schmiede, Entwicklungstendenzen und Widersprüche der Leistungsentlohnung, in: Gewerkschaften und Klassenkampf, Kritisches Jahrbuch 1974, Frankfurt 1974, S. 215–235, bes. S. 228 f; vgl. auch Eckart Teschner, Neue Entlohnungsmethoden ebenda, S. 204–215.

8 Ch. v. Krockow, Sport und Industriegesellschaft, S. 102.

decken. Er kann die Erscheinungen, die sich nicht systemimmanent verhalten, nur wieder systemgerecht umbiegen.

Andere Thesen zum Sport gehen – wie etwa die von Habermas – davon aus, daß eine Verdoppelung der Arbeitswelt im Sport angenommen werden muß. Dieser Ansatz bezieht zwar den Produktionsprozeß in die Analyse ein, geht aber in einer undialektischen Weise davon aus, daß der Produktionsprozeß gleichsam quantitativ auf die anderen Lebensbereiche der Individuen Einfluß nimmt, nicht aber qualitativ.[10] Die spezifischen Bedingungen des Produktionsbereiches entlassen sich in den Reproduktionsbereich und bestimmen dessen Inhalte. Diese bedingungslose Übertragung von Eigenschaften des einen Bereiches auf den anderen läßt außer acht, daß innerhalb der Totalität der kapitalistischen Gesellschaft durchaus verschiedene (qualitative) Formerscheinungen auftreten können und müssen. Das ergibt sich aus dem unterschiedlichen Funktionszusammenhang, in dessen Kontext sich die gesellschaftlichen Formerscheinungen entwickeln. Während im Produktionsbereich Waren produziert werden, werden sie in der Zirkulationssphäre veräußert und in der Konsumtionssphäre eben verbraucht. Das heißt, die mit den verschiedenen Bereichen verbundenen Formerscheinungen haben unterschiedliche Inhalte, wenn sie auch letztlich durch das Kapitalverhältnis definiert sind.

Von der Verdoppelung der Arbeitswelt im Sport zu sprechen bedeutet, von der Erscheinung, der Oberfläche des Phänomens auszugehen, was durchaus den Anschein der Identität hat, wie die quantitative Zielbestimmung in der Arbeit und im Sport auf der jeweiligen Entwicklungsstufe der Produktivkräfte, die Leistungsorientiertheit, das Messen und Zählen. Die Identität von Erscheinungen offenbart indes gerade deren Scheincharakter, mit dem noch nicht ihre Wesensbestimmung durch den Totalitätszusammenhang gegeben ist. Der oberflächlichen Identität von Erscheinungen aufzusitzen impliziert, einem Empirismus das Wort zu reden. Die in sich differenzierten und durchaus unterschiedlichen Erklärungen der Formerscheinungen ergeben sich erst aus ihrem Funktionszusammenhang, der durch die Verschiedenartigkeit der gesellschaftlichen Bereiche charakterisiert ist. Zusammen stellen sie dann in ihrer kategorialen Anordnung die gesellschaftliche Einheit dar.

Leistung und Konkurrenz haben mithin in der Produktion andere Bedeutungsgehalte als in der Zirkulations- oder Kosumtionssphäre, wenn sie auch auf der Totalitätsebene gesellschaftliche Ideologie ausmachen und

---

10 Vgl. Jürgen Habermas, Soziologische Notizen zum Verhältnis von Arbeit und Freizeit, in: Arbeit, Erkenntnis, Fortschritt, Amsterdam 1970, S. 56–75, bes. S. 67.

durch die Einheit aller Bereiche voneinander abhängig sind und aufeinander wirken.[11]

Der Sport als ein soziales Phänomen des Freizeitbereiches erfüllt also bestimmte Funktionen für das gesamte Gesellschaftssystem. Er deckt aber auch gleichzeitig spezifische Funktionen für die verschiedenen Aktionsräume der Individuen ab. Gesamtgesellschaftlich stellen Leistung und Konkurrenz Momente dar, die von den Individuen internalisiert sein müssen, um im Produktionsbereich überhaupt existieren zu können. Sie sind notwendige Orientierungen der Ware Arbeitskraft wie auch der Einzelkapitale. Diese ideologischen Kriterien, die das Kapital als gesellschaftliches Verhältnis setzt, können am besten dadurch gewährleistet werden, daß sie sich in allen Lebensbereichen der Individuen als selbstverständliche Werte und Normen konstituieren. Dabei geht es eben nicht um eine Verdoppelung der Normen der Arbeitswelt auf die übrigen Lebenssphären der Individuen, sondern darum, daß sie, indem sie auch in anderen Wirkungskreisen erfahrbar werden, nun in *anderen Verwendungszusammenhängen* auftauchen. Es handelt sich um einen spezifischen, für alle Momente der Ideologie geltenden Zusammenhang von Verallgemeinerung und Besonderung, einen Zusammenhang, der oft mit dem Begriff des „Transfer" bezeichnet wird. Über ideologische Muster kann somit eine Einheit hergestellt werden, die – da Arbeit und Leben getrennt erscheinen – jedoch nicht in ihrem Wesenszusammenhang erkannt werden. Die Einheit stellt sich eben dar als allgemeine gesellschaftliche Norm, was auf den Begriff gebracht, die Gesellschaft dann als Leistungsgesellschaft charakterisiert.

Diese allgemeine gesellschaftliche Norm läßt sich als Grundlage der Handlungsmotivationen der Individuen beschreiben, die in ihren Besonderungen differierende Bedeutungsgehalte hat. Im Produktionsprozeß bedeuten Leistung und Konkurrenz die optimale Sicherung der Herstellung von Waren bei immer schnelleren Kapitalumschlägen. Durch die Leistungsbetonung ist die effektive Verwendung der Ware Arbeitskraft – hergestellt über die Konkurrenz um den Arbeitsplatz – zu erreichen. Im Arbeitsprozeß wird zunehmend von der konkret-nützlichen Arbeit abstrahiert, so daß die Verausgabung menschlicher Arbeits*kraft,* also die abstrakt menschliche Arbeit dominiert.[12] Die Betonung der quantitativen Dimension der Arbeit erfordert als Leistungsinhalte Messung von Bewegungsabläufen (vgl.

11 Bei Hans Lenk taucht immerhin die Vorstellung auf, daß es etwas geben müsse, was diese Einheit herstellt: „Doch der Charakter des Sports als eines Abbilds der beruflichen Arbeitswelt wurde bestritten, zumindest stark eingeschränkt, weil es das eine einzige Leistungsprinzip für alle Spezialbereiche nicht gibt ..." H. Lenk, Leistungssport: Ideologie oder Mythos, S. 157.

12 Damit ist nicht die Dialektik von konkret-nützlicher und abstrakt menschlicher Arbeit aufgehoben. Vielmehr wird eine Tendenz in der Realität beschrieben, bei der – wie jüngst die Produktionsumstellung bei Volvo gezeigt hat – die qualitative Seite der Arbeit nicht aufgegeben werden kann.

etwa MTM oder analytische Arbeitsplatzbewertung), zeitbewußtes Arbeiten und Handlungsabläufe, die von Maschinen vorgegeben sind. [13] Dieses sind Anforderungen des Produktionsprozesses, die als Erfahrung in die Lebenszusammenhänge der Arbeit eingehen und sogar zu ihrer Existenzsicherung notwendige Erfahrungen sind. Die Tatsache, daß Leistungsprinzipien außerhalb des Arbeitsplatzes erfahrungsmäßig festgemacht werden können, erzeugt die Vorstellung einer scheinbaren Natürlichkeit solcher Anforderungen, da sie dadurch als das gesellschaftlich allgemein Gegebene erscheinen. Leistung und Konkurrenz erhalten ihre Bedeutung im Reproduktionsbereich aus der Tatsache, daß hier Waren gekauft und konsumiert werden sollen. Dies ist verknpüft mit Prestige- und Statusdenken, welches quantitativ und qualitativ die verschiedenen Einkommensarten und -quanten repräsentiert.

Ein weiteres Kriterium der Sportideologie ist das der Gleichheit. Sie bezieht sich ausschließlich auf den Reproduktionsbereich, da in der Produktionssphäre Ungleichheit, wenn sie nicht bereits ideologisch legitimiert ist, unmittelbar erfahrbar wird. In der dann scheinbar naturwüchsig vorgegebenen Ordnung gilt der individuelle Aufstieg, der sich als Chancengleichheit offenbart und nicht etwa die Aufhebung der Gesellschaft als Klassengesellschaft meint. Die Gleichheit im Sport läßt die vorgeblich gleichen Ausgangssituationen für jedermann erkennen. Durch die Internalisierung solcher Norm in der Verkehrssphäre der Individuen wird die Ungleichheit im Produktionsprozeß, die auch ihre gesellschaftliche Stellung bestimmt, zur Gleichheit der Chance für den potentiellen Aufstieg verkehrt. Das besagt nicht, daß hier nicht auch Ungleichheit erfahrbar wäre, da die Ideologie nicht die Widersprüche der Realität aufheben kann. Die Identifizierung mit den Siegern schließlich stärkt die Isolierungstendenzen der Individuen und kann Solidarisierungs- und Kollektivierungswünsche zerstören, die gerade auch im Massensport zu finden sind und wovon die Arbeitersportbewegung z.B. zeugt, die aber auch in der bekannten Nurmi-Sage und den heute zwangsläufig zur Deklamation verkommenen Fairness-Geboten skizziert werden. Denn vermittelt wird, daß nur der Einzelne, isoliert und aus eigener Kraft Gewinner sein kann.

Der Sport erfüllt wie auch andere soziale Institutionen die gesellschaftliche Funktion der Klassenreproduktion. Diese Funktion kann er indessen nur im Rahmen einer anderen, für seine gesellschaftliche Existenz grund-

13 Dadurch wird übrigens Leistung als intendierbarer Akt des Individuums beseitigt und an Maschinen- und Bandrhythmen gebunden. Leistung muß deshalb sogar mit den neuen Methoden der Arbeitsplatzbewertung scheinhaft wieder eingeführt werden, wenn auch als eine von der Intention der Arbeitenden abgekoppelte, abstrakte Dauerverausgabung. Denn Leistung bleibt, auch wenn das Individuum in der mechanischen Industrie nicht mehr über ihre Erbringung disponieren kann, ideologische Grundlage von Lohndifferenzierungen und gesamtgesellschaftlich von Hierarchien und sogar der Klassenteilung, was sich u.a. vermittelt im Schichtbegriff der Soziologie wiederfindet.

legenden und letztlich konstitutiven Leistung erbringen: der mit der Intensifikation der Arbeit steigenden Notwendigkeit intensiver Rekreation der Arbeitskraft für die Produktion, was in „Trimm-Dich-Aktionen" und „Volksspaziergängen" seinen massenhaften Ausdruck findet. Die negativen Auswirkungen der Arbeitsbedingungen in der kapitalistischen Gesellschaft sind nicht mehr ohne weiteres zu verschleiern, indem sich so etwas wie eine „industrielle Pathologie" ausbreitet. Die körperlichen Schäden erfordern daher u.a. als notwendige Reproduktion der Ware Arbeitskraft sportliche Ausgleichsübungen, oder der Sport wird als Prophylaxe für zu erwartende Arbeitsschäden eingesetzt. [14] Von daher ist es auch zu erklären, daß der Sport – zunächst in elitären Formen der Bourgeoisie als Privileg vorbehalten – jetzt Massencharakter angenommen hat. Massensport ist ein notwendiges Instrument als Folge des Wechsels von der Extensivierung zur Intensivierung der Arbeit beim Übergang zur Produktion des relativen Mehrwerts[14a], wenn die Ware Arbeitskraft nicht auf die Dauer durch Überstrapazierung verkümmern und das heißt für das Kapital auch immer: sich verknappen und mithin verteuern soll. Deshalb gehört Massensport zu den notwendigen fraux frais des Kapitals (z.B. Schulsport, Bereitstellung von Volksportanlagen, „Schweißtropfenbahnen", „Trimm-Trab-Veranstaltungen" etc.) [15]

Freilich bleiben auch heute der herrschenden Klasse Sportarten als Privileg erhalten, wie etwa das Reiten oder Golfspiel, so daß hochgestellte Prestigebedürfnisse abgesättigt werden können und Klassenschranken weiterhin aufrechterhalten bleiben. Dies hat seine Ursache auch in dem Profitstreben der Unternehmer, da das „rohe" Bedürfnis des Arbeiters eine viel größere Quelle des Gewinns ist, weil dabei der Umschlag des Kapitals schneller erfolgen kann, als das „feine" der Reichen. „Und wie die Industrie auf die Verfeinerung der Bedürfnisse, ebensosehr spekuliert sie auf ihre *Rohheit,* aber auf ihre künstlich hervorgebrachte Rohheit, deren wahrer Genuß daher die Selbstbetäubung ist, diese *scheinbare* Be-

---

14 Es wird bereits erwogen, zur besseren Aufbereitung der Ware Arbeitskraft in den Kindergärten Sport zu betreiben, der dann in weiteren Sozialisationsinstanzen bis zum Erwachsenensport auf der Tagesordnung steht.

14a An dieser Stelle kann nur ökonomisch vom Reproduktionszwang der Ware Arbeitskraft geredet werden, nicht aber von anderen Konstitutionsmomenten, insbesondere nicht von kollektiven Zusammenschlüssen der Arbeiterklasse z.B. in der Bismarckschen Illegalität des Sozialistengesetzes, in Form von Arbeitersportvereinen, in denen Arbeitskraft - neben den politischen Organisationszusammenhängen -*bewußt* reproduziert wurde.

15 Das ist beim Hochleistungssport, dessen hauptsächliche Funktionen im Ideologietransfer für die Systemreproduktion liegen, wie oben ausgeführt wurde, z.T. anders. Er stellt nur zum geringsten Teil notwendige Kosten für das Kapital dar. Darin liegt seine Entwicklungsmöglichkeit zum Publikumssport, also zur Show, begründet, wodurch er zu einem eigenen wirtschaftlichen Teilbereich wird.

friedigung des Bedürfnisses, diese Zivilisation *innerhalb* der rohen Barbarei des Bedürfnisses." [16] Das heißt, mit der Notwendigkeit des Massensports (hier scheinen mir übrigens von der Funktion her betrachtet die Grenzen vom Sport zu heilgymnastischen Übungen und Bewegungskuren fließend) wird ein Markt und mithin eine neue Anlagesphäre für Kapitale, die Sportartikelindustrie, geschaffen, die nun von sich aus die Sportbewegung – ihre Realisierungssphäre für Profite – durch Stiftungen und Werbung ausweiten, d.h. über ihre Begrenzung, die sich aus ihrer Reproduktionsfunktion für die Arbeitskraft ergeben, hinauszutreiben versuchen. Für das Kapital erfüllt der Sport in dieser Hinsicht also mehrere Funktionen.

2. *Anthropologischer Erklärungsansatz der Sportwissenschaft*

Die Sportwissenschaft entwickelt sich, seitdem der Sport aufgrund zunehmender Intensivierung der Arbeit – begründet in dem maßlosen Verwertungszwang des Kapitals – zum Massensport geworden ist. Die Ware Arbeitskraft war nämlich im Laufe der Zeit soweit verschlissen, daß der Sport schließlich Teil der *notwendigen* Reproduktion des Arbeiters wurde. Historisch sind die Ansätze der Sportwissenschaft hauptsächlich im Dritten Reich zu beobachten, in dem der Massensport seine spezifisch faschistische Ausprägung erhält. Er setzte sich auch auf diese Weise – also in unterschiedlichen Formen – immer mehr als Mittel der Reproduktion der Ware Arbeitskraft durch.

Gleichzeitig blieb sein Klassencharakter erhalten, indem nach wie vor für die herrschende Klasse bestimmte Sportarten reserviert blieben, die durch finanzielle Aufwendungen ihren exklusiven Charakter bewahren und nicht etwa zur Erholung von Arbeit betrieben werden, sondern eher einen Ausgleich für Müßiggang (vgl. T. Veblens „conspicuons consumtion") darstellen oder dem Erwerb erhöhten gesellschaftlichen Prestiges dienen.

Da der Sport sich in der Funktion, die Ware Arbeitskraft für den Produktionsprozeß aufzufrischen, als eine Notwendigkeit für die Sicherung der Kapitalverwertung erwies, war es auch erforderlich, daß die Effizienz seines Einsatzes gewährleistet werden konnte. Außerdem mußte die Instrumentalisierung des Sports für Kapitalzwecke im Bewußtsein der Individuen ideologisch legitimiert werden. Auf diesem Hintergrund entwickelte sich die Sportwissenschaft mit ihren spezifischen Funktionen. Sie beschäftigt sich in verkürzter Perspektive mit dem Menschen, nämlich mit seiner Leiblichkeit und seiner körperlichen Bewegungsfähigkeit. Körperlichkeit und Bewegung sind Aspekte, die für den Produktionsprozeß in

16 K. Marx, Ökonomisch-Philosophische Manuskripte, in: MEW, Ergänzungsband I, S. 551 f.

Bezug auf die körperliche Arbeit eine Rolle spielen. In diese Wissenschaft geht damit von vornherein die Trennung von körperlicher und geistiger Arbeit ein, wie sie sich als eine Form der Arbeitsteilung in der bürgerlichen Gesellschaft darstellt. Sie bezieht sich nicht auf den Menschen als eine Totalität, sondern geht von dem Dualismus Körper-Geist aus. Dieser Dualismus taucht allerdings gar nicht mehr als Problem auf. Gegenstand der Wissenschaft ist allein die Körperlichkeit, wie sie in der Möglichkeit zur Verausgabung abstrakt menschlicher Arbeit im Produktionsprozeß zur Mehrwertschöpfung und im Sport zur Regenerierung der Gebrauchswertseite dieser Arbeitskraft präsent ist. Die Reduzierung des Menschen auf Körperlichkeit erfordert einen Begründungsrahmen, in dem nachgewiesen wird, daß die spezifisch kapitalistische Form des Körperverschleißes, des Körpereinsatzes und der damit verbundenen ständigen Regeneration des Körpers die einzig vorstellbare Verwendungsmöglichkeit ist. In einer ahistorischen Argumentation wird begründet, daß das Einbinden und Fesseln des Körpers in vorausgesetzte und akzeptierte Zwänge die einzig adäquate Natürlichkeit menschlicher Leiblichkeit ist, wobei diese Zwänge nicht als das in die wissenschaftliche Reflexion eingehen können, was sie sind: Bedingungen der Kapitalbewegung. Die spezifisch kapitalistische Form des Körperverhältnisses wird zur anthropologischen Konstante verallgemeinert, so daß der besondere gesellschaftliche Charakter ihrer scheinbaren Natürlichkeit nicht erkennbar wird. So steht denn auch im Brockhaus unter dem Stichwort „Leibesübungen" geschrieben: „Die Leibesübungen sind hauptsächlich aus dem *angeborenen* Spielbetrieb und Leistungsstreben des Menschen entstanden." [18]

Als Begründungsansatz in dem Versuch, quasi erkenntnistheoretisch den Bezug auf Körperlichkeit zu legitimieren, bietet sich der Sportwissenschaft die Anthropologie an. Sie beschäftigt sich ebenfalls mit der Leiblichkeit des Menschen und mit seiner arterhaltenden Bewegungsfähigkeit, die handlungstheoretisch aufgenommen wird. Die Anthropologie versucht eine Erklärung des Menschen zu geben, indem sie vom geschichtlich überlieferten Leib-Geist (Seele)-Dualismus ausgeht und sich mit der Entwicklung des Menschen, mit seiner Sonderstellung in der Natur beschäftigt. Dabei faßt sie den Gegenstand ihrer Untersuchung, den Menschen, unabhängig von jeder gesellschaftlichen Besonderung. Der Mensch als Abstraktum wird in seiner Entwicklung aus der Natur mit Eigenschaften belegt, die ihm nun permanent anhaften, sich insgesamt jedoch auf den „bürgerlichen Menschen" beziehen. [19] Aus der ahistorischen Behandlung des Gegenstandes der Anthropologie ergibt sich, daß Aussagen über den Menschen als Universalien und Konstanten formuliert werden, die Ewigkeits-

18 Brockhaus, Enzyklopädie, Bd. 11, s.v. „Leibesübungen"; (Hervorhebung von mir, I.M.)

19 Arnold Gehlen hat seinen anthropologischen Aussagen typischerweise den generalisierenden und unhistorischen Titel „Der Mensch" gegeben.

wert beanspruchen. Deshalb ist der Anthropologie auch nicht möglich, Bestimmungen des Menschen auf ihre historischen Besonderungen in Abhängigkeit von den jeweiligen Produktionsverhältnissen zu konkretisieren. Die allgemeinen Aussagen über den Menschen „an sich" lassen die von den Verhältnissen der bürgerlichen Gesellschaft beeinflußten Erscheinungen als seine natürlichen Eigenschaften dastehen.

Der Rückgriff der Sportwissenschaft auf die Anthropologie liefert ihr einen scheinbaren Erklärungsrahmen für ihren kurzgegriffenen Bezug auf Körperlichkeit und Bewegung als Universalien. Gesetzt wird ein Apriori von Leiblichkeit in der Abtrennung und Aufgabe von Bewußtsein. Das Leibapriori wird zum Kriterium des Menschseins hypostasiert.

Die Ausblendung des gesellschaftlichen Bedingungsgefüges des Sports durch die Sportwissenschaft erhält ihre innere wissenschaftliche Legitimität durch den Rückgriff auf die Anthropologie. Einer Wissenschaft ist von Anfang an die Begründungsproblematik aufgezwungen, sofern sie ihrem eigenen Anspruch gerecht werden und überhaupt als Wissenschaft gelten will. Sie stellt sich einerseits als Ableitungszusammenhang der wissenschaftlichen Aussagen und andererseits als Erklärung der Kategorien und Ausgangspostulate dar. Die mangelnde gesellschaftswissenschaftliche Reflexion auf das soziale Phänomen Sport legt der Sportwissenschaft den Bezug auf Wesensaussagen „schlechthin", auf ontologische Bedingungen menschlicher Entäußerung nahe. Die philosophische Anthropologie, die dann in der Sportwissenschaft freilich in ihren wenigen historischen Bezügen selbst noch einmal ontologisiert und insofern in ihrer eigenen Ideologiehaftigkeit noch einmal trivialisiert und verfälscht wird – beispielhaft am Werk Ommo Grupes zu studieren – ist nach Fortfall der faschistischen Mystik deshalb ein sinnvoller Bezugsrahmen für diese Wissenschaft geworden. Mit ihrer Hilfe sind historische Konkretionen sinnlicher Existenz des Menschen zu Wesensmerkmalen zu verallgemeinern.

Nun ist die Anthropologie selbst ein Spätprodukt bürgerlicher Gesellschaft. Sie ist selbst Grundlagenwissenschaft des bürgerlichen Individualismus und die praktische Produktion und Bewegung des Individuums ist ihr eigener sozialer Konstitutionszusammenhang. Allgemeiner ausgedrückt: die Entwicklung der Anthropologie ist selbst bedingt durch die Entfaltung der bürgerlichen Gesellschaft, und ihre bisher reifste Form entsteht – vor allem durch Rekurs auf die Biologie – in der Krise des bürgerlichen Individualismus nach dem Ersten Weltkrieg (Scheler/Plessner) und im deutschen Faschismus (Gehlen/Heidegger). Diese Bedingtheit soll im folgenden in einem längeren Exkurs zur Geschichte der Anthropologie aufgezeigt werden.

3. *Die historische Entwicklung des Körper-Geist-Problems in der philosophischen Anthropologie*

Anthropologie, die Wissenschaft vom Menschen, begrifflich seit dem 16. Jahrhundert belegt, [20] ist ein Resultat der Aufklärung, indem sie als eigener Teilbereich der praktischen Philosphie auftritt. Zu einer eigenen wissenschaftlichen Perspektive – von einer eigenen Wissenschaft zu sprechen ist immer noch zu früh – entwickelt sie sich erst in dem Augenblick, in welchem das Wissen des Menschen nicht mehr ausschließlich in der Transzendenz seiner seelischen Konstitution bestimmt wird, „Anthropologie" mithin auch nicht mehr in Metaphysik aufgeht. Lepenies betrachtet sie deswegen als „Erbin der bürgerlichen Gesellschaft" [21] und versucht, ihren darin begründeten kritischen und konservativen Doppelcharakter aufzuzeigen.

Die Verknüpfung von bürgerlicher Gesellschaft und Anthropologie offenbart sich in dem Werk des schottischen Historikers und Philosophen Adam Ferguson (1723–1816), „Abhandlung über die Geschichte der bürgerlichen Gesellschaft" (1767), deren erstes Kapitel den Titel „Über die Natur des Menschen" [22] trägt. Eine charakteristische Wendung der Anthropologie findet sich dort im 2. Kapitel, das sich mit der „Geschichte der wilden Völker" beschäftigt. [23] Anthropologie hat nämlich von vornherein zwei thematische Aspekte: einen ethnologischen, der seine Inhalte aus den Entdeckungen der Reisenden und lateinamerikanischen Kolonisatoren bezog und einen biologischen, der seinen Stoff dem Aufschwung der Naturwissenschaften und der Medizin verdankte. Im 18. Jahrhundert fallen beide Aspekte mit einer Fülle erfahrungswissenschaftlicher Forschungsergebnisse zusammen.

Die Anthropologie, und darin kommt ihre oft einseitig betonte progressive Seite in der Emanzipationsgeschichte der bürgerlichen Klasse zum Ausdruck, formuliert den Legitimationshintergrund für die politischen Intentionen des Bürgertums. Die Berufung auf das diesseits „Menschliche", sein Allgemeines, begründet den Legitimationsüberschuß gegenüber dem theologisch argumentierenden Feudaladel. In diesem Kontext ist auch die Rolle der Natur, besonders im Werk von J.J. Rousseau (1712–1778)

---

20 O. Marquard, Zur Geschichte des philosophischen Begriffs Anthropologie seit der Entdeckung des achtzehnten Jahrhunderts, in: Collegium Philosophicum. Studien Joachim Ritter zum 60. Geburtstag, Basel–Stuttgart 1965, S. 211; vgl. zum Thema dieses Exkurses auch: W.W. Mühlmann, Geschichte der Anthropologie, Frankfurt/Bonn [2]1968.

21 W. Lepenies, Soziologische Anthropologie, Materialien, München 1971, S. 79.

22 Leipzig, [2]1923 (Sammlung sozialwiss. Meister, Bd. 2), S. 1 ff.

23 Ebenda, S. 103 ff.

zu sehen, der hier keineswegs einen rückwärtsgewandten Romantizismus darstellt, wie Arnold Gehlen es auffaßt.[24] Vielmehr ist der „Naturzustand . . . kein historischer, sondern ein methodischer Begriff: er bezeichnet das Bündel anthropologischer Annahmen, das zur Grundlage einer jeden Gesellschaftstheorie, die sich als Gesellschaftskritik versteht, wird."[25]

Andererseits wird hier auch schon der konservative Impuls etwa im Werk von Thomas Hobbes (1588–1679) deutlich, der als Naturzustand die Konkurrenz (Machtgier und Selbsterhaltung) anthropologisch verallgemeinert und enthistorisiert, einen Zustand, in dessen Konzeption sowohl die Machtkämpfe zwischen Zentralgewalt und Adel im England seiner Zeit eingehen – und mithin eine monarchistische Vorstellung – als auch die in der Manufaktur des Frühkapitalismus konstitutierte Wissenschaftshaltung des Bürgertums. Auf dieser Anthropologie gründet seine mechanistische Staatsauffassung.

Bereits seit dem 17. Jahrhundert gibt es eine allgemeine Entwicklung der philosophischen Anthropologie, die nicht fachwissenschaftlich oder philosophisch-disziplinär war, also weder ethnologisch, biologisch oder geschichtsphilosophisch orientiert war, sondern sich die Frage stellte, was es denn mit dem Menschen eigentlich auf sich habe, dessen Besonderheit und Autonomie gegen die personalen Abhängigskeitsverhältnisse der mittelalterlichen Gesellschaft durchgesetzt werden sollte.

Das idealistische Menschenbild, das das Bürgertum von sich selbst hat, erfährt im cartesianischen Rationalismus eine scharf dualistische Ausprägung. In seinen Meditationen (1641) versucht Descartes[26] (1596–1650) den Menschen als widersprüchliche Einheit von Geist (res cogitans) und Körper (res extensa) darzustellen. Für den ersten gilt das Prinzip der Freiheit, für den letzten die mechanische Gesetzmäßigkeit. Der Mensch wird unter diesem Aspekt als Leibautomat verstanden. Zur Frage der Vermittlung seiner Einheit entwickelt er eine hier nicht weiter interessierende, recht verwickelte Theorie der Wechselwirkung. Dieser cartesianische Dualismus, dessen Konzeption Gehlen in der zutreffende Formel zusammenfaßt: „Der Mensch ist eine Maschine, in der ein unsterblicher Geist wohnt,"[27] wurde mit der Unterbrechung durch den deutschen Idealismus, bis in unser Jahrhundert, bis zu Max Scheler (1874–1928) durchgehalten, der mit seiner Veröffentlichung „Die Stellung des Menschen im Kosmos" (1928) die Anthropologie als philosophische Einzeldisziplin begründete.

24 Vgl. A. Gehlen, Anthropologische Forschung, Hamburg 1961, S. 59 f.

25 W. Lepenies, Soziologische Anthropologie, S. 111; vgl. dazu auch das sehr ähnliche Urteil Kants, in: Anthropologie in pragmatischer Hinsicht, Werke Bd. 10, (Ed. Weischedel), Darmstadt 1968, S. 681.

26 Descartes, Meditationen über die Grundlagen der Philosophie, Hamburg 1958, S. 61 ff.

27 A.Gehlen, Anthropologische Forschung, S. 14.

Dieser Dualismus soll nun einer kurzen, wissenssoziologischen Analyse unterworfen werden. Er ist die Voraussetzung der Entwicklung eigener bürgerlicher Legitimationsstrategien. Denn damit wird die Frage nach dem Wesen des Menschen aus der Theologie gelöst. Insofern ist er auch noch Bedingung jeder nicht-dualistischen Anthropologie, wie sie zum Beispiel in der hier nicht zu behandelnden Kant'schen Anthropologie vorliegt, [28] oder wie sie inhaltlich in direkter Vorläuferschaft zu Scheler und Gehlen vor allem von Johann Gottfried Herder (1744–1803) in seiner umfangreichen Geschichtsphilosophie „Ideen zur Philosophie der Geschichte der Menschheit" (1784) und in seiner Preisschrift „Über den Ursprung der Sprache" (1772) vorgestellt wurde. Dieses dualistische Menschenbild konnte den ganzen wissenschaftlichen Kosmos der Universität neu organisieren, ähnlich wie die Theologie die Wissenschaftshierarchie der mittelalterlichen Universität bestimmt hatte. Nach der neuen Anthropologie standen sich die „Geistes"-wissenschaften und die „mechanischen", die Naturwissenschaften: Medizin, Biologie, Physiologie etc. gegenüber. Damit war eine doppelte Voraussetzung für die Entfaltung der bürgerlichen Gesellschaft im Wissenschaftsbetrieb mit unmittelbaren theoretischen und praktischen Konsequenzen geschaffen: Einmal konnten die Naturwissenschaften sich unbehindert entwickeln. Sie wirkten ihrerseits auf die fachwissenschaftliche Anthropologie zurück. In diesem Zusammenhang wird deutlich, daß sie in erster Linie Legitimationspotentiale für die bürgerliche Klasse schufen. Sie sind, schon rein zeitlich, nicht im unmittelbaren Zusammenhang der frühkapitalistischen Produktivkraftentfaltung zu sehen. Freilich ist diese frühe Entwicklung der Naturwissenschaften wieder Voraussetzung ihrer späteren Funktion für die Produktion. Zum anderen fallen damit geistige und physische Existenz politisch auseinander: Das materielle Geschäft und die geistige Existenz der Menschen bedingen (und behindern) sich nicht mehr gegenseitig, sondern sie sind unabhängig voneinander, wiederum theoretische Voraussetzung für die praktische Trennung von Hand- und Kopfarbeit in der kapitalistischen Gesellschaft. In dieser Konzeption vermitteln und legitimieren sich folglich die vorkapitalistischen, aber vom Kapitalismus notwendig vorausgesetzten merkantilen Aktivitäten, die in der kaufmannskapitalistischen Schatzbildung als Folge des Fernhandelns wie auch des Wuchers ihr materielles Substrat besaßen, wie sie auf der anderen Seite die weitere Entwicklung forcieren. Da aber der Geist den Körper dominiert, letztlich insofern er Handeln anleitet , wird zugleich das bürgerliche autonome Individuum als das geistige Subjekt, das über die Welt verfügt, entworfen, das Selbstbewußtsein des bürgerlichen Men-

28 Vgl. I. Kant, Von den verschiedenen Rassen der Menschen. Ankündigung der Vorlesungen der physischen Geographie im Sommerhalbjahr 1775, Werke Bd. 9; ders., Idee zu einer allgemeinen Geschichte in weltbürgerlicher Absicht, Werke Bd. 9; ders., Rezension zu J.G. Herders Ideen zur Philosophie der Geschichte der Menschheit, Werke Bd. 10.

schen begründet. Diese Auffassung konstitutierte also die Handlungswirklichkeit und die Ideologie der bürgerlichen Gesellschaft, aus deren Bewegungsresultaten sie sich trotz zunehmender Komplizierung der philosophischen Probleme ständig speist. Die philosophische Anthropologie entwickelt sich mithin im Entstehungsprozeß der bürgerlichen Gesellschaft durch deren Bewegungssubjekt, das Kapital, von einer dualistischen zu einer „monistischen" Interpretation vom Menschen, wozu sie erst im 20. Jahrhundert kommt.

Die mit der frühbürgerlichen Entwicklung notwendige Reflexion und Begründung der einerseits an das geistige Moment im Menschen gebundenen Entfaltung und Differenzierung der Wissenschaften als Voraussetzung der Entwicklung der Produktivkräfte und andererseits der an das leibliche Moment gekoppelten Disponierung und Einsatzmöglichkeit der Produktivkräfte des Menschen und schließlich die Synthetisierung beider Momente sowohl in der ideologischen Figur des freien und autonomen Individuums als auch im apologetischen, gegen den Feudalismus gerichteten Rekurs auf Natur, auf die „Natur des Menschen" [29] – dieser wissenssoziologische Zusammenhang ist noch an einer anderen Traditionslinie bürgerlichen Denkens in der Anthropologie zu explizieren: am mechanischen Materialismus. In der Aufklärung ist sein erster, französischer Vertreter der Arzt Julien de Lamettrie (1709–1751), der den Menschen als L'homme machine (1748) auffaßte. Damit wird zum einen die Naturalisierung des Menschen (im Hinblick auf die Funktion seiner Produktivkraft) vorangetrieben. Auf der anderen Seite erkennt man deutlich den bürgerlich-legitimatorischen Aspekt gegenüber der Auffassung von der transzendenten Einmaligkeit, der seelisch konstitutierten Gottähnlichkeit des Menschen, welche der Legitimationsapparat des Feudalsystems, die Kirche, vertrat. Diese Anthropologie ist also Antwort auf und zugleich Erklärung eines bestimmten Entwicklungsstadiums der bürgerlichen Produktionsweise zu Beginn der Manufaktur. Für sie war ja kennzeichnend, daß Produktivitätserhöhung durch Aufspaltung der Arbeitsprozesse und Kombination menschlicher Arbeitskraft erreicht wurde. Sie, ihre maschinenartige Verzahnung, ihr eigner maschinenähnlicher Charakter, erscheint also als eigene, nur durch sich selbst zu potenzierende Produktivkraft, die analog dem Mechanismus menschlich-maschineller Existenz funktioniert.

Diese Linie findet ihren gegenwärtigen Entwicklungszustand in der kybernetischen Anthropologie, „welche menschliches Denken und Verhalten auf die Wirkung informationeller Strukturen zurückführt." [30] In ihrem

---

29 Anthropologie ist unter diesem Aspekt parallel zum Naturrechtsgedanken zu sehen. Vgl. dazu: E. Bloch, Naturrecht und menschliche Würde, Frankfurt 1961.

30 K. Steinbuch, Ansätze zu einer kybernetischen Anthropologie, in: Neue Anthropologie (Hrsgb. Gadamer/Vogler), Bd. 1, Biologische Anthropologie, Stuttgart 1972, S. 59.

Zentrum steht der Automat, die sich selbst regulierende Maschine. Sie hat den mechanistischen Zug ihrer Vorgänger scheinbar überwunden, indem – im „black-box-Verfahren" – die Geist-Körper-Problematik ausgeklammert wird, von welcher der Hauptvertreter dieser Richtung, Karl Steinbuch, wohl ahnt, daß sie ein Problem ist, weshalb er zustimmend die monistische Auffassung zitiert,[31] was aber irrelevant ist, weil die Frage substantiell in der kybernetischen Anthropologie nicht mehr auftritt.

Geist und Körper werden beide unter eine informationelle Struktur subsumiert. Und so wird auch das menschliche Bewußtsein greifbar, indem es als Informationsfluß im Menschen festgemacht wird, ähnlich wie bei einem komplizierten technischen System. „Ein wesentlicher Unterschied zwischen 'Materie' und 'Bewußtsein' ist nicht angebbar, man kann höchstens unterscheiden zwischen Informationen, welche über die Rezeptoren ins Bewußtsein gelangen, und solchen, welche ohne Mitwirkung der Rezeptoren ins Bewußtsein gelangen."[32] Dadurch ist auch menschliches Bewußtsein herstellbar, so daß die Unterordnung des Menschen unter die Maschine denkbar ist: Der Computer hat den Menschen bereits überflügelt, wenn z.T. auch erst im Gedankenmodell.[33]

Die kybernetische Anthropologie geht davon aus, daß die informationelle Struktur des Menschen, welche seine Stabilität gerantiert, womit also die Erhaltungsreaktionen gewährleistet werden, drei Wurzeln hat: die Erbinformation, die Information, welche vom Individuum im Laufe seines Lebens dazugewonnen und codiert wird und die von außen bereits fertig codierte und aufgenommene. Auf diese Weise werden die allen Menschen – und, man ist geneigt zu sagen: anderen selbstregulierenden Maschinen – gemeinsamen Grundstrukturen herausgearbeitet. Als informationelle Systeme sind alle Menschen gleich. Dies ist eine neue Version der Gleichheitsideologie der bürgerlichen Gesellschaft. Diese Gleichheit ist aber nur vor dem Hintergrund der allgemeinen Gleichsetzung der Menschen mit Automaten zu verstehen. Der Automat ist das tertium comparationis der Gleichheit der Menschen.

Die Gleichbehandlung von Mensch und Maschine zeigt, daß der mechanische Materialismus keineswegs überwunden ist, sondern daß er hier nur

---

31 Ebenda, S. 100.

32 K. Steinbuch, Ansätze zu einer kybernetischen Anthropologie, S. 104.

33 Dieses Denken hat sich in der Biologie entwickelt, in der eine befriedigende Definition des Lebens jahrhundertelang problematisch war. Der Funktionalismus als Variante der Kybernetik hat hier die Möglichkeit eröffnet, selbstregulierende von nicht selbstregulierenden Systemen zu unterscheiden, ohne daß die Frage nach Lebendem oder Nicht-Lebendem gestellt werden muß. Vgl. E. Nagel, Probleme der Begriffs- und Theoriebildung in den Soz. wiss., in: H. Albert (Hrsgb.), Theorie und Realität, Tübingen [2] 1972, S. 59.

in einen anderen Rahmen transformiert wurde. Damit begründet und erläutert diese Anthropologie die sogenannte zweite industrielle Revolution aus bürgerlicher Sicht. Sie perspektiviert ein Produktionssystem, in dem die Produktivkraft der menschlichen Arbeit nur noch eine Residualkategorie zu sein scheint und das ein von Automaten gesteuertes, in seinen beiden Komponenten analog konzipiertes Mensch-Maschine-System darstellt. Auf diese Perspektive, den scheinbar herrschaftsfreien Gehalt des kybernetischen Menschenbildes soll hier nicht weiter eingegangen werden. [34] Der ideologische Charakter und die historische Inadäquatheit dieser anthropologischen Verallgemeinerung machen sich daran fest, daß der notwendig falsche Schein, wonach das (konstante) Kapital Profit produziert, in die Bedingungsanalyse eingeht. Eine ökonomische Praxis im Kapitalismus, die aus solcher philosophischen Begründung folgt, nämlich das variable Kapital durch das konstante Kapital zu substituieren, und auch die Steuerung der ökonomischen Prozesse durch Automaten erledigen zu lassen, kann indes die Widersprüche kapitalistischer Produktion nicht beseitigen, sondern wird eher die Krisentendenzen der kapitalistischen Reproduktion verschärfen. Denn trotz aller entgegenwirkenden Faktoren, die Marx im 14. Kapitel des dritten Bandes des „Kapital" beschreibt, erweitert durch staatlichen Interventionismus und die Instrumente imperialistischer Außenwirtschaft, steht das kapitalistische Gesamtsystem unvermindert unter der Wirkung des Gesetzes vom tendenziellen Fall der Profitrate, das eben auf dem Wertverhältnis von konstantem und variablem Kapital beruht.

Eine große Bedeutung erlangt die Anthropologie als Fachwissenschaft und als philosophische Disziplin, die jetzt allerdings auch fachwissenschaftlich wird, seit Ende des Ersten Weltkrieges. Odo Marquard schreibt dazu: „Die Geschichte scheint derart aussichtslos, daß einzig noch die radikale Nichtgeschichte, die Natur, als solider oder wenigstens praktikabler Bezugspunkt übrig bleibt; so ist die gegenwärtige Konjunktur der philosophischen Anthropologie und ihres Namens vor allem Ausdruck für eine Krise des Vertrauens in die Geschichte . . ." [35] Und Max Horkheimer sieht in folgender Aussage Paul Landmanns den ganzen „bewußten Antrieb" der Phänomenologie, jener philosophischen Richtung, aus der die Anthropologie bei Scheler und der Existenzialismus Heideggers und Sartres hervorgegangen sind. „Gerade die absolute Unsicherheit muß den Menschen lahm machen . . . Diese Gelähmtheit selbst aber ist die Folge dessen, daß dieser Mensch nicht mehr imstande ist, sich selbst so aufzufassen, daß sich ihm ein einheitlicher, umfassender Sinn und eine Gesamt-

34 Vgl. die umfangreiche, sehr kontroverse sozialwissenschaftliche Literatur zum Thema Automation.

35 O. Marquard, Zur Geschichte, S. 219.

bestimmung, auf die man es wagen kann und muß, daraus ergeben würde." [36]

Diese Krise des Vertrauens in die Geschichte, welche den „Wunsch, das Handeln in festen Wesenseinsichten zu begründen, " [37] hervorruft, ist freilich nicht nur eine solche des bürgerlichen Selbstbewußtseins. Er ist vielmehr die objektive Krise des Kapitalismus, die in seinem imperialistischen Stadium zwei Weltkriege hervorgerufen hat. Es ist folglich die Krise des Subjekts dieser bürgerlichen Epoche, das 1918 erstmals real vor der Alternative der Niederlage im Klassenkampf gegen das Proletariat stand. Dieser grundlegende Charakter der Krise vermittelt sich dann in das bürgerliche Selbstbewußtsein, dessen wissenschaftlicher Ausdruck immer mehr die philosophische Anthropologie wird.

Einzelwissenschaftliche Ansätze und Resultate werden in ihr zu einem Menschenbild zusammengetragen und im Rahmen dieses Bildes philosophisch einheitlich interpretiert. Dabei richtet sich diese Interpretation in erster Linie auf die natürliche Beschaffenheit des Menschen, auf seine konstitutionelle Besonderheit gegenüber dem Tier. Die gemeinsame und doch grundlegend verschiedene Verwurzelung von Mensch und Tier in der Natur wird das Thema, und nicht zufällig zieht der Hauptvertreter dieser Richtung, Arnold Gehlen, seine Traditionslinie zu Herder und nicht etwa zu dem anderen Monisten, zu Kant. Als bürgerliches Bewußtsein weist die Anthroplogie die Beschränkungen der Erkenntnis auf, die sich in den bürgerlichen Wissenschaften aufgrund ihrer objektiven Entstehungs- und Geltungsbedingungen manifestieren. Diese sind wesentlich: Individualisierung, Ahistorizität und Verhaftetsein im empirischen Oberflächenschein. Dieses Verhaftetsein beinhaltet Zentrum und Vorurteil ihres methodologischen Selbstverständnisses, die „eigene Welt, sich selbst also (als bürgerliches Subjekt, I.M.) ,nur unter der Form des Objektes" zu betrachten. „Seine eigene Welt nur unter der Form des Objektes zu begreifen, heißt, die Kategorien aus der Empirie aufgreifen zu müssen, ohne sie in ihrem inneren Zusammenhang darstellen zu können." [38] Das demonstriert die Anthropologie Gehlens exemplarisch. [39] Dieser „Empirismus" begründet zugleich die Ahistorizität [40] und die Konzentration auf das Individuum.

---

36 M. Horkheimer, Bemerkungen z. phil. Anthropologie, in: Kritische Theorie, Bd. 1, Frankfurt 1968, S. 206.

37 M. Horkheimer, Bemerkungen, S. 206.

38 H. Reichelt, Zur logischen Struktur des Kapitalbegriffs bei Karl Marx, Frankfurt [2] 1971, S. 213.

39 Nicht behandelt werden hier die Existentialisten. Vielmehr soll die auch für die jüngsten, kritischen Weiterentwicklungen bestimmende Linie Scheler-Plessner-Gehlen verfolgt werden.

40 „Natürlich kann sich die heutige Anthropologie nicht selbst historisch nehmen." A. Gehlen, Anthropologische Forschung, S. 56.

Zugleich wird die Anthropologie für alle anderen, vor allem für die empirischen Wissenschaften wichtig. Die positivistische Entwicklung der Sozial- und Geisteswissenschaften hat zur Ausgliederung des Begründungsproblems geführt. Dieses wird in der Regel auf die Anthropologie abgewälzt. In dem Punkt ist die Sportwissenschaft also lediglich ein pars pro toto. Schon Werner Sombart (1863–1941), der durchaus gesamtgesellschaftliche Ansätze in den Sozialwissenschaften verfolgte, meint, daß „jeder Soziologe ... eine Anthropologie als Grundlage zu dienen (habe), in der eben jenes Wesen des Menschen oder des Menschlichen gelehrt wird. Solange wir eine dem Stande unseres heutigen Wissens angepaßte Anthropologie nicht besitzen, muß jeder Soziologe es selbst unternehmen, dasjenige zu bestimmen, was er für die das menschliche Zusammenleben eigenartig gestaltenden Wesenszüge des Menschen hält." [41] Solche Feststellungen lassen sich bei fast allen modernen Soziologen finden. Parsons beruft sich z.B. auf Freuds Trieblehre; Luhmann begründet implizit die Systembildung als Komplexitätsreduktion mit einer Verbindung von Informationstheorie und Biologie, nämlich mit der beschränkten individuellen Kapazität der Ereignisverarbeitung; Schelsky bezieht sich explizit auf Gehlen. Anthropologie nimmt also hier erkenntnistheoretische Funktionen an." Sie ist . . . die philosophische Zentraldisziplin, die an Stelle der bisherigen Erkenntnistheorie die ganze Philosophie durchdringt und begründet." [42]

Anthropologie erscheint hier nicht mehr – wie von Gehlen angenommen – als Resultat der empirischen Humanwissenschaften, sondern zugleich auch als deren wissenschaftstheoretische Voraussetzung. Dabei ist klar: die Wissenschaften werden theoretisch so ausgeführt, wie es in dem zugrundeliegenden Menschenbild angelegt ist, denn mit den verwendeten Anthropologien sind die Erkenntnisinteressen vermittelt. Zwar stellt die „philosophische Anthropologie nicht mehr den Anspruch ‚fundamental' zu sein,"[43] aber in einem bestimmten Sinne erhält sie diese Funktion doch zugesprochen. Das findet sich sogar noch in der Erkenntnistheorie. So leitet Karl-Otto Apel die Tatsache, daß sein „Leibapriori" der Erkenntnis als notwendige Ergänzung zum „Bewußtseinsapriori" in der Vergangenheit unbeachtet blieb, konsequent aus der Abhängigkeit der traditionellen Erkenntnistheorie von Descartes ab, [44] seine „Entdeckung" setzt also die neue Anthropologie voraus.

---

41 W. Sombart, Grundformen des menschlichen Zusammenlebens, in: A. Vierkandt (Hrsg.), Handwörterbuch der Soziologie, Stuttgart 1931 (Neudruck 1959), S. 221.

42 O. F. Bollnow, Die philosophische Anthropologie und ihre methodischen Prinzipien, in: Philosophische Anthropologie heute, München 1972, S. 25.

43 J.Habermas, Anthropologie, in: Fischer-Lexikon Philosophie, Frankfurt 1958, S. 20.

44 K.O. Apel, Das Leibaporiori der Erkenntnis, in: Neue Anthropologie, Bd. 7, S. 264 ff.

Sie bemüht sich um eine umfassende philosophische Wissenschaft vom Menschen. Diese ist nicht in einzelwissenschaftlicher Reflexion, sondern durch Integration relevanter Ergebnisse ganz verschiedener Disziplinen wie etwa der Paläontologie, Biologie, Medizin oder der Soziologie möglich. Sie ist von daher betont antispekulativ und versteht sich aufgrund dieses Ansatzes als „empirische Philosophie" [45] Dabei kann natürlich der Ausgangspunkt nicht mehr die traditionelle Wesensfrage nach dem Leib-Seele-Problem sein, für Gehlen ebensowenig wie für den methodisch ganz anders, dialektisch vorgehenden Plessner. [46] Diese Frage hatte noch Max Scheler zu einem modifizierten Dualismus gebracht. Dagegen geht Gehlen von einer handlungstheoretischen Prämisse aus: der Mensch als handelndes, auf Umweltveränderung gerichtetes Wesen. Von Scheler übernimmt er den Tier-Mensch-Vergleich und insbesondere die grundlegende Einsicht in die „Weltoffenheit" des Menschen. [47] Diese ist gegen die Umweltgebundenheit, d.h. das instinktgesicherte Verhalten des Tieresherausgearbeitet. Dieser Schematismus läuft über spezifische Signalkonstellationen als Instinktauslöser ab: eben hochspezialisierte Umwelten. In ihnen bewegt sich das Tier mit Hilfe einer genau dafür passenden Organausstattung: zum Beispiel warmes Fellkleid, Reißzahn und starke Pranke bei Raubtieren, Schnellfüßigkeit bei Fluchttieren, gepaart mit einem Magensystem für Grünfutter, Kletterarme oder ähnliches.

Der Mensch aber ist weder umweltspezialisiert, weil seine Instinkte verkümmert sind, noch ist er organspezialisiert. Folglich ist er nicht von konditionierten Umweltreizen abhängig, genießt aber auch nicht die damit gesetzte Handlungssicherheit. Er kann deshalb sein Überleben nicht an spezifische, von bestimmten Organen abhängige Fähigkeiten knüpfen. Gehlens grundlegende menschlichen Bestimmungen sind daher die Weltoffenheit und der morphologische Mängelcharakter des Menschen. [48] Die Frage für ihn lautet jetzt, wie ein solches Wesen überleben kann. Die Weltoffenheit bedeutet für den Menschen eine permanente Belastung durch „Reizüberflutung". Deshalb muß der anthropologisch grundlegende Mechanismus der „Entlastung" einsetzen, der Mensch muß „die Mängelbedingungen seiner Existenz *eigentätig* (Hervorhebung von mir, I.M.) in Chancen seiner Lebensfristung umarbeiten." [49] Entlastungen sind also die produktiven Akte der Bewältigung der Mängelbelastung. In den Handlungen des Menschen geschieht zweierlei: Die Wirklichkeit, seine Lebens-

45 A. Gehlen, Anthropologische Forschung, S. 25.

46 H. Plessner, Der Stufenbau des Organischen und der Mensch, Berlin 1928 pass.

47 M. Scheler, Die Stellung des Menschen im Kosmos, Bern-München [6]1962, S. 40.

48 A. Gehlen, Der Mensch. Seine Natur und seine Stellung in der Welt, Bonn [7] 1962, S. 36.

49 Ebenda.

welt, wird aufgebaut, indem er die Lebensbedingungen verändert, sie seiner Konstitution anpaßt, der Mensch baut sich also seine Welt. Gehlen nennt sie Kultur, und sie ist die Natur des Menschen. Zum anderen schafft der Mensch sich damit seine Fähigkeiten ebenfalls selbst: „der Mensch baut sich seine Welt und das In-der-Welt-sein auf." [50] Aus der unendlichen Plastizität der Antriebe und Bewegungsmöglichkeiten selektiert er und schränkt lernend diese nicht-festgelegten Anlagen in der Auseinandersetzung mit der Umwelt ein.

Die so geschaffenen Repertoires an Handlungsmustern, Wissen oder Fähigkeiten sind sehr riskant und ständig von der „Natur" in ihrem Fortbestand gefährdet. Sie sind der Natur abgetrotzt und daher dauernd „unwahrscheinlich" – und könnten verlorengehen, womit die menschliche Art vernichtet würde. Sie müssen deshalb „auf Dauer" gestellt werden. Dies leisten die „Institutionen", die dem menschlichen Handeln die entlastete Sicherheit und Zuverlässigkeit (durch Habitualisierung) geben, welche die Tiere durch ihre Instinkte besitzen. Sie sind die Außenstützen des Handelns, welche der Innenstütze, der Moral, den Normen, erst Zuverlässigkeit verleihen. [51] Der Mensch schränkt also zu seinem eigenen Schutz seine Umweltoffenheit empirisch ein und lagert die selektierten Möglichkeiten in einer Institutionenpyramide immer höherer Handlungsorganisation ab, von der einfachsten Institution der Reproduktion des Lebens bis zu den höchsten von Kunst und Wissenschaft. Dieser artistische Bau der „stabilisierenden Gewalten" [52] der Kultur ist stets von der „fürchterlichen Natürlichkeit", von der „Unstabilität seines Instinktlebens" vom „Chaos" bedroht. [53] „Wenn die Gaukler, Dilettanten, die leichtfüßigen Intellektuellen sich vordrängen, wenn der Wind allgemeiner Hanswursterei sich erhebt, dann lockern sich auch die uralten Institutionen und die strengen professionellen Körperschaften: das Recht wird elastisch, die Kunst nervös, die Religion sentimental. Dann erblickt unter dem Schaum das erfahrende Auge schon das Medusenhaupt, der Mensch wird natürlich, und alles wird möglich." [54] Hier wird die politisch-restaurative Konsequenz der Institionenlehre deutlich, [55] das rigide Beharren auf dem „uralten" institutionellen Bestand, das aggressive Zurückweisen jeder gesellschaftlichen Änderung. Der kulturelle Naturzustand des Menschen ist für Gehlen der Kapitalismus, das zu verteidigende System von Institutio-

50 J. Habermas, Anthropologie, S. 27.

51 A. Gehlen, Urmensch und Spätkultur. Philosophische Ergebnisse und Aussagen, Bonn 1956, bes. 22–50.

52 A. Gehlen, Anthropologische Forschung, S. 71.

53 Ebenda, S. 69 f.

54 Ebenda, S. 60.

55 Zur eingehenden kritischen Auseinandersetzung mit Gehlen vgl. C. Hagemann-White, Legitimation als Anthropologie, Stuttgart/Berlin/Köln/Mainz 1973.

nen. Die Institutionenlehre, die er aus der Analyse archaischen Gesellschaften [56] unhistorisch verallgemeinert, [57] ist keine zwingende Konsequenz aus Gehlens Anthropologie. Herder zum Beispiel folgerte aus der Instinktentbundenheit, daß der Mensch zur Autonomie bestimmt ist, zur Freiheit. Lepenies und Nolte gelangen zu einer „experimentellen Anthropologie" [58]. Marx und Engels begründen aus einem ähnlichen, im Grunde offenen Ansatz, eine völlig andere, historische Anthropologie, wie noch gezeigt wird.

Philosophische Anthropologie ist bürgerliche Wissenschaft – nicht im Sinne einer fruchtlosen und polemischen Gegenüberstellung zur marxistischen Wissenschaft, [59] sondern im Sinne einer Wissenschaft, deren Entwicklungsstand durch die Fesselungen bürgerlichen Bewußtseins bestimmt ist. So ist sie auch parteilich, nämlich an die Denkformen und Erkenntnisbeschränkungen der bürgerlichen Gesellschaft gebunden und damit – wenn auch zum Teil unreflektiert – am Bestand dieser Gesellschaft orientiert. Als bürgerliche Wissenschaft ist die zwiespältig, wie schon bei der Entstehungszeit der Anthropologie betont wurde. Sie enthält sowohl ein Moment der Wahrheit, als auch ein Moment der Ideologie. Das Wahrheitsmoment liegt in dem Gedanken der Selbstschöpfung durch Handeln und der Plastizität der Antriebe, die in der Weltoffenheit gründet. Derselbe Gedanke findet sich auch in der Marx'schen Anthropologie. Aber während Plastizität bei Gehlen ein passiv-konstantes Wesensmerkmal ist, wird es hier in der Kategorie der Arbeit nach der aktiv-produktiven Seite hin aufgenommen und ist nur entsprechend der Produktivkraftentwicklung historisch bestimmbar und zwar im Begriff der prinzipiellen Schrankenlosigkeit, aber historischen Bestimmtheit der Bedürfnisse.

Das ideologische Moment liegt weiterhin darin, daß die Anthropologie am objektiven Schein des autonomen Individuums ansetzt und deshalb auch alle Vermittlungen der Selbstschöpfung allein ans Individuums bindet und aus seiner Konstitution heraus erklärt. Bestimmte gesellschaftliche Verhältnisse und ihre Derivate (Institutionen) werden so zeitlos gültig als kollektive Kompensationen individueller Mängel begriffen. So führt die korrekte Konzeption der ursprünglichen (jetzt von mir historisch verstandenen) Weltoffenheit wegen ihrer Riskiertheit bei Gehlen zu der Disziplinierung des Individuums und damit zugleich zu einer Verfestigung, ja, Petrifizierung gesellschaftlicher Entwicklungen. Die Disziplinierung besteht aber nicht nur in der Institutionenlehre, sondern auch schon

---

56 A. Gehlen, Urmensch, Teil II, S. 138 ff.

57 J. Habermas, Anthropologie, S. 33.

58 Lepenies/Nolte, Experimentelle Anthropologie und emanzipatorische Praxis, in: Archiv f. Rechts- u. Sozialphilosophie, 56/1970, S. 61 ff.

59 Vgl. L. Sève, Marxismus und Theorie der Persönlichkeit, Frankfurt 1972, S. 46 f.

in der Anthropologie selbst, etwa in der als notwendig erachteten Reduktion der Antriebskräfte und der Umkehr der Antriebsrichtung (vgl. „Sublimierung").

Diese Bestimmungen leitet Gehlen aus der Morphologie ab. Die Sporttheorie, die sich darauf bezieht, hat notwendig einen wesentlich „narcisstischen" Charakter. Der Disziplinierungsaspekt vermittelt sich für sie über die „Selbstbeherrschung" des Körpers auf die Beherrschung des Geistes. Gehlen lehnt bekanntlich die Seele-Körper-Problematik ab. Dennoch schreibt er: „So habe ich versucht, dieses Problem des Geistes aus seiner subjekthaften Selbständigkeit herauszulösen und es einem anderen Zusammenhang einzugliedern, wo es ...prädikativ behandelt werden konnte, d.h. in irgendeiner mitgedachten Weise." [60] Diese Formulierung kehrt lediglich die cartesianische Prädikation um. Der von Gehlen beanspruchte Monismus seiner Anthropologie ist also – ganz anders als zum Beispiel in dem idealistisch-dialektischen Ansatz Plessners – nicht durchgehalten, sondern der traditionell bewußtseinstheoretisch aufgelöste Leib-Seele-Dualismus ist biologistisch umgekehrt worden. Diese Umkehrung der Körperperspektive mit ihrer allein darin gründenden und auf sie bezogenen Funktionalisierung der geistigen Aktivitäten macht besonders diesen anthropologischen Ansatz für die Sportwissenschaftler interessant. In der Dominanz des Körpers über den Geist wird für sie, ohne sich darüber klar zu sein, der mit Gehlen verdrängte Dualismus von Körper und Geist doch wieder relevant. Denn dieser Dualismus läßt sich nur verdrängen, nicht beseitigen. Anders nämlich als der Empiriker Gehlen annehmen konnte, ist er nicht ein Denkfehler oder ein sinnloses Problem von Descartes und seinen Nachfolgern gewesen, sondern eine Realabstraktion der bürgerlichen Gesellschaft. Das theoretische Dilemma des Dualismus ist ein praktisches Problem dieser Gesellschaft und eine empirische Erscheinungsform ihres grundlegenden Widerspruch von Lohnarbeit und Kapital. [61] Im letzten Abschnitt komme ich darauf nach einmal zurück.

Neuere Vertreter der herrschenden Sportwissenschaft in der Bundesrepublik verkehren nicht mehr so naiv in Gehlenscher Terminologie wie beispielsweise Ommo Grupe.[61a] Trotzdem bleibt der Bodensatz anthropologischen Denkens unvermindert erhalten. Dies soll in den folgenden Abschnitten an zwei zentralen Begriffen, Leiblichkeit und Handlung (Bewe-

---

60 A. Gehlen, Anthropologische Forschung, S. 69.

61 Die historische Notwendigkeit des Dualismus-Problems liegt u.a. auch darin begründet, daß auf diese Art und Weise der entseelte Körper zum Objekt der Wissenschaft werden konnte, Voraussetzung für optimale Verwendung des menschlichen Körpers als Arbeitskraft im Produktionsprozeß.

61a Lenk und Krockow etwa sehen punktuell durchaus die gesellschaftliche Bedingtheit von Sport, blenden aber den strukturellen Gesamtzusammenhang aus, was notwendig terminologische Blüten wie „Weltausgrenzung" oder „Mythos" treibt.

gung), verdeutlicht werden, die dann in einem abschließenden Teil in neue, qualitativ andere Zusammenhänge anthropologischer Überlegungen gestellt werden sollen.

4. Durch Leiblichkeit zur Welterkenntnis: das Leibapriori

Die scheinhafte Natürlichkeit des Körpergebrauchs in der bürgerlichen Gesellschaft bedeutet: 1. die Subsumierung des Körpers unter die Anforderungen des Kapitals. Dies ist zunächst auf den Produktionsprozeß bezogen, in dem die Produktionsbedingungen dem Arbeiter als gegeben und scheinbar durch die Technik (Sachzwang) bestimmt gegenübertreten. Auf diese Weise erfolgt die Anpassung des Körpers an vermeintlich objektive, natürliche Gegebenheiten. Die spezifische Natürlichkeit des Körpers ist 2. auch in der Reproduktionssphäre von dem Verwertungszwang des Kapitals geformt. Diese Körperlichkeit muß sich auf den Verbrauch von Waren beziehen. Im Sport kommt dies durch den Einsatz von Geräten und Kleidung zum Ausdruck. Außerdem muß sie Bewegungsabläufen folgen, die sich permanent verschiebbaren Leistungsnormen anpassen. Ideologisch überhöht wird dies Verhalten dann als „Entspannung", „Fitness" oder „Rekreation" bezeichnet.

Im Sport wird das Individuum scheinbar in die Eigenverantwortung und in die Eigeninitiative seiner Tätigkeit versetzt. Damit bekommt körperliche Ertüchtigung den Charakter der Freiwilligkeit, des Ausgleichs für selbstverschuldete Krankheiten, die ihre tatsächliche Ursache in gesundheitsschädlichen Arbeitssituationen haben. Arbeitsschäden werden nicht als gesellschaftliches Problem erkannt, sie werden dem Einzelnen angelastet, indem er für ihre Behebung verantwortlich gemacht wird.

Obwohl durch den Sport die Gebrauchswertseite der Ware Arbeitskraft erhalten wird, erhöht sich für das Individuum vermeintlich der Tauschwert dieser Ware. Da der Sport aber zur notwendigen Reproduktion gehört, ist damit auch keine Optimierung ihres Tauschwertes verbunden. Er ist inzwischen ein Mittel zur Selbsterhaltung.

„Kaum anderswo wird man seines Leibes als eines Brennpunktes des Handelns so gewahr wie im Sport." [62] Der Leib wird zum Konstituens und Konstitutum menschlicher Existenz: durch ihn ist Umwelterfahrung und Stabilisierung sowie Erfahrung des Selbst überhaupt erst denkbar. Der Mensch hat Leib und ist auch Leib. [63] Die Individuen werden reduziert auf ihre Körperlichkeit, durch die – vermittelt durch Handlung (Bewe-

62 H. Lenk, Leistungssport: Ideologie oder Mythos, S. 107.

63 Vgl. Ommo Grupe, Anthropologisch-pädagogische Grundlagen der Leibeserziehung, in: Einführung in die Theorie der Leibeserziehung, Stuttgart 1968, S. 13–39, bes. S. 15; (fortan zit. als: Anthropologisch-pädagogische Grundlagen.)

gung) – Welterkenntnis möglich wird. Dabei wird das Dualismus-Problem von Leib-Geist, das Lenk als ein Scheinproblem abtut,[64] zugunsten der Leiblichkeit des Menschen aufgelöst. Leiblichkeit ist nach Grupe „körperlich und geistig, natürlich und welthaft zugleich."[65]

Der Bezug auf das Leibapriori als Bestimmung menschlichen Wesens läßt auf eine als bereits selbstverständlich angenommene Internalisierung der Trennung von Hand- und Kopfarbeit schließen. Sie ist das scheinbar natürlich Gegebene, das nun auch noch anthropologisch legitimiert wird. Im Sport wird lediglich die Leiblichkeit des Menschen thematisiert, weil die auch hier stattfindende Arbeitsteilung den Sportler zum ausführenden Körperorgan von Traineranweisungen macht. Während im Produktionsbereich die Trennung von Hand- und Kopfarbeit einer erhöhten und ständig verbesserten Warenproduktion dient, hat sie hier den Sinn, Körperlichkeit in Zusammenhang mit Verausgabung von Kraft und Energie optimal zu verwirklichen. Da die Trennung von Hand- und Kopfarbeit eine Form *gesellschaftlicher* Arbeitsteilung ausmacht, setzt sie sich auch in allen Teilbereichen der Gesellschaft und nicht nur in der Produktion durch.

Körperlichkeit entpuppt sich in dieser historisch-spezifischen Natürlichkeit in Abhängigkeit von der Kapitalverwertung als Medium des Welthabens. Der Arbeiter eignet sich in dieser Vorstellung die Welt – die synonym gesetzt wird mit dem Wort Gesellschaft – durch seine Körperlichkeit an, auf die sinnliche Erfahrung, die Moment jeder Erkenntnistätigkeit ist, beschränkt wird. Gesellschaftliche Erfahrungen können mithin nicht zu einem Erkenntnisprozeß führen, da zwischen Individuum und Umwelt kein Austausch- und Auseinandersetzungsprozeß vermittelt über das Bewußtsein stattfindet. Leib-Sein bedeutet Ich-Sein. Das Verhältnis von Subjekt und Objekt wird verdinglicht, da das Subjekt im gesellschaftlichen Zusammenhang in seiner Körperlichkeit verobjektiviert wird. „Wir sind eingeschlossen in bestimmte Handlungs- und Situationszusammenhänge. Und innerhalb solcher Zusammenhänge ist der Leib nicht Diener, Instrument, Werkzeug oder Objekt unseren (souveränen) Ichs. Er ist vielmehr unsere aktuelle 'Wirklichkeit', unser Vermögen, etwas zu tun und zu können. Wir entfalten uns durch ihn gleichsam hindurch."[66] Der Körper als das Subjekt des Subjekts ist Objekt der sozialen Gegebenheiten. Die Fetischisierung des Leibes in einem Leibapriori wird durchaus als etwas begriffen, das sich dem Individuum gegenüber verselbständigt, das es nicht selbst beherrscht. Unser Leib verhält sich „als etwas Eigenes, als etwas nicht vollständig Verfügbares, als von uns in einem gewissen Sinne Unterschiede-

64 H. Lenk, Leistungssport: Ideologie oder Mythos, S. 101.

65 O. Grupe, Zur anthropologischen Dimension von Curriculum-Entscheidungen im Sport, in: Sportwissenschaft, 1. Jg. 1971/2, S. 163; (fortan zit. als: Zur anthropologischen Dimension).

66 O. Grupe, Anthropologisch-pädagogische Grundlagen, S. 16.

nes." [67] Die Verselbständigung des Leibes gegenüber dem Bewußtsein des Individuums weist auf seine Entfremdung von seinem Körper hin, überdies auf die Entfremdung des Körpers und seiner Verwendung. Der von den gesellschaftlichen Verhältnissen geformte und geprägte Leib wird als sich selbst entfremdet empfunden. „Den Leib spürt man als Sperriges, Widerstrebendes, das es in eine Grobform zu pressen, zu schematisieren gilt."[68] Der Entfremdung des Körpers im Arbeitsprozeß folgt eine Disziplinierung während der Freizeit im Sport. Die Reproduktion der Ware Arbeits-Kraft findet ebenfalls unter entfremdeten Bedingungen statt. „Die Produktion produziert den Menschen nicht nur als eine Ware, die Menschenware, den Menschen in der Bestimmung der Ware, sie produziert ihn, dieser Bestimmung entsprechend, als ein ebenso *geistig* wie *körperlich* (Hervorhebungen von mir, I.M.) *entmenschtes* Wesen."[69]

Der Leib als Medium der Welterfahrung, also seiner Umwelt und der Gesellschaft, wird auch zum kommunikativen Mittel in der Interaktion der Individuen. Sie können sich gegenseitig nur erfahren über den körperlichen Vergleich, in der konkurrenzhaften Auseinandersetzung. Körperlichkeit und damit verbundene Bewegungsfähigkeit, die Verausgabung von Kraft, wird gegeneinander gemessen.

„Das Leibverhältnis des Menschen ist eingefügt in sein Weltverhältnis; es ist selbst schon durch einen unaufhebbaren Weltbezug gekennzeichnet. Es 'trägt' seine Weltbeziehungen und zugleich wird es von diesen mitgetragen. Leib- und Weltverhältnis sind ineinander verschränkt." [70] In diesem Zitat von Grupe sind noch einmal die Prämissen der herrschenden Sportanthropologie zusammengefaßt:

1) „Welt" ist etwas, das dem Individuum gegenübersteht.

2) Beide sind nicht in tätiger Praxis durch die Subjekt-Objekt-Dialektik vermittelt, sondern durch „Leiblichkeit".

3) Leiblichkeit ist in der Sportwissenschaft auf *quantitative* Beziehungen von Konkurrenzverhältnissen eingegrenzt.

In Bezug auf das Individuum selbst bekommt das Eingehen auf Leiblichkeit den Stellenwert der Selbstreflexion. Diese Selbstreflexion erhält die Bedeutung und Funktion von Selbstdisziplinierung, durch die allein das Individuum in die Lage versetzt wird, „Selbstbewußtsein" zu erreichen. Das so in freiwilliger Unterwerfung disziplinierte und zurechtgestutzte Selbstbewußtsein stützt sich auf die reprimierte funktionale Autonomie[71] des Individuums und bildet sich über das Akzeptieren der spezifisch ent-

67 Ebenda, S. 17.

68 H. Lenk, Leistungssport; Ideologie oder Mythos, S. 140.

69 K. Marx, Ökonomisch-Philosophische Manuskripte, S. 524.

70 O. Grupe, Anthropologisch-pädagogische Grundlagen, S. 28.

71 Sie hat nichts mehr gemein mit der Autonomie des frühkapitalistischen Warenbesitzers als selbstbewußtem, unabhängigen Subjekt seiner Lebensgeschichte.

fremdeten Körperlichkeit in einem selbstätigen Akt heraus. Auf diese Weise wird durch Eigenleistung und Internalisierung der damit verbundenen Normen die subjektive Voraussetzung zur Eingliederung des Individuums in die verschiedenen gesellschaftlichen Prozesse geschaffen. Die freiwillige körperliche Formanpassung des Individuums an die sozialen Verhältnisse verrät eine Einsicht in die Tatsache, seine Arbeitskraft als Ware verkaufen zu müssen, um überhaupt existieren zu können. Das zeigt aber auch, daß die Disziplinierung im Produktionsprozeß soweit fortgeschritten ist, daß sie bereits auch im Reproduktionsbereich als notwendige Maßnahme erkannt und akzeptiert wird. Dies muß in dem Zusammenhang gesehen werden, daß die Arbeiter zu Beginn der bürgerlichen Gesellschaft gezwungen werden mußten, überhaupt über das zu ihrem Leben notwendige Zeitmaß hinaus zu arbeiten. [72] Dies konnte nur durch vielfältige Disziplinierungsmaßnahmen in Verbindung mit negativen Sanktionen erzielt werden. Freiwillige Selbstdisziplierung weist darauf hin, daß der Anpassungszwang an das Gesellschaftssystem zu einem spezifischen Bedürfnis der Existenzsicherung geworden ist. Die Erhaltung der Arbeitskraft kann der Eigenverantwortung der Individuen überlassen werden, wenn der Zwang zur Mehrarbeit sich als gesellschaftliche Norm etabliert hat.

Insgesamt läßt sich also feststellen: Die jahrhundertelange und auch vereinseitigende Vorherrschaft des Bewußtseinsapriori in der Erkenntnistheorie – auf die Apel hingewiesen hat [73] – wird in der Sportwissenschaft vitalistisch in eine radikale Umkehrung zum ausschließlichen Leibapriori verwandelt.

5. Handlungsbegriff wird auf Körperbewegung reduziert

Außer dem Leibapriori als anthropologischer Konstante wird in der Sportwissenschaft davon ausgegangen, daß die Leiblichkeit in Zusammenhang mit Körperbewegung zu sehen ist. Anthropologische Ausgangsbedingung ist, daß der Mensch – wie etwa bei Gehlen [74] – als handelndes Wesen begriffen wird. Der Leib erweist sich in dem komplexen Zusammenhang eines Menschen mit seiner „Welt" als „der Träger und das Vermögen zu bestimmten Tun, zu Handlungen und Bewegungen und als Möglichkeit für zu lernende Handlungen und Bewegungen." [75] Der Handlungsbegriff

---

72 Vgl. H.-J. Krahl, Konstitution und Klassenkampf, Frankfurt 1971, S. 76 f; vgl. K. Marx, Das Kapital, Bd I, MEW 23, 24. Kapitel.

73 K. O. Apel, Das Leibapriori der Erkenntnis, in: Neue Anthropologie (Hrsgb. Gadamer/Vogler), Stuttgart 1974, Bd. 7 (Philosophische Anthropologie II), S. 264–289.

74 Vgl. A. Gehlen, Der Mensch, Frankfurt/Bonn 1962, u.a. S. 19 ff.

75 O. Grupe, Anthropologisch-pädagogische Grundlagen, S. 19.

in der Sportanthropologie als zentrale Kategorie der Leiblichkeit zugeordnet, bedeutet, daß das allgemein gültige Wesen der menschlichen Bewegung das Kennzeichen der besonderen Natur des menschlichen Leibverhältnisses sei. Handlung wird synonym gebraucht mit Bewegung, Tat oder Leistung.[76] Sie gilt als Aktivität schlechthin und Aktivität wiederum als ein menschliches Universale, dessen Charakteristikum ein kapitalistisches Bewertungssystem ist. „In der Tat gibt es keine Leistung 'an sich', sondern immer nur die Leistung im Gefüge aus Handlung und Bewertung . . . Die Handlungen gäbe es überhaupt nicht, wenn nicht – vorab – Wertungen eingeführt, zum Beispiel Wetten abgeschlossen würden."[77] Das hat nun freilich mit der Kategorie der Handlung als Selbstschöpfung des Geschichtsubjektes, also als Konstitutionskategorie in der Anthropologie nur noch die Worthülse, sonst aber auch gar nichts mehr gemein. Wenn Handlung auf Körperbewegung reduziert wird, geht folglich das Konstitutionsmoment der Kategorie verloren. Um es dennoch zu retten, muß die Sportwissenschaft von außen einen Zielmaßstab einführen, die Krockow'schen „Werte". Zu diesem Umweg ist die Sportwissenschaft gezwungen, weil sie mit ihrem Handlungsbegriff zugleich auch noch die Regeln, Standards, Messungen etc. legitimieren muß, die allemal anthropologisch unbestimmt sind.

Der Handlungsbegriff wird also im Sport gekoppelt an ein Wertesystem, das zwar geschichtlich-real vorhanden ist, aber im Zusammenhang mit einem ungeschichtlichen Handlungsbegriff als anthropologischer Verallgemeinerung einen Widerspruch darstellt. „Streng genommen gibt es nicht nur 'Leistungen', sondern schlechthin kein Verhalten, das nicht dem Bedingungsgefüge aus Handeln und Bewertung unterliegt."[78] Handeln wird am Ergebnis und im Vergleich zur Bewegungsfähigkeit anderer bemessen. „Was als sportliche Leistung oder überhaupt als Leistung gilt, ist eine Sache der sozial allgemein durchgesetzten oder zumindest der von der jeweils für den Handelnden relevanten Bezugsgruppe."[79] Das Handeln, das hier allein auf den Reproduktionsbereich bezogen ist, ist immer schon die Reaktion der Individuen auf ein Vorgegebenes. Es wird nicht als ein bewußter Prozeß von Subjekten in der gesellschaftlichen Auseinandersetzung mit der Natur verstanden, sondern ist in typisch positivistischer Manier auf „stimuliertes Verhalten" eingeschränkt.[80] Das manifestiert sich etwa in Grupes kurioser Auffassung vom Handlungskreis, der sich aus den Fakto-

76 Ebenda, S. 24.

77 v. Krockow, Selbstbewußtsein, Entfremdung, Leistungssport, in: Sportwissenschaft, 4. Jg./1974/1, S. 9.

78 v. Krockow, Selbstbewußtsein, Entfremdung, Leistungssport, S. 9 f.

79 Ebenda, S. 9

80 Vgl. zu diesem Problemkreis J. Habermas, Zur Logik der Sozialwissenschaften, Tübingen 1967 (= Philosophische Rundschau, Beiheft 5), S. 58 ff.

ren Bewegung, Leib, Ich, Gerät, Gelände und Ziel zusammensetzt,[81] und in dem das handelnde „Ich" nicht einen Handlungskreis ausführt – wie ihn die Anthropologie versteht –, sondern in einem determinierten Reaktionszyklus steht, was schon aus der Trennung von Leib und Ich und beider Relationierung zu dinglichen Gegebenheiten hervorgeht.

Damit die Bewegung nicht zum Selbstzweck verkommt, sondern im gesellschaftlichen Kontext ihre Interpretation erfahren kann (natürlich, ohne daß dieser Kontext selbst thematisiert wird), muß sie auf dem Hintergrund ihrer ständigen Verbesserung diskutiert werden. „Die Bewegung bekommt eine Bedeutung, die ihr nicht von Natur aus zufällt; sie muß ihr jeweils neu verliehen werden, gerade dort, wo sie als 'unsinnig' erscheint."[82] Im Rahmen ihrer gesellschaftlichen Bestimmungen muß sie variabel und flexibel sein, um beispielsweise immer neue Waren absetzen zu können, indem neue Volksspiele erfunden werden.

Die Perfektionierung von Körperbewegung führt zu einer Verhaltensroutinisierung und einem Handlungsschematismus, deren Entstehungsbedingungen nicht mehr hinterfragt werden. Denn es zählt nur das immer gleiche Ziel, auf das allein sich Bewegung orientiert. „Erst die quasi-automatische, die ungeschliffene Bewegung und kinästhetische Kontrolle gestattet eine Zuwendung zu weiteren Umweltinformationen und zu neuen Aufgaben und Zielen: Steuern, Geschwindigkeitsveränderung, Tempoeinteilung, Tempogefühlsschulung sind erst auf dieser höheren Könnensstufe möglich."[83] Dauernde Verbesserung der Bewegung führt zur rastlosen Bereitschaft des Individuums, sich auf eine neue Zielbestimmung einzulassen. So kann immer nur die Gegenwart des gerade erreichten Ziels erlebt werden. „Der Sport ist seinem Wesen nach allemal und ganz Gegenwärtigkeit. Genau darum 'gilt' die sportliche Leistung nur für den Augenblick, muß sie stets in dem genau umgrenzten Augenblick neu erbracht werden."[84] Der maßlose Verwertungszwang des Kapitals setzt sich hier im Reproduktionsbereich ideologisch um in die grenzenlose Verbesserung von Leistung. Die Ansprüche der Individuen an ihre eigene Leistungsfähigkeit scheinen an keine physischen Schranken zu stoßen. Das impliziert eine hybride Vorstellung des eigenen Körpers. Durch die Dimension der Gegenwärtigkeit und den Zwang des Wiederholens wird die Besinnung auf Alternativen ausgeschaltet.

Der Bewegungsbegriff ist in sich widersprüchlich: darunter wird Habitualisierung und Perfektionierung, aber auch Variabilität und Flexibilität verstanden. Einmal bezieht er sich dabei auf den Leistungssport und zum anderen hauptsächlich auf die Reproduktion der Ware Arbeitskraft.

---

81 O. Grupe, Anthropologisch-pädagogische Grundlagen, S. 26.

82 Ebenda, S. 31.

83 H. Lenk, Leistungssport: Ideologie oder Mythos, S. 141.

84 v.Krockow, Sport und Industriegesellschaft, S. 34.

Außerdem können beide Momente in spezifischen Situationen auch zusammenfallen.

Der Handlungsbegriff wird in der Sportwissenschaft individualisiert. Er dokumentiert Selbstbewegung und ist an ein Leistungsbewußtsein gekoppelt. So stellt Lenk erstaunt fest, daß man die Leistung, den sportlichen Erfolg als die „wichtigste Sache der Welt" ansehen muß, um nötige Energiereserven mobilisieren zu können. [85] Handlung als Körperbewegung gilt als Medium der Selbstfindung und Selbstbestätigung. Sie dient zur Stärkung des Ichbewußtseins nach innen und sichert nach außen die Konkurrenz der Individuen untereinander. Durch Körperbewegung entsteht eine „aktive Selbstkonstitution", [86] die gleichzeitig die Abgrenzung gegenüber den übrigen Individuen garantiert, wobei der Begriff „Selbstbewußtsein", vor allem aber der völlig falsch rezipierte Begriff der „Selbstkonstitution" nichts anderes bedeuten als eine psychologische Ich-Stabilisierung durch das Bewußtsein einer außerordentlichen Leistungsfähigkeit. Beschränkt auf Körperlichkeit wird Bewegung zur Lebensäußerung innerhalb einer feindlichen Umwelt. Das Individuum lernt, daß es ausschließlich auf sich alleine angewiesen ist. Training, Selbstzucht und Selbstdisziplin erscheinen als Eigenmotivation und nicht als gesellschaftliche Bedingung.

Handlung schließt überdies die Spezialisierung von Bewegung ein, wie sie sich aus den verschiedenen Sportdisziplinen ergibt. Die Spezialisierung – Ausdruck der spezifischen Arbeitsteilung der bürgerlichen Gesellschaft – ist erforderlich, um auf den verschiedensten Gebieten optimale Ergebnisse zu erzielen, und um spezifische Präferenzen und Körperanlagen der Individuen auszunutzen. Außerdem wird auch die durch die Arbeitsteilung in der Produktion unterschiedlich verschlissene Arbeitskraft ihren konkreten Schäden entsprechend differenziert reproduziert.

Der Handlungsbegriff als Bewegung und Leistung wird in der Sportwissenschaft mit der Vorstellung der Emanzipation verknüpft: Freiheit durch Bewegung. [87] Leibliche Befreiung im Sport wird sogar als die einzige Möglichkeit menschlicher Emanzipation betrachtet, und zwar liegt sie u.a. im „Glück der Gegenwärtigkeit". [88] Solche Annahmen ergeben sich aus dem Bewußtsein, daß in der bürgerlichen Gesellschaft Freiheit sich, wenn überhaupt, nur außerhalb des Produktionsprozesses vollziehen kann. [89] Hierin liegt eine Ahnung, daß Freude an körperlicher Bewegung,

85 H. Lenk, Leistungssport: Ideologie oder Mythos, S. 170.

86 Ebenda, S. 162.

87 O. Grupe, Zur anthropologischen Dimension, S. 164.

88 v. Krockow, Sport und Industriegesellschaft, S. 164.

89 Vgl. hierzu: K. Marx, Ökonomisch-philosophische Manuskripte, „Der Arbeiter fühlt sich daher erst außer der Arbeit bei sich und in der Arbeit außer sich. Zu Hause ist er, wenn er nicht arbeitet, und wenn er arbeitet, ist er nicht zu Haus."

wie sie sich insbesondere in den Spielen der Kindern ausdrückt, nicht vollständig zu bändigen und das heißt zu institutionalisieren ist. Darin kommt zum Ausdruck, daß im Sport Momente entstehen, die unter dem beschriebenen Handlungsbegriff nicht zu erfassen sind. In den verschiedenen sporttheoretischen Ansätzen wird daher auch das Lustprinzip gegen das Leistungsprinzip ausgespielt.[90] Gleichzeitig wird dieses Lustprinzip aber ahistorisch verwendet und zur anthropologischen Konstante erklärt und mithin gesellschaftlich absorbiert. Perspektive wird damit ausgeblendet.

Leiblichkeit und Handeln als aktive Bewegung stellen für den Sport anthropologische Verallgemeinerungen dar, aufgrund derer ein gesellschaftliches Phänomen scheinbar seine universelle Begründung erhält. Dadurch brauchen der besondere Charakter und die spezifischen Funktionen des Sports in der kapitalistischen Gesellschaft nicht weiter analysiert zu werden. Die gesellschaftlichen Anforderungen an die Individuen werden dann gleichfalls zu menschlichen Grundbedürfnissen naturalisiert.

Durch den Ausschluß der Produktionsverhältnisse, die erst den Entstehungs- und Bedingungszusammenhang des sozialen Phänomens Sport liefern könnten, wird er als eigener sozialer Bereich innerhalb der Freizeit der Individuen interpretiert, in dem jeder entweder handelt, weil er es aufgrund seiner anthropologischen Verfassung tun *muß*, oder in dem er sich freiwillig objektiven Bestimmungen anpaßt. Reduzierung auf Körperlichkeit unterstellt den Individuen andererseits aber auch ein unbewußtes Handeln, ausgelöst durch den stummen Zwang der Verhältnisse.

6. Anthropologische Kategorien für eine Sportwissenschaft

Da die Sportwissenschaft sich mit dem Menschen befaßt, ist es auch sinnvoll, daß sie sich mit seinen anthropologischen Bedingungen auseinandersetzt, wenn auch nur hinsichtlich philosophischer und empirischer Resultate und nicht fundamentalwissenschaftlich, wie manche Vertreter der gegenwärtigen Sportwissenschaft. Sie muß sich Gewißheit darüber verschaffen, aufgrund welcher körperlichen und geistigen Voraussetzungen der Sport für den Menschen nützlich sein könnte; zum anderen muß sie Gewißheit über die besondere Formerscheinung des Sports als eine Freizeitbeschäftigung gewinnen. Das kann dann Aufschlüsse geben über 1) die Entfremdungssituation der Individuen, von der sowohl der Körper als auch das Bewußtsein in der notwendig verkehrten Form beherrscht sind; 2) über die Funktionen des Sports in Bezug auf die Arbeitsbedingungen und auf die Freizeit der Individuen; 3) über die Sportwissenschaft und ihre teilweise richtigen, aber dem falschen Schein aufsitzenden Beobachtungen.

---

90 Vgl. O. Grupe, Zur Anthropologischen Dimension, S. 159.

Die Grundlagen für eine Sportwissenschaft, die sich um solche Erkenntnisse bemüht, sind in dem anthropologischen Ansatz bei Marx zu finden.[91] Er geht davon aus, daß es nicht möglich ist, anthropologische Konstanten zu formulieren, die aus den Erscheinungen der bürgerlichen Gesellschaft gewonnen und ahistorisch in Vergangenheit und Zukunft verlängert werden, was er vor allem in seiner Feuerbachkritik ausgeführt hat; vielmehr müssen anthropologische Bestimmungen des Menschen, die seine qualitativen Merkmale gegenüber den Tieren sind, in ihrer historischen Entwicklung in Abhängigkeit von den jeweiligen Produktionsverhältnissen analysiert werden, so daß ihre spezifischen Erscheinungsweisen erklärt werden können.

Marx stellt fest, daß das Individuum sich als Einheit in einem Auseinandersetzungsprozeß mit der Natur konstituiert. Der Mensch ist, um überhaupt existieren zu können, aufgrund morphologischer Mängel gezwungen, zu arbeiten. Dies erfolgt in einem Stoffwechsel-Prozeß zwischen Subjekt (Mensch) und Objekt (Natur), in dem die Menschen die Natur so umgestalten, daß sie ihnen zugänglich wird. Dabei verändern sie die Natur, aber im historischen Verlauf auch sich selbst, die eigene Natur. Das bedeutet: im historischen Prozeß macht der Mensch seine eigene Geschichte selbst, indem er verändernd in die Natur eingreift und sich dabei selbst entwickelt. Das heißt, mit seiner Geschichte „macht" der Mensch sich auf der Grundlage seiner subjektiven und objektiven Bedingungen in der gesellschaftlichen Arbeit selbst. Dies ist sein wirklicher Konstituierungsprozeß.[92] Seine Geschichte ist die Geschichte seiner Selbstschöpfung, was ganz strikt zu verstehen ist: Anthropologie entfaltet er nur als theoretische Selbstreflexion seiner praktischen Menschwerdung.

Das Handeln der Menschen ist aktiv und bewußt und immer sozial. Bewußt ist es deshalb, weil die Individuen nicht nur in ihrer Körperlichkeit agieren, sondern weil sich in ihrem Handeln Bewußtsein konstituiert, Handeln mithin zunehmend bewußt und selbstaufgeklärt wird.[93] Das besagt indessen nicht notwendig, daß auf der heutigen Stufe der gesellschaftlichen Entwicklung die Individuen immer bewußter handeln. Vielmehr können Handlungszwecke vermittelt über Herrschaftsverhältnisse dem Individuum gesetzt, Handeln kann „trainiert" werden. Aber das Handeln verläuft gesamtgesellschaftlich dennoch nicht bewußtlos, sondern es wird von sei-

---

91 Gegenstand der folgenden Überlegungen kann nicht der Entwurf einer marxistischen Anthropologie sein, zu der es verstreute Beiträge gibt, sondern lediglich die Darstellung einiger zentraler Kategorien, die mir für die Sportwissenschaft wichtig erscheinen.

92 Vgl. zu diesem Komplex: K. Marx, Das Kapital, Bd. 1, MEW 23, S. 192 ff; S. 198; vgl. außerdem: ders., Ökonomisch-philosophische Manuskripte, S. 538, 510 ff; ders., Deutsche Ideologie, MEW 3, S. 26 f.

93 Vgl. hierzu K. Marx, Ökonomisch-philosophische Manuskripte, S. 543.

nem Bewußtsein getrennt. Beide Momente werden an verschiedene Klassensubjekte gebunden. Die Einheit beider Momente ist widersprüchlich. Im Kapitalismus geht gesamtgesellschaftlich immer größeres Wissen (vor allem im Bereich der Wissenschaften und der Produktivkraftentwicklung) mit individuell immer größerem Unwissen des Handelns (paradigmatisch in der Arbeit des Fließbandarbeiters) einher, weil das Handeln hochgradig routinisiert ist und immer weiter habitualisiert wird,[94] wobei für beide Klassensubjekte gilt, daß die Einsicht in den gesamtgesellschaftlichen Zusammenhang der kapitalistischen Gesellschaft verkümmert. (Dies zeigt sich z.B. in der Interpretation von Krisen des Kapitals.) Da aber diese Verkümmerung auf Seiten der Arbeiterklasse – gemessen am historisch-gesellschaftlich erreichten Standard der Bedürfnisbefriedigung – mit einer Einschränkung der materiellen Lebenschancen verbunden ist, kann sie Träger von Orientierungen und Aktionen werden, die diese Verkümmerungen aufheben.[94a] Auf diesen Widerspruch muß auch die Sportwissenschaft rekurrieren, um die Bedingungen anzugeben, unter denen gesellschaftliche und individuelle Bewußtheit in der gesellschaftlichen Praxis der Individuen zusammen kommen können.

Von der bloßen Körperlichkeit des Menschen auszugehen, wie es die Sportwissenschaft tut, heißt, vom tatsächlichen Lebensprozeß der Individuen zu abstrahieren. Handeln (Praxis) kann somit nicht als bewußter Konstituierungsvorgang erkannt werden, weil dann auch die Umstände, unter denen es auf ein passives, bewußtloses Reagieren reduziert wird, beschrieben werden müßten. Das kann aber nur geleistet werden, indem der *gesamte* Lebenszusammenhang der Individuen als ihr wirklicher Lebensprozeß in die Analyse einbezogen wird. Der Handlungsbegriff kann sich dann nicht auf Körperreaktionen beschränken, sondern muß eben als bewußter Stoffwechselprozeß verstanden werden.

Die Konstitution des Menschen durch *Arbeit*, seine *Gesellschaftlichkeit* und seine *Geschichtlichkeit* stellen zunächst anthropologische Universalien

---

94 Vgl. als Beispiel im Sport: das Training des Eiskunstläufers als Habitualisierungstraining; vgl. auch die Aussagen zum instrumentellen Charakter der Arbeit, Goldthorpe/Lockwood, Der 'wohlhabende' Arbeiter in England, Bd. 1: Industrielles Verhalten und Gesellschaft, München 1970, bes. S. 7 et pass.
Die hier angegebenen Beziehungen zwischen individueller und gesamtgesellschaftlicher Bewußtheit und Handeln sind die dominanten, vom Kapital gesetzten Beziehungen; sie sind aber nicht determiniert. Weil nämlich das Kapital auch immer seinen eigenen Widerspruch setzt, und weil zugleich die Vermittlung von Handeln und Bewußtsein durch die individuelle Erfahrung hindurch muß, ist den Individuen in ihrem Handeln ständig das Bewußtsein dieser Widersprüchlichkeit der Realität und ihrer eigenen Stellung in ihr möglich, was Marx als Klassenbewußtsein bezeichnet.

94a Vgl. N. Goebbel, F. Dröge, Bewußtseinsbildung in Arbeitskämpfen, Projektbericht, Bremen 1975, mimeo.; vgl. zur Konkretisierung dieses Zusammenhanges auf die spezifischen Probleme der Arbeiterjugend: J. Streese, Zur Bedeutung der Erfahrungen von Hauptschülern in politischen Bildungsprozessen, Hausarbeit f.d.wiss. Prüfung f.d. Lehramt an Gymnasien, unveröfftl. Man., Bremen 1975, bes. S. 16 et pass.

dar, die im historischen Prozeß dann ihre spezifische Formbestimmung erlangen. Diese Universalien sollen im folgenden für die heutige Gesellschaft konkretisiert werden.

In der bürgerlichen Gesellschaft tritt die Arbeit als Lohnarbeit im Grundwiderspruch zum Kapital auf. Sie nimmt die Form der Entfremdung an, weil der Arbeiter in diesem Vergegenständlichungsprozeß von dem Resultat dieses Vorgangs, dem Produkt, getrennt wird. Die Vergegenständlichung, die im Arbeitsprozeß stattfindet, führt zu einer Entfremdungssituation. Der Auseinandersetzungsprozeß findet nicht als bewußter Akt zwischen Subjekt und Objekt statt. Denn die Bedingungen der Produktion sind so angelegt, daß sie den Stoffwechselprozeß nur in seiner verkehrten Form als natürlichen Zustand erscheinen lassen: Die Produktionsmittel gehören den Arbeitern nicht. Dadurch geht eine spezifische Form von Arbeitsteilung, von gesellschaftlicher Produktion und privater Aneignung voraus. Die historische Besonderung und die konkreten Formen der anthropologischen Universalien, vor allen Dingen der historische Zusammenhang ihrer Vermittlungen läuft also über die Kategorie der *Arbeitsteilung*, die damit ebenfalls fundamentale anthropologische Bedeutung gewinnt. Aufgrund dieser spezifischen Arbeitsteilung ist das Verhältnis des Arbeiters zum Produkt seiner Tätigkeit „zugleich das Verhältnis zur sinnlichen Außenwelt, zu den Naturgegenständen als einer fremden, ihm feindlich gegenüberstehenden Welt."[95] Der Arbeiter ist im Produktionsprozeß einer Situation ausgesetzt, die sein Verhältnis zur Arbeit selbst fremdbestimmt, die ihn sich selbst entfremdet und seine Beziehung zu anderen Individuen verdinglicht. Dadurch aber sind die Individuen auch ihrem *menschlichen Wesen* entfremdet, eben ihrem Gattungswesen. Durch die entfremdete Arbeit wird „das Gattungswesen des Menschen, sowohl die Natur als sein geistiges Gattungswesen, zu einem ihm fremden Wesen, zum Mittel seiner individuellen Existenz. Sie entfremdet dem Menschen seinen eigenen Leib, wie die Natur außer ihm, wie sein geistiges Wesen, sein menschliches Wesen."[96]

Die entfremdete Lebenstätigkeit gibt eine Erklärung, wieso es möglich ist, daß es bedingt durch die Trennung von Hand- und Kopfarbeit überhaupt zur Trennung von Bewußtsein und Körper kommen kann. Vom Arbeiter wird im Produktionsprozeß seine Körperlichkeit in einer fremdbestimmten Verwendungsform verlangt. Diese Entfremdungsform tritt aber im Lebenszusammenhang der Individuen insgesamt auf und kann nicht im Reproduktionsbereich unter den gleichen Voraussetzungen plötzlich aufgehoben werden. Der stets beanspruchte Freiraum außerhalb des Arbeitsbereichs erweist sich als Ideologie. Das Handeln ist auch hier vom Kapital fremdbestimmt und kann gerade deshalb im Sport auf reine Körperlichkeit verkürzt werden. „Die Spitze der Knechtschaft ist, daß er nurmehr als Arbeiter sich als physisches Subjekt erhalten (kann) und nur mehr als physi-

95 K. Marx, Ökonomisch-philosophische Manuskripte, S. 515.

96 Ebenda, S. 518.

sches Subjekt Arbeiter ist."[97] Die Beschränkung des Arbeiters auf seine Körperlichkeit außerhalb der Arbeit indiziert offensichtlich eine sich allgemein durchsetzende und fraglos werdende Auffassung der Naturwüchsigkeit dieses Zustandes: Niemand fragt mehr, warum Arbeiter oder Sportler eigentlich einen Kopf haben.[98]

Wenn die Sportwissenschaft sich also mit der Leiblichkeit des Menschen als anthropologischer Konstante befaßt, so erfaßt sie – oder zumindest ihre fortgeschrittensten Vertreter – in einer Realabstraktion genau die Erscheinungsebene, wenn ihr auch nicht bewußt ist, daß sie mit „dem Menschen" den Arbeiter meint. Mit Leiblichkeit und Körpermotorik wird die körperliche Arbeit zur anthropologischen Bestimmung des Menschen universalisiert. Der Leib-Seele-Dualismus wird – wie bereits oben beim Handlungsbegriff angedeutet – als subjektive Seite der Klassenspaltung *empirisch* produziert. Er ist folglich wirklich, und daran knüpft die Sportwissenschaft vereinseitigend an. Er wird aber in der philosophischen Anthropologie und mit ihr in der Sportwissenschaft zur Ideologie, wenn er eben nicht als empirisch produziert erkannt, sondern zur Naturform des Menschen erklärt wird.

Die anthropologische Feststellung der Gesellschaftlichkeit der Menschen besagt für die kapitalistische Gesellschaft, daß sie sich über die Verausgabung menschlicher Arbeitskraft herstellt, die das Spezifische der Ware Arbeitskraft in dieser Gesellschaft ausmacht und die bewirkt, daß die Waren als Äquivalente getauscht werden können. Die Gesellschaftlichkeit ergibt sich scheinhaft aus dem Tauschwert der Produkte, so daß die bestehenden menschlichen Beziehungen ebenfalls Ausdruck dieses Verhältnisses werden,[99] worin ihre wirkliche Vergesellschaftung durch die Produktion ausgelöscht zu sein scheint.

Das Verhalten der Individuen ist zwar in seinem gesellschaftlichen Charakter Ausdruck von persönlichen Bedürfnissen und Wünschen, aber diese sind empirisch vermittelt und formbestimmt über den sachlichen Tatbestand des Austausches. Dieses sachliche verdinglichte Verhältnis als notwendige Verkehrsform der Individuen untereinander setzt sich in allen Lebensbereichen durch. Diese Verkehrsformen haben einen „universalistischen Charakter".[100] Dadurch wird auch überhaupt nur vorstellbar, daß Körper-

97 Ebenda, S. 513.

98 So kommentierte der ehemalige Trainer des Fußballclubs FC Bayern München, Udo Lattek, das plötzliche Versagen Gerd Müllers, Tore zu schießen, damit, daß er neuerdings vor dem Schießen nachdenke. Oder fast jeder Trainer entschuldigt eine Niederlage seiner Mannschaft damit, daß diese sein „taktisches Konzept" nicht eingehalten habe. Solche Beispiele gibt es in Fülle aus fast allen Sportarten.

99 Vgl. K. Marx, Kapital, Bd. 1, S. 85–99.

100 Vgl. U.K. Preuß, Bildung und Herrschaft, Frankfurt 1975, S. 55; vgl. zu diesem Problemkreis auch: K. Ottomeyer, Soziales Verhalten und Ökonomie, Erlangen 1974, S. 69 ff.

lichkeit und Bewegung im Sport von sachlichen Zwängen außenbestimmt sind. Diese Vergewaltigung der sinnlichen und geistigen Totalität des Menschen geht aber nicht bruchlos vor sich. Das äußert sich in der „Sperrigkeit" des Körpers (Bollnow), der sich gegen die Entfremdungsform wehrt. Gesellschaftlichkeit der Individuen setzt sich im Sport so durch, daß die Beteiligten, die sich in der Zirkulationssphäre als Gleichgültige und Zufällige begegnen, sich in einer feindlichen Einstellung als Konkurrenten gegenüberstehen. Gleichgültigkeit und Zufälligkeit werden zur Bais einer instrumentellen Einstellung des Individuums zu seiner Außenwelt. Das derart Stellung nehmende Individuum handelt vorrangig auf sich selbst bezogen. Es kann seine Eigenbedürfnisse – etwa den Wunsch nach spielerischer Entspannung – nicht so artikulieren, daß sie verallgemeinert werden können und als kollektive Bedürfnisse erfahren werden. Gesellschaftlichkeit des Individuums heißt in dieser Situation – und diese in Gang gesetzte Dialektik läßt sich nur als Paradoxon formulieren: – daß sie in der Individualisierung liegt. Sie wird freilich in ihrer reinsten Form nur im Leistungssport realisiert und hier auch nur als Karikatur des autonomen Individuums. Bei der Reproduktion der Ware Arbeitskraft indessen, im Massen- und Breitensport, sind durchaus und trotz der bereits angesprochenen Funktionalität, Momente spontaner Kollektivität, gegenseitige Hilfe etc. vorhanden.

„Und wie alles Natürliche *entstehen* muß, so hat auch der *Mensch* seinen Entstehungsakt, die *Geschichte*, die aber für ihn eine gewußte und darum als Entstehungsakt mit Bewußtsein sich aufhebender Entstehungsakt ist. Die Geschichte ist die wahre Naturgeschichte des Menschen."[101] Die Geschichtlichkeit der Menschen bedeutet zunächst auf einer allgemeinen Ebene, daß die Menschen ihre Geschichte ihren Produktionsverhältnissen entsprechend selbst gestalten. Im Kapitalismus kann das Bewußtsein der eigenen Geschichtlichkeit erst das Bewußtsein darüber vermitteln, daß die gesellschaftlichen Verhältnisse nicht natürliche Bedingungen darstellen, daß die Subjekt-Objekt-Verkehrung eben nur scheinbar besteht. Nicht das Kapital ist das reale Subjekt der geschichtlichen Bewegung, sondern die Arbeiter, die den Mehrwert schaffen und damit die Kapitalbewegung vermitteln. Geschichtlichkeit impliziert den Erkenntnisgewinn über die historische Rolle der Arbeiter. Sie enthält darüber hinaus die Aussage, daß das Individuum sich selbst bewußt erleben kann und zwar sowohl innerhalb seines eigenen, direkten Lebenszusammenhanges als auch innerhalb der Gesellschaft, in der es existiert. Verbunden ist damit die Vorstellung des bewußten Handelns, durch welches das Individuum sich selbst und seine Gesellschaft verändern kann. Da aufgrund der gesellschaftlichen Widersprüchlichkeit Momente in der Realität enthalten sind, die über die bestehende Gesellschaft hinausweisen und systemimmanent als auffrischende Neuerungen verwendet werden, gibt das bewußte Handeln die Gelegenheit, gerade diese Ansätze aufzunehmen und weiterzuent-

101 K. Marx, Ökonomisch-philosophische Manuskripte, S. 579.

wickeln. In diesen überschießenden Momenten liegt u.a. auch die Attraktivität des Sports, so daß er durchaus den tatsächlichen Bedürfnissen der Massen entgegenkommt. So läßt es sich durch Projektion der eigenen Spielbedürfnisse, etwa in Verbindung mit den eigenen kindlichen Spielerfahrungen, erklären, daß das Proletariat am Wochenende zum Fußballplatz geht und Millionäre alimentiert. Darin kommt auch der aus der Kooperation in der Produktion gespeiste Wunsch nach Kollektivität des Proletariats zum Ausdruck.[102] Anders könnten im Sport auch gar nicht die ideologischen und reproduktiven Funktionen erfüllt werden. Die Individuen müssen schon ihren Bedürfnissen freiwillig nachgehen, damit sie in standardisierten und reglementierten Institutionen, wie der Sport eine darstellt, überhaupt systemfunktional ausgeschöpft werden können.

Die Betonung des Lustprinzips im Sport, die Augenblicke des Glücksempfindens, das Entstehen von Spontaneität und der Einsatz von Phantasie – dies alles läßt vermuten, daß andere Formen des Sports durchaus bereits in dieser Gesellschaft denkbar sind, die dem von Marx als „menschliches Wesen" bezeichneten Zustand erheblich näher kämen. Dafür müssen diese Ansätze erkannt und aus ihrem Augenblickcharakter herausgehoben und weiter entfaltet werden.

Das Wissen um die Geschichtlichkeit des Menschen ermöglicht auch das Bewußtsein über die gesellschaftliche Entwicklung. Nicht Fremdbestimmung ist daher das „Schicksal" der Individuen in ihrer Freizeitgestaltung, sondern vielmehr gilt es, ihr verschüttetes Eigeninteresse und ihre persönlichen Bedürfnisse ihnen bewußt zu machen und sie zu fördern und auszubilden. Geschichtlichkeit des Menschen meint dann, sich seines eigenen Körpers in der bewußten Tätigkeit zu versichern, so daß die Trennung von Körper und Bewußtsein überwunden werden kann und das Individuum sich als Totalität verstehen lernt. Auf diese Weise kann dann auch das durch die Anthropologie legitimierte Dilemma der Gegenwärtigkeit und Naturwüchsigkeit im Sport aufgehoben werden. Es kann gezeigt werden, daß sich das tatsächliche Wesen der Menschen nicht in einer entfremdeten Form verwirklichen läßt. Eine so reflektierte Sportwissenschaft könnte Perspektive aufweisen.

---

102 Vgl. zu diesem Kontext: Negt/Kluge, Öffentlichkeit und Erfahrung, S. 78 f. et pass.; dies mag auch der Grund sein, weshalb sich Arbeiter gerade kollektiven Sportarten zuwenden.

HANS-GERHARD SACK

Bias in der Sportpsychologie in den USA

> Ich habe Amerika nicht nur betrachtet, um eine – übrigens durchaus legitime – Neugierde zu befriedigen; ich wollte dort Belehrung schöpfen, die wir nutzen können.
>
> Ich gestehe, daß ich in Amerika mehr gesehen habe als Amerika.
>
> *Alexis de Tocqueville:*
> *Über die Demokratie in Amerika*

Einleitung

Angesichts des rasanten (exponentiellen) Wachstums der Wissenschaften und auch der Sportpsychologie in diesem Jahrhundert sind „Fortschrittsberichte" immer notwendiger; denn einzelnen Wissenschaftlern ist es immer weniger möglich, die Entwicklung ihres Fachgebiets lesend zu verfolgen; es wird immer schwieriger, den Kommunikationszusammenhang mit Kollegen aus sich ausdifferenzierenden Fachgebieten zu wahren; und schließlich wird es immer komplizierter, die Flut von Forschung zu steuern, was heißt: durch Wertungen Schwerpunkte in der Wissenschaft zu setzen.

De Solla-Price weist in seinem Buch „Little Science, Big Science" (Frankfurt 1974) eindringlich darauf hin, daß bzgl. des Wissenschaftsbetriebs ein anderes Zeitalter angebrochen ist (von der Studierstube zur Großforschung) und in naher Zukunft ein anderes Wachstum im Wissenschaftsbetrieb einsetzen muß, u.a.: ein qualitatives.

Dazu bedarf es einer prinzipiellen Orientierung über die gegenwärtigen Leistungen von Wissenschaft und ihre notwendigen für die Zukunft. Eine Kritik an gegenwärtigen Erscheinungen in der Sportpsychologie wollen wir nach einer quantitativen Inhaltsanalyse sportpsychologischer Veröffentlichungen leisten; sie soll quantitativ deshalb sein, um eine voreilige (qualitative) Strukturierung der wissenschaftlichen Arbeiten zu vermeiden; angesichts der Fülle der Veröffentlichungen würde nämlich allzu leicht das subjektive Bezugssystem des Verfassers Ergebnisse der Analyse vorwegnehmen.

Indem wir uns mit der Sportpsychologie in den USA beschäftigen, glauben wir gleichzeitig und implizit auf die Entwicklung der Sportpsychologie in der BRD Bezug zu nehmen; denn die Geschichte der Psychologie in der

BRD ist die Aufarbeitung und das Sich-Durchsetzen der amerikanischen Vorkriegspsychologie; erst neuerdings setzt hier eine Gegenbewegung ein; zudem gewannen wir nach einjährigem Forschungsaufenthalt in den USA den Eindruck, daß sich die deutsche Sportpsychologie inhaltlich und institutionell in gleicher Weise – mit Verspätung – entwickelt wie die amerikanische.

Der folgende Bericht ist die Kurzfassung einer ausführlichen quantitativen Analyse der aktuellen sportpsychologischen Forschung in den USA. Inhaltlich richtet sich unser Erkenntnisinteresse vornehmlich auf folgende Problembereiche:

a) Beziehungen zwischen sportpsychologischer Forschung und Forschung in dem Fachgebiet Psychologie sowie Bezugswissenschaften;

b) Beziehung zwischen Problemen der Sportpsychologie und Problemen der amerikanischen Gesellschaft;

c) Schwerpunkte in der sportpsychologischen Forschung;

d) Methodologie sportpsychologischer Forschung.

Diese vier Themenschwerpunkte sind miteinander verbunden und werden im folgenden Text weiter erläutert.

1. Zum methodischen Vorgehen

1.1. Versuch einer Definition von Sportpsychologie

Da es fast unmöglich ist, eine Veröffentlichung ohne subjektive Verzerrung als sportpsychologisch oder nicht-sportpsychologisch zu klassifizieren, entschieden wir uns, den fraglichen Gegenstandsbereich durch zwei eher allgemeine Leitlinien zu begrenzen:

a) Der *Umfang* des Begriffs „psychologisch" (die Breite des Gegenstandsgebiets) wird durch das Klassifikationssystem der Psychological Abstracts (hrsg. von der American Psychological Association) bestimmt.

b) Im *Zentrum* des psychologischen Interesses stehen das Verhalten und Erleben des Individuums in seiner jeweiligen Umwelt i.w.S.

Mit Hilfe dieser Leitlinien gingen wir an sportwissenschaftliche Literatur (Sport, Leibeserziehung, Spiel etc.) und versuchten sportpsychologische herauszusondern. Vgl. auch Röthig, P.: „Die Sportpsychologie untersucht das Verhalten des Menschen im Bezugsfeld Sport (Sporttreibender – Publikum), im einzelnen die dem Verhalten zugrundeliegenden Voraussetzungen, Verlaufsstrukturen und Erlebnisvollzüge sowie die Auswirkungen und gesellschaftlichen Implikationen" (in: Sportwissenschaftliches Lexikon. Schorndorf 1973^{2}, p. 239). In fraglichen Fällen neigten wir dazu, „zugunsten" der Sportpsychologie zu entscheiden, und schlossen auf diese Weise einige Veröffentlichungen ein, die vielleicht auch von der Sportsoziologie, der Curriculumforschung, Kinesiologie oder Leistungsphysiologie beansprucht werden könnten.

1.2. Auswahl eines repräsentativen Samples sportpsychologischer Arbeiten

Vor der Bestimmung eines repräsentativen Samples sportpsychologischer Literatur müssen wir unser Erkenntnisinteresse näher definieren:

a) Wir sind stärker an einem *Querschnitt durch die aktuelle Forschung* als an einem diachronischen Überblick interessiert.

b) Wir sind stärker an einem*breiten Überblick* über das Fachgebiet in seinen verschiedenen und weiten Verzweigungen interessiert als an der Aufarbeitung eines Spezialgebiets innerhalb der Sportpsychologie.

c) Wir sind vornehmlich an solcher sportpsychologischen Forschung interessiert, die von *Hochschuleinrichtungen* (colleges, universities) im Bereich der sportwissenschaftlichen Institutionen (departments oder schools of health, physical education and recreation) durchgeführt wird.

Diese Kritiken ließen uns verschiedene Zeitschriften (z.B. Perceptual and Motor Skills; The Research Quarterly of the Aahper; Journal of Biomechanics; Journal of Motor Behavior; Quest; Journal of Sports Medicine et al) zurückweisen, dann auch Kongreßberichte sowie die Jahrbücher der verschiedenen Sport- und sportwissenschaftlichen Organisationen (wie AAHPER, NCCA, NAPECW, NCPEAM et al) sowie andere Publikationen wie Bücher, Paper, Periodika von Organisationen oder Institutionen.

Aus diesen Gründen wählten wir die Veröffentlichung ,,Completed Research in Health, Physical Education, and Recreation", Band 14 - 1972, Teil III als die *repräsentativste Quelle* gegenwärtiger sportwissenschaftlicher und sportpsychologischer Forschung in den USA. Der Teil III enthält eine Liste von 934 Master und Doctoral Theses (von denen 683 als Abstracts inhaltlich weiter ausgeführt sind), die aus 77 us-amerikanischen sportwissenschaftlichen Instituten stammen.

Aus der Gesamtheit von 683 Abstracts definierten wir 214 Arbeiten als sportpsychologisch. Unsere Hauptinformationsquelle waren die 214 Abstracts; zusätzlich lasen wir den vollen Text von 49 dieser Theses. Da eine Arbeit von zwei Promovenden geleistet worden war, sprechen wir im folgenden Text von 215 Abstracts bzw. Theses. Die 145 Master und 70 Doktorarbeiten kommen aus 55 us-amerikanischen Sportinstituten, die graduate studies in sportwissenschaftlichen Diziplinen anbieten (von insgesamt 208; 1972); die in dem betr. Band berichtenden Institutionen sind die größten und bekanntesten der USA und haben gewöhnlich die renommiertesten Hochschullehrer des Fachgebiets.

1.3. Das technische Verfahren zur Auswertung der Abstracts und Theses ist die Inhaltsanalyse

Die Inhaltsanalyse – häufig werden auch die Begriffe Bedeutungs- oder Aussageanalyse verwendet – ist eine wissenschaftliche Datengewinnungs- und Interpretationstechnik, die vor allem im amerikanischen Sprachraum im Rahmen der Massenkommunikationsforschung vor und während des zweiten Weltkriegs entwickelt wurde; sie ist „eine Untersuchungstechnik, die der objektiven, systematischen und quantitativen Beschreibung des offenbaren Inhalts von Mitteilungen aller Art dient" (Berelson 1952, p. 18).

Die vier wesentlichen Momente der Methode sind nach Silbermann (1965, p. 571 f.):

1. „Die Inhaltsanalyse muß objektiv sein, d.h. ‚that the categories of analysis should be defined so precisely that different analysts can apply them to the same body of content and secure the same results' (ibid. S. 16).
2. Die Inhaltsanalyse muß systematisch sein, d.h. ‚all of the relevant content is to be analysed in terms of all the relevant categories for the problem at hand' und ‚that analyses must be designed to secure data relevant to all scientific problem or hypothesis' (ibid. S. 17).
3. Die Inhaltsanalyse muß quantitativ sein, was nicht notwendigerweise verlangt ‚the assignement of numerical values to the analytic categories' (ibid. S. 17).
4. Die Inhaltsanalyse beschreibt den offenbaren (manifesten) Inhalt von Mitteilungen, d.h. sie hat sich zu beschränken auf Elemente der Syntax und der Semantik, und dabei sind latente Intentionen, die im Inhalt verborgen liegen mögen, nicht zu beachten."

Der Nachteil einer quantitativen Inhaltsanalyse liegt darin, daß der innere Zusammenhang der Daten verlorengeht bzw. nur für Insider des betr. Fachgebiets gerade noch aufspürbar ist; der Trend in Inhaltsanalysen geht dahin, das quantitative Moment mit dem qualitativen zu verbinden; besonders in unseren kritischen Anmerkungen, den Interpretationen und Explikationen haben wir die nur quantitativ gegebenen Daten verlassen. Dennoch bzw. deshalb referieren wir im folgenden vor allem für diejenigen Leser, die mit psychologischen bzw. sportpsychologischen Fragestellungen weniger vertraut sind, die wesentlichen Ergebnisse aus Udris ausgezeichneter Darstellung „Sportpsychologie in Nordamerika" (Udris, I. 1972, p. 181 - 190); der so vorinformierte Leser möge sich danach wieder unseren Ausführungen zuwenden.

Udris schreibt (a.a.O., p. 181/182): „Forschungsgebiete und Methoden der Sportpsychologie orientieren sich – in ihrer Einengung auf den sporttheoretischen und -praktischen Bereich – im wesentlichen an der Entwicklung der Allgemeinen, der Persönlichkeits-, der Entwicklungs- und der Sozialpsychologie. Die Vielzahl und Vielfalt der verschiedensten Forschungen lassen sich akzentuierend in folgende Forschungsgebiete gliedern, aus denen die hauptsächlichen Schwerpunkte erkennbar werden:

a) Bewegungsverhalten und motorisches Lernen: Der amerikanischen Lernpsychologie folgend konzentriert sich das Hauptinteresse der auf dem Gebiet der Sportpsychologie arbeitenden Psychologen und Leibeserzieher auf den Bereich der motorischen Leistung, des motorischen Verhaltens und Lernens. Faktoren und Voraussetzungen des Bewegungsverhaltens, Wahrnehmungsprobleme und Fragen der Beziehung zwischen körperlicher Fitness und verschiedenen Leistungsaspekten stellen ebenso Untersuchungsgebiete dar wie Arbeiten zur Theorie und Methodik des Erwerbens sensumotorischer Fertigkeiten.

b) Persönlichkeit. Der differentialpsychologische Aspekt der sportlichen Betätigung erfährt unter dem Leitthema „Persönlichkeit" starke Beachtung. Untersuchungen der Persönlichkeitsstruktur und -dynamik von Sportlern und Trainern, der Persönlichkeitsaspekte der Aggression und Angst, der Leistungsmotivation und Motivgenese sowie des Selbstbildes des Sportlers gewinnen immer mehr Bedeutung. Das Konzept der „emotional health" wird besonders im Hinblick auf die Beziehungen zwischen Persönlichkeitsmerkmalen und sportlicher Betätigung diskutiert.

c) Entwicklungspsychologie im Sport. Untersuchungen zur Entwicklung im Kindes- und Jugendalter behandeln verschiedene Aspekte der motorischen, intellektuellen, emotionalen und sozialen Entwicklung in ihrer Beziehung zur Leibeserziehung. Besondere Akzentuierungen erfahren dabei Probleme des geistig und körperlich behinderten Kindes. In diesem Bereich legt man großen Wert auf die Entwicklung von Methoden der sportpädagogischen und -therapeutischen Beeinflussung.

d) Sozialpsychologie des Sports. Unter dem Einfluß und in Auseinandersetzung mit der Sportsoziologie sind in der Sozialpsychologie des Sports in letzter Zeit eine große Anzahl von Untersuchungen zu verschiedenen Problembereichen entstanden. Neben einigen Ansätzen einer Erklärung des Phänomens Sport unter sozialpsychologischen Aspekten stehen vor allem Untersuchungen zur Struktur und Dynamik von Sportgruppen, der Interaktion zwischen Sportler und Zuschauer, der Führung sowie der Einstellungen, Werthaltungen und Vorurteile zu Sport und sportlicher Betätigung.

Neben den genannten Hauptgebieten finden sich weitere Forschungsbereiche, in denen auf den Grenzgebieten zur Medizin und Psychologie beispielsweise psychologische Fragen der Körperkraft, der psychophysiologischen Aktivierung oder der physiologischen und psychischen Ermüdungs- und Streßwirkung behandelt werden.

1.4. Zu den folgenden Resultaten (Primäranalyse im Abschnitt 2.) kommen wir durch eine Inhaltsanalyse, die sich der *elektronischen Datenverarbeitung* (Rechenzentrum der University of Wisconsin, Madison) bedient.

Die aus den Abstracts und Theses verfügbaren Daten wurden auf einen *Fragebogen* übertragen, der speziell für die Erfordernisse einer quantitativen Inhaltsanalyse ausgearbeitet wurde. Die Informationen wurden 5 Klassen zugeordnet: (1.) Daten über den Forscher, seine wissenschaftliche Institution, das Fachgebiet i.e.S. etc., (2.) Daten bzgl. der sozialen Matrix, in der die Vp. stehen, (3.) Daten über die betr. Variablen der Untersuchung, (4.) Daten bzgl. der Methodologie, (5.) Bemerkungen, Methoden, Instrumente/Tests (z.T. unvollständig, z.T. nichtnumerisch).

2. Ergebnisse

Wir versuchten, die Fülle der Informationen unter 4 Themen zusammenzu fassen:
- Der Forscher und seine Versuchspersonen
- Variablen sportpsychologischen Interesses
- Methodologie sportpsychologischer Forschung
- Problemgebiete der Sportpsychologie

2.1. Der Forscher und seine Versuchspersonen

Wir erweiterten Kenyons soziologisches „Modell der Elemente des Sports" (Kenyon 1971, p. 17), um sein Modell einer breiteren und differenzierteren sozialen Matrix anzupassen. Wir gewannen folgende Ergebnisse:

a) Die Versuchsperson und ihre soziale und technische Umwelt

Sportpsychologische Forschung befaßt sich in erster Linie mit Vpn, die vom sozialen Kontext isoliert sind. Nur 20 Prozent der Arbeiten betrachten oder erwähnen Variablen wie sozio-ökonomischer Hintergrund, Gruppenprozesse (z.T. künstlich erzeugt) und technische Geräte (7,5%), die sport- bzw. motorische Lernprozesse erleichtern. Unter den Variablen, die das Verhalten (und Erleben) in einer eher direkten Weise beeinflussen, dominieren Variablen aus der Kleingruppenforschung (zum gleichen Ergebnis kommt Udris, a.a.O., p. 187 ff.).

Ca. 75% der Forschung befaßt sich mit Schülern und Studenten. College und University Studenten dominieren, gefolgt von high school Schülern und Schülern aus der elementary (Grundschule) school. Andere Bildungseinrichtungen spielen (fast) keine Rolle. Ungefähr 15% der Forschung beschäftigt sich mit Leuten, die werktätig sind oder Rentner; aber 2/3 dieser Forschung befaßt sich mit sogenannten Rand- oder Außenseitergruppen der us-amerikanischen Gesellschaft; das sind in diesem Zusammenhang Hospitalisierte, Menschen mit physischen oder psychischen handicaps, Delinquenten, Arme). Innerhalb dieser Kategorie befassen sich 18 (von insgesamt 26) Arbeitern mit geistig behinderten Kindern (mentally retarded children).

In 90 Prozent der Arbeiten werden Minderheitengruppen (Neger, Latino-Americanos, Chinesen, Indianer) nicht einmal erwähnt; auch in den intensiver durchgearbeiteten 49 Theses sind die Minderheiten stark unterrepräsentiert. Die übrigen 10 Prozent werden von Negergruppen beherrscht, während Latino-Americanos, Indianer, Chinesen und ethnische Gruppen fast „vergessen" werden; weniger als 5 Arbeiten unternehmen den Versuch, die speziellen Probleme der Minderheiten innerhalb psychologischer Kategorien anzugehen.

b) Qualität und Intensität des sportlichen Engagements

Über 90 Prozent der Forschung befaßt sich mit „primary participation", etwa 1 Prozent mit „secondary participation" und etwa 8 Prozent mit „facilitation groups" wie Sportlehrer, Trainer, Schiedsrichter etc. (siehe das bereits zitierte Modell von Kenyon).

Über ein Viertel der Forschung befaßt sich mit Wettkampf- und Leistungssport auf höherem Niveau, ca. 7,5 Prozent mit Sportstudenten. Die Mehrheit der Forschung befaßt sich mit Leuten, die zur Teilnahme am Sportbetrieb verpflichtet sind (Leibeserziehung an elementary and high schools; Pflichtfach Sport für Studienanfänger an Universitäten). Häufig dienen diese Gruppen als Kontrastgruppen (für Hochleistungssportler) oder als Experimentalgruppen (für motorische Lernprozesse oder innovative Curricula).

Bezüglich der Variablen körperlicher Aktivität befaßt sich 2/3 der Forschung mit Sport bzw. Sportarten, während 1/3 motorischen Übungen mit Behinderten, Fitness-Untersuchungen oder motorischen Variablen, deren Bezug zum Sport nicht unmittelbar erkennbar ist, gewidmet ist.

Die meiste Forschung im Bereich des Sports (s.o.) befaßt sich mit Basketball, Schwimmen, Leichtathletik, Football, Tennis, Gymnastik, Hockey, Volleyball und Badminton (in abfallender Reihenfolge). Andere Sportarten werden nur sporadisch erwähnt. Im folgenden wird der Versuch unternommen, die genannten und als Gegenstand der Forschung auftauchenden Sportarten nach ihrer Ähnlichkeit zu klassifizieren:

– hoch organisierte, wettkampfzentrierte Individualsportarten (Schwimmen, Wasser-Springen, Gymnastik, Leichtathletik, Fechten, Boxen, Gewichtheben, Ringen) 23,6 %

– hochorganisierte, wettkampfzentrierte Mannschaftssportarten (Football, Baseball, Basketball, Volleyball, Fußball, Hockey Lacrosse et al) 43,5 %

– Life Time Sportarten geringen Organisationsgrades mit hohem Freizeitwert (Tennis, Badminton, Golf, Kegeln, Schwimmen et al) 27,8 %

– Outdoors (Wandern, Klettern, Segeln, Rudern, Paddeln, Kanou, Skilaufen, Reiten, Laufen, Radfahren) 5,2 %

Eine kritische Beurteilung dieser prozentualen Verteilung hat davon auszugehen, welchen Sport die Mehrheit der Bevölkerung betreiben kann.

Aus dieser Aufstellung schließen wir, daß der Wettkampfsport Jugendlicher und Heranwachsender im Mittelpunkt sportpsychologischen Interesses steht, der Sport mit hohem Freizeit- und Erholungswert aber für die Forschung nur von sekundärem Interesse ist.

c) Andere biografische Daten der Versuchspersonen

Männliche Versuchspersonen überwiegen leicht. Weniger als 15 Prozent der Forschung befaßt sich mit Leuten, die älter als 24 Jahre alt sind; die meisten Vpn sind zwischen 13 und 18 Jahren, gefolgt von der Altersgruppe 11 bis 17, dann 5 - 10 Jahre alt.

2.2. *Variablen sportpsychologischen Interesses*

Wir ordneten alle in den Abstracts (und den 49 Theses) erwähnten Variablen 18 Primärkategorien zu, die danach zu 4 Sekundärkategorien weiterverarbeitet werden:

– biologischer Bereich (anatomische, physiologische, neurophysiologische Variablen; Variablen der sensomotorischen Wahrnehmung u.ä. 14,9 %

– sportmotorischer Bereich (allgemeine und spezifische Variablen des motorischen Verhaltens, Fitness, Sport und Sportarten, Leibeserziehung, Freizeitaktivitäten sportlich-körperlicher Art) 30,4 %

– Persönlichkeitsbereich

(a) generelle Dimensionen der Persönlichkeit (wie Intelligenz, kognitive Fähigkeiten und Fertigkeiten, Emotionen, Persönlichkeitseigenschaften i.S. von traits, Motivationen) 25,6 %

(b) spezifische Dimensionen der Persönlichkeit, welche in enger Beziehung zum Sport stehen (Fähigkeiten und Fertigkeiten, Motivationen, kognitive Prozesse und Leistungen, Emotionen, spezifische Persönlichkeitseigenschaften i.S. von Traits) 14,4 %

– sozialer Hintergrundsbereich (sozialer Status, Religion, sozioökonomische Schicht) 11,0 %

Die Zahl der primären Variablenkategorien pro Thesis überschreitet selten drei. Die *häufigste Kombination* sind Variablen des Sports, des motorischen oder des biologischen Bereichs auf der einen Seite mit allgemeinen Dimensionen der Persönlichkeit (z.B. Erforschung der Beziehung zwischen Spielerstatus - Stammspieler vs. Auswechselspieler; Angreifer vs. Verteidiger und allgemeinen Persönlichkeitsmerkmalen wie Angst, Aggression oder Dominanzstreben). Die *zweithäufigste Kombination* ist die Verbindung der erstgenannten Gruppe mit spezifischen Dimensionen der Persönlichkeit (z.B. Erforschung der Beziehung zwischen sportlicher Betätigung in verschiedenen Sportarten und der Einstellung zum Sport). An *dritter Stelle* figurieren Beziehungen zwischen Variablen des biologischen Bereichs mit dem sportmotorischen Bereich (z.B. Staples, L.: A comparison of the effects of binocular vision and monocular vision on accurary in basketball shooting). Soziale Variablen stehen sehr selten im Zentrum des Interesses (weniger als 10 Fälle), sondern laufen eher peripher mit.

In der Hälfte der Fälle ist entweder der sportliche Bereich, der motorische Bereich oder der Persönlichkeitsbereich das abhängige Variablenfeld (in etwa gleich verteilt), während in den anderen 50 Prozent keine klare Abhängigkeiten gegeben sind (es handelt sich hier um Untersuchungen, die Zusammenhänge erforschen wollen, ohne Kausalitäten anzunehmen oder zu prüfen). Soziale Variablen sind in etwa 5 Prozent der Fälle unabhängige Variablen, aber nie abhängige Variablen.

Bezüglich des sportmotorischen Bereichs befaßt sich 2/3 der Forschung mit Lernen (und Behalten), Übung und Training sowie Leistung (Leisten); letzteres dominiert stark (Anteil von 60 Prozent).

Wenn wir uns den *Persönlichkeitsbereich* (allgemein und spezifisch) etwas genauer ansehen, erhalten wir einen guten Einblick in den Inhalt der sportpsychologischen Forschung:

1. Forschung, die so etwas wie die „ganze Persönlichkeit" erfassen will, dabei Tests wie den MMPI, CPI, 16 PF, GZTS, ACL etc. benutzend:	N = 31	28,4 %
2. Forschung, die so etwas wie die ganze Persönlichkeit erfassen will, dabei aber vorwiegend unbekannte oder selbstgemachte Tests benutzend:	N = 31	
3. Forschung, die besonders folgendes Syndrom erforscht: Angst, Neurotizismus, Disziplin, Faschismus, Wahrnehmungsgrenzen des Schmerzes, Entfremdung	N = 18	8,1 %
4. .... Syndrom Aggressivität, Wetteifer, Konkurrenz	N = 15	6,8 %
5. .... Syndrom: Leistungsmotivation, Zähigkeit, Widerstand gegen Streß	N = 18	8,1 %
6. Soziabilität (Extraversion, leadership, Zusammenhalt von Gruppen, Kooperation, Kommunikation, soziale Distanz etc.)	N = 12	5,4 %
7. .... negative vs positive Verstärkung	N = 17	3,1 %
8. .... Kreativität, Rhythmus, Wohlbefinden, Glücklichsein	N = 10	4,5 %

9. Intelligenz (m.A. der geistig behinderten Kinder)	N = 5	2,3	%
10. Allgemeine Fähigkeiten (Schulleistungen, Schulnoten, Leseleistungen, Konzentration)	N = 10	4,5	%
11. Spezifische Sportmotivationen (Interessen, Einstellungen)	N = 46	20,7	%
12. Weiblichkeit vs Männlichkeit (Geschlechtsrollen)	N = 4	1,8	%
13. Übriges	N = 14	6,3	%

Obwohl wir die folgende Zusammenfassung der ersten 12 Variablenkategorien als etwas willkürlich empfinden, mag sie dennoch für eine zusammenfassende Interpretation hilfreich sein:

A allgemeine Anpassung (adjustment) (1,2) : 30,3%
B negative versus positive Anpassung an gesellschaftliche Normen (3, 4, 5, 7 und 12) : 29,8%
C Dimensionen der Tüchtigkeit (9, 10) : 7,2%
D individuelles und soziales Wohlbefinden (6,8) : 10,6%
E sportspezifische Dimensionen wie Einstellungen und Interessen (11) : 22,1%

Die sportpsychologische Forschung im Persönlichkeitsbereich zentriert sich also um allgemeine Dimensionen der Persönlichkeit und dabei in Sonderheit um Variablen, die für das Funktionieren des Individuums in unserer Gesellschaft wichtig sind, und nur ein ganz kleiner Bruchteil beschäftigt sich mit dem subjektiven Wohlbefinden des Individuums.

Es fehlen Variablen, die sich mit der Änderung des Individuums oder der Gesellschaft in dysfunktionaler Weise befassen.

2.3. Methodologie sportpsychologischer Forschung

Unter dem Begriff Methodologie fassen wir verschiedene Konzepte und Themen des Forschungsprozesses zusammen wie Theoriegeleitetheit, Forschungstyp, Forschungstechniken, Probleme der Operationalisierung, experimentelle und statistische Designs, Auswertungstechniken etc.

a) Typ der Forschung

Die überwiegende Mehrheit der Forschung (ca. 85%) kann *empirisch* in dem Sinne genannt werden, als bestimmte Gruppen in deskriptiven oder experimentellen Designs untersucht werden unter Benutzung verschiedener Meßinstrumente (motorische Tests, physiologische Tests, Persönlichkeitsfragebogen etc.).

Gewöhnlich variiert die Gruppengröße zwischen 50 und 80 Vpn.

Angesichts der Größe des Landes, der Zahl seiner Einwohner und der Vielzahl seiner sportwissenschaftlichen Institutionen überrascht die Uniformität des wissenschaftlichen Denkens sehr. Andere Typen der Forschung figurieren nur sporadisch:

Fallstudien treten selten auf und beziehen sich meistens auf hospitalisierte Personen, in der Absicht, deren mentale und soziale Kapazität zu verbessern. Zwei der 215 Theses mögen phänomenologische Forschung genannt werden; wir fanden eine vollständige Abwesenheit z.B. von tiefenpsychologischen Ansätzen, action research oder Handlungsforschung.

In drei Arbeiten wird explizit der Versuch unternommen, allgemeinpsychologische Konzepte auf den Sport zu übertragen. In genau einer Arbeit wird eine Literaturanalyse geleistet (zum Problem massed vs distributed practice).

b) Theorie versus Praxis

In den meisten Fällen (ca. 60%) fällt auf, daß die empirische Forschung nicht theoriegeleitet ist bzw. daß ein theoretischer Ansatz fehlt; eine gründliche Analyse der 215 Abstracts und 49 Theses zeigt, daß Feststellungen mehr oder weniger großen Allgemeinheitsgrades mit theoretischen Konzepten verwechselt werden oder sie ersetzen sollen. Wenn Theorien erwähnt werden, dann existiert oft eine Lücke zwischen der Theorie und den daraus abgeleiteten Hypothesen; ebenso klafft häufig eine Lücke zwischen dem fraglichen Gegenstandsgebiet und seiner operationalen Abdeckung. U.E. sind die meisten Designs nicht geeignet, *wesentliche* Teile der fraglichen Theorie zu validieren oder invalidieren.

Wenn Theorien erwähnt werden, dann sind sie in einem sehr eingeschränkten Sinne psychologisch und beziehen den näheren oder weiteren sozialen Kontext nicht ein. Udris (a.a.O., p. 189) schreibt in diesem Zusammenhang:

„Obwohl auf sehr vielen Teilgebieten der Sportpsychologie experimentelle und empirische Arbeiten in großer Zahl durchgeführt werden, fehlt bisher ein einheitliches Konzept und eine – alle Bereiche umfassende Theorie. Ausgangspunkt oder Ergebnis der meisten Untersuchungen ist eine Anzahl von „short range" – oder „middle range"-Theorien ..... Ein offenes Problem ist z.Z. immer noch die wissenschaftstheoretische Fundierung der Sportpsychologie in Nordamerika. Durch eine überwiegend empiristische Vorgehensweise ist zwar eine Akkumulation von Daten über die verschiedensten Teilprobleme erfolgt, die jedoch in vielen Fällen in ihrem theoretischen, aber auch praktischen Bezug unverbindlich bleiben ..."

Nur wenig Forschung befaßt sich mit der *Änderung der psychischen Existenz* des Individuums. Viel Forschung beschränkt sich auf Beschreibungen. Viele Forscher konnten ihre Arbeit ausführen, ohne mit ihren Vpn in Interaktion zu treten; sie neigten nur dann zu Interaktionen mit den Vpn, wenn diese krank oder geistig und/oder körperlich behindert sind (in diesen Unternehmungen ist die Zahl der Vpn auch gewöhnlich sehr gering).

In dem Bemühen, hohe Objektivität und Reliabilität etc. zu gewinnen, tritt der Forscher von der konkreten Versuchsperson zurück. Wir halten es für sehr fraglich, ob der Forscher *wichtige* psychologische Kenntnisse über die psychische Struktur und das psychische Sein und Werden des Menschen gewinnt. Wir meinen z.B., daß „Der Steppenwolf" von H. Hesse diesbezüglich mehr Einsicht vermitteln kann als die Mittelwerte der Variablen des 16 PF oder MMPI; Husserl: „In unserer Lebensnot hat diese Wissenschaft uns nichts zu sagen" (zit. bei Habermas; Frankfurt 1973[6], p. 147).

c) In den empirischen Arbeiten werden zumeist univariate und bivariate deskriptive und inferenz*statistische Techniken* benutzt (75%), etwa 5 Prozent sind ausschließlich deskriptiv, und in 20% der Arbeiten werden multivariate Verfahren benutzt. Unter diesen dominieren multivariate Varianzanalysen (multifaktorielle Designs) und Konvarianzanalysen. Obwohl wir vielem zustimmen möchten, was Cumbee 1968 schrieb, sind wir nicht geneigt, die Arbeiten auf Grund vereinzelter Fehler in statistischen Prozeduren abzuwerten, weil daraus keine Bedeutungsverschiebung hinsichtlich wichtiger inhaltlicher Aussagen eintreten würde.

d) *Das allgemeine Muster* (Paradigma) von ca. 93 Prozent dieser empirischen Arbeiten ist sehr ähnlich und konsistent:

Die Theses beginnen gewöhnlich mit einer allgemeinen Einführung in die Problematik, die einen kurzen Rückblick auf die relevante Literatur, welcher u.E. recht oberflächlich ist, einschließt; man meint zu spüren, daß der theoretische Teil dem empirischen „aufgesetzt" ist; die Literatur beschränkt sich fast ausschließlich auf amerikanische und englischsprachige.

Es folgen dann sehr spezifische Hypothesen, der fragliche Gegenstandsbereich wird operationalisiert; besonders das letzte Verfahren geschieht meist ohne Diskussion der Validität; ein psychologischer Angsttest – Test mit der Überschrift Angst – mißt fraglos Angst; es wird deutlich, daß eine solche Sportpsychologie nie besser als die ihr übergeordnete Psychologie sein kann. Zudem wird deutlich, daß Sportpsychologie nicht mehr als die (zweitklassige) Addition von zwei – verschiedenen – Gegenstandsbereichen ist: das Psychische wird der Psychologie entnommen, das Motorisch-sportliche dem jeweils vorwissenschaftlichen Verständnis (Begriff) von Sport. Eine integrative Verknüpfung ist dann nicht mehr Sache des Forschers, sondern der „Abnehmer" von Forschung.

Die Ergebnisse der Untersuchung werden mit Zahlenmaterial dargestellt, es folgen Diskussionen der Ergebnisse, Implikationen und Schlußfolgerungen.

Wir fanden nicht eine Arbeit, die nicht darauf hinwies, daß viele Probleme noch unbeantwortet sind und weitere Forschung notwendig sei. Die ungelösten Probleme beziehen sich jedoch zumeist auf solche der Wissenschaft, nicht auf die einer unmittelbaren Realität (Gesellschaft, Individuum).

Poppers Zuordnung von Wissenschaft in die „dritte Welt" (Popper: 1973, p 123 - 171) gilt für den sportpsychologischen Wissenschaftsbetrieb fast uneingeschränkt. (Vgl. auch unsere beiden Schlußsätze im obigen Abschnitt b). Es geschieht äußerst selten, daß ein Forscher seine eigene Arbeit ernsthaft in Zweifel zieht. Und nur ganz selten geht der Forscher über die ihm unmittelbar gegebenen Untersuchungsergebnisse hinaus und stellt sie in einen weiteren psychologischen oder gesellschaftlichen Zusammenhang. Es will scheinen, als erziehe die Operationalisierung zur Beschränkung auf das damit (nur wissenschaftlich) Gegebene: diese Gegebenheit ist jedoch immer verkürzte, partielle Realität. Aufgeklärte Varianzen von maximal 25 - 30% ermuntern dann erst recht nicht zum instrumentellen Handeln.

2.4. Problemgebiete der Sportpsychologie

2.4.1. Methode

Wir charakterisieren jede der 215 Arbeiten mit einem sehr abstrakten Satz, der den Inhalt der Arbeit ausdrücken soll; danach fassen wir diejenigen Arbeiten zusammen, die ähnliche Probleme (Inhalte) bearbeiten. Wie bei jeder Kategorisierung ist auch hier ein subjektives Wahrnehmen und Verstehen nicht zu vermeiden – und sicherlich haben wir mehr oder weniger unbeabsichtigt Aspekte betont oder ausgelassen, die wir für zentral oder peripher hielten. Da jedoch unsere Erkenntnis in diesem Stadium relativ wertfrei ist („Neugierde"), glauben wir dennoch an ein gewisses Maß an Validität. Im übrigen versorgt uns diese Art der (qualitativen) Inhaltsanalyse mit einem ganz anderen Zugang zu dem Theses-Pool, so daß wir von einer Art internen Cross-Validierung unserer Ergebnisse sprechen möchten.

Ergebnisse

a) Beziehungen zwischen Dimensionen der psychomotorischen Tätigkeit (Reaktionszeit, Bewegungszeiten, Pursuit Rotor Leistungen etc.) und sportliche Aktivität (Teilnahme am Sport – aktiv –, Leistungen im Sport, in Sportarten, Teilleistungen in Sportarten, Leistungsniveaus im Sport, Erfolgsparameter etc.) auf der einen Seite und Dimensionen der Persönlichkeit (allgemeine und spezifische traits, Eignungen, Fähigkeiten etc.) auf der anderen Seite; es werden keine kausalen Beziehungen per experimentellem Design oder Pfadanalyse etc. etabliert; Beispiel: Calandra, G.N.: Beziehungen zwischen ausgewählten Merkmalen kardiovaskulärer Fitness und ausgewählten Persönlichkeitseigenschaften. 23,2% der Arbeiten.

b) Zur Persönlichkeit und Effizienz von Coaches, Leibeserziehern, Sportmanagern, Schiedsrichtern etc., Beispiel: Thompson, De Witt: Eine Einstellungsskala, die die Einstellungen von Leibeserziehern zu ihrem Beruf mißt. 6,1% der Arbeiten.

c) Sportspezifische Einstellungen, Interessen und Bedürfnisse in ihrer Beziehung zu sportlichen Aktivitäten (Leistungen, Umfang und Qualität der sportlichen Aktivität), und in geringerem Umfang zu Sozialstatus-Variablen (wie Alter, Ehestand, Erziehung, Rasse sozioökonomischer Verhältnisse); Beispiele: a) Grady, J.L.: Eine Studie über die Beziehungen zwischen Aggressivität und Einstellung zur Leibeserziehung und ausgewählten Sportarten; b) Holzmann, A.: Ein Vergleich von Einstellungen von schwarzen und weißen high school Mädchen bzgl. Leibeserziehung. 7,3% der Arbeiten.

d) Untersuchungen zum carry-over-effect (Transfer) von sportlichen und sportmotorischen bzw. nur motorischen Aktivitäten zu mehr oder weniger generellen psychischen Dimensionen der Persönlichkeit (soziale und emotionale Anpassung, Fähigkeiten, Eignungen et al.); Beispiel: Degroat, P.D.: Der Einfluß von ausgewählten sensomotorischen Übungen auf die Lesefertigkeit. 11,0% der Arbeiten.

e) Untersuchungen zur Interaktion inKleingruppen (Coach-Spieler; Spieler – Spieler); Beispiel: Anspaugh, D.J.: Führereigenschaften von Basketballspielern, wie sie von Mannschaftsmitgliedern wahrgenommen und durch verschiedene Evaluierungsinstrumente erfaßt werden.
4,1% der Arbeiten.

f) Beziehungen zwischen Dimensionen der sportlichen Aktivität (wie motorisches Verhalten, Teilnahme am Sport, Leistungsniveaus) und „reinen' sozialen Variablen (Rasse, sozio-ökonomische Klasse/Schicht) Beispiel: Brooks, B.P.: Eine vergleichende Studie über die körperliche Leistung von ausgewählten high school Mädchen der Oberstufe verschiedenen sozio-ökonomischen Status. 6,3% der Arbeiten.

g) Experimentelle Kontrolle von motorischen Lernprozessen einschließlich sportmotorischer Lern- und Leistungsprozesse:

g a) Methoden des Lernens, Lehrens und des feed back; Beispiele: ga 1) Brown, B.M.: Die Effekte eines Kurses „motorische Grundausbildung" mit College-Studentinnen niedrigen motorischen Leistungsniveaus: ga2) Maiorino, R.A.: Der Einfluß eines Krafttrainingsprogramms auf den Vorhand- und Rückhandschlag im Tennis. 7,7% der Arbeiten.

gb) Experimentelle Variation von Anregungsvariablen für das Leistungsverhalten, wie Wettkampf, Kooperation, Zuschauereinfluß, Lob und Tadel, visuelle und auditive Hilfen etc.; Beispiele: gb1) Whittle, A.H.: Die Folgen von nächtlicher Schlafdeprivation auf ausgewählte physiologische und psycho-motorische Parameter; gb2) Harvey, D.: Die Effekte des Anspruchsniveaus und des Mannschaftswettbewerbs als motivationale Techniken auf die Leistungen von Kindern in ausgewählten sportmotorischen Tests.
6,3% der Arbeiten.

gc) Mentales Training und verwandte Techniken; Beispiel: Palmer, A.R.: Der Einfluß gerichteten (gezielten) mentalen Trainings auf den Erwerb von gymnastischen Fertigkeiten. 3,3% der Arbeiten.

h) Aufklärung von Varianzen im sportlichen Leistungsverhalten durch spezifische Variablen des psycho-motorischen Bereichs, wie kinästhetische Wahrnehmungsvariablen, Gewandtheit, Balance etc.; Beispiel: Jackson, W.C.: Explosive Reaktionszeit und Laufgeschwindigkeit innerhalb und zwischen Gruppen von College-Sportlern und Nichtsportlern.
6,5% der Arbeiten.

i) Test-Konstruktion (Kenntnisse, Einstellungen, Motivationen); Beispiel: Warren, M.S.: Konstruktion eines Kenntnistests in Lacrosse.
2,8% der Arbeiten.

j) Motorisches Verhalten von vornehmlich psycho-biologisch abweichenden Gruppen (psychiatrische Patienten, geistig Behinderte); Beispiel: Hollingsworth, J.D.: Ein Vergleich der motorischen Leistungsfähigkeit von geistig zurückgebliebenen Kindern (mentally retarded children) spezifischen „geistigen" und chronologischen Alters mit „normalen" Kindern.
8,2% der Arbeiten.

k) Probleme des Gewichts (Ringer, Läufer) und des Übergewichts; Beispiel: Herbert, W.G.: Der Einfluß verschiedener Grade von Gewichtabnahme und Entwässerung auf Plasma-Volumen, kardiovaskuläre Funktionen und physische Leistung. 2,4% der Arbeiten.

l) anderes 3,7% der Arbeiten.

Unsere Gruppierungen der us-amerikanischen sportpsychologischen Arbeiten in 11 Kategorien (Themenbereiche) ist etwas feiner – und abstrakter – als die von Udris, der 4 Themenschwerpunkte in der nordamerikanischen Sportpsychologie entdeckte und beschrieb: a) Bewegungsverhalten und motorisches Lernen, b) Persönlichkeit, c) Entwicklungspsychologie und d) Sozialpsychologie.

Im Prinzip sehen wir die Schwerpunkte ähnlich wie Udris mit der Einschränkung, daß u.E. die Sozialpsychologie (Kleingruppenforschung, Führung von Gruppen, social facilitation) nicht von dem Gewicht ist, das ihr Udris beimißt.

Man kann diese Aufsätze und ihre Kategorien (von a bis k) auf einer Skala plazieren, deren eines Ende mit „rein biologisch" bezeichnet und deren anderes Ende mit „rein sozial" bezeichnet werden kann – was leider den Nachteil einer Körper-Geist-Dichotomie hat. Wenn wir die Kategorien a bis k auf die Skala verteilen, so bemerken wir, daß die Themen a bis d, dann g, h sowie j und k eher auf der linken (biologischen) Seite zu plazieren sind, während eine Minderheit von Themen – nämlich die Kategorien e und f – eher auf der rechten Seite der Skala zu plazieren wären. Eine solche Anordnung verschafft jedoch Zugang zum Selbstverständnis amerikanischer Sportpsychologie, für die Sport eher ein physisch-biologisches Phänomen als ein sozialwissenschaftliches ist – damit unsere Interpretationen an anderer Stelle bestätigend.

2.4.2. In einem methodisch anderen Anlauf wollen wir den Inhalt sportpsychologischer Forschung festmachen, indem wir diese Arbeiten zu den Themen der Psychological Abstracts in Beziehung setzen; damit gewinnen wir gleichzeitig Einsichten in das Verhältnis von Psychologie zu Sportpsychologie.

Wir ordnen die sportpsychologischen Arbeiten den Kategorien in den Psychological Abstracts zu, die im Table of Content aufgelistet sind und vergleichen die relative Menge von psychologischen Arbeiten in den Psychological Abstracts 1972 mit der Menge sportpsychologischer Arbeiten aus dem Bad 14 - 1972 der Completed Research in Health, Physical Education and Recreation. Dem Leser wird empfohlen, einen Blick auf den Table of Content der Psychological Abstracts zu werfen, um hier besser abschätzen zu können, um welche Phänomene es inhaltlich geht.

Wir kommen zu folgenden Aussagen:

a) Allgemeine Psychologie: sportpsychologische Forschung (SPF) stark unterrepräsentiert

b) Methodologie und Forschungstechnologie: SPF mit Ausnahme der Testkonstruktion stark unterrepräsentiert

c) Experimentelle Psychologie: SPF leicht überrepräsentiert; dieses Gebiet wird zusätzlich durch Kinesiologie und Leistungsphysiologie (innerhalb der Sportwissenschaft) abgedeckt. Fast keine Forschung in auditiver Wahrnehmung; chemisch orientierten Wahrnehmungsprozessen; Hypnose, Suggestibilität; Denken; Wahl- und Entscheidungsverhalten.

d) Physiologische Psychologie: SPF ist allgemein unterrepräsentiert; aber dieses Gebiet wird durch andere sportwissenschaftliche Disziplinen – nämlich Kinesiologie und Leistungsphysiologie – abgedeckt.

e) Tierpsychologie: keine SPF, jedoch im Bereich der Sportmedizin und Trainingslehre.

f) Entwicklungspsychologie: SPF ist stark unterrepräsentiert; einige Ansätze bezüglich der motorischen Entwicklung von Kleinkindern sind vorhanden, ebenso einige Forschung zur Sportmotorik von älteren Menschen sowie eine Untersuchung zum sportbezogenen Freizeitverhalten von Rentnern; dennoch erscheint die Bezeichnung Entwicklungspsychologie hier fragwürdig zu sein.

g) Sozialpsychologie: SPF ist unterrepräsentiert; etwa gleiche Vertretung in folgenden Untergebieten: Kultur und soziale Prozesse, besonders soziale Hintergrunddaten; Einstellungen und Meinungen; SPF ist unterrepräsentiert in Gruppen- und interpersonalen Prozessen sowie Kommunikationen; SPF fehlt in: sexuellem Verhalten, Rauchen, Drogen und Alkohol-(Miß)brauch; dagegen sehr viel Forschung bzgl. dieses Gebiets im Bereich der health education; vgl. dazu H. Haag: Die amerikanische Gesundheitserziehung. Schorndorf 1971.

h) Persönlichkeit: SPF ist stark überrepräsentiert.

i) Klinische Psychologie: SPF ist allgemein unterrepräsentiert, im Einzelnen: SPF ist allgemein angemessen repräsentiert in: geistig und körperlich Behinderte bzw. Retardierte; SPF ist mäßig bis stark unterrepräsentiert in Community Service und Geriatrie; physische Krankheiten; Psychotherapie; SPF fehlt fast völlig in: Psychodiagnose, Verhaltensstörungen bzw. Abweichungen; Neurosen und emotionale Störungen; psychosomatische Störungen; Fallstudien, geistige Gesundheit und Rehabilitation; Beratung und Führung; Sprechschwierigkeiten; neurologische Schwierigkeiten.

j) Pädagogische Psychologie: SPF ist recht gut repräsentiert, vornehmlich in der Erforschung von Einstellungen und Persönlichkeitsanpassung, Testen, Leibeserziehung (!), schulischem Lernen und Leisten, Lehrmethoden.

k) Militär- und Persönlichkeitspsychologie: soweit Leibeserziehung betroffen, besteht im allgemeinen gute Repräsentation; andere Themenbereiche sind ausgelassen.

Zusammenfassend kommen wir bezüglich des Verhältnisses von Sportpsychologie und Psychologie zu folgenden Aussagen (Erkenntnissen; vgl. auch Udris, a.a.O., p. 181):

a) Sportpsychologische Forschung ist in ihrem Themenspektrum relativ spezifisch.

b) In einigen Gebieten hat die Sportpsychologie ein relativ homogenes und gut ausgebautes Gegenstandsgebiet entwickelt; dies gilt besonders für den psychomotorischen (sensomotorischen) Bereich.

c) In anderen Gebieten gewinnt man den Eindruck, daß Sportpsychologie lediglich psychologische Techniken und Tests anwendet; dies gilt besonders für die Persönlichkeitspsychologie; theoretische Bezüge werden hier selten oder überhaupt nicht hergestellt.

d) Soweit man sich auf geistig und körperlich Behinderte bezieht, wird der Versuch unternommen, im Rahmen der Sportpsychologie auch klinisch zu arbeiten.

e) Sportpsychologie ist gewöhnlich schwach entwickelt in sozialpsychologischen Fragestellungen.

f) Neben b und c ist die pädagogische Psychologie des Sports ein relativ weit und gut entwickeltes Gebiet.

3. *Schlußfolgerungen und explikative Versuche*

Aus den Ergebnissen des 2. Abschnitts ziehen wir folgende *Generalisierungen:*

a) SPF ist in ihren Konzepten von Psychologie (Erleben und Verhalten des Individuums in sozialer und technischer Umwelt) beschränkt.

b) Das Muster wissenschaftlichen Fragens und Forschens ist uniform und von geringer Komplexität.

c) SPF interessiert sich weniger für individuelle und soziale Bedürfnisse von Individuen (pursuit of happiness), sondern eher darum, die durch den Wissenschaftsbetrieb vorgegebenen doktrinären Wege zu beschreiten.

d) SPF ist selektiv in ihrer Themen- und Problemwahl.

e) SPF ist sehr eingeschränkt in ihrem Interesse an den sozialen Bezügen individuellen Lebens.

f) SPF interessiert sich vor allem für die, die bereits im Sportbetrieb engagiert sind, mit Vorzug für die Hochleistungswettkampfsportler.

g) Sportpsychologische Forschung nimmt die sportbezogenen Bedürfnisse und Interessen der Mehrheit der Bevölkerung sowie die der „rassischen" Minderheiten und anderer sozial Benachteiligter selten oder gar nicht wahr.

Unser Gesamturteil läuft auf folgende Tendenz hinaus:

A. Sportpsychologische Forschung ist in erster Linie sozial-unwirksam, weil sie sich als Wissenschaft selbst genügt.

B. Wo sportpsychologische Forschung – in zweiter Linie – nicht wissenschaftlich-selbstgenügsam ist, wirkt sie entweder inhuman oder selektiv-karikativ.

Diese Aussagen decken sich mit der grundsätzlichen Argumentation Adornos (1956, p. 106 - 115); Adorno sagt, in der positivistischen Forschungspraxis verselbständige sich ein „... Methodenapparat gegenüber den Sachen ..." (p. 106), „... die Universalität des gesellschaftlichen Zusammengangs ..." werde nicht reproduziert, und „... an Stelle der Bedingungen, unter denen die Menschen leben, oder der objektiven Funktion, welche sie im gesellschaftlichen Prozeß einnehmen ..." werden in der empirischen Forschung „... vielfach nur deren subjektive Spiegelungen ..." dargestellt (p. 109).

Warum ist SPF von dieser in den sieben Thesen dargestellten Qualität?

Was ist an ihr zu kritisieren – und woher sollen wir die Maßstäbe der Kritik nehmen? Im folgenden soll versucht werden, Antworten und Begründungen für das in den sieben Thesen postuliert Sosein der amerikanischen Sportpsychologie zu finden.

ad a) Sportpsychologen sind selten mit der ganzen Fülle psychologischer Konzepte, Methoden und Theorien vertraut (z.B. Psychoanalyse, Tiefenpsychologie, Gestalt-Theorie, Phänomenologie, Marxistische Psychologie).

Sportpsychologen neigen (daher) dazu, einfache, bereits fertige Instrumente zu benutzen, die ein Minimum an psychologischer Interpretation erfordern; dies bedeutet: Erfahrung im Umgang mit Menschen, „Verstehen" ihrer spezifischen Bedürfnisse innerhalb des Rahmens ihrer „ganzen" Persönlichkeit und Umwelt ist nicht möglich, nach dem herrschenden Wissenschaftsbetrieb (Operationalismus) nicht erforderlich – und die meisten Forscher sind auch nicht ausgebildet, so zu handeln. Wir zweifeln jedoch sehr daran, daß die Atomisierung und Aspektisierung des Individuums und der Umwelt im Forschungsbetrieb „wesentliche" Einsichten in menschliches und soziales Sein leisten kann. Zumindest die Benutzer von Forschung sind wieder auf Ganzheiten verwiesen:

„Die Selektivität der Wissenschaft ist infolge der inneren Komplexität von Wissenschaft größer, als der Bedarf der Praxis es erfordert und die Forderung nach Einheit des Handelns erlaubt" (Jensen, S., und Naumann, J.)

ad b) Um den fest etablierten, gebilligten wissenschaftlichen Standards zu genügen, wird Kreativität und der Mut, etablierte Leitwände zu durchbrechen, auf diesem Altar geopfert. Die Anpassung an die herrschenden Normen wissenschaftlichen Erkennens und Denkens (Paradigma im Sinne Kuhns) ist eine Folge der Repression der Wissenschaftlergemeinde gegen potentielle Abweichler; dies gilt besonders für Master- und Doktorarbeiten; und es reflektiert auch die Ausbildung und Erziehung der Studierenden.

In den Theses wird wenig „gedacht" und werden wenig Probleme angegangen oder gelöst. Die meiste Arbeit bezieht sich auf technische (Operationalisieren) und statistische Verfahren. Der geringe Grad an Komplexität ist z.T auf den begrenzten psychologischen und sozialen Horizont des Forschers, z.T. auf einen Mangel an Wissen (Spezialistentum) und/oder Mangel an Software für die Datenverarbeitungsanlagen zurückzuführen.

ad c) Um ein hohes Niveau von Objektivität und Reliabilität zu gewinnen, neigen die Forscher dazu, sich gegenüber den Versuchspersonen neutral zu verhalten und machen die Versuchspersonen zu „Meßwertträgern", zu bloßen Objekten der Wissenschaft, zu einem isolierten Individuum, bar aller „normalen" Beziehungen. Es ist erstaunlich, daß z.B. interaktionistische Ansätze (seit den 30er bzw. 50er Jahren in der amerikanischen Sozialpsychologie existierend) noch nicht in der Sportpsychologie aufgetaucht sind. Man kann sich nur schwer vorstellen, daß diese Psychologen „wirklich" etwas über den Menschen erfahren und wie man mit wem umzugehen hat.

Indem wir eine Auseinandersetzung mit dem „Wesen des Psychischen" vermissen, indem wir Kategorien wie „Sinn", „Verstehen" und „Individuellen Realitätsbezug" vermissen, konstatieren wir gleichzeitig in der amerikanischen Sportpsychologie die ungebrochene Dominanz eines seelenlosen Behaviorismus.

Höchstwahrscheinlich ist bei der meisten Forschung instrumentelles Handeln nicht intendiert, zumindest nicht explizit. Der empirisch-analytischen Wissenschaft ein technisches Erkenntnisinteresse zuzuordnen (J. Habermas: 1973, p. 147 - 168), trifft im konkreten Einzelfall der Sportpsychologie nur teilweise zu. Denn einerseits betont fast jeder (empirische) Forscher die Unvollkommenheit (seiner) Erkenntnis und ihre Partialität; somit sei Anwendung (noch) kein Thema – damit Horkheimers Mahnung bestätigend: „Eine Wissenschaft, die in eingebildeter Selbständigkeit die Gestaltung der Praxis, der sie dient und zugehört, bloß als ihr Jenseits betrachtet und sich bei der Trennung von Denken und Handeln bescheidet, hat auf die Humanität schon verzichtet" (Horkheimer: 1973). Zudem verstehen viele amerikanische Wissenschaftler, besonders die hier dominierenden „Empiriker" Wissenschaft als ein Spiel in einer anderen Welt (C. Agnew: The Science Game. Englewood Cliffs 1969), dessen Regeln nicht weiter hinterfragt werden (dürfen).

Andererseits wird durchaus der Versuch unternommen, psychologische Gesetze zu benutzen (anzuwenden), wenn auch zunächst „nur" auf sportpsychologischer (wissenschaftlicher) Ebene: Granville-Martin untersucht in seiner Master Thesis die Effektivität von Prügel für den Erfolg beim Korbwurf im Basketball. Sein Ergebnis: Geschlagene lernen nicht weniger oder langsamer als Nichtgeschlagene, läßt sich denn mindestens in zweierlei Richtungen verwerten.

Wir halten den Mangel an Humanität und Wertfragen nicht für eine spezifische Fehlentwicklung der Sportpsychologie, sondern der Humanwissenschaften schlechthin; die Suche nach psychologischen und soziologischen Regeln hat u.E. nur begrenzten Wert und bedarf mindestens der Ergänzung durch eine „sinnverstehende" Sozialwissenschaft (vgl. die gegenläufige Bewegung in der Sozialpsychologie, Sozialphilosophie und Psychotherapie, u.a.: Winch, P.: Die Idee der Sozialwissenschaft und ihr Verhältnis zu Philosophie. Frankfurt 1974; Schütz, A.: Der sinnhafte Aufbau der sozialen Welt. Frankfurt 1974; Lorenzer, A.: Sprachzerstörung und Rekonstruktion. Frankfurt 1973; Habermas, J.: Arbeit und Interaktion. Frankfurt 1973; Stichworte zur Theorie der Sozialisation: Notizen zum Begriff der Rollenkompetenz; vorläufige Bemerkungen zu einer Theorie der kommunikativen Kompetenz. Frankfurt (1973).

ad d) Der Mangel an theoretischen und methodologischen Überlegungen ist vermutlich eine Folge mangelnden Interesses und Kompetenz. Dasselbe mag für die klinische Psychologie gelten. Zusätzlich, und dies gilt dann auch für die Sozialpsychologie, fühlen sich Sportpsychologen nicht für sozial abweichende Gruppen zuständig und zeigen allenfalls ein kompensatorisches Interesse für körperlich und geistig Behinderte und Retardierte. Der Schwerpunkt des Interesses gehört dem motorischen Bereich, welcher immer noch als originärer und zentraler Aufhänger sportwissenschaftlichen Forschens gilt: die Bewegung. Das große Interesse am Persönlichkeitsbereich hat u.E. etwas mit der spezifischen Ideologie und Rechtfertigung von Leibeserziehung zu tun: der Wirkung körperlichen Tuns auf den Geist bzw. das psychische Sein sowie ein weit verbreitetes Transferdenken. Andere

Gründe für die Überrepräsentation von Forschung im Persönlichkeitsbereich sehen wir in der Abwehr von Vorurteilen über die Aggressivität von Sportlern, ihre geringe akademische Tüchtigkeit und ihren fraglichen Geschlechtsrollenstatus. Diese Forschung mag auch von dem Interesse an Selbsterkenntnis geleitet sein, zumal viele Graduierte selbst aktive Sportler waren/sind. Wir fanden, daß das Geschlecht, die Rasse und die Zugehörigkeit zu einer bestimmten sportwissenschaftlichen Institution etwas mit dem Thema der Arbeit zu tun hatte.

ad e) Der begrenzte Umfang der Kleingruppenforschung und die u.E. ungenügend berücksichtigte soziale Matrix korreliert mit einem geringen Komplexitätsgrad in der SPF. Für diese sahen wir den geringen Gebrauch multivariater Verfahren und die Tendenz zur Isolation des Individuums verantwortlich. Dies scheint uns typisch für die moderne Forschung zu sein, die an konsistenten und monolithischen Gesetzen (Regelhaftigkeiten) interessiert ist und nicht am Vestehen von Sigularitäten (Einmaligem, Identitäten).

ad f) Die Tatsache, daß sich die Forscher fast ausschließlich für die interessieren, die schon Sport treiben (können), sehen wir in Abhängigkeit von dem zukünftigen Berufsfeld des Forschers; sie werden nämlich nach dem akademischen Abschluß entweder weiter in der (bloß registrierenden) Forschung arbeiten oder als Leibeserzieher oder Coach an Schulen und Hochschulen. Zusätzlich scheint wirksam zu sein, daß die Gesellschaft diejenigen zu belohen scheint, die nahe bei ihren Sporthelden weilen. Zuweilen interessieren sich Sportpsychologen für sozio-ökonomische Bedingen sportlichen Engagements und sportlicher Leistung und messen entsprechende Variablen an höheren high school Populationen und Colleges. Aber die Sozialstatistiken weisen aus, daß auf dieser Alters- und Schulstufe eine relative soziale Homogenisierung stattgefunden hat, denn die untere bzw. unterste soziale Schicht ist kaum noch vertreten (vgl. AP Almanach 1974, p. 734 - 759; auch die Social-Indicators 1973 des Executive Office of the President, p. 75 ff. sind da sehr überzeugend).

ad g) Die große Mehrheit der amerikanischen Bevölkerung ist in der sportpsychologischen Forschung nicht repräsentiert; zusätzlich vermissen wir die Armen und die Alten, die Arbeitslosen, die Delinquenten, die in den depressed areas (Armutsgebieten) leben und die Landbewohner. Bis auf die Negerminderheiten sind andere farbige und ethnische Minderheiten nicht vertreten.

Soweit sich die Forschung für Minderheiten und Sport interessiert, tut sie dies in Konzepten der Biologie (Laufen Neger schneller als Weiße?) und nicht in solchen der Soziologie oder Sozialpsychologie. Für diese soziale Asymmetrie sehen wir folgende Gründe:

ga) Sportpsychologen gehören zur dominierenden Sozialschicht in diesem Lande – wie übrigens alle anderen Wissenschaftler; ein 5 prozentiges Akademikerproletariat kann in diesem Zusammenhang getrost übersehen werden. Da das „andere" Amerika (Harrington, M.: The other America. Poverty in the United States. Baltimore 1969) unsichtbar ist, nimmt die Sportpsychologie die Realitäten ihres Landes nicht wahr.

gb) Auf der Universität im allgemeinen (und somit in der Sportpsychologie im besonderen) finden wir per definitionem nicht die Benachteiligten in diesem Lande; denn höhere Bildung ist sehr teuer und ein Privileg der Reichen und des Mittelstandes.

gc) Die meisten Universitäten liegen in Stadtrandgebieten, sind häufig Gemeinden für sich, weit entfernt von den Unterpriviligierten. Gewöhnlich lebt die akademische Gemeinde – wie vermutlich in vielen anderen Ländern – in einem goldenen Käfig. Auch in der Bundesrepublik Deutschland ist zu beobachten, daß die Universitäten bei Neugründungen bzw. rigorosen Erweiterungen aus den Städten ausziehen (müssen).

gd) In bestimmtem Sinne repräsentieren die Theses berufsvorbereitende Arbeiten, denn bei den augenblicklichen Verhältnissen in den USA – und dies gilt besonders für den Freizeit-/Reproduktionssektor – finden Sportwissenschaftler keine Stellen für Sportlehrer und -leiter in Gefängnissen, in den Kommunen und depressed areas (es sei denn auf Zeitbasis und zu unerfreulichen Lebensbedingungen), sondern allenfalls Lehrpositionen an Schulen und Hochschulen.

Und so erweist sich der sportpsychologische Betrieb als ein zirkulärer Produktionsbereich – systemstabilisierend.

Man mag argumentieren, daß unsere Kritik nicht überzeugend ist, weil sich möglicherweise andere Berufe und akademische Disziplinen für die blinden Flecken der Sportpsychologie/Sportwissenschaft verantwortlich sehen. Dies überzeugt uns angesichts der sozialen Realität in den USA nicht, denn wenn alle Wissenschaftler so argumentieren, bleibt die Frage: Wer kümmert sich darum?

Abschließende Bemerkungen

Wenn eine Humanwissenschaft (humanities) etwas mit den sozialen Aspekten menschlicher Existenz und einem humanistischen Zugang zum Leben zu tun haben soll, dann kann viele wissenschaftliche Arbeit im Bereich der Sportpsychologie nicht zu dieser Qualität von Humanwissenschaft gezählt werden.

Die Sportpsychologie ist im Vergleich zur Psychologie stark verzerrt, und im Verhältnis zur amerikanischen Gesellschaft als Ganzes zeigt sie starke Asymmetrie zugunsten der „Herrschenden". Das Interesse für biologisch und geistig Verkrüppelte halten wir für eine ungenügende Kompensation, die der Mehrheit der Amerikaner nicht gerecht wird.

Indem die Sportpsychologie ihr Hauptaugenmerk auf jene richtet, die die normativen Erwartungen in Sport und Leibeserziehung erfüllen, ignoriert sie die „objektiven" (potentiellen) Interessen der Mehrheit der Bevölkerung und der Minderheiten; damit erweist sie sich als status quo Wissenschaft. Wir meinen dagegen, daß Wissenschaft sich nicht mit dem Beschreiben von Abschnitten der Realität begnügen darf, sondern auch für ihre Änderung zuständig ist.

W. Reinicke schreibt in der Deutschen Universitätszeitung (1974; Heft 23, p. 978): „Auch die Auffassung, was als Wissenschaft und als wissenschaftlich zu gelten hat, hängt vom gesellschaftlichen Bezugssystem ab"... „Wissenschaftler haben als Bürger ihres Staates keine exklusive Stellung. Vielleicht haben sie manchmal etwas mehr Information und Überblick; jedenfalls könnte das so sein. Wenn dieser Sachverstand mobilisiert würde – bisher wird er allenfalls verkauft –, so hätte die Wissenschaft eine Chance. Ihre kritische, aufklärende Funktion könnte wieder wirksam werden."

Unsere Kritik am herrschenden sportpsychologischen Wissenschaftsbetrieb benutzt viele Themen, die auch von S. Toulmin genannt werden; nur würden wir uns dagegen wehren, unsere prinzipielle Kritik am herrschenden Wissenschaftsbetrieb mit Wissenschaftsfeindlichkeit gleichzusetzen, wie dies z.B. Bühl in seiner Einführung in die Wissenschaftssoziologie (München 1974) tut. Denn das würde bedeuten, daß bestimmte Gruppen den Begriff von Wissenschaft auf immer okkupiert haben; es kommt im Gegenteil darauf an, diesen Gruppen dieses Monopol zu entreißen, *indem Positives entgegengesetzt wird:* Picht: „Alle Geschichte resultiert aus der Einstellung des menschlichen Bewußtseins zu gegebenen Realitäten ... So erweist sich die Realisierung von Vernunft als die zentrale Aufgabe der zukünftigen Geschichte der Menschheit."

LITERATUR

AAHPER: Completed Research in Health, Physical Education, and Recreation. Band 14. Washington D.C. 1972.

ADORNO, T.W.: Soziologie und empirische Sozialforschung, in: Soziologische Exkurse, Frankfurter Beiträge zur Soziologie, Band 4. Frankfurt 1956, p. 106 - 115.

AGNEW, C.: The Science Game, Englewood Cliffs 1969.

BERELSON, B.: Content Analysis in Communication Research, Glencoe 1952.

BÜHL, W.: Einführung in die Wissenschaftssoziologie, München 1974.

CUMBEE, F.Z.: Research Methodology and Design: An Overview, in: Kenyon, G.S. (Ed.): Contemporary Psychology of Sport. Second International Congress of Sports Psychology. Washington 1968. Chicago 1970, p. 737 - 746.

DE SOLLA-PRICE, D.J.: Little Science, Big Science. Frankfurt 1974.

HAAG, H.: Die amerikanische Gesundheitserziehung. Schorndorf 1971.

HABERMAS, J.: Erkenntnis und Interesse, in: Technik und Wissenschaft als Ideologie. Frankfurt 1973[6], p. 147 - 168.

HABERMAS, J.: Arbeit und Interaktion, in: Technik und Wissenschaft als Ideologie. Frankfurt 1973[6], p. 9 - 47.

HARRINGTON, M.: The Other America. Poverty in the United States. Baltimore 1969.

HORKHEIMER, M.: Traditionelle und kritische Theorie. Frankfurt 1973.

JENSEN, S. und NAUMANN, J.: Methodologische Probleme der Bildungsökonomie, in: Zeitschrift für Pädagogik 1972, 18, 45 - 61.

KENYON, G.S.: A Sociology of Sport: On Becoming a Sub-Discipline, in: Brown, R.C. and Cratty, B.J. (Eds.): New Perspectives of Man in Action. Englewoos Cliffs 1969, p. 163 - 180; das zitierte Modell ist auch abgedruckt in: Albonico, R. und Pfister-Binz, K.: Soziologie des Sports. Basel 1971, p. 17.

KUHN, T.S.: DieStruktur wissenschaftlicher Revolutionen. Frankfurt 1973.

LORENZER, A.: Sprachzerstörung und Rekonstruktion. Frankfurt 1973.

POPPER, K.R.: Objektive Erkenntnis. Ein evolutionärer Entwurf. Hamburg 1973, hier: Erkenntnistheorie ohne erkennendes Subjekt, p. 123 - 171.

SCHÜTZ, A.: Der sinnhafte Aufbau der sozialen Welt. Frankfurt 1974.

SILBERMANN, S.: Systematische Inhaltsanalyse, in: König, R. (Hrsg.): Handbuch der empirischen Sozialforschung. Band 1. Stuttgart 1965.

TOULMIN, S.: The historical background to the anti-science movement, in: Block, H. (Ed.): Civilisation and Science in Conflict or Collaboration. Amsterdam 1972, p. 23 - 32.

UDRIS, I.: Sportpsychologie in Nordamerika, in: Baitsch, H. et al (Hrsg.): Sport im Blickpunkt der Wissenschaften. Berlin 1972, p. 181 - 190.

WINCH, P.: Die Idee der Sozialwissenschaft und ihr Verhältnis zur Philosophie. Frankfurt 1974.

CHRISTIAN WOPP / JOACHIM NEU

Die Transformation des Hochschulsports in der BRD

Sportpolitische Dissonanzen in der bürgerlichen Sportbewegung, dargestellt an der Pressekampagne gegen den Allgemeinen Deutschen Hochschulsportverband

1. Vorbemerkung

Pressemitteilungen wie „Hochschulsport im Klassenkampf" (FRANKFURTER ALLGEMEINE ZEITUNG vom 27.12.1973) oder „Studentensport als Strategie" (DIE ZEIT vom 28.9.1973) kennzeichnen eine Kampagne gegen einen Bereich, der bis zu diesem Zeitpunkt unbedeutend in der Sportpolitik der BRD war. In der Vergangenheit wurde dem Hochschulsport lediglich eine Funktion zur Durchführung eines Sports für einen eng begrenzten Kreis von Studierenden und Professoren an den Hochschulen – also einer Elite – zugestanden. Die o.g. Überschriften deuten an, daß sich die Funktion des ehemaligen freiwilligen Studentensports und heutigen allgemeinen Hochschulsports als eines freiwilligen Sports für alle Hochschulangehörigen veränderte. Diese Veränderung ist derzeit weniger an der Durchführung des praktischen Angebots im Rahmen des Hochschulsports beobachtbar als vielmehr an der Programmatik des für diesen Bereich zuständigen Dachverbandes, des ALLGEMEINEN DEUTSCHEN HOCHSCHULSPORTVERBANDES (ADH). Dieser Verband repräsentiert derzeit 42 Mitgliedshochschulen. In ihm sitzen paritätisch die Vertreter der Sporttreibenden und die für die Organisation des Hochschulsports hauptamtlich Verantwortlichen. Der ADH kann derzeit als einziger stabiler Verband in der sportpolitischen Landschaft der BRD angesehen werden, in dem alternative und kritische Sporttheorien und -konzepte umfassend diskutiert werden.

Die Sonderstellung des Hochschulsports im Bildungs- und Sportsystem der BRD kommt bereits in seiner Institutionalisierung zum Ausdruck. Der Sport wird überwiegend von den Schulen und Vereinen organisiert. Während der Schulsport unter staatlicher Leitung steht, versteht sich der Vereinssport als Vereinigung von Bürgern mit ähnlich gelagerten Interessen. Der Hochschulsport hingegen wird hauptsächlich von einer staatlichen Einrichtung (Hochschule) getragen, wobei er jedoch keinen curricularen Verpflichtungen oder vereinsrechtlichen Bindungen unterliegt (SCHULKE 1974, S. 1). Er ist damit eine eigenständige Form innerhalb der organisierten Sportbewegung, seine historische Entwicklung ist untrennbar sowohl mit der Geschichte der Universitäten in Deutschland als auch mit der Genese der Turn- und Sportbewegung verbunden.

In diesem Beitrag soll vor allem aufgezeigt werden, welche Widerstände einer Sportpolitik entgegentreten, die sich in ihren Konzeptionen und Konsequenzen von der in der BRD innerhalb des organisierten Sports vorherrschenden Ideologie des Sports als einem „politischen Freiraum" gelöst hat und fortschrittliche Positionen einnimmt. Aufgrund der realen Entwicklungen in der BRD, die u.a. in dem wachsenden Einfluß des Staates auf den Sport zum Ausdruck kommen, sowie durch die undemokratische Verankerung von Vertretern des Großkapitals innerhalb der Führungsspitze des DEUTSCHEN SPORTBUNDES (DSB) als dem Repräsentanten des organisierten Sports (vgl. dazu die Beiträge von SCHULKE, GÜLDENPFENNIG und WEINBERG in diesem Band) sowie in zunehmenden Restriktionen auf den Ausbildungsbereich sind innerhalb des Sports und an den Hochschulen Formierungstendenzen erkennbar, die die Repräsentanten des Hochschulsports zu einer Aufgabe ihrer bis dahin entwickelten Konzepte und Auffassungen zwangen.

Als die dann entwickelten Ziele dazu führten, daß „die reproduktiven Funktionen des Sports unmittelbar auf die Produktion und Qualifikation bezogen (wurden)" (WEINBERG 1973, S. 22) und eine Kooperation mit den Gewerkschaften als dem wichtigsten Vertreter der arbeitenden Bevölkerung gesucht wurde, setzte eine Kampagne gegen den ADH ein, die besonders deutlich an den über den ADH veröffentlichten Pressemitteilungen wird. Am Beispiel der Darstellung dieser Kampagne will der vorliegende Beitrag verdeutlichen, wie eine sich überparteilich und unabhängig nennende Presse ihren Anspruch immer dann aufgibt, wenn durch eine Ausweitung erkennbarer Alternativen eine Gefahr für die vorherrschenden Interessen im Sport zu befürchten ist.

Als empirische Grundlage dieses Beitrags wird die Analyse von Presseausschnitten deshalb gewählt, weil an ihnen die Funktion der Presse und speziell die der Sportpresse als die systematische Ausnutzung der Massenmedien zur ideologischen Abschirmung und Indoktrination aufgezeigt werden kann.

Zum Verständnis der Pressekampagne gegen den ADH besteht die Notwendigkeit der Skizzierung des Bedingungsrahmens, in dem die aktuelle Auseinandersetzung erst ihren Erklärungszusammenhang erfährt. Vor dem Hintergrund der in den 60er Jahren sich verschärfenden ökonomischen Widersprüche werden in der hier gebotenen Kürze die Entwicklungstendenzen innerhalb der Subsysteme dargestellt, die auf den Hochschulsport Einfluß nehmen.

Die Inhalte und Ziele des Hochschulsports werden sowohl durch seine Anbindung an den DSB als auch durch Prozesse innerhalb des Bildungssystems entscheidend mitbestimmt. Aufgrund dieser doppelten Abhängigkeit ergeben sich für den Hochschulsport soziale Konflikte. Diese machen den ADH zu einem spezifischen Seismographen für sich verschärfende gesamtgesellschaftliche Widersprüche. Die Sportpolitik des ADH kann heute nicht mehr mit den sportpolitischen Traditionen der Studentenschaften seit dem letzten Jahrhundert verglichen werden. Dazu haben sich Struktur und Funktion der Hochschule und die soziale Lage der akademischen Intelligenz in der gegenwärtigen historischen Periode zu stark verändert. Diese Veränderungen aufzuzeigen, ist ein weiteres Anliegen dieses Beitrags.

2. *Exkurs zu den sportpolitischen Traditionen der Körperkultur an den deutschen Universitäten*

Das Bedürfnis nach körperlicher Ertüchtigung hat bei der akademischen Jugend praktisch immer bestanden. Bereits um 1500 sollen die Studenten an den neugegründeten Universitäten täglich Körperübungen, volkstümliche Ballspiele und Fechten betrieben haben. Im 17. Jahrhundert trugen die Universitäten durch die Einrichtung eigener Reit- und Tanzschulen in Ballhäusern den sich entfaltenden Formen studentischer Körperkultur Rechnung. Exerzitienmeister wurden angestellt, die neben Reiten und Fechten auch militärische Unterweisungen erteilten. Die Priorität kamen jedoch den „standesgemäßen Exerzitien" zu. Diese galten ausschließlich als Standesprivilegien, die dazu dienten, die Studierenden von den breiten Volksmassen abzuheben. Wie die Ritterakademien und Jesuitenschulen jener Jahrhunderte, so trugen auch die Universitäten den Charakter von Ausbildungsstätten des niederen Adels, der mit Hilfe einer akademischen Bildung eine Lebensstellung zu erlangen hoffte. Gleiches gilt für das vermögende und mittlere Bürgertum (PAWEL, 1893; SAURBIER 1970; LUKAS 1969). Nachdem zu Beginn des 19. Jahrhunderts die bürgerliche Gesellschaft zentrale politische Bedeutung gewonnen hatte, wurde in Preußen die neue deutsche Universität geschaffen, deren Form bis zum heutigen Tag die deutschen Universitäten strukturiert. Schulen und Universitäten wurden zu „Veranstaltungen des Staates" erklärt und lösten somit die private, von den jeweiligen Ständen getragene Ausbildungsform ab. Die Entwicklung der Universitäten spiegelt deutlich das endgültige Scheitern der bürgerlichen Revolution von 1848 in Deutschland wider. Dem Scheitern der bürgerlichen Klasse bei der Machtergreifung folgte der Klassenkompromiß zwischen Bourgeoisie und Junkertum. Politik und Herrschaft verblieben in den Händen des Feudaladels, Besitz und Bildung werden vom Bürgertum ergriffen (GESCHICHTE DER ERZIEHUNG 1966).

Auch die studentische Körperkultur konnte sich dieser Entwicklung nicht entziehen. Bis zur Mitte des vorigen Jahrhunderts bestand durchaus ein Zusammenhang zwischen den fortschrittlich-demokratischen Aktivitäten der Studenten und ihren sportlichen Betätigungen. Gemeinsam kämpften Turner und Burschenschaften für die Befreiung Deutschlands von der Fremdherrschaft Napoleons und für die vollständige Durchsetzung der bürgerlichen Ideale der Gleichheit, Freiheit und Brüderlichkeit (NEUMANN 1968; EICHEL u.a. 1973). Diese positiven Ansätze gelten aber nur bis zu dem Zeitpunkt, da die Universitäten unter den Einfluß des deutschen Imperialismus geraten, was in letzter Konsequenz die Wehrhaftmachung, Militarisierung und Kriegsertüchtigung zur Folge hatte.

Die in den Korporationen betriebenen Körperübungen dienten vornehmlich zur Vorbereitung adliger und großbürgerlicher Kreise auf ihre zukünftige Führungsfunktion in Militär, Fabrik, Verwaltung, Politik, Justiz, Schule und Verein. So muß die studentische Körperkultur als ein ganz spezifischer Bestandteil der bürgerlichen Turn- und Sportbewegung verstanden werden. Denn sie stellte sich nicht nur in krassem Gegensatz zur entstehenden Arbeitersportbewegung, sie grenzte sich darüber hinaus auch von den Nichtakademikern ab. In akademischen Turnvereinen und Korporationen konnten die studentischen Turner ihre Privilegien absichern (vgl. WAGNER 1973).

Die Bewahrung von Standesprivilegien entsprach aber auch der spezifischen Klassen- und Interessenlage der kleinbürgerlichen Intelligenz, die sich durch einen sozialen Aufstieg in den Bereichen der Ideologieproduktion und Herrschaftsausübung die Erlangung adäquater gesellschaftlicher Positionen erhoffte. Entsprechend der durchaus uneinheitlichen sozialen Zusammensetzung der Studenten- und Akademikerschaft waren beim Aufbau der Körperkulturbewegung an den Universitäten am Ausgang des 19. Jahrhunderts zwei gegensätzliche Richtungen vorhanden. Die einen verfolgten humanistische Zielsetzungen wie z.B. die Förderung der körperlichen Vervollkommnung der akademischen Jugend, während die anderen eindeutig die Ziele des deutschen Militarismus mit dem studentischen Sport verbanden (ECKERT 1973; SCHULKE 1974).

Als sich die bestehenden akademischen Turnvereine 1872 zu einem Kartellverband zusammenschlossen, indem sich sowohl die akademischen Turnvereine als auch die Burschenschaften vereinten, blieb diese Verbindung nicht lange bestehen. Vom Couleur- und Mensurenzwang befreit schloß sich die gemäßigtere Richtung im Akademischen Turnverbund (ATB) zusammen und trat der deutschen Turnerschaft bei. Die farbentragenden Vereine lösten daraufhin den Kartellverband auf und bildeten den Vertreterkonvent (VC), den späteren „Verband der farbentragenden Turnerschaften an deutschen Hochschulen" (BERGER 1922; STREMPEL 1927).

Jede Klasse bedarf der ihr eigenen Organisationsform zur Durchsetzung ihrer Interessen. Diese Aussage gilt auch für die bürgerliche Körperkultur und die sie repräsentierenden Verbände. Über die Mitgliedschaft im DT waren die akademischen Turnvereine praktisch der bürgerlichen Turnbewegung angeschlossen. Die historische Entwicklung bewies, daß über die formale Eingliederung hinaus die inhaltliche Kongruenz zwischen der bürgerlichen

Turnbewegung und ihrem akademischen Ableger gegeben war. Trotz persönlicher und schichtenspezifischer Divergenzen waren sich die partiell selbständigen Strömungen der bürgerlichen Körperkultur einig in ihrer antagonistischen Stellung gegenüber der proletarischen Körperkultur.

Seit Ende des 19. Jahrhunderts trat der Kapitalismus in Deutschland in seine monopolistische Phase. Mit dieser Entwicklung erhielt auch die Wissenschaft, Ausbildung, Kultur und Körperkultur neue Qualitäten. Doch erst in der Weimarer Republik, nach der ersten katastrophalen Niederlage des Kapitalismus, wurden die sozialen Errungenschaften der arbeitenden Bevölkerung auch in der studentischen Körperkultur sichtbar. Das Turnen in seiner bis dahin dominierenden Stellung wurde an den Hochschulen durch den Sport abgelöst. Die Veränderung entsprach wesentlich besser den sich wandelnden Bedürfnissen nach Ausgleich, Freizeit und Erholung bei gestiegenen Leistungsanforderungen. Der Studentensport löste sich von den Korporationen und Akademischen Turnvereinen. Seine Institutionalisierung war die logische Konsequenz. Zu diesem Zeitpunkt wurden zahlreiche Institute für Leibesübungen mit hauptamtlichen Sportlehrern gegründet.

Auf Initiative der Studentenschaft wurden sogenannte „studentische Ämter für Leibesübungen" eingerichtet. Die daraus sich später entwickelnden „studentischen Ausschüsse für Leibesübungen" wurden im „Turn- und Sportamt der deutschen Studenten", der Vertretung der Gesamtstudentenschaft zusammengefaßt. Erst durch die Lösung der Körperkultur von den studentischen Vereinen und Verbindungen konnte der Sport allen Studenten zugänglich gemacht werden. Zur Kontrolle der Gestaltung des Unterrichts in den Leibesübungen und zur Eingliederung in den Gesamtunterricht der Hochschulen wurden den Instituten für Leibesübungen die „akademischen Ausschüsse für Leibesübungen" zugeordnet. Als Dachorganisation diente das „deutsche Hochschulamt für Leibesübungen". Während das Hochschulamt für die Koordination der Bildungsziele zuständig war, zeichnete das Turnamt für die Durchführung von deutsch-akademischen Olympien und für internationale Studentenmeisterschaften verantwortlich (SAURBIER 1970).

Die Vertreter des Studentensports entwickelten damals zahlreiche sportpolitische Aktivitäten. Entsprechend der gesamtpolitischen und ökonomischen Entwicklung der Weimarer Republik kam es zu einer Betonung der reaktionär-militärischen Zielsetzung des Sports. Diese Aussage ist belegbar durch die enge Anlehnung verschiedener Studentensportfunktionäre an studentische Freikorps und an deutsch-nationalen bis hin zu faschistischen Bestrebungen einzelner Hochschulgruppen. Die Möglichkeit des Sports, als Wehrersatz dienen zu können, wurde durch die Behörden in Form des studentischen Pflichtsportes, der Bewilligung von Sportärztestellen an den Instituten unterstützt. Diese waren getarnte Musterungsärzte. Inhaltlich kamen paramilitärische Übungsformen zur Anwendung. Eine vollständige

Militarisierung des Hochschulsports wurde im NS-Studentenbund vollzogen (SIMON u.a. 1969; BERNETT 1973).

Die bestehenden Auseinandersetzungen zwischen Turnern einerseits und Vertretern des Sports andererseits sowie zwischen den konkurrierenden und rivalisierenden Verbänden der bürgerlichen Körperkultur in der Weimarer Republik müssen als taktische Variante der bürgerlichen Turn- und Sportbewegung gewertet werden. Die Abgrenzung gegenüber der Arbeiter-Turn- und Sportbewegung blieb grundsätzlich bestehen. Die Gymnasien und Universitäten, in den meisten Fällen auch die Realschulen blieben als Vermittlungsinstanzen von mittleren und höheren Qualifikationen für die Arbeiterklasse verschlossen. Die soziale Lage und das dreigliedrige Schulsystem bildeten eine sichere Sperre um ein Eindringen von Arbeitersportlern in die akademische Körperkultur zu verhindern.

3. Die Entwicklungsphasen innerhalb des Ausbildungsbereichs in der BRD

Für den Ausbildungsbereich in der BRD und hier speziell für die Hochschulen ist das Wirtschaftssystem der konkrete Bezugsrahmen. Parallel zu den allgemeinen Entwicklungstendenzen innerhalb des Wirtschaftssystems der BRD können für den Ausbildungsbereich folgende Schwerpunkte skizziert werden (nach FLEISCHMANN u.a. 1971, S. 162):

– Mit der Restauration der politischen Kräfte und des Kapitals sowie mit dem Erreichen des Vorkriegszustandes in der Produktion geht in der BRD die Restauration und bürokratischen Vereinheitlichung des Schulwesens einher (1945 - 1960).

– Mit der Konsolidierung der politischen Herrschaft wird die Effektivierung des bestehenden Schulwesens verbunden (1960 - 1970).

– Mit der zunehmenden autoritären Transformation des Staates werden tendenziell einige Umstrukturierungen vorgenommen (z.B. Gesamtschulen). Zugleich wächst der Widerstand gegen derartige Reformen (seit 1970).

Die wenigen nach 1945 im Bildungssystem der BRD durchgeführten Reformen wurden stufenweise wieder zurückgenommen, so daß die Entwicklung in diesem Bereich in den fünfziger Jahren weitgehend stagnierte. Aufgrund des von Rezessionsphasen kaum unterbrochenen Wirtschaftsaufschwunges schien ein Ausbau des Bildungssystems nicht notwendig zu sein.

Als entscheidender Wendepunkt für den Ausbildungsbereich kann die zu Beginn der 60er Jahre einsetzende Diskussion um die sogenannte „deutsche Bildungskatastrophe" (PICHT 1964) gewertet werden. So wurde in einer 1963 von der OECD veröffentlichten Bestandsaufnahme dem Bildungssystem in der BRD eine erhebliche Rückständigkeit gegenüber anderen Ländern bescheinigt. Die vorhandenen Krisensymptome wurden in diesem Zeitpunkt deshalb so auffällig, weil die seit 1961 geschlossene Grenze zur DDR den weiteren Zustrom qualifizierter Arbeitskräfte verhinderte. Aufgrund der von der Industrie befürchteten internationalen Konkurrenzunfähigkeit liefen die Forderungen des Großkapitals auf eine „forcierte staatliche Unterstützung der Forschung und Entwicklung und auf eine Behebung des Mangels an qualifizierten Arbeitskräften hinaus" (FLEISCHMANN u.a. 1971, S. 133/134).

Der aus diesen Forderungen abzuleitende Ausbau der Hochschulen hätte den Staat vor finanziell nicht zu lösende Probleme gestellt. Hinzu kommen die dazu entgegenstehenden Interessen des Kapitals, denn die Ursachen der knappen Ressourcen für den Ausbildungsbereich begründen sich darin, daß im Bildungswesen innerhalb der Produktion geschaffene Werte zur Produktion von Qualifikationen verbraucht werden (HUISKEN 1972).

So kam es in der zweiten Phase nach 1960 zu einem verstärkten Druck auf die Hochschulen. Mit Hilfe von Reformen sollten ständische Strukturen abgebaut und „vernünftige" Organisationsformen etabliert werden. Mit der wirtschaftlichen Rezession 1966/67 wurde dann die notwendige Planung und „perspektivische" Organisation des gesamten Forschungs- und Ausbildungsbereichs gefordert. Insofern war die sich entwickelnde Bildungsökonomie „Ausdruck der zunehmenden Schwierigkeiten des Kapitals, unter den Bedingungen des technischen Fortschritts seine Profite langfristig zu sichern" (HUISKEN 1971, S. 174).

Die Krise von 1966/67 war das Ergebnis eines langwierigen Prozesses sinkender Kapazitätsauslastungen, rückläufiger Zahlungsbilanzüberschüsse, der Rückständigkeit produktionsrelevanter Forschungseinrichtungen und Technologien. Seit diesem Zeitpunkt war ein rein quantitativer Ausbau der Hochschulen nicht mehr ausreichend. Der Bedeutungswandel von Wissenschaft und Qualifikation des Arbeitsvermögens im Reproduktionsprozeß des Kapitals machte eine neue Formbestimmung des Verhältnisses von Wissenschaft, Ausbildung zu den staatlich vermittelten Kapitalinteressen notwendig.

Die zunehmende wissenschaftliche Durchdringung des Arbeitsprozesses zwang zu einer Funktionserweiterung der Hochschulen. In ihnen müssen zunehmend wissenschaftlich qualifizierte, im Arbeitsprozeß verwertbare, Arbeitskräfte ausgebildet werden. Dadurch erfolgt eine Trennung der technischen Intelligenz von der pädagogischen. Die steigenden Kosten für die Herstellung des Arbeitsvermögens bedingen höhere Ausgaben für Ausbildung, Gesundheit und Sport. Dadurch steigt auf der einen Seite der Konsumtionsfond der wissenschaftlich qualifizierten Arbeitskräfte. Andererseits werden die Verwertungsbedingungen des Kapitals eingeschränkt, das zur Absicherung der Profite auf eine möglichst geringe Finanzierung der Kosten für den Reproduktionsbereich angewiesen ist.

Vor dem Hintergrund der o.g. Entwicklung ist u.a. die einsetzende Studentenbewegung an den Hochschulen zu sehen. Die latent spürbaren Widersprüche zwischen den Qualifikationserwartungen einerseits und den ungenügenden Studienbedingungen andererseits führten bei vielen Studierenden zu einer anfänglich häufig ungenügend reflektierten antiautoritären Haltung, die in Forderungen wie dem Abbau traditioneller Ordinarienuniversitäten, Überwindung der Fachborniertheit, Entwicklung von Formen der Selbstorganisation usw. mündeten. Die Schwierigkeiten dieser Bewegung lagen darin, daß aufgrund einer fehlenden oder ungenügenden Analyse kapitalistischer Bedingungen einzelne Forderungen durchaus den Interessen der bürgerlichen Organistionen und damit den Verwertungsinteressen des Kapitals entsprachen (JAEGGI 1973, S. 295). Andererseits hatte die Bewegung eine wichtige Funktion für die Gewinnung einer radikal-demokratischen Perspektive. Die idealistisch angelegte Studentenbewegung mit ihren theoretischen Bezügen zu den Autoren der kritischen Theorie wie HORKHEIMER, ADORNO, MARCUSE und HABERMAS mußte in dem Moment an Grenzen stoßen, als sich die Lebens- und Studienbedingungen verschlechterten. Anfänglich wurde die Studentenbewegung noch von der Euphorie getragen, daß durch den Wechsel der Regierung in Bonn im Herbst 1969 Versprechen wie „mehr Chancengleichheit bei der Bildung für Arbeiterkinder" und „eine konsequente Bildungsreform" einzulösen seien. Heute ist zu sehen, daß die Bildungsreform aufgrund der andersgelagerten Interessen der Industrie (vergleiche dazu in jüngster Zeit die Auseinandersetzung um die berufliche Bildung) nicht verwirklicht werden konnte. Bedingungen wie „völlig unzureichende Studienförderung nach dem Berufsausbildungsgesetz, fehlende Wohnheimplätze, Mietwucher für Studentenwohnungen, Verpflegungsengpässe in überlasteten Menschen, überhöhte Essenspreise, Unsicherheit in der Krankenversorgung" (VDS 1974, S. 1) zwangen die Studentenschaft, von ihren bisherigen Konzepten Abstand zu nehmen und eine Beseitigung der materiellen Misere in Verbindung mit den Gewerkschaften und mit Interessenvertretern der Lohnabhängigen innerhalb der Parteien anzustreben.

Die Einbeziehung wissenschaftlicher Erkenntnisse in den Arbeitsprozeß bildet die wesentliche Voraussetzung zur erweiterten Reproduktion des Kapitals. Der verstärkte Einsatz der Technologie führte zu einer Differenzierung der zur Beherrschung der Produktion notwendigen Qualifikationen. Einerseits sind für die Entwicklung der Produktionsmittel spezielle Qualifikationen notwendig, andererseits müssen Wissens- und Verhaltensvoraussetzungen zur Handhabung der Produktionsmittel vorhanden sein (COMBE 1975, S. 35). Die an bestehende oder vorgegebene Arbeitsbedingungen möglichst optimal angepaßten Qualifikationen bezeichnet MASUCH mit Intensitätsqualifikationen (wie Fleiß, Ausdauer, ebenso abstrakte Arbeitstugenden wie Pünktlichkeit, Verläßlichkeit usw.) und produktive Qualifikationen (wie Geschicklichkeit, Arbeitserfahrungen usw.) (MASUCH 1972, S. 60). KERN/SCHUMANN unterscheiden zwischen prozeßabhängigen und prozeßunabhängigen Qualifikationen, die Begriffe umfassen wie Arbeitsmobilität,

Anpassungsfähigkeit, die unabhängig sind von speziellen beruflichen Kenntnissen (KERN/SCHUMANN 1970).

Die beobachtbare Differenzierung der Qualifikationen veranlaßt zu der Vermutung „daß sich die von der staatlichen Schule bereitzustellenden und verallgemeinerungsfähigen Momente der Produktivkraftentwicklung auf der Ebene der Massenerziehung in Sonder-, Haupt- und Berufsschulen in einem Minimum an Wissen und Kenntnissen und einem Optimum an Einordnungs- und Anpassungsbereitschaft äußern dürfte" (COMBE 1975, S. 36). Aus dieser Erkenntnis ist die Vernachlässigung u.a. der beruflichen Bildung bei bisher durchgeführten Reformmaßnahmen ableitbar. Hingegen genießen die Bereiche von Forschung und Ausbildung eine gewisse Reformpriorität, weil dort ein wichtiger Beitrag zur Erhöhung der Produktivität zu erwarten ist.

Mit den Veränderungen der Produktions- und Reproduktionsbedingungen ging ein Wandel in der Funktion und im Charakter der geistigen Arbeit einher, die wiederum eine Veränderung in der sozialen Lage und Stellung der Intelligenz bedingten. Die geistige Arbeit diente unter dem Einsatz der Wissenschaft als Produktivkraft nicht mehr allein der unmittelbaren immateriellen Reproduktion der herrschenden Klasse (z.B. Ideologieproduktion), sondern sie geht in die gesellschaftliche Reproduktion ein, wozu insbesondere die Reproduktion der Ware Arbeitskraft gehört. Verbunden damit verändert sich auch die gesellschaftliche Form der geistigen Arbeit. Diese erhält zunehmend Warencharakter und wird damit zur Lohnarbeit. Daraus ergibt sich eine absolute und relative Zunahme der lohnabhängigen Intelligenz, die Formen der einfachen Warenproduktion, der Lohnarbeit und der lohnabhängigen Staatsbeschäftigung wahrnehmen (KIEVENHEIM/LEISEWITZ 1973; KIEVENHEIM 1973).

Für die Masse der Studenten bleibt bereits heute der erhoffte soziale Aufstieg ein Wunschtraum. Die neuerlichen Berufsverbote und die große Anzahl der Studierenden, die aus Finanzgründen nicht in den Referendardienst oder späteren Schuldienst übernommen werden können, lassen für die Studenten ähnliche Restriktionen befürchten, wie sie bei breiten Kreisen der arbeitenden Bevölkerung bereits bestehen.

Aufgrund der oben angedeuteten Polarisierung innerhalb der Qualifikationen werden an der Hochschule überwiegend „innovative Qualifikationen (wissenschaftliche Qualifikationen)" (MASUCH 1972, S. 60) vermittelt. Es scheint aber verfehlt, den Hochschulen ausschließlich diese Funktion zuzuschreiben. Die Trennung von Theorie und Praxis innerhalb des Hochschulstudiums sowie die zunehmende Reglementierung des Studiums (Regelstudienzeiten) mit einer überwiegend unkritischen adaptiven Übernahme des Lehrstoffes durch die Studierenden zeigt, daß auch hier logischerweise die Ware Arbeitskraft verwertbar gemacht werden soll, was aber auf einem höheren Handlungsniveau als in der Massenerziehung erfolgt.

4. Die Entwicklungsphasen bei der Neuorientierung des Hochschulsports

Vor dem Hintergrund der allgemeinen Entwicklungstendenzen im Ausbildungsbereich soll die Diskussion um die Zielsetzung des Hochschulsports dargestellt werden, wobei besonders auf die in der Programmatik für den Hochschulsport ausgewiesenen Qualifikationen eingegangen wird.
Aus den eingangs erwähnten Gründen, wird die Diskussion innerhalb des Dachverbandes für den Hochschulsport, des ADH, wiedergegeben, wobei vorab festzuhalten bleibt, daß Entwicklungen an den Hochschulen ausschlaggebend für neuere Konzepte waren.

Eine Analyse der Diskussion um die Zielsetzung des Hochschulsports zeigt, daß die Erscheinungen in der allgemeinen Bildungspolitik zeitlich versetzt auch ihre Auswirkungen auf den Hochschulsport hatten. Teilweise sind dabei die Amplituden der Phasen nur sehr schwach ausgeprägt. In einer vorläufigen, auf die Hochschule bezogenen, Bestimmung können dafür folgende Gründe angegeben werden.

1. Die Institute für Leibesübungen (IfL)

Nach 1945 wurden die wiedergegründeten IfL, die mit der Wahrnehmung des freiwilligen Studentensports (später allgemeiner Hochschulsport) und danach auch mit der Sportlehrerausbildung betraut waren, nicht vollständig in die Hochschulen integriert. In der Randstellung der Institute kommt zum Ausdruck, daß in der Aufbauphase der BRD die Sportlehrerausbildung für die erweiterte Reproduktion des Kapitals unbedeutend war. Dem allgemeinen Hochschulsport ordnete man offensichtlich reproduktive Funktionen im Sinne der Kompensation aber keine auf den Arbeitsprozeß bezogene Qualifikationen zu. Die relativ großzügige Förderung dieses Bereichs wird später noch zu erläutern sein.

Hinzu kommt häufig eine enge personelle und damit auch ideologische Verflechtung zwischen vielen Lehrkräften an den Instituten für Leibesübungen und verschiedenen Bereichen der Einheitssportbewegung (z.B. Mitarbeit in Fachverbänden). Diese Verbindung wirkte sich auch auf die Auswahl der Inhalte in der Sportlehrerausbildung und im Hochschulsport aus. Aufgrund des in dieser Gruppe vorherrschenden Verständnisses des Sports als ein Freiraum, konnte jahrelang erfolgreich eine Abschirmung der Sportlehrerausbildung und des Hochschulsports von allgemeinen politischen Tendenzen betrieben werden.

2. Die Studentenschaften

Neben den IfL betreuten auch die Studentenschaften den freiwilligen Studentensport. Bedingt durch die räumliche, finanzielle und personelle Ausstattung der IfL kam es zu einer Lösung von den Studentenschaften und zu einer Anlehnung der sich zwischenzeitlich im Hochschulsport etablierten

Mitbestimmungsgremien an die IfL, ohne daß diese Gremien dort echte Funktionen zur Mitbestimmung ausüben konnten (WOPP 1974). Durch die räumliche Trennung kam es auch zu einer allgemeinen Lösung der Vertreter des Hochschulsports von den in den Studentenschaften vorherrschenden Strömungen. So hatte die in den 60er Jahren einsetzende Studentenbewegung ihre Auswirkungen im Hochschulsport im wesentlichen erst nach 1970.

4.1. Die Phase von 1945 - 1969

Parallel zu der Restauration des allgemeinen Bildungswesens in der BRD etablierte sich nach 1945 der freiwillige Studentensport. Insgesamt ordnete sich der Hochschulsport konfliktlos in die allgemeine Restaurationsbewegung ein, was an folgenden Phänomenen verdeutlicht werden kann.

– Auch der Hochschulsport wurde von seinen Repräsentanten mit Hilfe einer philosophisch-anthropologischen Betrachtungsweise als sogenannter Freiraum ausgewiesen. Nach einer Phase der totalen Dienstbarmachung des Studentensports für die Ziele des NS-Regimes propagierten die Vertreter im ADH in Anlehnung an die Ziele der entstehenden Einheitssportbewegung in der BRD den „unpolitischen Sport", der ausschließlich zur Selbstverwirklichung der Individuen diente und deshalb angeblich nicht funktional für andere politische Kräfte gemacht werden durfte.

– Auch die 1948 gegründete ARBEITSGEMEINSCHAFT DEUTSCHER HOCHSCHULSPORTREFERENTEN (seit 1950 ALLGEMEINER DEUTSCHER HOCHSCHULSPORTVERBAND) konnte mühelos durch die ideologische Übereinstimmung führender Vertreter in beiden Bereichen in die Einheitssportbewegung integriert werden. Die problemlose Einordnung hätte schon aus organisationssoziologischer Sicht nicht per se gegeben sein müssen, weil die sich auf Institutionen gründende Organisation des ADH nicht vergleichbar ist mit den aus Einzelmitgliedern sich zusammensetzenden Sportvereinen, die die Grundlage des DSB bilden.

Die Ursachen dafür, daß der Hochschulsport nach 1945 durch die restaurativen Kräfte gestützt wird, liegt in der Notwendigkeit, für eine Elite, wie sie die Hochschule repräsentiert, möglichst optimale Bedingungen zur Reproduktion der Arbeitskraft zu schaffen. Im 2. Kapitel wurde gezeigt, daß die Hochschulen als Vermittlungsinstanzen zur Entfaltung der Produktivkräfte immer großzügiger ausgestattetwaren als Bereiche der Massenerziehung. Die relativ gute Stellung des Hochschulsports wurde mit der Vorbildfunktion des Hochschulsports legitimiert. „Der Sport in den Hochschulen prägt in starkem Maße die Einstellung des akademischen Nachwuchses zum Sport. Hierin liegt die zentrale Bedeutung des Hochschulsports für Bewertung und Rang des Sports in unserer Gesellschaft" (CDU 1974). Und im Aktionsprogramm für den Schulsport des DSB wird ausgeführt: „Die Hochschulen bestimmen entscheidend mit über Entwicklung und Rang des Sports in unserer Gesellschaft" (DSB 1971, S. 10). In diesen Texten manifestiert sich eine Ideologie, die ausgehend von der nivellierten Mittelstandsgesellschaft (SCHELSKY) zu suggerieren versucht, daß die Akademiker als eine Elite durch ihre Vorbildhaltung dazu beitragen können, daß breite Bevölkerungsschichten ein ähnliches Sportverhalten annehmen. Tatsächlich werden durch die isolierte Stellung der Hochschulen und den bewußt eingegrenzten Teilnehmerkreis mit Hilfe derartiger Aussagen Privilegien abgesichert.

4.1.2. Zweite Phase von 1969 - 1971

Wie den o.g. Zeitangaben zu entnehmen ist, hatte die Phase der Effektivierung des Ausbildungssystems ihre Auswirkungen auf den Hochschulsport erst mit einer erheblichen zeitlichen Verzögerung. Für den Hochschulsport handelt es sich hiermit nur um eine grobe zeitliche Fixierung, die für einzelne Hochschulen erheblich abweichend sein kann. Zu berücksichtigen bleibt außerdem, daß aufgrund der im 2. Kapitel erwähnten knappen finanziellen Ressourcen das Problem der Effektivierung sich zeitlich nicht eingrenzen läßt.

Ein wesentliches Charakteristikum dieser Phase war die Studentenbewegung, die in abgeschwächter Form sich auch auf den Hochschulsport auswirkte. Auf der 42. Vollversammlung in Barsinghausen 1969 kam es zu einer direkten Konfrontation zwischen den bis dahin die Politik des ADH bestimmenden Institutsdirektoren und einigen studentischen Vertretern, die an ihren Hochschulen teilweise aktiv an der allgemeinen Studentenbewegung mitgewirkt hatten.

In der Nachfolge dieser Konfrontation werden Vorstellungen für den Hochschulsport entwickelt, die diesen als soziale Aufgabe für alle Hochschulangehörigen sehen und eine gleichgewichtige Repräsentanz von Wettkampf- und Breitensportlern in den Mitbestimmungsgremien des Hochschulsports fordern (BUSKE u.a. o.J.). Die hier erhobenen Forderungen entstammten weniger einer allgemeinen Analyse der Situation an den Hochschulen. Vielmehr resultieren sie aus dem subjektiven Empfinden vieler Sportreferenten an den Hochschulen, zukünftig auch vernachlässigte Bereiche besser zu erfassen, um den Hochschulsport gegenüber den Forderungen der allgemeinen Studentenbewegung weiterhin legitimieren zu können.

Wesentlicher als die Auswirkungen der Studentenbewegung waren in dieser Phase die organisatorischen Schwierigkeiten für den Hochschulsport. Der effektivere Einsatz von Mitteln für die Hochschulen zwang die Bildungsplaner zu einer gezielten, an den Verwertungsinteressen der Industrie ausgerichteten Bildungsplanung (z.B. die Errichtung von Numerus-Clausus-Fächern für die Bedarfslenkung). Verbunden damit wurde der Abbau überholter Organisationsformen, was sich in der Entwicklung neuer Hochschulgesetze ausdrückte. Im Rahmen dieser Entwicklung waren die IfL mit ihrer Doppelfunktion der Betreuung des Hochschulsports einerseits und der Durchführung von Forschung und Lehre des Sports andererseits nicht länger aufrecht zu erhalten. Während die sich entwickelnde Sportwissenschaft eine Gleichstellung mit anderen Wissenschaften forderte, sahen sich die Vertreter des Hochschulsports durch die Auflösung der IfL ihrer organisatorischen Grundlage beraubt. Eine weitere Aufrechterhaltung dieses Bereichs schien nur mit Hilfe einer umfangreichen Begründung möglich.

In dem 1971 in Köln verabschiedeten Strukturmodell wird die Durchführung des Hochschulsports überwiegend philosophisch-anthropologisch begründet. „Dem Sport immanent ist das Erbringen einer Leistung. Diese Leistung läßt sich rein persönlich vollbringen (Überwindung), meist führt sie jedoch zu einer Forderung nach einem Leistungsvergleich ... Ein ‚gesunder' Hochleistungssport an den Hochschulen kann sich letztlich nur auf der Basis einer breiten Wettkampftätigkeit entwickeln. Vordringliche Aufgabe ist es daher, diese Pyramide des Wettkampfsports kontinuierlich zu entwickeln" (ADH 1971, S. 6).

Der kurze Auszug verdeutlicht, daß die in der vorherrschenden Sportwissenschaft verwandte Terminologie und Rechtfertigungsideologie für den Leistungssport kritiklos auf den Hochschulsport übertragen wurde. Bezogen auf die Inhalte zeigt sich eine Kontinuität zu der ersten Phase des Hochschulsports.

Parallel zu der o.g. Position fließen aber erste innovative Vorstellungen in das Modell mit ein. „Allen Hochschulangehörigen muß Gelegenheit gegeben werden, in ihrem spezifischen Arbeitsbereich Sport treiben zu können, um eine bessere Kommunikation zwischen einzelnen Gruppen an der Hochschule zu erreichen ..." (ADH 1971, S. 5).

Die Inhalte dieser Aussage sind zurückzuführen auf die veränderten Funktionen der studentischen Körperkultur und auf das an der Universität Bremen entwickelte Reformkonzept zum Hochschulsport, das aufgrund seiner Schlüsselposition für die Entwicklung des Hochschulsports erst in der dritten Phase dargestellt werden soll.

Es bleibt festzuhalten, daß in dem Strukturmodell dem Hochschulsport erstmals neue Qualifikationen zugeordnet werden, die jedoch unbegründet und unvermittelt neben bisher durch den Sport zu erlangende Qualifikationen gesetzt werden. Diese waren nach Angaben der vorherrschenden Sportwissenschaft neben der Funktion des Sports für die Gesundheit überwiegend Werthaltungen und Einstellungen. Begriffe wie „Fairness' (CZWALINA 1971, S. 27), „Kameradschaft" und „sportliche Kooperation" (BÜHRLE 1971, S. 119) wurden in einer möglichst strikten Trennung vom Produktionsbereich dem Sport zugewiesen (GÜLDENPFENNIG 1974, S. 21). In einer durch die Autoren wahrscheinlich unbewußt vollzogenen Anlehnung entsprach damit der Sport den Intensitätsqualifikationen nach MASUCH oder den prozeßunabhängigen Qualifikationen nach KERN/SCHUMANN.

Da aus dieser Phase kaum empirisches Material vorliegt, kann nicht überprüft werden, ob der oben erhobene Anspruch, der als allgemeingültig für den Sport formuliert wurde, auch im Hochschulsport tatsächlich eingelöst wurde. Hinzu kommt eine fehlende Lernstrategie, so daß anzunehmen ist, daß es sich lediglich um eine pädagogische Verbrämung der realen Sportprozesse handelt. Besonders im Bildungsbereich (Schule und Hochschule) versuchten führende Repräsentanten des Sports diesen Bereich mit Hilfe eines philosophisch-anthropologischen Vokabulars zu legitimieren, um sich vom Vorwurf der Eindimensionalität, wonach der Sport lediglich zur Vermittlung motorischer Fertigkeiten dient, zu befreien. Auf die bis heute negativ nachwirkenden Implikationen soll hier nicht näher eingegangen werden (vgl. dazu SCHULKE in diesem Band).

4.3. Dritte Phase (seit 1971)

Im Bereich des Hochschulsports überlappen sich die Phase der Effektivierung und der tendenziellen Reformen sowie der damit verbundenen Widerstände. Zurückzuführen ist dieses Ergebnis auf die auch in der allgemeinen Entwicklung des Ausbildungsbereichs bestehende Verbindung von Effektivierung und systemimmanenter Reform.

Eine zentrale Bedeutung für die gesamte Entwicklung des Hochschulsports hat das an der Universität Bremen entwickelte Konzept, das auf der Basis von Interaktionen eine Verflechtung von Universität und Stadt zu verwirklichen sucht (SCHULKE 1972). Ausgehend von der Frage nach der Legitimation des Hochschulsports entwickelt SCHULKE einen Ableitungszusammenhang, in dem die gesellschaftliche Relevanz dieses Bereichs in seinem Beitrag zur Konkretisierung des Verflechtungsgedankens gesehen wird. Auf der Grundlage des kommunikativen Handelns werden bisher vernachlässigte Dimensionen wie z.B. soziale Beziehungen herangezogen und für emanzipatorische Prozesse verwertbar gemacht. Der Hochschulsport soll damit als ein wissenschaftlich begleitetes Modell Impulse für andere Bereiche wie z.B. die sportlichen Erwachsenenbildung geben.

Auf die theoretischen Unzulänglichkeiten dieses Modells, das sich an Kategorien der kritischen Theorie orientiert, soll an dieser Stelle nicht näher eingegangen werden (vgl. dazu die kritische Weiterentwicklung dieses Ansatzes in SCHULKE 1974, S. 14 f., oder die Kritik in WOPP 1974, S. 14). Festzuhalten bleibt, daß in Abgrenzung zu der etablierten Sportwissenschaft hier erstmalig der Hochschulsport von einem Ansatz her entwickelt wird, der in seiner Zielsetzung systemüberwindend ist. Die in dieser Phase zunehmende Reformbereitschaft des Staates kommt darin zum Ausdruck, daß das Bremer Modell mit 0,25 Millionen DM aus Bundesmitteln gefördert wird (SPORTBERICHT DER BUNDESREGIERUNG 1973).

Die umfangreiche Förderung hat mehrere Erklärungsgründe.

1. Bei dem Bremer Modell wird aus früher schon erläuterten Gründen die Reform wiederum an der „obersten" Bildungsinstanz angesetzt. Während andere Bereiche wie z.B. der Sport an den Berufsschulen (CDU 1973) eklatant vernachlässigt werden, genießt der in Relation dazu unbedeutende Hochschulsport eine umfangreiche Förderung.

2. Das Bremer Modell entspricht in seinen Absichten durchaus dem damals propagierten Postulat der „Chancengleichheit" innerhalb der Ausbildung, die durch Reformen angestrebt werden sollte. Zur Erlangung dieses Ziels soll hier mit Hilfe des vertrauten Mediums Sport die Bevölkerung in die Hochschule hineingezogen werden. Dort sollte dann über den Sport hinausgehend die Relevanz von Forschung und Lehre verdeutlicht werden. Das Bremer Modell für den Hochschulsport sollte dazu beitragen, die Isolierung der Hochschule gegenüber weiten Bevölkerungsgruppen abzubauen.

3. Die Inhalte des Modells (Sport auf der Basis von Interaktionen) deuten an, daß einerseits der Versuch der Verflechtung angestrebt wird, daß aber andererseits aus dem Ansatz neue Angebotsformen entwickelt werden, die überwiegend den reproduktiven Interessen der Akademiker entsprechen.

Bei den Teilnehmern werden aufgrund der angestrebten Ziele solche Handlungsmuster vorausgesetzt, die durch offene Handlungssituationen eine selbständige Interpretation der Spielregeln und -bedingungen ermöglichen. Forderungen nach „Kreativität" und „Flexibilität" entsprechen sogenannten innovativen bzw. prozeßunabhängigen Qualifikationen. Sie sind den späteren Arbeitsanforderungen der Intelligenz adäquat.

Das Einbringen sprachlicher Prozesse in den Sport verbunden mit der Lösung von Problemsituationen, ohne daß zur Bewältigung derartiger Aufgaben Lernstrategien vorhanden sind, wird in erster Linie diejenigen ansprechen, die durch ihre Sozialisation entsprechende Handlungsmuster vorweisen. In den praktischen Konsequenzen kam es im Gegensatz zu der angestrebten Verflechtung zur Bildung von Ingroups.

4. Politisch muß die zu diesem Zeitpunkt verschärfte Auseinandersetzung zwischen den verschiedenen Statusgruppen berücksichtigt werden. Gerade hier wird offensichtlich von staatlicher Seite dem Hochschulsport eine wichtige „Ventilfunktion" zugewiesen.

Festzuhalten bleibt, daß das Modell radikal-demokratische Ansprüche enthält, die aber bezogen auf die reale Situation an den Hochschulen den Interessen der herrschenden Kräfte entsprachen.

Mit dem Einzug des Bremer Reformkonzepts in die allgemeine Diskussion um die Zielsetzung des Hochschulsports wurden Auswirkungen der Studentenbewegung auch inhaltlich spürbar. Die in dem Konzept deutlichwerdende Argumentation gegen bisher im Sport vorherrschende Normen und Theorien wurde auch im ADH übernommen und führte im September 1972 zu der Verabschiedung der sogenannten „WOPP-THESEN". Diese Thesen lehnen sich eng an die Vorstellungen des Bremer Modells an, wobei die sich langsam ausweitende finanzielle, personelle und räumliche Misere des Hochschulsports thematisiert wird. Ohne ausführliche Begründungen werden basierend auf einem interaktionstheoretischen und sozialintegrativen Ansatz u.a. folgende Forderungen erhoben: „Über eine Alternative zum bestehenden Sport hinaus, soll der Hochschulsport Modelle entwickeln und praktizieren, die Möglichkeiten zur Weiterentwicklung des Sports in der BRD aufzeigen" (WOPP 1972).

Aus diesen Thesen wird ein neues Verständnis für den ADH abgeleitet, der zur Durchsetzung verschiedener Forderungen als sportpolitischer Interessenvertreter gesehen wird.

Als weiterer Schluß aus den Thesen wurde die Abschaffung der Deutschen Hochschulmeisterschaften gefordert. Die sich daraus entwickelnde Diskussion drohte den ADH zu spalten. Einerseits deckte sich die Forderung mit der teilweise vorhandenen Aversion gegen das Konkurrenzprinzip im Spitzensport, andererseits sahen viele Vertreter dem Hochschulsport die wesentlichste Grundlage entzogen, falls die Hochschulmeisterschaften gestrichen würden. Durch diese Auseinandersetzung wurde ein allgemeiner Widerspruch angesprochen, nämlich die eindeutige Favorisierung des Spitzensports gegenüber dem Breitensport. Die Problematik der Diskussion bestand darin, daß durch den Verbleib auf der allgemeinen Widerspruchsebene die Entwicklung inhaltlicher Perspektiven nicht möglich war.

Die Tatsache, daß einerseits die WOPP-THESEN angenommen, der Antrag auf Streichung der Deutschen Hochschulmeisterschaften aber abgelehnt wurde, scheint eine Schizophrenie darzustellen, die aber aus der Situation der Verantwortlichen für den Hochschulsport (Sportreferenten) zu erklären ist. Diese werden nach bestehenden Regelungen überwiegend von den Vertretern der Wettkampfmannschaften an ihren Hochschulen gewählt. Eine Unterstützung des Antrages auf Abschaffung der Deutschen Hochschulmeisterschaften hätte eine Abwahl der Sportreferenten zur Folge gehabt. Andererseits erkannten viele Sportreferenten das wachsende Bedürfnis nach sportlicher Betätigung aller Hochschulangehörigen, das in erster Linie durch ein breitensportlich orientiertes Angebot zu befriedigen ist. Deshalb fanden programmatische Aussagen zu diesem Komplex eine breite Unterstützung, ohne daß jedoch praktische Konsequenzen zu diesem Zeitpunkt von vielen Vertretern des Hochschulsports eingeleitet wurden (GATHMANN 1974).

Die weitere Diskussion um die Programmatik des Hochschulsports ist einzubinden in die sich verschärfende Situation an den Hochschulen. Diese kann grob durch zwei Tendenzen charakterisiert werden. Einerseits scheitert ein notwendiger quantitativer Ausbau der Hochschulen an den materiellen Restriktionen (knappe finanzielle Ressourcen für den Ausbildungsbereich), andererseits wird von staatlicher Seite versucht, die zu geringe materielle Ausstattung durch Reglementierung, Reduzierung der Lerninhalte und Effektivierung der Lernprozesse auszugleichen. Diese Situation hat eine sich verschlechternde Studiensituation zur Folge, aber auch Restriktionen gegenüber dem Hochschulsport. Dieser überwiegend soziale Bereich wird bei der Mittelzuweisung gegenüber Bereichen mit qualifikatorischer Funktion vernachlässigt. So werden häufig dem Hochschulsport Finanz- und Personalmittel gestrichen und diese für die Sportlehrerausbildung eingesetzt. Diese Bedingungen machten es notwendig, daß bei der weiteren Entwicklung der Zielsetzungen für den Hochschulsport die materiellen Bedingungen in den Mittelpunkt rückten.

Maßgeblich beeinflußt durch eine Arbeitsgruppe an der TU Berlin (DAUGS u.a. 1973) wurde auf der 50. Vollversammlung des ADH im Frühjahr 1973 eine Plattform verabschiedet, deren zentrale These lautet: *„Der Hochschulsport soll also ein breitensportlich organisierter, offener Betriebssport mit dem Ziel der erweiterten Reproduktion von Arbeitskraft werden" (ADH 1973).*

Mit dieser Plattform wurde im ADH eine Arbeitsgrundlage entwickelt, die den Hochschulsport nicht mehr isoliert betrachtet und individuell orientierte Konzepte zur Lösung der Problematik anbietet. Vielmehr wird der Hochschulsport in einen demokratischen Entwicklungszusammenhang hineingestellt, „wie er sich u.a. historisch in der Abgrenzung von Volkssport gegen Herrensport, von Arbeitersport gegen den bürgerlichen Sport niedergeschlagen hat; er hat sich zugleich einzufügen in die gegenwärtige demokratische Bewegung in der BRD" (ADH 1973).

Auf der Ebene praktischer Unterrichtsmodelle wurde an einzelnen Hochschulen eine weitere Konkretisierung der theoretischen Grundposition angestrebt. Während an der TU Berlin, beeinflußt durch UNGERER und DAUGS, im Rahmen der erweiterten Reproduktion der Arbeitskraft zur Vermittlung sportmotorischer Fertigkeiten die Theorie des sensomotorischen Lernens verwandt wird (ADH 1975), bemüht man sich an der Universität Bremen mit Hilfe der Theorie des sensumotorischen Lernens zu Breitensportmodellen zu gelangen (SCHULKE 1974 und 1974 b).

Zusammenfassend kann festgehalten werden, daß eine historisch-materialistisch fundierte Standortbestimmung des Sportes und des Hochschulsportes zur Basis einer Neubestimmung der zentralen Funktionen des Hochschulsportes gemacht wurden. Erst mit der Abkehr von der Dichotomie von „Arbeit" und „Freizeit", die innerhalb des interaktionstheoretischen Ansatzes bestand, konnte eine Verbindung von Arbeit und Sport auf der Basis gemeinsam gegebener Handlungsstrukturen in beiden Bereichen gewonnen werden.

Die in der ADH-Plattform ausgedrückte Parteilichkeit für die lohnabhängig Arbeitenden, aber auch die hochschulpolitischen Realitäten zwangen den ADH, sich nach Bündnispartnern umzusehen, die ebenfalls ein Interesse an der erweiterten Reproduktion der Arbeitskraft haben. Von daher entwickelte sich eine Kooperation mit verschiedenen Gewerkschaften, die ansatzweise zu einer bisher jedoch ungenügend reflektierten gewerkschaftlichen Orientierung des Hochschulsports führte.

Die gewerkschaftlich orientierten Strategien waren ein Ausfluß der Erkenntnis, daß ohne eine Zusammenarbeit mit politisch und hochschulpolitisch ähnlich gelagerten Bündnispartnern die materielle und politische Absicherung des Hochschulsports zukünftig nicht mehr zu leisten ist. Im Frühjahr 1974 trafen sich zu einer Podiumsdiskussion Vertreter von ÖTV, GEW/BAK, VDS und des Bundes demokratischer Wissenschaftler, die erstmals zu allgemeinen Fragen des Hochschulsports ihre Vorstellungen äußerten (ADH 1974).

5. Entwicklungstendenzen in der Einheitssportbewegung in der BRD

Neben der Abhängigkeit des Hochschulsports von den Entwicklungstendenzen innerhalb der Hochschule, wurde an anderer Stelle schon auf einige Berührungspunkte mit der Einheitssportbewegung in der BRD hingewiesen. Die inhaltliche Abhängigkeit des Hochschulsports vom DSB mußte die Auswirkungen der im ADH entwickelten Konzeptionen auch auf den DSB bedingen, wenn sie nicht im Stadium politischer Irrelevanz und akademischer Sandkastenspiele verbleiben sollten. Durch die ausführliche Darstellung der Entwicklung und Politik des DSB in diesem Band (vgl. die Beiträge von GÜLDENPFENNIG, SCHULKE und WEINBERG) soll hier eine Beschränkung auf die für die Auseinandersetzung zwischen dem ADH und dem DSB wesentlichen Punkte erfolgen.

Historisch besteht eine Parallelität zwischen der bürgerlichen Körperkultur und dem Studentensport. Beide Bereiche waren um eine Absicherung ihrer Interessen bedacht, d.h. die Privilegien des Bürgertums sollten auch im Sport gewahrt bleiben (WONNEBERG 1967). Beide Bereiche entwickelten daher ihre eigenen Organisationen, die sich gerade im weiteren historischen Prozeß von der proletarischen Körperkultur abgrenzten.

Nach 1945 lebte die Tradition der Arbeitersportbewegung in den damaligen Westzonen nur kurzzeitig wieder auf. Aufgrund der anfänglichen, von allen Parteien und Verbänden vertretenen antifaschistischen Zielsetzungen verzichteten einige Vertreter der Arbeitersportbewegung auf eine Neugründung dieses Bereichs und integrierten ihn in die 1950 sich konstituierende Einheitssportbewegung, da anzunehmen war, daß sich diese ebenfalls den allgemeinen Zielen unterordnete.

Durch die Einordnung des Sports in die Restauration des Kapitalismus in der BRD entfalteten sich im DSB die bürgerlichen Interessen zunehmend stärker. Ausgehend von einer Versöhnung zwischen den verschiedenen Klassen wurden unter dem Leitprinzip des „freien Sports" von den Repräsentanten des DSB ausschließlich sportbezogene Ziele formuliert, die die Schaffung grundsätzlich besserer Bedingungen für den Sport verhinderten.

Das Ende der Wiederaufbauphase verbunden mit dem Eintritt der BRD in den kapitalistischen Krisenzyklus veränderte die Bedingungen und damit auch die Formen für die Reproduktion der Arbeitskraft. Die bisher übermäßige finanzielle Unterstützung des Spitzensports, die u.a. ein Ausdruck der Konkurrenzsituation zwischen der BRD und der DDR ist, mußte durch zusätzliche Maßnahmen im Breitensport, die den gewandelten Bedingungen und damit den sich artikulierenden Interessen der Bürger besser entsprachen, abgestützt werden. Die Initierung der Aktionen „Zweiter Weg" und „Trimm Dich durch Sport" waren die logischen Konsequenzen, wobei auch hier wie bei dem Vereinssport nach dem Prinzip vorgegangen wurde, daß der Bürger die Kosten für seine Reproduktion selber zu tragen hat. Durch die jahrelang vom DSB behauptete Trennung von Sport und Politik können diese Aktionen nur kompensatorische Funktionen ausfüllen. „Durch Informationen und Empfehlungen sind die Hemmnisse sichtbar zu machen und zu überwinden, die heute noch der Nutzung der gesamten Einrichtungen (z.B. Park, See usw. d.A.) für Freizeit und Fitness entgegenstehen" (DSB 1971, S. 9). Die Ausführungen verdeutlichen, daß hier lediglich eine Anpassung an gegebene Bedingungen gefordert wird und nicht z.B. ein gemeinsames politisches Eintreten für die Veränderung des Bodenrechts, was erhebliche Konsequenzen für die Nutzung der Natur zur Folge hätte. Ebenfalls zum Ausdruck kommt der kompensatorische Aspekt der Aktion in den angebotenen Sportformen, die den Teilnehmer auf einem niedrigen, partialisierten Handlungen entsprechenden Niveau belassen.

Die organisatorische Form der Einheitssportbewegung ist der Vereinssport. Unter dem Anspruch der Freiwilligkeit und politischen Unabhängigkeit trugen gerade diese Träger des Sports zu einer Restauration bürgerlicher Interessen bei. In Bedrängnis geriet diese Organisationsform erst dann, als die Sportvereine die wachsenden breitensportlichen Interessen der Bürger nicht im ausreichenden Maße befriedigen konnten.

Als wesentliches Moment einer Konfrontation mit Vertretern der Einheitssportbewegung bleibt festzuhalten, daß Widerstand von dieser Seite immer dann zu erwarten ist, wenn die ideologischen Grundlagen des Sports in der BRD und speziell des Vereinssports, die ungenügende Unterstützung des Breitensports, die fehlende Ausgestaltung des Sports mit demokratischen Inhalten kritisiert wird. Der Widerstand muß sich dann verschärfen, wenn zur Beseitigung der Miseren im Interesse der abhängig Arbeitenden eine Kooperation mit den Gewerkschaften angestrebt wird, da durch diese Zusammenarbeit die ungenügende Leistungsfähigkeit der Einheitssportbewegung bezogen auf die sportlichen Bedürfnisse der Massen zum Ausdruck kommt.

6. Die Funktion der Presse in der BRD

Zur Behandlung der Ziele und Aktivitäten des ADH wurden die auf diesen Verband einflußnehmenden Tendenzen an den Hochschulen und im DSB skizziert. Aus dem bisher Dargestellten ist erklärbar, daß es zu einer Konfrontation zwischen den Vertretern des DSB und ADH kommen mußte. Als wichtige Vermittlungsinstanz dieser Auseinandersetzung soll die Presse herangezogen werden. An der Form und den Inhalten der Behandlung des Konflikts zwischen dem ADH und DSB durch die Presse soll aufgezeigt werden, wie diese bei einer drohenden Ausweitung der im ADH entwickelten Konzepte ihre vermeintliche Neutralität aufgibt.

Bei dem Abdruck verschiedener Presseausschnitte werden einige Namen von Journalisten wie z.B. KNECHT, KREBS, TROSSE immer wieder auftauchten, so daß man geneigt sein mag, die Behandlung des ADH in der Presse auf persönliche Animositäten – die vielleicht auch gelegentlich eine Rolle gespielt haben mögen – zurückzuführen. Z.B. schrieb KNECHT mehrere Reden für den Vorsitzenden der Stiftung Deutsche Sporthilfe, NECKERMANN; KREBS ist Mitglied in der CDU, und TROSSE vertritt im ADH vorrangig die Interessen der Handballstudentennationalmannschaft, die er betreut.

Wichtiger erscheint uns jedoch die Tatsache, daß Tageszeitungen die nachfolgend abgedruckten Inhalte veröffentlichten. Von daher muß auf eine, wenn auch nicht immer reflektierte Übereinstimmung von gesamtredaktioneller und einzeljournalistischer Konzeption geschlossen werden.

Bei der Darstellung der Pressekampagne gegen den ADH bleibt weiter zu berücksichtigen, daß die Angriffe nur von wenigen überregionalen Zeitungen geführt wurden (überwiegend FRANKFURTER ALLGEMEINE ZEITUNG und DIE WELT). Im Kapitel 7.3. werden wir noch gesondert auf die soziale Schichtung des Adressatenkreises dieser Tageszeitungen eingehen.

Die derzeitige Situation auf dem Zeitungsmarkt ist gekennzeichnet durch eine sich verschärfende Pressekonzentration (DIEDERICHS 1972; ARNDT 1972), die sich aus den Gesetzen der kapitalistischen Produktion ergibt. Aus dem Zwang der Profitmaximierung entsteht eine horizontale Pressekonzentration in Form des Zusammenschlusses von Unternehmen mit gleichen Produktionsstufen. „Mit der Vergrößerung der Kapazitäten durch Aufstellen moderner Druckanlagen einerseits steigt das Bestreben, weitere Zeitungen und Zeitschriften herauszugeben, sich Buchverlage anzugliedern und Druckaufträge für fremde Verlage durchzuführen" (ARNDT 1972, S. 96). Die zunehmende Konzentration führt zu Großkonzernen (z.B. Heinrich Bauer Verlag, Burda Gruppe, Springer Gruppe), die als Monopole den Markt beherrschen. Damit wird die zur Einflußnahme auf demokratische Prozesse notwendige Informationsvielfalt eingeschränkt. Hinzu kommt eine wachsende Abhängigkeit der Presse vom Werbemarkt. „Allein durch Androhung des Anzeigenentzugs kann erreicht werden, daß eine Zeitung die Interessen ihres Kunden berücksichtigt" (ARNDT 1972, S. 102). Damit unterliegt die Presse dem direkten Einfluß ökonomischer Machtgruppen, was sich in der Abfassung von Kommentaren und in der Gewichtung der Darstellung von Ereignissen widerspiegelt.

Auf der Grundlage der oben dargestellten Pressekonzentration verbunden mit der Abhängigkeit vom Werbemarkt sollen die Methoden am Beispiel der Pressekampagne gegen den ADH reflektiert werden, um zu verdeutlichen, wie hier gezielt Informationen und Kommentare im Interesse der Privatwirtschaft und der Einheitssportbewegung eingesetzt werden.

Zur Grundlage unserer Betrachtung wählen wir einige von HOLZER aufgestellte Hypothesen zur „Synchronisation von Inhalt und Mechanismen der Massenkommunikation mit sozialer Lage und Bedürfnisdispositionen des Publikums" (HOLZER 1973). Bei seiner Einordnung der Massenmedien in die sozioökonomische Struktur der BRD geht HOLZER davon aus, daß die privatwirtschaftlich organisierten Massenmedien sich im Interesse der Herrschenden einer Sicherung des Status-quo verpflichtet fühlen. „Denn die konsequente Befolgung der Gesetze oligopolkapitalistischer Produktion und demoautoritärer politischer Herrschaft macht gerade die fatale Hypothek aus, die nicht nur die Massenpresse, sondern tendenziell alle Medien belastet und deren Anspruch, demokratische Instanzen in einer demokratischen Gesellschaft zu sein, ad absurdum führt" (HOLZER 1973, S. 331).

Zur Bildung seiner Hypothesen verwendet HOLZER spezifische Dissonanzen, die in die Situationsdeutung und Bedürfnisdisposition der Individuen eingehen. Diese Dissonanzen sind u.a. die permanente Konfrontation des abhängig Arbeitenden mit einer vorgestellten Selbstbestimmung und einer ständig spürbaren Abhängigkeit (S. 327) oder der erkennbare Widerspruch zwischen der von der Werbung offerierten Warenwelt und den finanziellen Möglichkeiten eines durchschnittlichen Arbeiter- und Angestelltengehaltes (S. 327).

Nach HOLZER werden massenmediale Angebote dann positiv beurteilt, wenn sie kognitive oder emotive Dissonanzen reduzieren oder kompensieren.

„– Massenmediale Angebote erfahren positive Beurteilung und haben die Chance, Einstellungs-, Meinungs- und Interpretationsmuster zu beeinflussen, wenn sie durch personalisierende Informationen über gesellschaftliche Tatbestände, Abstraktheit und Anonymität, Intransparenz und Komplexität sozialer Strukturen und Prozesse in einer hochdifferenzierten und durchorganisierten Industriegesellschaft verringern ...

– ... wenn sie durch einen gleichermaßen Angst provozierenden und Angst betäubenden Informations- und Unterhaltungsstoff den Lesern, Hörern und Zuschauern die eigene Situation als durchaus akzeptabel, wenn auch punktuell verbesserungswürdige Lage, jedes Bemühen um prinzipielle Veränderung dieser Situation als überflüssig, illusorisch oder gar existenzgefährdend erscheinen lassen" (HOLZER 1974, S. 328/329).

Umfang und Intensität der o.g. Hypothesen ist von Klassen intervenierender Variablen abhängig, wie z.B. von den sozialen Merkmalen des Publikums.

Die von HOLZER formulierten Hypothesen liefern einen Interpretationsrahmen, vor dem der Stil der Pressekampagne erklärbar wird.

7. *Die Behandlung des ADH in der Presse*

Die Darstellung der Behandlung des ADH in der Presse erfolgt parallel zu den Entwicklungsphasen des Verbandes. Dadurch soll in erster Linie der sich vollziehende Wandel in der politischen Beurteilung des ADH und die dann angewandten Methoden verdeutlicht werden. Um einen Beitrag zur aktuellen Diskussion zu leisten, konzentrieren wir uns schwerpunktmäßig auf die dritte Phase.

7.1. Die Phase der Ignoranz gegenüber dem Hochschulsport.

In der ersten Phase seiner Entwicklung wurde der Hochschulsport durch die Presse und Massenmedien überwiegend ignoriert. Die Verdrängung dieses Bereichs an den Rand zeilenfüllender Notizen war aufgrund der inhaltlichen Integration des Hochschulsports in die Einheitssportbewegung möglich. Von dieser Seite wurde die Funktion des Hochschulsports zur Absicherung von Privilegien akzeptiert, wobei durch die stillschweigende Unterstützung dieses Bereichs vermieden wurde, daß in der Öffentlichkeit das Bewußtsein entstehen konnte, daß hier in der Organisationsform ein zum Vereinssport konkurrierender Bereich besteht. Die Konkurrenzen zwischen Vereins- und Hochschulsport wurden überwiegend auf der Funktionärsebene ausgetragen, wie die permanente Auseinandersetzung um die Freistellung von Repräsentativspielern für den ADH durch die Fachverbände und Vereine zeigt (u.a. ADH 1970, S. 6/7). Im Sinne der politischen Indoktrination und der ideologischen Ablenkung berichtet die Presse damals wie heute vorrangig von Ereignissen im Spitzensport (BINNEWIES 1974).

7.2. Die Phase der Akzeptierung der Kritischen Rolle des ADH im DSB

Erst in der zweiten Phase erfolgte eine stärkere sportpolitische Beachtung des Hochschulsports und hier speziell des ADH durch die überregionale Presse. Diese Veränderung ist auf das sich wandelnde Selbstverständnis des ADH zurückzuführen. Die Auswirkungen der Studentenbewegung auf den Hochschulsport bedingten ein kritisches Auftreten der Vertreter des ADH in den Gremien des DSB. Entsprechend der damals mehrheitlich vertretenen antiautoritären Haltung der studentischen Vorstandsmitglieder im ADH waren die Aktionen im DSB überwiegend auf Angriffe gegen undemokratische Strukturen gerichtet. Als Schlüsseldatum in der Öffentlichwirksamkeit des ADH kann die von NITSCH vorgetragene Erklärung anläßlich des DSB-Bundestages am 24./25.4.1970 in Mainz angesehen werden. Damals wurde der unbedeutende KREGEL im Gegensatz zum politisch gewichtigen WEYER zum neuen DSB-Präsidenten gewählt.

„Hier steht ein Kandidat zur Wahl für das höchste Amt im deutschen Sport, von dem eine Konzeption für den Sport in den siebziger Jahren bisher nicht vorliegt, und der es auch nicht verstand, sich in der gestrigen Debatte entsprechend zu profilieren.

Die Ablehnung der Befragung läßt die Vermutung aufkommen, daß hier unter den stimmstarken, großen Verbänden eine Absprache aus uns unbekannten Gründen erfolgt ist.

Wenn das so ist, sieht der ADH die heutige Wahl als eine Farce an. Mit Bedauern stellen wir fest, daß sich damit die Repräsentanten des deutschen Sports von den positiven Äußerungen des bisherigen Vorstandes entfernen. Mit „government by discussion" hat das hier praktizierte Verhalten nichts zu tun.

Zum Zeitpunkt der verstärkten Demokratisierung innerhalb der Gesellschaft fällt damit der Deutsche Sportbund auf Praktiken schlechter Parteitage der fünfziger Jahre zurück.

Eine Neuorientierung des Sports ist unter diesen Voraussetzungen nicht zu erwarten. – Eine Entwicklung, die vom ADH mit Bedauern zur Kenntnis genommen wird.

Um die hier gepflegten Praktiken in Zukunft zu vermeiden, regt der ADH an, bis zur nächsten Hauptausschußsitzung eine Geschäftsordnung des Bundestages zu erstellen, die unter anderem die Bestimmung enthalten muß, daß bei Wahlen eine Kandidatenbefragung obligatorisch ist." (ADH-Mitteilungsblatt 14/70).

Die Presse beurteilte die vorgetragene Erklärung überwiegend positiv, darin ein direkt erfahrbarer Widerspruch angesprochen wurde. Durch die Wahl KREGELs bestand die Gefahr, daß der DSB durch verbandsegoistische Interessen noch weiter aufgespalten wurde und damit zur Bedeutungslosigkeit verurteilt war, was gleichzeitig die Aufgabe der Einheitssportbewegung bedeutet hätte. Diese von vielen Anwesenden empfundene Gefahr wurde thematisiert und konnte dadurch zu einer gewissen Befriedigung führen, da

1. durch die Erklärung wieder ein Stück Demokratie hergestellt wurde,
2. durch die Erklärung der verbale Wille zur Einheit provoziert wurde.

Insgesamt erschien die Situation wieder akzeptabel, was dann schließlich zur Formulierung angeblich notwendiger punktueller Veränderungen führte.

Aufgrund einer fehlenden Analyse der Bedingungen und Zielsetzungen im DSB beschränkten sich die weiteren Bemühungen des ADH überwiegend auf die Beseitigung undemokratischer Strukturen, wie z.B.:

1. die Aufforderung, die 32 Vertreter des Sports für die Deutsche Sportkonferenz durch öffentliche Verfahren zu benennen (ADH-MITTEILUNGSBLATT 25/70/15, S. 5);

2. der Antrag zur Verabschiedung einer Geschäftsordnung für DSB-Hauptausschußsitzungen (ADH-MITTEILUNGSBLATT 27/70/10);

3. der Versuch, mit Hilfe aller außerordentlichen Mitglieder einen dritten Block im DSB bilden zu können (ADH-MITTEILUNGSBLATT vom 14.9.1971, S. 5).

Die vom ADH auf der formalen Ebene geführte Kritik fand in der Öffentlichkeit eine durchaus positive Wertung. Aufgrund der Blockbildung innerhalb des DSB bestand die Gefahr der Paralysierung, was gleichzeitig die Aufgabe der demokratisch-pluralistischen Ideologie bedeutet hätte, wonach die Verbände untereinander konkurrieren, ohne daß eine Seite in einem ständig offenen Wettstreit einen entscheidenden Vorteil erringen kann (JAEGGI 1973, S. 162).

Durch das in der Öffentlichkeit beobachtete Auftreten trug der ADH zu einer Kompensation bestehender Dissonanzen bei. Der ADH erweckte durch seine offen formulierte Kritik, die die inhaltliche Ebene überwiegend ausschaltete, den Eindruck eines sich demokratisch gebärdenden DSB.

7.3. Phase der Widerstände gegen den ADH

Die kritische Funktion des ADH im DSB wurde in dem Moment nicht mehr akzeptiert, als zunehmend zu den formalen demokratischen Argumenten inhaltliche Forderungen mit einbezogen wurden. Bevor wir uns in dieser Phase mit den einzelnen Presseangriffen gegen den ADH befassen, soll vorab berücksichtigt werden, in welchen Presseorganen die Politik des ADH kommentiert wird. Dies sind überwiegend:

FRANKFURTER ALLGEMEINE ZEITUNG (FAZ)
DIE WELT
DIE ZEIT
SPORT-INFORMATIONS-DIENST (SID)

Die beiden erstgenannten überregionalen Tageszeitungen wenden sich in ihrer Grundhaltung an einen überwiegend konservativen Leserkreis. Beide Zeitungen haben in der Vergangenheit immer wieder heftige Angriffe gegen fortschrittliche Reformen gerichtet (z.B. gegen die Rahmenrichtlinien Gesellschaftslehre in Hessen). Durch Form und Stil der Berichterstattung wenden sich beide Zeitungen überwiegend an eine Elite (oder im Schichtenmodell ausgedrückt:überwiegend an die gehobene Mittelschicht und Oberschicht). Diese Gruppen werden zur Wahrung ihrer Klasseninteressen über neue Alternativen und Tendenzen (auch im Sport) informiert. In Form von Kommentaren werden zur Absicherung der Privilegien argumentative Hilfen gegeben.

Die Wochenzeitung DIE ZEIT zeichnet sich durch eine eher liberale Grundhaltung aus, wobei die Abhängigkeit dieser Zeitung von der Gruner und Jahr-Gruppe und vom Werbemarkt entsprechend den Aussagen im Kapitel 5 besteht. Die sich verstärkenden Restriktionen drücken sich vor allem in einigen Rubriken der Zeitung aus, wozu ebenfalls der Sport zu rechnen ist.

Der SID genießt als Agentur zur Verbreitung von Informationen über den Sport für die einzelnen Tageszeitungen auf dem Sportsektor eine gewisse Monopolstellung. Deshalb können von hier aus gezielt gegen einen Verband gerichtete Angriffe öffentlichwirksam lanciert werden. Andererseits verzichten viele Tageszeitungen aufgrund ihrer überwiegend auf die aktuelle Sportberichterstattung mit der Darstellung und Kommentierung von Ereignissen des Wettkampf- und Spitzensports ausgerichteten Konzeption auf die Übernahme sportpolitischer Artikel (vgl. BINNEWIES 1974). Deshalb werden derartige Themen überwiegend in den o.g. Zeitungen abgedruckt.

Die kurze Analyse verdeutlicht, daß die Kommentierung über den ADH nur einer begrenzten Gruppe zugänglich ist, die aus der Presse wichtige Informationen zur Eindämmung von Alternativen und zur Stabilisierung ihrer Privilegien erfährt. Daraus erklärt sich, daß die überwiegend von Arbeitern gelesenen Massenpresse (z.B. BILD-ZEITUNG) Ereignisse im ADH ignoriert, um damit demokratische Ansätze im Sport nicht erkenntlich zu machen.

Aus Platzgründen können nicht alle Ebenen der Pressekampagne gegen den ADH berücksichtigt werden. Deshalb wenden wir uns schwerpunktmäßig der Behandlung der im ADH geführten Diskussion, der Beurteilung der Mitarbeit der Vertreter des ADH im DSB sowie der Beurteilung der vom ADH angestrebten gewerkschaftlichen Orientierung durch die Presse befassen.

7.3.1. Die Behandlung der Diskussion im ADH durch die Presse

Vor seiner 50. Vollversammlung im April 1973 veranstaltete der ADH eine Podiumsdiskussion, in der eine Bestandsaufnahme des bisher geführten Diskussion zum Hochschulsport geleistet wurde (ADH 1973). In der Berichterstattung über die Diskussion war in der überregionalen Presse folgendes zu lesen:

H.D. KREBS im SID am 5.4.1973: „Verschwommener Horizont"

„... in Dieburg schwirrten viele Schlagworte herum: vom Privileg des Sports an den Hochschulen für eine Elite angefangen bis zu der in Bremen geplanten Verbindung der Arbeiter von Hand und Kopf – das haben wir ja schonmal zu Zeiten des wieder in Mode gekommenen Herrn Hitler gehört. Wer sich durch den Wust der Worthülsen arbeitet, muß feststellen, daß die Konsequenz ausbleibt. Zwar sprach man von einer Auflösung des ADH. Das waren Lippenbekenntnisse, denn diese 25 Jahre bestehende Organisation weiß leicht ihre Existenzberechtigung nachzuweisen.

Die Konsequenz wäre eigentlich folgende: Ist Hochschulsport Betriebssport, dann sollen sich die einzelnen Hochschulgruppen dem Bund Deutscher Betriebssportverbände anschließen. Damit wird ein elitärer Anspruch auf Sonderrechte endlich abgegeben. Ist Betriebssport an Hochschulen besser als der bei Kaminkehrern, Stahlarbeitern oder Gebäudereinigern? Wo eine Repräsentation der studierenden Leistungssportler nötig ist, sollen der Deutsche Sportbund und seine Fachverbände die Auswahl der Athleten treffen. Die dafür vorgesehenen Staatsmittel kann der Bundesausschuß für Leistungssport verteilen. Die Vertreter in der internationalen Organisation des Hochschulsports wählt man – von der Basis demokratisch legitimiert – von Fall zu Fall oder überläßt das der Gewerkschaft, der man sich anschließen könnte."

In dem Artikel werden lediglich die in der Podiumsdiskussion aufgeworfenen Fragen wiedergegeben, wobei KREBS die in der Diskussion entwickelten Antworten verschweigt. Zu diesem Zeitpunkt erkennbare Alternativen wie z.B. das Bremer Modell werden ohne inhaltliche Erläuterungen durch den Vergleich mit HITLER pauschal diffamiert. Die durch den Entzug an Informationen beim Leser erzeugte Dissonanz ist angesichts der antikapitalistischen Konzeption an der Universität Bremen geradezu absurd. Der Abbau dieser Dissonanz erfolgt durch den Verweis auf die Ligitimationskrise in die der Hochschulsport dann gerät, wenn er andere Funktionen übernimmt, als er bisher in Form eines Angebots für eine Elite hatte. Aber auch dort, wo Informationen über Modelle gegeben werden, wird beim Leser der Eindruck erzeugt, daß sich die neuen Konzepte nur gegen bestehende Phänomene richten und keine echten Alternativen aufbauen können. Als Beleg für die Aussage führen wir Auszüge eines Artikels von NEUMANN in der FAZ vom 6.4.1973 an:

„... Das Bremer Modell wendet sich gegen den Wettkampf, den Dozenten- und Professorensport an den Hochschulen. Die Berliner sehen den Hochschulsport als Betriebssport und auch die sogenannten Wopp-Thesen lassen nichts mehr vom Leistungssport an den Hochschulen übrig.

Mit solchen Vorstellungen sind allerdings die bundesdeutschen Studenten auf dem internationalen Parkett des Hochschulsports ziemlich isoliert. Besonders im Ostblock erfreut sich der Leistungssport an den Universitäten und Hochschulen einer großen Förderung und auch einer beachtlichen Popularität. Wenn sich die Diskussionsteilnehmer, so meinte der Tübinger Ommo Grupe, einig seien, daß der Wettkampfsport wegfallen solle, dann sei der ADH doch überflüssig, es sei denn, ihm ginge es wie dem Heimkehrerverband, der auch ohne Heimkehrer immer wieder eine Begründung für seine Existenz finde."

In der weiteren Darstellung der Diskussion im ADH wird dieser Prozeß als überwiegend konspirativer Versuch einer nicht näher umschriebenen Gruppe (Progressisten) dargestellt.

TROSSE in DIE WELT vom 5.5.1973:

„Damit das Neureformkonzept auch rundherum stimme, wurde der Antrag 2,6 zum Paragraphen 2 der ADH-Wettkampfordnung eingebracht; „Vom Sommersemester 1973 an werden keine Hochschulmeisterschaften mehr durchgeführt."

Das bedeutete praktisch die Einstellung nicht nur nationaler, sondern auch internationaler Wettkämpfe und damit die Streichung eines der wichtigsten Teile des Schwerpunktprogramms des ADH. In diesem Antrag sah dann auch die Mehrheit der versammelten Hochschulvertreter, trotz Reformaufgeschlossenheit, doch zuviel Gesichtsverlust für den ADH. Der Antrag fiel durch. Um sich aber nicht das Image reaktionären Verhaltens aufzuladen, bestätigte die Mehrheit die radikalen Thesen als Konzept künftiger Zielvorstellungen und als Grundlage zur Entwicklung von Strategien des Verbandes.

Das war genau das, was die Progressisten erreichen wollten. Denn mit diesen Vorstellungen als Basis, war das Endziel, den Verband als führenden breitensportpolitischen Sprecher in der Bundesrepublik zu etablieren, keine Utopie mehr.

Strategie und Taktik im Hinblick auf dieses Ziel offenbarte dann folgerichtig die 50. Vollversammlung Anfang April dieses Jahres in Dieburg. Mit dem Blankoscheck der sanktionierten Zielvorstellungen aus Marbach in der Tasche, hatte man das Terrain sorgfältig vorbereitet. Die Vertreter der bisher geltenden Konzeptionen waren kurzerhand als Exponenten eines extremen Standpunkts eingeordnet, die ihre Position mit Scheinargumenten verteidigen und Bewußtseinsprozesse um ein neues Selbstverständnis absichtlich verzögern."

In dem Artikel werden die objektiven Bedingungen, die zu einer konzeptionellen Neugestaltung des Hochschulsports führten, wie z.B. das wachsende Sportbedürfnis der Hochschulangehörigen, verschwiegen. Hier wird vielmehr ein komplexer Sachverhalt mit seinen Ursachen und Auswirkungen für den Leser dadurch „verständlich" gemacht, daß die Diskussion im ADH auf die Verabschiedung einiger „radikaler Thesen", lanciert durch eine nicht näher umschriebene Gruppe („man", „Progressisten"), reduziert wird. Diese Vorgehensweise entspricht der Hypothese von HOLZER, daß durch personalisierende Informationen die Komplexität von Prozessen verringert wird.

Zum Verständnis der bisher geführten Presseangriffe soll noch einmal der zu diesem Zeitpunkt im ADH gültige Diskussionsstand verdeutlicht werden. Durch die programmatisch verkündete Verflechtung von Hochschule und Stadt vermittels des Hochschulsports bestand aus der Sicht der Einheitssportbewegung die Gefahr, daß den Teilnehmern am Hochschulsport die Widersprüche zwischen ihren eigenen sportlichen Wünschen und deren Befriedigung (z.B. innerhalb des Angebots der Sportvereine) bewußt werden. Über die organisatorische Verflechtung hinausgehend mußten besonders die angestrebten Inhalte auf Widerstand stoßen. Durch die konzeptionelle Verbindung von Sport und Arbeit sollte den Teilnehmern am Hochschulsport die dynamische Wechselbeziehung von Arbeit und Reproduktion der Arbeitskraft bewußt werden. Mit Hilfe dieser Kategorien können z.B. die „mittelschichtenspezifische" Orientierung vieler Sportvereine (LENK 1972) und die Ursachen sportlicher Bedürfnisse und adäquate Formen zu deren Befriedigung interpretiert werden. Die im Sport erfahrbaren Dissonanzen wie z.B. der Mangel an Sportanlagen, die spezieller auf Teilnehmerbedürfnisse ausgerichtet sind, zu wenige und ungenügend qualifizierte Übungsleiter und die übermäßige Finanzierung des Spitzensports im Gegensatz zum Breitensport konnten bisher durch die strikte Trennung der Bereiche Sport und Arbeit durch die in der Einheitssportbewegung vorherrschende Ideologie (vgl. GÜLDENPFENNIG in diesem Band) auch gerade in der Presse kompensiert werden. Deshalb mußte zur Bekämpfung der Vorstellungen im ADH das im Bewußtsein der Öffentlichkeit verankerte Bild eines unpolitischen Sports durch die Presse aufgegriffen werden, um durch den Verweis auf eine angestrebte Politisierung des Sports durch den ADH konkrete Ängste zu erzeugen.

TROSSE in DIE ZEIT vom 28.9.1973: „Nach der Universiade in Moskau. Studentensport als Strategie; der Hochschulsport soll zur Veränderung der gesellschaftlichen Verhältnisse beitragen":

„... So ist die Forderung nach der Verflechtung nicht nur eine humane Idee, sondern eine logisch entwickelte Theorie. Der Hochschulsport wird zum Feld der Gestaltung sozialer Beziehungen zwischen unterschiedlichen Gesellschaftsgruppen und damit auch zum Feld zur Veränderung dieser sozialen Beziehungen.

Über die Realisierung dieses Zieles gibt es bei den Reformern durchaus konkrete Vorstellungen. Die Sportkurse werden künftig nicht nur Fitmacher sein, sondern als Diskussionszirkel politische Funktionen erfüllen. In den gesellschaftlich unterschiedlich zusammentreffenden Gruppen wird zunächst ganz gezielt eine Verunsicherung im Rollenverhalten der Teilnehmer erzeugt. Diese Verunsicherung wird durch „Verbalisation" verdeutlicht und führt damit zum Erkennen der eigenen und gesellschaftlichen Situation die Veränderung im sozialen Verhalten und es kommt über den sportlichen Rahmen hinaus zur gemeinsamen politischen Aktion.

Es ist nicht schwierig zu erkennen, wohin solche Reformsätze führen sollten. Letztlich eben durch Kommunikation zwischen den Beteiligten auch zur Solidarisierung in außersportlichen Bereichen zu kommen, um in gemeinsamen politischen Aktionen die Gesellschaft verändern zu helfen."

In der Vorgehensweise in diesem Artikel erfolgt eine Anlehnung an das in der Öffentlichkeit vorhandene Verständnis vom Sport, das sozialisiert durch Schule und öffentliche Medien den Sport als unpolitisches Feld sieht und sich an „wertfreien" Kategorien wie Spaß, Freude, Gesundheit usw. orientiert. Durch den Verweis, daß innerhalb der Konzeptionen des ADH eine Beseitigung dieser Elemente angestrebt wird, werden bei den Lesern Ängste provoziert. In einer häufig nicht ausgesprochenen Konsequenz muß der Leser zu dem Schluß kommen, daß die Abwehr sogenannter „linker Kräfte" notwendig ist, um sich den Spaß am Sport nicht verderben zu lassen.

Im weiteren Verlauf der Kampagne gegen den ADH verstehen es die öffentlichen Medien, unterstützt durch Politiker und Sportfunktionäre, geschickt den ADH in die Ecke der Gegner des Leistungssports und damit als Gegner jeglicher Leistung hinzustellen, die als Grundlage der Gesellschaft in der BRD angesehen wird. Dabei wird überwiegend an das in der Presse bisher über den ADH erzeugte Bild angeknüpft. Grundlage der dem ADH unterstellten Leistungssportfeindlichkeit war der Antrag auf die Streichung der Deutschen Hochschulmeisterschaften. Durch den Verzicht der Überprüfung der Richtigkeit der bisher geführten Presseangriffe sowie der Analyse der Diskussion um die Deutschen Hochschulmeisterschaften entledigen sich führende Vertreter der Einheitssportbewegung und der Regierung der Notwendigkeit, ihre aufgestellten Behauptungen zu belegen.

Staatssekretär JUNG, Ausführungen vor dem Kuratorium der STIFTUNG DEUTSCHE SPORTHILFE am 4.6.1973 (in ADH-MITTEILUNGSBLATT 73/18):

„... Es sind hierbei nicht nur materielle Unterstützungen, die von uns erwartet werden, sondern häufig auch ideelle Hilfen, die wir – die öffentliche Hand und die Gesellschaft – dem Sport geben müssen.

Ich meine, dazu gehört es auch, daß wir mithelfen, den Sport insbesondere den Leistungssport gegen die Angriffe sportfreundlicher Ideologen abzuschirmen. Wir bekennen uns zum Leistungssport, zur Vollendung sportlicher Leistungen im Rekord und im olympischen Sieg, zum Recht auf Selbstverwirklichung auch durch und mit sportlicher Hoch- und Höchstleistung.

Wir bewundern, daß Spitzensportler in Grenzbereiche menschlicher Möglichkeiten eindringen, und erfreuen uns an dem Hochleistungssport als Medium der Selbstvollendung und ästhetisches Phänomen.

Kritische Bemerkungen gegenüber dem Leistungs- und Hochleistungssport sollen im Grundsatz durchaus positiv beurteilt werden. Alles, was zu kritischer Reflexion anregen will, verdient Beachtung. Zu billigen sind deshalb auch Formen, die aufrühren und provozieren. Nur wehren wir uns gegen die Einseitigkeit der Beurteilung. Einseitigkeit ist nicht das kritische Prinzip schlechthin. Deshalb wenden wir uns mit Entschiedenheit gegen Thesen, die das Leistungsprinzip als inhuman diffamieren und den Leistungsport als Mittel brutaler Selbstausbeutung und als Instrument der Herrschenden diskreditieren. Hier offenbart sich das verengte Blickfeld von Ideologen, die ihre eigenen Denkansätze nicht in Frage stellen und wissenschaftliche Überlegenheit dort vorgeben, wo sich naive Behauptungen mit ideologischer Verzerrung vereint.

Mit Interesse haben wir vor kurzem gelesen, daß zumindest teilweise sehr einfältige Praktiken verwendet werden, um Argumente gegen den Leistungssport zu finden. So hat einer der einseitigen Kritiker des Sports den Vorwurf der sogenannten kritischen Philosophie des Neomarxismus gegen die bürgerliche Kunst, das Interesse daran werde von der Gesellschaft finanziell und emotionell verwertet, einfach auf den Sport umfunktioniert."

Wenige Tage später wurde vom sportpolitischen Ausschuß des ADH folgende Mitteilung herausgegeben:

„1. Zu den Reden von Neckermann und v. Brauchitsch soll Wopp eine Stellungnahme erarbeiten, in der die Methoden der Redner aufgedeckt werden, die diese gegenüber den Kritikern am Leistungssport anwenden.

2. Staatssekretär Jung soll diese Stellungnahme mit dem Hinweis zugeleitet werden, daß man von den Vertretern der sozial-liberalen Koalition eine differenziertere Haltung gegenüber den polemischen Äußerungen der Vertreter der Sporthilfe erwartet."(ADH-MITTEILUNGSBLATT 73/18, S. 3).

Noch vor der Fertigstellung der Analyse wurde die Mitteilung wie folgt kommentiert:

SID-Meldung vom 9.7.1973: „Polemik gegen Jung-Ansprache ADH-Kuratoriums-Reden":

„Offensichtliche Unzufriedenheit haben bei Mitgliedern des sportpolitischen Ausschusses im Allgemeinen Deutschen Hochschulsportverband (ADH) die Ansprachen bei der Sitzung des Sporthilfe-Kuratoriums am 4. Juni auf dem Petersberg ausgelöst. Das beratende ADH-Gremium will die beiden Reden von Josef Neckermann, dem Sporthilfe-Vorsitzenden, und seinem Stellvertreter Eberhard von Brauchitsch durch den ADH-Bildungsreferenten analysieren lassen. Dabei sollen „die Methoden der Redner aufgedeckt werden, die diese gegenüber den Kritikern am Leistungssport anwenden."

Dem Vertreter von Bundesinnenminister Genscher, Staatssekretär Jung, der auf dem Petersberg für die Bundesregierung sprach, „soll diese Stellungnahme des ADH mit dem Hinweis zugeleitet werden, daß man von den Vertretern der sozial-liberalen Koalition eine differenziertere Haltung gegenüber den polemischen Äußerungen der Vertreter der Sporthilfe erwartet".

Den sportpolitisch engagierten Studenten des ADH wäre zu empfehlen, das Manuskript der Rede von Staatssekretär Jung genau durchzulesen und dort die redigierenden Hände zu untersuchen, die bis auf einmal die ursprüngliche Fassung von „linken Kritikern" entschärft haben. Auch wäre es sinnvoll, auch die Worte des Bundespräsidenten zur Leistung im Sport auf dem Stuttgarter Turnfest unter dem Anspruch der von der Regierungskoalition erhofften „differenzierten Haltung" zu untersuchen.

Nur spricht wenig für ein gewachsenes Selbstverständnis, wenn der sportpolitische Ausschuß des ADH jene anderen Stimmen zur Leistung und zum Leistungssport bereits vor dem Vorliegen der Stellungnahmen pauschal als „polemische Äußerungen" abqualifiziert. Im Sport heißt solcher Art Übung Selbsttor."

Die vorbeugende Reaktion auf die angekündigte Analyse verdeutlicht, daß eine derartige Ausarbeitung nicht im Interesse der SPORTHILFE sein konnte. Die Zerstörung des zwischenzeitlich aufgebauten Bildes eines leistungssportfeindlichen ADH hätte das strategische Vorgehen erheblich beeinträchtigt. Dieses bestand darin, daß durch den Aufbau einer angeblichen Bedrohung von den Schwierigkeiten der SPORTHILFE abgelenkt werden sollte. Diese kamen u.a. in der rückläufigen Spendenbereitschaft der Industrie für die SPORTHILFE zum Ausdruck. Von daher erfüllten die Angriffe gegen den ADH zwei Funktionen:

1. Die Spendenbereitschaft der Industrie für den Spitzensport sollte dadurch gefördert werden, daß sich Sport und Industrie gemeinsam systemverändernden Kräften entgegenstellen müssen.

2. Durch die gezielte Diffamierung wurden alternative Ansätze im Sport als ideologisch und undemokratisch und damit als staatsgefährdend hingestellt.

Die oben dargestellten Kommentare verdeutlichen, daß die Presse eifrig bemüht ist, Aussagen führender Sportfunktionäre und der damit verbundenen Ideologie zu stützen. Dazu merkte NECKERMANN vor der Wahl des Sportlers des Jahres 1973 an:

„Aber auch den Journalisten gilt unser Dank, die sich mit ihrer alljährlichen Beteiligung an der Wahl zum Leistungssport bekennen, und ich benutze die Gelegenheit, der deutschen Presse, dem Fernsehen und dem Rundfunk Dank zu sagen für die stete Unterstützung, die sie – sie werden mit verzeihen, wenn ich ein Wort in eigener Sache sage – auch der DEUTSCHEN SPORTHILFE zukommen lassen."

Aufgrund der am 5. Kapitel aufgezeigten Abhängigkeit der privatwirtschaftlichen Presse ist eine direkte Verbindung von Sportführern zu den Journalisten ableitbar.

In der Folgezeit verschärfen sich die Widersprüche innerhalb der Einheitssportbewegung. Außerdem kommt hinzu, daß die Angriffe gegen den ADH nicht die erwarteten negativen Konsequenzen brachten. Der Verband selber erwies sich trotz der in ihm vertretenen unterschiedlichen Positionen besonders in seinem Auftreten in der Öffentlichkeit als recht stabil. Deshalb wurde es in einem neuen Stadium die Pressekampagne darauf angelegt, der Politik des Verbandes die Theorie des staatsmonopolistischen Kapitalismus zu unterstellen. Durch diese Vorgehensweise war zu erwarten, daß einige Hochschulen sich zum Austritt entschließen und von Seiten der Länder- und Bundesministerien die Finanzmittel für den ADH eingestellt würden.

Welche Methoden und Formen in dieser Phase der Pressekampagne verwandt wurden, dokumentiert der nachfolgende Artikel. Allein um die sachlichen Fehler aufzuzeigen, wird die offizielle Stellungnahme des ADH-Vorstandes gegenübergestellt.

KNECHT, Hochschulsport im Klassenkampf (FAZ vom 27.12.1973)

„Drei Monate nachdem der Allgemeine Deutsche Hochschulsportverband (ADH) einen – wie es damals hieß – „progressiven" Vorstand wählte, bietet der organisierte Hochschulsport in der Bundesrepublik Deutschland ein verworrenes Bild ideologischer Konflikte und klassenkämpferischer Tendenzen. Ursprünglich erschienen die von der Merhheit des neuen Vorstandes getragenen Zielvorstellungen als ein Vorstoß allein gegen den Spitzensport, dem von ADH-Wortführern die Erfüllung sehr wesentlicher politischer „Funktionen für das Gesamtsystem des staatsmonopolistischen Kapitalismus" zugeschrieben wird. Mittlerweile jedoch hat sich der Katalog der erstrebten Veränderungen erheblich erweitert und schließt – zumindest theoretisch – auch die Vorstellung ein, daß in der Bundesrepublik Deutschland ein völlig neuer Sportverband, und zwar „von einem klassenspezi-

HARMS/BERNSDORFF zum Artikel von KNECHT (in HOCHSCHULSPORT 2/74, S. 2)

„W. Knecht hielt es für nötig, in einem Artikel in der FAZ vom 27. 12.73 seinen Unmut über die Richtung des ADH Luft zu machen. Dies geschah jedoch durch Falschbehauptungen, Unterstellungen und undifferenzierte Ansichten auf eine so üble Art, daß der Artikel nicht unbeantwortet bleiben kann.

1. Es wird behauptet, der Vorstand des ADH habe die Position seiner „Regierungserklärung" verlassen, die ursprünglich allein gegen den Spitzensport gerichtet gewesen sei. Abgesehen davon, daß eine derart isolierte Zielvorstellung inhaltlich völlig unhaltbar wäre, deutet eine derartige Interpretation auf eine unzureichende Lektüre der entsprechenden Äußerungen des Vorstandes hin. Die angebliche Begründung, der Spitzensport erfülle wesentliche „Funktionen für das Gesamtsystem des staats-

fischen Ansatz aus", konzipiert werden müßte.

Der geistige Leitfaden der studentischen Sportrevolutionäre, die von Peter Weinberg verfaßte Schrift „Staatsmonopolistische Formierung, Sport und demokratische Bewegung in der BRD" verrät, warum mit der Zersplitterung des Deutschen Sportbundes nicht bereits begonnen wurde: „Wir halten ... eine Gegenorganisation zur bürgerlichen Sportbewegung zum gegenwärtigen Zeitpunkt und aufgrund des momentanen Standes der Klassenkämpfe und der Organisierung der Arbeiterklasse nicht für richtig." Solange die äußeren Verhältnisse das Fortbestehen der derzeitigen Sportorganisationen begünstigen, führen die strategische Clique des ADH und mit Sport befaßte studentische Funktionäre einen gesellschaftspolitischen Kleinkrieg. Als Nachfolger des gewiß progressiven, dabei aber um Ausgewogenheit bemühten Franz Nitsch trat mit Joachim Neu ein extrem linksaußen placierter Flügelmann an die Spitze des „Sportpolitischen Ausschusses". Unter dem Vorzeichen eines „antimonopolistischen Kampfes" inszenieren die Linksgruppen der Universität Bremen ein Kesseltreiben gegen den Sportbeauftragten Wilfried Lemke. ADH-Bildungsreferent Christian Wopp fand im ADH-Blatt „Hochschulsport" leistungssportliche Aktivitäten des Deutschen Sportbundes erstaunlich, „weil doch sonst die nationale Einheit als wesentliches Argument für die besonderen gutnachbarlichen Beziehungen zur monopolistischen Kapitalismus", ist in keiner Verlautbarung des ADH zu finden. Ziele dieses Vorstandes sind vielmehr u.a.: die Entwicklung von Alternativen zum jetzigen Sportangebot der Hochschulen und des ADH; die Demokratisierung der Entscheidungsprozesse im Hochschulsport; eine stärkere Berücksichtigung der mehrheitlichen Bedürfnisse in Konzeptionen und im konkreten Angebot. Diese Vorstellungen sind in der „Regierungserklärung" festgehalten und werden nach wie vor verfolgt.

2. Es wird behauptet, daß der ADH die Gründung eines neuen, klassenspezifischen Sportverbandes als Gegenpol zum DSB beabsichtige. Diese Perspektive ist zu diskutieren, vom Vorstand bisher aber nie vertreten worden. Es ist jedoch richtig, daß der ADH seine Vorstellungen im DSB nur sehr bedingt für realisierbar hält. Als Perspektive gibt es jedoch auch andere Möglichkeiten als die Gründung eines Gegenverbandes. Eine Alternative ist in der so einseitigen „Regierungserklärung" aufgezeigt: die verstärkte Kooperation mit gewerkschaftlichen Organisationen.

3. Es wird behauptet, F. Nitsch – progressiv, aber ausgewogen – sei als Leiter des Sportpolitischen Ausschusses durch J. Neu abgelöst worden. Richtig ist, daß F. Nitsch nicht Leiter, sondern Mitglied dieses Ausschusses war und immer noch ist. Wenn J. Neu als linksaußen stehend bezeichnet wird, so mag dies unter Zugrundelegung eines DSB-Maßstabs zutref-

DDR, gerade vom DSB betont wird; warum genügt es ihm nicht, daß die Nation auf sportlichem Gebiet von unseren mitteldeutschen Landsleuten hervorragend vertreten wird? "

Als Reaktion auf solch sportpolitischen Kurs hat die Universität Köln mitgeteilt, sie werde im nächsten Jahr aus dem ADH austreten. Freilich ist dies – zumindest derzeit noch – ein Einzelfall. Wo es nottut, helfen als Beleg für selbstgebastelte Theorien und unbeweisbare Thesen Falschbehauptungen. Da heißt es bei Politinstrukteur Peter Weinberg: „So hat die Bundesregierung 1972 für die Deutsche Sporthilfe fast 336 Mio. DM veranschlagt, davon allein im Etat des Bundesministeriums 194 Mio. DM." In Wahrheit erhielt die Stiftung Deutsche Sporthilfe noch nie irgendwelche Mittel aus dem Bundeshaushalt. Auch hierin besteht ihr erheblicher Unterschied zum Allgemeinen Deutschen Hochschulsportverband, dem sowohl über den Bund als auch vor allem über die Universitätshaushalte permanent Steuergelder staatsmonopolistischen Ursprungs zufließen."

fend sein, innerhalb des hochschulpolitischen Spektrums jedoch sicher nicht.

4. Der Austritt der Uni Köln aus dem ADH ist angeblich durch die politische Richtung des Verbandes begründet. Die schriftliche Austrittsbegründung sagt jedoch eher gegenteiliges aus: „Die Regierungserklärung des neuen Vorstandes verspricht zwar eine Besserung, jedoch sollte zunächst die Entwicklung abgewartet werden". Nach einer generellen Ablehnung der politischen Linie, wie W. Knecht suggeriert, hört sich das nicht an.

5. Im Artikel wird Peter Weinberg als Politinstrukteur des ADH bezeichnet, jedenfalls kann der Leser das aus dem Artikel schließen. Demgegenüber ist festzuhalten, daß Peter Weinberg zu keinem Zeitpunkt in irgendeinem Verhältnis zum ADH gestanden hat, schon gar nicht irgendeine Funktion im Verband innehatte.

Auch ist die Universität Bremen bis heute nicht Mitglied des ADH, was Herrn Knecht sehr wohl bekannt sein müßte.

Dessen ungeachtet scheint es Übereinstimmungen in den Absichten des Verbandes mit den Absichten und dem Sportbetrieb der Universität Bremen zu geben. Über diese müßte man jedoch eingehend diskutieren, bevor sie als „revolutionär" diskreditiert werden.

6. Abgesehen von den nachgewiesenen Unrichtigkeiten stellt der Artikel einen polemischen Vorstoß dar, den man in der angeblich friedlichen Weihnachtszeit kaum erwar-

tet hatte. Ob diese Art irgendeinem Sportler in der BRD hilft, muß Herr Knecht mit sich abmachen. Daß er, um Stimmung zu machen, mit Reizwörtern umgeht, statt zu argumentieren, fällt auf ihn zurück. Der ADH ist bereit, jeden sachlich vorgetragenen und rational hilfreichen Beitrag in die verbandsinterne und auch öffentliche Diskussion einzubeziehen. Derart unqualifizierte Beiträge jedoch werden auf die Dauer ihre Verfasser treffen. Selbst die Deutsche Sporthilfe wird über diesen Querschläger kaum frohlocken können."

Auch dieser Artikel zeigt, daß neben der üblichen bewußten Verdrehung von Inhalten, bei der Erzeugung von Ängsten beim Leser und dem daraus notwendigen Abbau von Ängsten überwiegend eine personalisierende Form gewählt wird. Die Analyse sozialer Strukturen und Prozesse durch den ADH werden auf eine Ebene transformiert, auf der lediglich einzelne Personen für Konzeptionen verantwortlich gemacht werden. Dadurch entledigt sich die Presse der notwendigen inhaltlichen Auseinandersetzung und bietet für den Leser als Beseitigung des Übels die Beseitigung von Personen an. Wie die Berufsverbote in jüngster Zeit zeigen, scheint eine derartige Vorgehensweise allgemein erfolgreich zu sein.

In der sich weiter verschärfenden Pressekampagne gegen den ADH wird systematisch versucht, eine Spaltung des Verbandes und eine Einstellung der staatlichen Finanzierung zu erwirken. Immer wieder wird dem ADH eine nicht zu belegende Verfassungsfeindlichkeit aufgrund seiner angeblich einseitigen politisch-ideologischen Ausrichtung unterstellt. Mit Hilfe dieser Behauptung soll dem ADH die Dachverbandsfunktion und damit die Möglichkeit, als alleiniger Sprecher aller Hochschulsporttreibenden auftreten zu können, abgesprochen werden.

W. KNECHT, Klassenkampf-Etat erwünscht (FRANKFURTER ALLGEMEINE ZEITUNG vom 1.6.1974)

„Der Deutsche Sportbund möge beantragen: In allen Bundesländern wird zweckgebunden ein Titel für den außerunterrichtlichen

ADH-VORSTAND, Presserechtliche Gegendarstellung (HOCHSCHULSPORT 20/74, S. 3)

„Gemäß § 10 Pressegesetz des Landes Hessen verlangt der Allgemeine Deutsche Hochschulsportverband die Veröffentlichung folgen-

Schulsport ausgewiesen. Die Bemessungsgrundlage soll mindestens zehn Mark pro Schüler und Schuljahr betragen. Derzeit in ihrer Bemessungsgrundlage höher liegende Titel für den Schulsport sollen aufgrund der hier getroffenen Vereinbarung nicht gekürzt werden.

Sinngemäß entspricht der vorstehende Text einem Antrag des Allgemeinen Deutschen Hochschulsportverbandes (ADH) an die ständige Konferenz der Kultusminister der Länder – mit dem Unterschied, daß im ADH-Postulat vom allgemeinen Hochschulsport und von der Kasse des Allgemeinen Deutschen Hochschulsportverbandes die Rede ist.

Der ADH, der dem Sportbund die Sprecherrolle für den bundesdeutschen Sport abspricht, und „Sportprogramme als Alternative zum bisher üblichen Sport in der BRD" durchsetzen möchte, entwickelt seinerseits einen Alleinvertretungsanspruch für den gesamten hochschulsportlichen Bereich, und zwar hauptsächlich auf Kosten der Studentenschaften und der Institute für Leibesübungen. Die angestrebten organisatorischen Veränderungen basieren auf politisch-ideologischen und vor allem auf handfesten materiellen Motiven.

der Gegendarstellung zum Artikel vom Samstag, 1. Juni 1974, Seite 22 „Klassenkampf-Etat erwünscht"; Kennzeichen des Autors Kn.

1. Der Autor behauptet, daß der ADH dem DSB die Sprecherrolle für den bundesdeutschen Sport abspricht. Diese Behauptung ist falsch.

Es gibt keine Verlautbarung der Gremien des ADH mit den oben behaupteten Inhalten. Vielmehr hat das Vorstandsmitglied des ADH, W. Bernsdorff, auf der Podiumsdiskussion am 26.3.1974 in Hennef/Sieg die Sprecherrolle des DSB kritisiert.

Dem am 16.5.1974 in der Informationsschrift „Hochschulsport" veröffentlichten Beitrag ist zu entnehmen, daß sich die Kritik gegen die Spitzenfixierung des DSB richtet und dem damit verbundenen Anspruch, als alleiniger Sprecher für den Reproduktionsbereich aufzutreten. Verbunden mit dieser Kritik war die Fragestellung, warum nicht die Gewerkschaften, Kirchen usw. den gleichen Anspruch erheben.

Außerdem bleibt festzuhalten, daß eine als Diskussionsbeitrag gekennzeichnete Äußerung eines Vorstandsmitgliedes keine offizielle Position des ADH wiedergibt.

2. Der Autor behauptet, der ADH entwickele einen Alleinvertretungsanspruch für den gesamten hochschulsportlichen Bereich, und zwar hauptsächlich auf Kosten der Institute für Leibesübungen. Diese Behauptung ist falsch.

Durch neuere Hochschulgeset-

Abgesehen von der Unzulässigkeit zusätzlicher Privilegierung einer kleinen Gruppe gibt es erhebliche Zweifel, ob die Eigeninteressen des ADH mit dem Allgemeinwohl des Sports identisch sind. Der ADH versteht sich als politisches Instrument. Die dort vertretene Politik und die Menschen, die sie machen, müssen in einem engen Zusammenhang gesehen werden. Die strategische Clique des ADH repräsentiert Positionen fernab dem gesellschaftspolitischen Selbstverständnis der überwiegenden Mehrheit der Sporttreibenden in der Bundesrepublik Deutschland. Lehrveranstaltungen, wie sie vom ADH in der Zeit vom 13. Juli bis 6. Juli – dank weitgehender Fremdfinanzierung – gleich dreimal angeboten werden, sind inhaltlich an Systemveränderungen nicht allein im Sport orientiert. Die vom ADH als „grundlegende Literatur" empfohlenen Schriften sind allesamt extrem links angesiedelt.

Die der Ständigen Konferenz der Kultusminister der Länder vorliegenden Anträge des ADH aktuaze der Länder werden die Institute für Leibesübungen in ihrer bestehenden Form aufgelöst. Deshalb kann sich die Politik des ADH nicht gegen diese Institute richten. Vielmehr wird in dem Antrag an die Ständige Konferenz der Kultusminister der Länder die Schaffung einer eigenständigen Einrichtung für den Hochschulsport gefordert, um damit diesen Bereich institutionell abzusichern.

3. Der Autor behauptet, daß die Lehrveranstaltungen des ADH inhaltlich an Systemveränderungen nicht alleine im Sport orientiert sind. Diese Behauptung ist falsch.

Den am 16.5.1974 in der Informationsschrift „Hochschulsport" veröffentlichten Ausschreibungen ist zu entnehmen, daß es sich einmal um einen einzuführenden Überblick in die Gesamtthematik des Hochschulsports handelt. In dem zweiten Lehrgang sollen verschiedene Erscheinungsformen des Sports beschrieben, klassifiziert und erklärt werden können, um die Übertragbarkeit wie z.B. der Bewegungspause am Arbeitsplatz, der Aktion Trimm Dich-durch-Sport usw. auf den Hochschulsport zu überprüfen. Bei dem dritten Lehrgang handelt es sich um die optimale Ausgestaltung von Mitbestimmungsgremien im Rahmen des Hochschulsports.

4. Der Autor behauptet, daß die vom ADH zu den Lehrgängen empfohlenen Schriften allesamt extrem links anzusiedeln sind. Diese Behauptung ist falsch.

Richtig ist, daß lediglich für einen Lehrgang eine grundlegende lisieren die Frage, ob Systemveränderungen mit öffentlichen Mitteln finanziert, politisch-ideologische Intoleranz unter dem Titel „Allgemeiner Hochschulsport" honoriert werden soll. Im Gesamtbereich des Sports in der Bundesrepublik Deutschland gibt es – noch zahlreichere Subventionsansätze, die gegenüber der Aufstokkung von Klassenkampf-Etats vorrang besitzen. Kn"

Schrift empfohlen wurde. Es handelt sich dabei um die Schriftenreihe zum Hochschulsport Nr. 5 „Christian Wopp, die Organisation des Hochschulsports in der BRD – unter besonderer Berücksichtigung der Entwicklung nach 1969". Darüber hinausgehende Angaben in den weiteren Lehrgängen beziehen sich auf Broschüren der Trimm-Dich-Aktion und auf Hochschulgesetze der Länder."

Mit diesem Artikel hat die Pressekampagne gegen den ADH ein Stadium erreicht, in dem gezielt auf die Liquidierung des Verbandes hingearbeitet wird. Die Ursachen für die Verschärfung der Kampagne sind darin zu finden, daß neben der zunehmenden Präzisierung der Modelle im ADH eine Ausweitung der Vorstellungen von der Einheitssportbewegung und der Presse befürchtet werden mußte. Das Auftreten des ADH in den Gremien des DSB zeigte durchaus einige Wirkungen. Gravierender aber war die vom ADH angestrebte Kooperation mit den Gewerkschaften, durch die die Einheitssportbewegung in eine weitere Krise zu geraten drohte. Zur Beleuchtung dieses Hintergrundes wird auf den Abschnitt 7.3.3. verwiesen.

Trotz aller Bemühungen des ADH brachte die Pressekampagne auch einige negative Folgen für den Verband. Z.B. lehnte es das Land Bayern nach der Auflösung der verfaßten Studentenschaft ab, die bisher von den Studenten finanzierten Beiträge für den ADH zu übernehmen. Auch die ständige Konferenz der Kultusminister der Länder erklärte sich nicht bereit, die Anträge zur finanziellen und strukturellen Absicherung des Hochschulsports und des ADH zu unterstützen.

Parallel zu der überregional gegen den ADH geführten Kampagne werden auch Angriffe gegen den Hochschulsport in regionalen Zeitungen gerichtet.

– In Bremen erhitzt der „Fall Gramke" die Gemüter bis hin zum ZDF-Sportstudio. Ein auslaufender Hallennutzungsvertrag mit dem Handballbundesligisten Gramke wird von der Presse zum Anlaß genommen, um gegen die an der Universität Bremen vertretene Sportkonzeption zu polemisieren („Utopisten an der Macht", DIE ZEIT, 16.11.73).

– Die Berliner Morgenpost vom 2.2.1974 kritisiert den geplanten Bau eines Sportgeländes an der TU Berlin und kommt zu dem Schluß: „Offen bleibt die Frage, ob Studenten nicht als Mitglieder auf Zeit in Berliner Sportvereinen die gewünschte körperliche Betätigung finden können" (aus HOCHSCHULSPORT 12/74).

– In der ALLGEMEINEN ZEITUNG MAINZ führte Prof. WISCHMANN u.a. aus: „Allen denjenigen, die noch immer abstreiten, daß der ADH mit Hilfe des Sports eine klare politische Marschroute verfolgt, sollte endlich die Schlafmütze vom Kopf gezogen werden." (ALLGEMEINE ZEITUNG MAINZ vom 14.7.1974). Mit diesen Sätzen sollte eine strukturelle Neugliederung in Mainz verhindert werden (HOCHSCHULSPORT 21/74, S. 6 f.).

– An der Universität Münster versuchten am 19.5.1973 die WESTFÄLISCHEN NACHRICHTEN eine empirische Untersuchung zu den Sportwünschen der Hochschulangehörigen, in der eine Priorität des Freizeit- gegenüber dem Wettkampfsport ermittelt wurde, dadurch zu diffamieren, daß der Untersuchung die Absicht unterstellt wurde, „dem Sport den Wettkampfcharakter vollends abzusprechen und zu nehmen" (Darstellung dieser Auseinandersetzung in ADH-MITTEILUNGSBLATT 73/14, S. 6 f.).

7.3.2. Die Beurteilung der Mitarbeit des ADH im DSB durch die Presse

Die bisher dargestellte Kampagne richtete sich überwiegend gegen die innerhalb des ADH entwickelten Konzeptionen. Es wurde aber schon angedeutet, daß die ADH-Vorstandsmitglieder die auf der 50. Vollversammlung verabschiedete Plattform zur Grundlage ihrer Gremienpolitik machten. Konsequenterweise mußte dieses Vorhaben auf den gleichgeschalteten Widerstand von Presse und Repräsentanten im DSB stoßen. Dazu wird beispielhaft die Auseinandersetzung um die Neustrukturierung des DSB dargestellt.

Anläßlich der Olympischen Sommerspiele 1972 in München wurden erstmals im Rahmen des „Olympischen Jugend- und Sportlagers" von einer ADH-Delegation die Argumente der „Neuen Linken" im Sport einer breiten Öffentlichkeit vorgetragen. Dabei richteten sich die Aktivitäten der Delegation gegen bestehende Organisationsformen des Sports in der BRD sowie gegen den Leistungsfetischismus sowohl in „West" als auch in „Ost". Das uneinheitliche Auftreten der Delegation, sie war in mehrere politische Fraktionen gespalten, kann symbolisch als ein Teil des im ADH sich vollziehenden Umbruchs gewertet werden. „Der Anspruch, Aktivitäten in ein internationales Forum zu tragen, ohne selbst eine Plattform des Selbstverständnisses der Bedingungen der Olympiade, des Lagers und ihres eigenen Engagements zu formulieren ... mußte schließlich in theorielosem Aktionismus oder Resignation enden. So blieb vieles in negativem Kritizismus stecken, die Funktion des Sportes als herrschaftsstabilisierendes Moment bzw. als progressives, emanzipatorisches Element wurde nicht genügend verdeutlicht." (NEU 1972).

Dennoch fand das Auftreten der Delegation einige Beachtung in der Presse. Diese Erscheinung war auf das Verhalten einiger Journalisten zurückzuführen, die in dieser Phase der allgemeinen Reformeuphorie kritische Ansätze gerne verwerteten. Hinzu kam, daß die pädagogisch-aufklärerische Mission der ADH-Delegation auch die sozialistischen Länder nicht aussparte. Dadurch gab es im DSB durchaus Kräfte, die hofften, die „reformistischen" Momente dieser Bewegung von den „radikalen" trennen zu können.

Nach den Olympischen Sommerspielen 1972 wurden die Krisensymptome im Sport in der BRD immer sichtbarer. Hatte bisher der „Olympische Geist" alle divergierenden Interessen überdeckt, drohte jetzt die Einheitsbewegung des Sports an den Interessen einzelner Verbände auseinanderzubrechen.

J. NECKERMANN als Vorsitzender der Deutschen Sporthilfe (DSH) sprach dem DSB die uneingeschränkte Sprecherrolle ab und entwickelte eigene Perspektiven des Sports in der BRD. Darin wird u.a. ausgeführt:

> „Es reicht nicht aus, das bisherige System ein wenig zu renovieren und schlimmste Bruchstellen zu übertünchen, denn in diesem System haben sich die Verantwortung tragenden Gremien buchstäblich auseinandergelebt, und mit Teilreparaturen ist das Haus des bundesdeutschen Sports nicht zu retten, von der Talentsuche bis zur Verwirklichung wissenschaftlicher Erkenntnisse für den Leistungssport, von der Vergrößerung der Trainer- und Übungsleiter-Kader bis zur Heranbildung von Führungskräften, von der sozialen Absicherung der Spitzenathleten bis zur Verbesserung des technischen Geräts, von der sportmedizinischen Fürsorge bis zur Attraktivität des Angebots an Breitensport in den Vereinen, von der Belebung des Sports an Schulen und Universitäten bis zum Sport als Mittel der Resozialisierung, präsentiert der moderne Sport eine Vielzahl höchst wichtiger Aufgaben, die ohne gemeinschaftliches Planen und ohne einheitliche Beschlüsse zu Grundsatz- und Zentralthemen einfach nicht gelöst werden können." (FAZ vom 31.10.1972)

Aber schon die Zusammensetzung des Sportpräsidiums zeigte, daß hier nur eine Konzentration aus der Sicht des Leistungssports angestrebt wurde.

> „Das Sportpräsidium, in dem auch der Generalsekretär des Generalsekretariats des bundesdeutschen Sports und der leitende Direktor des Bundesausschusses zur Förderung des Leistungssports Sitz und Stimme besitzen sollten, beschließt und verantwortet in Kabinettsfunktion alle Zentral- und Grundsatzmaßnahmen des bundesdeutschen Sports" (FAZ vom 31.10.1972).

Auch das Nationale Olympische Kommitee von Deutschland mit Daume an der Spitze versuchte, seine Kompetenzen auszuweiten.

> „Daume hat kürzlich wissen lassen, daß sich das NOK künftig nicht mehr nur mit der Aufstellung der Olampiamannschaft begnügen werde, sondern sich auch mit deren Vorbereitung befassen wolle. Dies wiederum ist nur als der Versuch einer Einflußnahme auf den Leistungssport zu interpretieren, was nichts anderes bedeutet, als einen Einbruch in das Ge-

hege des DSB und dessen Verbände" (FRANKFURTER RUNDSCHAU vom 18.10.1972).

Eine Beseitigung dieser Krise schien nur durch eine Konzentration aller Führungskräfte in der Spitze des DSB möglich. Durch Beschluß des außerordentlichen Bundestages des DSB am 9.2.1974 wurden NECKERMANN und DAUME in ihrer Funktion als Vorsitzende der DSH und des NOK im geschäftsführenden Präsidium des DSB mit Sitz und Stimme verankert. Unter Berücksichtigung der Tatsache, daß der Generalsekretär des DSB ebenfalls Mitglied dieses wichtigsten Gremiums des DSB ist, haben dort drei von acht Mitgliedern Sitz und Simme, die durch die Mitglieder des DSB weder gewählt noch kontrolliert werden können. Auch die formalen Einwendungen des ADH gegen eine derartige „Reform des DSB" konnten die Abstimmung nicht beeinflussen (ADH 1974).

Das Auftreten des ADH-Vertreters wurde in der Presse folgendermaßen kommentiert.

FRANKFURTER NEUE PRESSE vom 11.2.1974:

„Einziger Außenseiter war schon rein äußerlich ENNO HARMS, der Mann im gelben Pullover, Sprecher des ALLGEMEINEN DEUTSCHEN HOCHSCHULSPORTVERBANDES, der dafür plädierte, die Satzungsänderungen nicht auf einige „kosmetische Veränderungen" zu beschränken, „sondern den sich wandelnden Bedürfnissen der Bürger" stärker Rechnung zu tragen. Gegen derlei Absichten hatte Präsident KREGEL bereits in seiner Eröffnungsrede eindeutig Stellung bezogen, der Kontrahent WILLI WEYER drückte sich noch klarer aus: „Klassenkampf ist fehl im Sport!" ...

Damit wurde die Sprecherrolle des DSB für den Deutschen Sport fest zementiert, WILLI DAUME und JOSEPH NECKERMANN aber jener Einfluß im Spitzengremium offiziell zugestanden, den sie ohnehin bereits besitzen. Wobei NOK-Chef DAUME durch sein Amt als IOC-Vizepräsident den nationalen Sphären schon weit entrückt ist, daß er seinen Platz in der DSB-Spitze durch einen ständigen Vertreter besetzen lassen will. Leichtes Unbehagen hingegen herrscht ob des Machtzuwachs des SPORTHILFE-Chefs NECKERMANN, der auch bei der Neuwahl des Vorsitzenden des Bundesausschusses für den Leistungssport (BAL) am 20. Februar als aussichtsreichster Kandidat für die Nachfolge von Dr. KARG gilt."

In dem Zeitungsausschnitt wird deutlich, daß in einer bewährten Vorgehensweise zur Ablenkung der Krisensymptome innerhalb der Einheitssportbewegung auf eine angeblich drohende Spaltung verwiesen wird. Dazu hatte der Präsident des DSB, KREGEL, in seinem Bericht u.a. ausgeführt:

„Der Deutsche Sportbund wünscht sich Kritiker. Nur mit ihnen kann er seinen Standort in unserer Gesellschaft, seine Angebote für den Bürger und seine Ziele fortlaufend überdenken. Er möchte seinen Kritikern selbst allerdings wünschen, daß sie nicht nur mit Pauschalurteilen um sich werfen, wie z.B. in den nachfolgenden Zitaten: „am Aufbau des DSB wird seine undemokratische Struktur sehr schön deutlich" oder „viele außerordentliche Mitgliedsorganisationen (haben) ihre diskriminierende Stellung ... als Verbände zweiter Klasse ... noch gar nicht erkannt" oder „hinzu kommt, daß die Sportvereine ... unfähig sind, wichtige Aufgabenbereiche ... wahrzunehmen" oder „der Anspruch des DSB (muß) auf seine demokratisch legitimierte Basis zurückgeschraubt werden". Sie werden sicher mit mir übereinstimmen, daß solche Aussagen nur wilde Meinungen schüren, aber nicht der Wahrheitsfindung dienen. Ich weiß im übrigen auch nicht, ob man diese Versuche des ADH-Bildungsreferenten CHRISTIAN WOPP von denen des Bremer Hochschullehrers PETER WEINBERG trennen kann, der in den „Blättern für deutsche und internationale Politik" (10/73) geschrieben hat: „Der Sport in der BRD ist fester Bestandteil der bürgerlich-kapitalistischen Gesellschaft. ... wir halten ... eine Gegenorganisation zur bürgerlichen Sportbewegung zum gegenwärtigen Zeitpunkt und aufgrund des momentanen Standes der Klassenkämpfe ... nicht für richtig, um den demokratischen Kampf im Sportbereich zu entfalten. Eine Sportorganisation außerhalb der bestehenden Organisationen hätte einerseits keine Chance, politisch wirksam zu werden, andererseits zeigen sich in der Sportbewegung vermehrt Kräfte, die an einer progressiven politischen Arbeit interessiert sind" ...

Ganz abgesehen davon, daß hier zur Spaltung des DSB aufgerufen wird, so wäre dies doch eine schöne Gesellschaft, wenn man nur noch nach Vorzeigen einer Legitimation sprechen können darf, wie dies hiernach aus dem ADH gefordert wird. Um Standpunkte zu vertreten, braucht man in unserem Lande – gottlob – noch keine Fahrkarte der Legitimation zu lösen und Kontrollhäuschen zu passieren. Das Grundrecht der freien Meinung verhindert dies.

Der Unterschied zwischen der angedienten Demokratie-Theorie und unserer angewandten Demokratie besteht darin, erlauben Sie mit diese Vereinfachung, daß jährlich über eine halbe Million mehr Menschen Mitglieder in unseren Turn- und Sportvereinen werden. Sie sind der Beweis dafür, daß die von uns dargestellte Demokratie angenommen wird, wobei wir nur allzu gut wissen, daß diese Ordnung fortlaufender Anpassung an die Bedürfnisse der Bürger und an die Veränderungen der Gesellschaft bedarf und solche gesellschaftlichen Veränderungen auch selbst herausfordern muß. Nicht mehr, aber auch nicht weniger wollen wir."

Zur Vorgehensweise KREGELS ist zu sagen, daß er Bezug nimmt auf einen Artikel in der Zeitschrift OLYMPISCHE JUGEND von WOPP, der zum DSB-Bundestag aber noch nicht erschienen war. Dadurch war den Zuhörern der Rede eine Beurteilung der Ausführungen von KREGEL nicht möglich.

Durch das aggressive Verhalten der führenden Sportfunktionäre auf dem DSB-Bundestag konnte die angestrebte Formierung innerhalb der Führungsspitze des DSB auch jenen Verbänden gegenüber schmackhaft gemacht werden, die zwischenzeitlich ein Unbehagen über die Konzentration von nicht zu kontrollierenden Sportfunktionären im DSB-Präsidium entwickelt hatten. Die formaldemokratische Argumentation des ADH-Vertreters drohte Berücksichtigung zu finden, so daß eine Abwehr dieser Argumente nur durch den Verweis auf die angeblich zerstörerische Absicht des ADH möglich schien. Die Auftritte von KREGEL und WEYER hatten in der Öffentlichkeit insofern ihre Wirkung, als dem bis dahin politisch unbedeutenden DSB endlich wieder „Einigkeit und Stärke" (SÜDDEUTSCHE ZEITUNG vom 11.2.1974) zugestanden wurde.

7.3.3. Die gewerkschaftliche Orientierung des ADH und die Presse

Sowohl die gescheiterten Bemühungen des ADH, innerhalb der Gremien des DSB demokratische Inhalte einzubringen, als auch die logische Konsequenz der ADH-Plattform stellten den Verband vor die Notwendigkeit, eine Kooperation mit jenen Verbänden anzustreben, die ebenfalls ein Interesse an der erweiterten Reproduktion der Arbeitskraft haben. Hierzu boten sich in erster Linie die Gewerkschaften an, die in jüngster Zeit zunehmend auch Bereiche wie das Gesundheitswesen, Bildung, Freizeit und Kultur in ihre Aufgaben mit einbezogen. Weitere Gesprächspartner mußten die gewekschaftlich orientierten Hochschulgruppen sein.

Aus der Sicht der Einheitssportbewegung mußte das Bemühen des ADH aus mehreren Gründen Unbehagen hervorrufen. Die Führungsspitze des DSB setzt sich überwiegend aus Vertretern der Industrie zusammen, die logischerweise eine Sportpolitik entsprechend ihren Interessen betreiben. Sollte im Gegensatz dazu der DGB eine sportpolitische Perspektive entwickeln, die sich an den reproduktiven und politischen Interessen der abhängig arbeitenden Bevölkerung orientiert, wären diese Vorstellungen in das ideologische Gerüst der Einheitssportbewegung nicht konfliktlos zu integrieren gewesen. Gerade der DGB zeigte in der Vergangenheit gegenüber dem DSB eine erhebliche Skepsis (VETTER 1972). Auch die gemeinsame Arbeitsgruppe von DSB und DGB hatte bis zu diesem Zeitpunkt keine konkreten Ergebnisse erzielen können. Wie in anderen Fällen setzte auch in diesem Stadium der Politik des ADH die für die Absicherung der Einheitssportbewegung notwendige Arbeit der Presse ein. Dazu dokumentieren wir folgenden Vorfall.

Anläßlich einer Podiumsdiskussion zwischen Vertretern des ADH-Vorstandes, der Gewerkschaften und gewerkschaftlich orientierter Hochschulgruppen am 26.3.1974 in Hennef/Sieg erklärte das ADH-Vorstandsmitglied BERNSDORF:

„Der DSB scheut sich in keiner Weise, spitzenfixiert zu handeln. Sein Memorandum ‚Sport für Alle' ist nun wirklich ein Paradigma für Spitzenfixierung. Woher er das hat, wer ihn dazu legitimiert hat, sich so spitzenfixiert zu verhalten, woher er auch davon ausgeht, daß er als einziger für diesen Bereich der Reproduktion der Sprecher und Verhandlungspartner mit dem Staat ist, das ist eine gesamtgesellschaftliche und politische Frage, die nach meiner Ansicht danach auch eine Frage an die Gewerkschaften ist. Ich frage mich allen ernstes, wieso die Gewerkschaften sich seit Jahrzehnten, ich sage jetzt einmal bewußt, gefallen lassen – vielleicht haben sie es garnicht bemerkt, deswegen konnten sie sich subjektiv und objektiv garnichts gefallen lassen – wieso sie möglicherweise aus Angst vor Spitzenfixierung, die sie sonst sicherlich auch nicht ständig haben, sich jetzt nicht einmal dazu erklären, wie sie denn die Alleinvertretungsanmaßung, sage ich einmal ganz bewußt drastisch, des DSB in Sachen Reproduktionsbedürfnisse, beurteilen" (ADH 1974, S. 10).

Darauf antwortete der Vertreter der Gewerkschaft Erziehung und Wissenschaft, WESTPHALEN:

„Ja, das ist immer die Frage des Interesses, das eine Organisation braucht ... Was die Alleinvertretungsanmaßung oder -anspruch angeht, ich glaube, da sind die Gewerkschaften durchaus meiner Meinung, dann wenn sie es diskutiert haben. Aber wenn sie es garnicht diskutiert haben, und bislang nicht als eine wesentliche Aufgabe ansehen, können sie auch keine abweichende Meinung entwickeln" (HOCHSCHULSPORT 9/74, S. 3).

Der Meldung des SID konnte am 26.3.1974 folgende Kommentierung entnommen werden:

„Hennef (sid.) Der Allgemeine Deutsche Hochschulsportverband (ADH) will künftig die Gewerkschaften stärker auf die gesellschaftspolitischen Bedeutung des Sports aufmerksam machen und sie zugleich als Bundesgenossen bei der Verwirklichung seiner eigenen Konzepte gewinnen. Diese Absichtserklärung ging aus der Diskussion „Zur gewerkschaftlichen Orientierung des Hochschulsports" hervor, die der ADH in Hennef mit Vertretern der Gewerkschaften, des Verbands Deutscher Studentenschaften, der Bundesassistentenkonferenz und des Bundes Demokratischer Wissenschaftler durchführte. Die Gewerkschaften sollen mithelfen, den Sport für die Reproduktion der Arbeitskraft entsprechend den Vorstellungen des ADH einzusetzen.

Auf der Diskussion attackierte das ADH-Vorstandsmitglied Walter Bernsdorff (Marburg) die Sprecherrolle des Deutschen Sportbundes. Er stellte die Frage, woher der DSB die Legitimierung als Sprecher wie beispielweise für den weiteren Ausbau des Breiten- und Leistungssports nehme. Bernsdorff sprach sogar dabei von der „Alleinvertretungsanmaßung der Reproduktionsbedürfnisse der Bevölkerung". Er meinte, daß andere gesellschaftliche Gruppen in diesem Bereich ebenfalls legitime Sprecher wären. Der Vertreter der Gewerkschaft Erziehung und Wissenschaft, Tillmann Westphalen, vertrat die Ansicht, daß der DGB gegebenenfalls mit dem DSB ein ernstes Wort reden müsse, so wenn es um den zu erweiternden Bundesausschuß für Breitensport ginge."

Diese Meldung wurde von SCHERER aufgegriffen und u.a. folgendermaßen kommentiert:

> „Man könnte über Bernsdorff zur Tagesordnung übergehen, gäbe es da nicht den ADH-Ideologen Christian Wopp – nach ADH-Vorstandsmitglied Enno Harms „ein Buhmann für den bisherigen DSB-Präsidenten Dr. Wilhelm Kregel" – und den Gewerkschaftssprecher Tillmann Westphalen.
>
> Vor vier, fünf Jahren vermochte Franz Nitsch das Plenum des deutschen Sports auf vielen Sitzungen in den Bann seiner sportpolitischen Reden und seiner trefflichen Analysen zu ziehen. Dem ADH wurde Respekt gezollt. Heute schickt er „Systemveränderer" in die Arena, die sich bei näherem Hinsehen lediglich als Profilneurotiker erweisen."
> (aus Zeitschrift BASKETBALL 8/74).

An diesen Ausführungen wird deutlich, daß von Seiten der Presse der sich innerhalb des ADH vollziehende Wandel genau beobachtet wurde. Nachdem eine Zeitlang die Rolle des ADH als kritisches Korrektiv innerhalb des DSB akzeptiert wurde, scheint man heute den Argumenten des ADH nur noch durch Diffamierung und Unterstellungen begegnen zu können. Dieses Verhalten dokumentiert eine Schwäche der Einheitssportbewegung und der diese Bewegung stützenden Presse. Nachdem jahrelang der Öffentlichkeit gegenüber versucht wurde, den Sport als einen Bereich hinzustellen, in dem Klassengegensätze keinen Bestand mehr haben, offenbaren der DSB und die Presse durch ihre Angriffe zunehmend, welche Interessen in diesen Bereichen tatsächlich vertreten werden.

8. Schlußbemerkung

Vor dem Hintergrund einer privatwirtschaftlichen und an den Interessen des Werbemarktes ausgerichteten Presse, einer zunehmenden Konzentration von Vertretern der Industrie in den Führungsgremien der Einheitssportbewegung sowie sich laufend verschlechternder Studienbedingungen treten einem kleinen Verband, der sich demokratischen Zielen verpflichtet, scheinbar unüberwindbare Schwierigkeiten entgegen. Durch den Entzug der Möglichkeiten, seine Konzepte und Modelle gegenüber einer breiten Öffentlichkeit zu publizieren, durch den Entzug finanzieller, personeller und räumlicher Kapazitäten bestehen für den ADH derzeit nur geringe Chancen, Alternativen wirksam werden zu lassen.

Dennoch muß gerade aufgrund der gegen den ADH geführten Presseangriffe angenommen werden, daß die Öffentlichkeit erfahren hat, daß Alternativen existieren, wenn auch deren Inhalte nicht bekannt werden. Es bleibt abzuwarten, wie lange noch die Presse mit Hilfe des Abbaus von Dissonanzen dazu beitragen kann, daß im Sport auftretende Widersprüche als lediglich punktuell zu verbessernde Erscheinungen hingestellt und prinzipielle Veränderungen als illusorisch oder gar als existenzgefährdend ausgewiesen werden.

Der Widerspruch zwischen der „Einheitssportbewegung" und der „Einheit des Sportes", die nicht nur den Vereinssport umfaßt, ist nicht aufhebbar. Entsprechend der sich abzeichnenden Ausweitung ihrer Interessenvertretung werden sich auch Gewerkschaften und demokratische Jugendorganisationen zukünftig um sportliche Belange bemühen. Die Frage nach der Ausrichtung der Einheitssportbewegung an den Interessen des Monopolkapitalismus oder an den Interessen der Gewerkschaften wird in Zukunft zentrale Bedeutung erlangen. Diese Alternative hat der ADH aufgezeigt.

LITERATUR

ADH, Strukturmodell, Darmstadt 1971.

ADH, Diskussionsplattform der 50. Vollversammlung, in ADH-MITTEILUNGSBLATT 73/8 vom 18.4.1973.

ADH, Strukturprobleme des Sports an den Hochschulen, Schriftenreihe zum Hochschulsport Nr, 1, Darmstadt 1973.

ADH, Zur gewerkschaftlichen Orientierung des Hochschulsports, Schriftenreihe zum Hochschulsport Nr. 6, Darmstadt 1974 a.

ADH, Thesen und Modelle, Materialien zur Diskussion im ADH. Schriftenreihe zum Hochschulsport Nr. 8, Darmstadt 1974 b.

ADH, Wortprotokoll über die Diskussion einer Präambel zur Satzung des ADH auf der 53. Vollversammlung in Damp am 20.9.1974, Beilage zum HOCHSCHULSPORT 30/74.

ADH, Dokumentation der 13. DSB-Hauptausschußsitzung am 30. November 1974 in Frankfurt/Main zum Thema „Sport und Werbung", Darmstadt 1975.

ADH, Der außerordentliche DSB-Bundestag am 9. Februar 1974 in Frankfurt/Main, Darmstadt 1974 c.

ADH, Konzeptionen für breitensportlich orientiertes Skilaufen. Schriftenreihe zum Hochschulsport Nr. 11, Darmstadt 1975.

ADH-MITTEILUNGSBLATT, Verbandsorgan bis Oktober 1973.

ADH, HOCHSCHULSPORT, Informationsschrift seit Oktober 1973.

ARNDT, H.,Theoretische Einführung in die Pressekonzentration, in: PROKOP 1972.

BERGER, L., Leibesübungen an den deutschen Hochschulen, Göttingen 1922.

BERNETT, H., Die Indoktrination des deutschen Studentensports nach 1933, in: ders, Untersuchungen zur Zeitgeschichte des Sports, Schorndorf 1973.

BINNEWIES, H.,Sport und Sportberichterstattung, (Diss.) Berlin 1974.

BÜHRLE, M., Die sozialerzieherische Funktion des Sports, Ahrensburg 1971.

BUSKE u.a., Bericht Strukturausschuß, o.J., o.O.

CDU, Zur Situation des Schulsports im Lande NRW, Düsseldorf 1973.

CDU, Das Sportprogramm der CDU, Bonn 1974.

COMBE, A., Wohin treibt die Bildungspolitik, in: b:e, 3/1975.

CZWALINA, C., Der Beitrag der Leibesübungen und des Sports zur politischen Erziehung, Ahrensburg 1970.

DAUGS u.a., Modell einer demokratischen Hochschulkonzeption, in: ADH-MITTEILUNGSBLATT 73/4 vom 8.2.1973.

DIEDERICHS, H.H., Medienkonzentration in der BRD – Konzepte und empirischer Überblick, In: PROKOP 1972.

DIETRICH, K., Sportspiel und Interaktion, in: Sportunterricht 1/74.

DSB, Memorandum zur Aktion „Trimm Dich durch Sport", o.O., 1971.

DSB, Aktionsprogramm für den Schulsport, o.O. 1972.

DSB, Die Trimm-Aktion und ihre Auswirkungen. Ein Kommentar zur 4. Umfage (1974) des Emnid-Instituts zur Reichweite der Aktion „Trimm-Dich durch Sport", o.O.

ECKERT, E., Der Studentensport an der TH Dresden unter den Bedingungen der Herrschaft des Imperialismus in Deutschland (1900 bis 1954), in: Theorie und Praxis der Körperkultur 9/1973.

EICHEL, W., u.a., Die Körperkultur in Deutschland von 1789 bis 1917, Berlin (DDR) 1973.

FLEISCHMANN,W., u.a., Materialien zum Problem der ökonomischen Implikationen von Schulreform in der BRD von 1945 - 1970, in: ALTVATER/HUISKEN, Materialien zur politischen Ökonomie des Ausbildungssektors, Erlangen 1971.

GESCHICHTE DER ERZIEHUNG, Berlin (DDR), 1966.

GIESELER, K.H., Der Sport in der Bundesrepublik Deutschland, Bonn 1972.

GÜLDENPFENNIG, S., Erweiterte Reproduktion der Arbeitskraft. Ein Ansatz der Bestimmung des Verhältnisses von Sport und Arbeit, in: GÜLDENPFENNIG u.a., Sensumotorisches Lernen und Sport als Reproduktion der Arbeitskraft, Köln 1974.

HOLZER, H., Die Synchronisation von Inhalten und Mechanismen der Massenkommunikation mit sozialer Lage und Bedürfnispositionen des Publikums, in: PROKOP 1972, 2.

HOLZER, H., Massenkommunikation und Demokratie. Politökonomische Aspekte, in: PROKOP 1972, 1.

HUISKEN, F., Kurzdarstellung marxistischer Kategorien, die zur Kritik der bürgerlichen Bildungsökonomien dienen, in: ALTVATER/HUISKEN, Materialien zur politischen Ökonomie des Ausbildungssektors, Erlangen 1971.

HUISKEN, F., Zur Kritik bürgerlicher Didaktik und Bindungsökonomie, München 1972.

JAEGGI, U., Kapital und Arbeit in der Bundesrepublik, Frankfurt/Main 1973.

KERN/SCHUMANN, Industriearbeit und Arbeiterbewußtsein, Frankfurt/Main 1970.

KESTING, H., Opfer für Olympiade, Neckermanns Sporthilfe, in: RICHTER (Hrsg.), Die vertrimmte Nation oder Sport in rechter Gesellschaft, Reinbek 1972.

KIEVENHEIM/LEISEWITZ u.a., Soziale Stellung und Bewußtsein der Intelligenz, Köln 1973.

KIEVENHEIM, C., Zur Entwicklung der geistigen Arbeit und der Intelligenz, in: Klassen- und Sozialstruktur der BRD 1950 - 1970, Frankfurt/Main 1973.

LENK, H., Materialien zur Soziologie des Sportvereins, Ahrensburg 1972.

LUKAS, Die Körperkultur in Deutschland von den Anfängen bis zur Neuzeit, Berlin (DDR) 1969.

MAKERT, W., Bildung und Qualifikation, theoretische Ansätze zur Analyse des Bildungssystems im Spätkapitalismus, in: b:e 7/74.

MASUCH, M., Politische Ökonomie der Ausbildung, Reinbek 1972.

NEU, J., Probleme der politischen Arbeit bei sportlichen Großveranstaltungen, z.B. Olympisches Jugendlager, in: ZASS 3/72.

NEU/WOPP, Zur Situation des Hochschulsports in der BRD, Darmstadt 1973.

NEUMANN, H., Die deutsche Turnbewegung in der Revolution 1848/49 und in der amerikanischen Emigration, Schorndorf 1968.

OECD, Third international survey on the demand for and the supply of scientific and technical personnel, Paris 1963.

OSTERLAND u.a., Materialien zur Lebens- und Arbeitssituation der Industriearbeiter in der BRD, Frankfurt/Main 1973.

PAWEL, J., Die Pflege der Leibesübungen an den deutschen Universitäten bis zum Anfang des 18. Jahrhunderts, in: HIRTH, Das gesamte Turnwesen, Hof 1893.

PICHT, G., Die deutsche Bildungskatastrophe, Freiburg 1964.

PROKOP, D., Massenkommunikationsforschung, 1: Produktion, und 2: Konsumption, Frankfurt/Main 1972.

SAURBIER, B., Geschichte der Leibesübungen 1970[7].

SCHULKE, Hochschulsport an der Universität Bremen, Bremen 1973.

SCHULKE, H.J., Reform des Hochschulsports, praktische und theoretische Probleme des Hochschulsports an der Universität Bremen, Schriftenreihe zum Hochschulsport Nr. 7, Darmstadt 1974.

SCHULKE, H.J., Beispiel für eine Unterrichtseinheit: Sport am Arbeitsplatz, Bremen 1974 b.

SIMON, H., u.a., Die Körperkultur in Deutschland von 1917 bis 1945, Berlin (DDR), 1969.

VDS, Bericht zur sozialen Lage der Studenten, Sozialpolitische Materialien 8, Bonn 1974.

VOLPERT, W., Sensumotorisches Lernen, Frankfurt/Main 1973.

VOLPERT, W., Handlungsstrukturanalyse als Beitrag zur Qualifikationsforschung, Köln 1974.

WAGNER, W., Sport und Arbeitersport, Köln 1973.

WEINBERG, P., Staatsmonopolistische Formierung, Sport und demokratische Bewegung in der BRD, in: Blätter für deutsche und internationale Politik 10/1973.

WOPP, C., Die Organisation des Hochschulsports in der BRD unter besonderer Berücksichtigung der Entwicklung nach 1969, Schriftenreihe zum Hochschulsport Nr. 5, Darmstadt 1974.

WOPP, C., Thesen zum Selbstverständnis des Hochschulsports, in: ADH-MITTEILUNGSBLATT 25/72/17 vom 16.11.1972.

WOPP, C., Quantität und Demokratie. Ein Beitrag zur Reform des Sports in der Bundesrepublik, in: OLYMPISCHE JUGEND 2/74.

SVEN GÜLDENPFENNIG

Sportpolitik und gesellschaftliche Entwicklung

Zur Entwicklung sportpolitischer Konzeptionen in den Sportorganisationen der BRD

1. Problemstellung

Die gegenwärtige sportpolitische Situation in der BRD ist wesentlich gekennzeichnet durch starke programmatische Aktivitäten. Daran sind zum einen die Sportorganisationen auf verschiedenen Ebenen beteiligt: Der DSB arbeitet an einem „Sportplan '80", der Landessportbund Berlin hat seinen „SPORTPLAN BERLIN" bereits vorgelegt, ebenfalls der Deutsche Skiverband seinen „Skiplan '80", und weitere programmatische Ansätze könnten benannt werden. Gleiches gilt für die politischen Organisationen und staatlichen Institutionen: SPD, F.D.P. bzw. CDU haben 1974 „Leitsätze zur Sportförderung", „Liberale Leitlinien zur Sportpolitik" bzw. ein „Sportprogramm" vorgelegt, und die DKP hatte schon früher die „Leitsätze der DKP für demokratischen Fortschritt im Sport in der BRD" (1971) veröffentlicht. Z.T. werden hiermit bereits früher vorgetragene programmatische Aussagen zur Sportpolitik fortgeschrieben. Entsprechend verstärkte Aktivitäten finden sich schließlich auf den verschiedenen Ebenen des staatlichen und kommunalen Bereiches. Die Bundesregierung arbeitet an einer freizeitpolitischen Planung des Bundes (FOCKE 1974). Die Erarbeitung eines von der CDU/CSU geforderten „Sportplanes" lehnt sie zwar ab, berichtet aber zumindest regelmäßig über die sportpolitische Tätigkeit des Bundes (BUNDESMINISTERIUM DES INNERN 1971, 1973, 1974). 1974 hat der Deutsche Städtetag „Leitsätze kommunale Sportförderung" (ADS 1974) vorgelegt. U.a.m.

Angesichts dieser Entwicklung ist die Frage nach den zugrundeliegenden allgemeinen gesellschaftlichen Voraussetzungen aufzuwerfen. Es sind die Grundsätze, auf denen diese Programme aufgebaut sind, herauszuarbeiten und darzustellen. Es gilt zu untersuchen, welche objektiven gesellschaftlichen Entwicklungsbedingungen und Probleme mit den programmatischen und entsprechenden sportpolitischen Aktivitäten beantwortet werden. Und es sind die gesellschaftlichen Interessen und allgemeinen politischen Positionen zu befragen, von denen aus die sportpolitischen Konzeptionen hier entworfen werden.

Diese Fragestellungen werden in der vorliegenden Arbeit gruppiert um die Frage nach programmatischen Entwicklungen innerhalb der BRD-Sportorganisationen. Sowohl umfassendere wie differenziertere Untersuchungen zur Sportpolitik in der BRD insgesamt müssen sich anschließen. Aber bereits diese eingegrenzte Frage ist aus der gegebenen aktuellen ökonomischen und politischen Lage in der BRD heraus von erheblichem Gewicht. Diese Lage wird entscheidend bestimmt durch sich verschärfende ökonomische Krisenerscheinungen, die sich auf der politischen Ebene durch eine gezielt aus dem konservativen Lager geschürte „Rechtsgefahr" (NEUHÖFFER 1974) niederschlagen. Angesichts solcher Entwicklungen kann die Frage nicht gleichgültig bleiben, welche Stellung die Sportbewegung, die die zahlenmäßig größte gesellschaftliche Organisation in der BRD aufweist (Gewerkschaften, Kirchen), in den sich verschärfenden politischen Auseinandersetzungen einnimmt. Dieser Frage soll hier durch die Untersuchung programmatischer Aussagen aus den Organisationen des BRD-Sports nachgegangen werden.

Natürlich kann die Analyse der praktischen Politik nicht durch eine Analyse politischer Programmatik ersetzt werden. In der Programmatik können jedoch bereits wesentliche Grundorientierungen, die auch die politische Praxis entscheidend steuern, erkannt werden. Die Fragestellung der vorliegenden Arbeit ist also gegenüber einem dringend erforderlichen umfassenden Untersuchungsansatz zur Sportpolitik in der BRD auch in dieser Hinsicht erheblich eingegrenzt.

Die Bearbeitung der in diesem Sinne eingegrenzten Problemstellung wird auf der Basis der folgenden Ausgangsthesen vorgenommen:

1. Die Entwicklung der sportpolitischen Programmatik innerhalb der Sportorganisationen ist sportspezifischer Ausdruck objektiver gesellschaftlicher Entwicklungen.
2. Die Widersprüche in der Programmatik der Sportorganisationen sind Ausdruck der Klassenwidersprüche innerhalb der Sportbewegung.
3. Die in den Sportorganisationen der BRD vorherrschenden sportpolitischen Konzeptionen sind an den bürgerlichen Interessen orientiert.
4. Die demokratischen Kräfte in der Sportbewegung der BRD haben bisher nicht zu einer geschlossenen politischen Programmatik gefunden.
5. Bestimmte Tendenzen in der gegenwärtigen gesellschaftlichen Entwicklung der BRD schaffen verbesserte Voraussetzungen für die Ausarbeitung und Verwirklichung einer politischen Programmatik der demokratischen Kräfte in der Sportbewegung.

Die Darstellung der Grundzüge sportpolitischer Konzeptionen in den Sportorganisationen erfolgt also auf dem Hintergrund gesellschaftlicher Entwicklungsbedingungen, die objektiv einen Rahmen für Entscheidungs- und Entwicklungsmöglichkeiten für den Sportbereich vorgeben, diesen also in Entwicklungsrichtung, -schwerpunkten und -dynamik beeinflussen. Mit diesem Ansatz ist keineswegs gesagt, daß die sportpolitische Entwicklung lediglich durch abstrakte gesellschaftliche Entwicklungstendenzen, nicht aber durch politisches Handeln innerhalb dieses Bereiches gesteuert werde. Die Frage auch gerade hiernach ist für die weitere politologische Analyse im Sport von wesentlicher Bedeutung. Sportpolitischem Handeln sind jedoch gesellschaftliche Rahmenbedingungen vorgegeben, die in der bürgerlichen Sportwissenschaft bisher weitgehend ignoriert worden sind. Sie wurden daher hier zunächst einmal zum vorrangigen Betrachtungsgegenstand gewählt. HAHN (1974) betont nachdrücklich die Bedeutung eines solchen Ansatzes: „Wenn wir Verhaltensweisen analysieren, dann unterliegt man leicht der Gefahr, die subjektiven Beweggründe für Verhaltensweisen als den Ausgangspunkt zu nehmen. Im Teilbereich sind die subjektiven Beweggründe tatsächlich der Ausgangspunkt. Erklären kann ich aber diese Verhaltensweise nur, wenn ich sie auf ihre materielle Grundlage zurückführe. Diese materiellen Grundlagen existieren aber nicht einfach im Teilbereich; die materiellen Grundlagen beliebiger ideeller gesellschaftlicher Prozesse und Vorgänge existieren als gesamtgesellschaftliche Zusammenhänge." (S.29). Gefragt wird also vor allem nach dem Zusammenhang von sportpolitischen Globalkonzeptionen innerhalb der Sportorganisationen der BRD und objektiven gesellschaftlichen Entwicklungsbedingungen. Die Frage nach spezifischen internen Determinanten des sozialen Systems Sport selbst für die sportpolitische Entwicklung bleibt dabei im Hintergrund. Sie ist keineswegs unwichtig.

Diese Eingrenzungen der Fragestellung sind vorläufig erforderlich, da in der BRD-Sportwissenschaft bisher geeignete Ansätze zur Untersuchung politischer Zusammenhänge des Sports noch kaum vorliegen. Im wesentlichen kann hier lediglich auf vereinzelte Ansatzpunkte u.a. in Arbeiten von BRUNS/DIECKERT (1969), WINKLER (1972), WALLER/MICHELS (1974), RITTNER (1974) und vor allem BLOSS/GLUNCK (1973) und KRÜGER (1975) zurückgegriffen werden. Im übrigen hat die vorwiegend von idealistischen Theoriepositionen geprägte Sportwissenschaft in der BRD (GÜLDENPFENNIG 1973 und 1974) bisher kaum solche Zugriffsmöglichkeiten zu politischen Sachverhalten entwickeln können, die eine Analyse politischer Zusammenhänge des Sports aus den materiellen Bedingungen der gesellschaftlichen Entwicklung heraus möglich machen würden.

In der vorliegenden Arbeit kann es sich folglich zunächst einmal nur um Rahmenüberlegungen handeln. Sie versuchen nicht mehr, als anhand einer begrenzten Fragestellung exemplarisch den Problembereich Sportpolitik abzustecken und einige theoretische Voraussetzungen für die zuvor als notwendig bezeichnete umfassende und zugleich differenzierte Untersuchung zur Sportpolitik in der BRD bereitzustellen. Die Vorläufigkeit dieser Rahmenüberlegungen ist allein schon mit der relativen Unschärfe der Ausgangsthesen gegeben. Ebenso mit der noch unzureichenden Systematik im Untersuchungsverfahren.

Die Bearbeitung der hier zugrundegelegten Fragestellung und der entsprechenden Ausgangsthesen erfolgt unter allgemeinen theoretischen Prämissen, wie sie bereits in früheren Arbeiten (GÜLDENPFENNIG 1973 und 1974) entwickelt worden sind und daher nicht ausführlicher dargestellt werden sollen. Wesentliche solche hier vorausgesetzten Prämissen sind u.a.:

1. Sport wird nicht aufgefaßt als ein von gesellschaftlichen Bedingungen abgehobener, vor allem anthropologisch greifbarer „Freiraum", sondern als ein soziales System.

2. Im Hinblick auf seine objektive Stellung zur ökonomischen Basis gesellschaftlicher Entwicklung ist dieses soziale System Sport mit wesentlichen seiner Aspekte zu bestimmen als ein Bereich der Reproduktion der Arbeitskraft.

3. Sportbezogene Interessen und damit auch deren politische Vertretung können nicht als klassenneutrale, „allgemein-menschliche" Phänomene aufgefaßt werden, sondern sind innerhalb der allgemeinen gesellschaftlichen Klassenwidersprüche angesiedelt und daher in ihrer jeweiligen klassenspezifischen Ausprägung zu analysieren.

4. Die Analyse gegenwärtiger sportpolitischer Entwicklungstendenzen ist historisch orientiert, insofern sie diese Tendenzen in ihrer historischen Entstehung im Zuge der gesellschaftlichen Entwicklung betrachtet und Perspektiven für die künftige Entwicklung darstellt.

Ausgehend von der dargestellten Problemstellung und von entsprechenden theoretischen Voraussetzungen kann die Entwicklung der sportpolitischen Konzeptionen der BRD-Sportorganisationen in einem Zwei-Phasen-Modell strukturiert werden. Diese zwei Phasen können idealtypisch mit den Formeln von der „Politischen Autonomie des Sports" und von der „Partnerschaft zwischen Sport und Staat" umschrieben werden. Sie sollen in einigen ihrer grundlegenden Aspekte betrachtet werden. Dabei ist ein grundlegendes Problem zu beachten: Jede der hier skizzierten Phasen wird wesentlich bestimmt von dem zugrundeliegenden politischen Kräfteverhältnis allgemein zwischen Arbeiterbewegung und demokratischen Kräften einerseits und der herrschenden bürgerlichen Klasse andererseits. Beide Phasen sind dabei gekennzeichnet durch eine eindeutige Vorherrschaft der bürgerlichen Interessen in den sportpolitischen Konzeptionen der BRD-Sportorganisationen. Von deren Gestaltung waren Kräfte der Arbeiterbewegung insgesamt weitgehend ausgeschlossen. Dennoch konnten sie nie vollständig eliminiert werden und so einen gewissen Einfluß wahren. Es gibt Anzeichen dafür, daß dieser Einfluß gegenwärtig zuzunehmen beginnt und sich künftig stärker entfalten kann. Die Stellung der Sportbewegung in den sich verschärfenden gesellschaftlichen Widersprüchen in der BRD wird entscheidend von einer solchen Entfaltung abhängen. Aus diesem Grunde wird in der vorliegenden Arbeit auch versucht, Ansätze einer sportpolitischen Programmatik der demokratischen Kräfte in der Sportbewegung zu umreißen und ihre objektiven Voraussetzungen zu analysieren. Die entsprechenden Überlegungen strukturieren sich in einer Konzeption „Gewerkschaftlicher Orientierung des Sports".

2. „Politische Autonomie des Sports"

2.1. Allgemeines

Wie bereits angedeutet, kann die erste Phase der sportpolitischen Entwicklung in der BRD, d.h. vor allem der politischen Vertretung der sportbezogenen Interessen durch die Sportorganisationen, umschrieben werden mit der Formel von der „Politischen Autonomie des Sports". Es handelt sich hierbei um eine idealtypische Unterscheidung der angesprochenen „Phasen", die in einer kurzgefaßten Formel eine außerordentlich vielschichtige und – über das Gesamtsystem Sport in der BRD gesehen: uneinheitliche – Entwicklung zu charakterisieren versucht. Insofern kann natürlich auch nur eine ungefähre zeitliche Fixierung des ohnehin nur allmählichen und nur aus zahlreichen Symptomen erkennbaren Übergangs zwischen den Etappen vorgenommen werden. Die sportpolitische Entwicklung, für die die Konzeption von der „Politischen Autonomie des Sports" Hauptkennzeichen war, wird dementsprechend hier bis gegen 1960 gesehen.

Einige wesentliche gesellschaftliche, d.h. vor allem die ökonomischen und politischen Faktoren, die für eine solche zeitliche Abgrenzung die objektive Grundlage vorgegeben haben, werden nachfolgend eingehender betrachtet. Zunächst jedoch soll die in der angesprochenen Formel sich ausdrückende sportpolitische Konzeption durch eine Selbstdefinition aus den Sportorganisationen der BRD selbst präzisiert und konkretisiert werden. Und zwar mit einigen Zitaten von Willi DAUME, dem langjährigen Präsidenten des DSB und damit dem Mann, der den herrschenden Konsens in der bürgerlichen Sportführung der BRD über Jahre hin am überzeugendsten artikuliert hat. DAUME weist bereits 1954 „eine „parteipolitische Beeinflussung oder Bevormundung" des Sports zurück (DAUME 1973, S. 39): „Wir beobachten und reagieren hier sehr empfindlich; aber wir wissen uns auch Gott sei Dank mit den Parteien einig, daß die Unabhängigkeit des Sportes nicht verletzt werden darf." Und 1958 stellt er fest: „Wer glaubt, nur auf den Krücken der öffentlichen Hand vorwärts zu kommen, verlernt bald das Gehen und verliert so auf die Dauer seine Freiheit und Unabhängigkeit. Freiheit und Unabhängigkeit müssen dem deutschen Sport mehr Wert bleiben als noch so hohe Titel und Orden. Und keine Summe darf hoch genug sein, sie ihm abzukaufen." (S. 94). Und noch 1968 heißt es: „Unser System geht von der Auffassung aus, daß alles, was freie Bürger selbstverantwortlich tun können, ihre Sache sein sollte und nicht die des Staates. Manchmal – nicht immer – können die Bürger es ja auch besser." (S. 232).

Zugrunde liegt hier die Auffassung, der Sport sei ein gesellschaftlicher Bereich, in dem die auf ihn bezogenen spezifischen Bedürfnisse und Interessen am wirkungsvollsten organisiert und auch im politischen Raum nach außen vertreten werden können, wenn der Sport sich als politisch eigenständig, als gegenüber politischen Parteien, gesellschaftlichen Massenorganisationen und vor allem gegenüber dem Staat autonome Kraft in der Gesellschaft darstellen könnte. Demgegenüber soll nun den folgenden Fragen nachgegangen werden: Welche allgemeinen gesellschaftlichen Voraussetzungen bildeten in der Entwicklung der BRD nach 1945 die materielle, also vor allem ökonomische und politische Grundlage für eine solche sportpolitische Selbstdefinition? An welche politischen Tendenzen lehnte sich dennoch die Sportführung de facto unter dem Leitmotiv der „Politischen Autonomie des Sports" an? Welche Konsequenzen haben sich daraus für die politische Vertretung der sportbezogenen Interessen der Arbeiterklasse in der BRD in diesem Zeitraum ergeben? Diese Betrachtung kann hier nur skizzenartig und unter Beschränkung auf einige zentrale Aspekte erfolgen.

2.2. Objektive Bedingungen der Konzeption „Politische Autonomie des Sports"

Zerschlagung und Folgen des deutschen Faschismus

Situation und Entwicklung des Sports in Deutschland nach 1945 sind geprägt durch allgemeine gesellschaftliche Entwicklungen, die nachhaltig restriktive Bedingungen auch für einen Bereich wie den Sport bewirkten: Als entscheidende Folgen der faschistischen Kriegspolitik und der Zerschlagung des Faschismus hatten sich Millionen-Verluste in der Bevölkerung, die Vernichtung großer Teile der materiellen gesellschaftlichen Grundlagen und der Verlust der Eigenstaatlichkeit ergeben. Weite Teile der deutschen Arbeiterklasse und anderer Schichten hatten den Zusammenhang dieser Entwicklung mit der kapitalistischen Gesellschaftsstruktur erkannt, so daß sie im Sozialismus die einzig mögliche gesellschaftliche Perspektive für Deutschland sahen und unter der Führung der Arbeiterparteien und Gewerkschaften entsprechende politische Schritte zu einer antifaschistisch-demokratischen Umwälzung in die Wege leiteten (BADSTÜBNER 1965). Eine solche Entwicklung wurde zunächst in Gesamt-Deutschland begünstigt durch das Interesse der internationalen antifaschistischen Allianz an der restlosen militärischen, staatlichen, wirtschaftlichen, kulturellen und ideologischen Zerschlagung des deutschen Faschismus.

Die Voraussetzungen des Sports waren dementsprechend gekennzeichnet durch hohe menschliche Verluste durch Kriegseinwirkungen und antikommunistischen Terror, durch Vernichtung wesentlicher materieller (Sportanlagen) und organisatorischer (Sportvereine, -verbände) Grundlagen des Sports. Das bereits erwähnte, zunächst gemeinsame Interesse der Besatzungsmächte an der nachhaltigen Zerschlagung des Faschismus wirkte sich auch auf den Sport aus, erkennbar u.a. an den Auswirkungen des Kontrollratsbeschlusses Nr. 2 und der Kontrollratsdirektive Nr. 23 (NITSCH 1974). Durch die hieraus notwendig folgende Behinderung der bürgerlichen Sportorganisation und im Zusammenhang mit der allgemein starken Position der

Arbeiterklasse seit 1945 ergaben sich zunächst günstige Voraussetzungen für die Durchsetzung einer antifaschistisch-demokratischen Politik auch im Sportbereich. Dementsprechend orientierten die Arbeitersportorganisationen nach anfänglichem Zögern (vor allem bei den ehemaligen KG-Verbänden) auch konsequent auf einen Einheitssportkurs und begannen mit dem Wiederaufbau des Sportbereiches. Somit waren in der Zeit unmittelbar nach 1945 wichtige Grundlagen für die bewußte und offen politisch motivierte konsequente Einordnung auch des Sports in eine politische Umwälzung in Deutschland ansatzweise entwickelt (WONNEBERGER 1967, S. 51 - 55).

Entscheidend für die weitere Entwicklung des Sports in den Westzonen wurde jedoch die schnelle Umorientierung in der Deutschlandpolitik der imperialistischen, der westlichen Besatzungsmächte, d.h. deren Orientierung auf einen Einbau der Westzonen Deutschlands in die antikommunistische Allianz mit allen politischen, ökonomischen, kulturellen und schließlich auch militärpolitischen Konsequenzen (REINHOLD 1972, S. 59 - 66). Im Sportbereich bewirkte diese Entwicklung u.a. die Zurückdrängung von Vertretern der Arbeitersportbewegung und die mit Billigung und Unterstützung der westlichen Alliierten betriebene Durchsetzung bürgerlicher, sogar ehemals faschistischer Vertreter in den Führungen der sich herausbildenden Sportorganisationen der westlichen Zonen und schließlich der BRD. Die Folge war, daß der Sport durch die geschwächte Position der demokratischen Kräfte zunehmend widerstandslos in die sich unter den angedeuteten Bedingungen vollziehende Restauration des Kapitalismus in der BRD eingefügt und zudem in eine gesellschaftliche Randstellung gedrängt werden konnte.

Restauration des Kapitalismus in der BRD

Die sich in diesem Rahmen der restaurierten kapitalistischen Produktionsverhältnisse vollziehende ökonomische Entwicklung kann als vorwiegend extensiv erweiterte Reproduktion des Kapitals charakterisiert werden (PETRAK 1974, S. 65 - 84). Sie zog, eben wegen der *extensiv* erweiterten Reproduktion – „Wirtschaftswunder" – und wegen des hierfür zunächst zur Verfügung stehenden „Überangebots" von Arbeitskräften, eine besonders starke Vernachlässigung der Schaffung von gleichmäßigen gesellschaftlichen Bedingungen zur Reproduktion der Arbeitskraft nach sich. Davon war auch ein Bereich wie der Sport, der zumindest in einigen seiner zentralen Aspekte und Funktionen als Bereich zur Reproduktion der Arbeitskraft aufgefaßt werden kann (GÜLDENPFENNIG 1974) direkt betroffen, insofern Mittel zu seiner bedürfnis- und bedarfsadäquaten Entwicklung nicht unbedingt ökonomisch notwendig waren und damit nicht in hinreichendem Maße bereitgestellt wurden. Der Sport befand sich hiermit in einer ähnlichen Lage wie vergleichbare Bereiche der Reproduktion der Arbeitskraft, etwa das Gesundheits- und das Bildungswesen. Der bürgerliche Staat beschränkte sich weitgehend auf seine klassisch liberal-kapitalistische Funktion der Bereitstellung allgemeiner Bedingungen zu einer extensiv erweiterten Reproduktion des Kapitals. Er bewirkte durch den bewußten Verzicht auf Planung der gesamtgesellschaftlichen Entwicklung außerordentliche ökonomische Disproportionalitäten und vor allem auch die Vernachlässigung wesentlicher infrastruktureller Bereiche. Daneben beschränkte er sich im wesentlichen, besonders in den infrastrukturellen Bereichen wie Bildungswesen und auch Sportbereich, neben der Bereitstellung materieller Mindestvoraussetzungen weitgehend auf die Durchsetzung antikommunistischer Positionen (ABENDROTH 1974). Diese ökonomischen und politischen Voraussetzungen haben auch für die weitere Entwicklung des Sports entscheidende Bedeutung erhalten, was hier nicht in Einzelheiten nachgewiesen werden kann und soll.

Jedenfalls waren mit diesen ökonomischen und politischen Voraussetzungen in der BRD wesentliche Faktoren für eine – von den Interessen der Arbeiterklasse aus gesehen – restriktive Entwicklung des Sports in der BRD gegeben.

2.3. *Sportpolitische Programmatik im Rahmen der Konzeption „Politische Autonomie des Sports"*

Hier gilt es nun, zu unserer Ausgangsfrage zurückzukehren und zu fragen, wie die Sportorganisationen, die sich um 1950 herausgebildet hatten, diesen Bedingungen sportpolitisch zu begegnen versuchten. Wie wir bereits festgestellt hatten: Global gesehen mit der Konzeption von der „Politischen Autonomie des Sports". Diese Konzeption soll jetzt auf dem Hintergrund der angedeuteten allgemeinen ökonomisch-politischen Bedingungen weitergehend betrachtet werden. Denn aus der Tatsache, daß unmittelbar nach 1945 unter Führung von Vertretern der Arbeitersportbewegung eine bewußte politische Einordnung des Sports in die Ziele einer antifaschistisch-demokratischen Umwälzung in ganz Deutschland angestrebt worden war, wird ja erkennbar, daß eine solche Konzeption von der „Politischen Autonomie des Sports" nicht notwendig „allein aus der Sache heraus gegeben", nicht von gesellschaftlichen Interessen unabhängig sein konnte. Das ergibt sich allein schon aus der Tatsache, daß sich Sport nicht auf gesellschaftlich autonome Bedürfnisse bezieht, sportbezogene Interessen damit grundsätzlich auch politisch nicht autonom repräsentiert werden können. Welche tatsächliche politische Programmatik steckt also in dieser Leitidee von der „Politischen Autonomie des Sports"?

„Sport als allgemein-menschliches Bedürfnis und humanitäre Aufgabe"

Vordergründig hat die bundesdeutsche Sportführung diese Konzeption vor allem damit begründet, daß es sich beim Sporttreiben um eine zunehmend zu berücksichtigende menschliche Notwendigkeit und bei der Schaffung der materiellen und organisatorischen Voraussetzungen hierfür um eine allgemeine humanitäre Aufgabe handele, der die dafür zuständigen Sportorganisationen am besten zu entsprechen in der Lage wären, wenn sie politisch, und d.h. vor allem vom Staat unabhängig blieben. DAUME – ich greife aus den schon oben genannten Gründen wieder auf ihn zurück – betont u.a. 1952 für den DSB „den reinen Willen und die lautere Absicht zu einer echten Dienstleistung ohne jeden politischen, weltanschaulichen oder sonst irgendwie egoistisch gearteten Hintergedanken." (DAUME 1973, S. 20 f.) 1956: „Wir haben keinen Staatssport, und wir wollen ihn auch nicht, wir verabscheuen ihn sogar. (...) Wir wollen doch lieber in der privaten Sphäre und damit ganz in der Freiheit bleiben." (S. 71) Und 1958: „Zu diesen humanitären Aufgaben gehört der recht verstandene Sport. (...) Wir glauben sogar, daß der recht verstandene Sport gerade im uns beschiedenen Zeitalter etwas dazu beitragen kann, eine Ära friedlicher und humanerer Beziehungen unter den Menschen herzustellen; denn Humanität und Achtung vor allem, was Menschenantlitz trägt, entsprechen dem Wesen des Sports." (S. 89 f.) Hiermit und mit weiteren Äußerungen, in denen DAUME auf die wachsenden biologischen, pädagogischen und sozialen Aufgaben des Sports, auf seinen allgemeinen über spezifische Gruppen- bzw. Klasseninteressen hinausgehenden und damit scheinbar vor-, über- bzw. unpolitischen Charakter verweist, bezieht er sich durchaus zutreffend auf einige reale Tendenzen in bezug auf den Sport; u.a.:

a) darauf, daß unter den aktuellen ökonomischen Bedingungen sich objektiv allgemeine Veränderungen im Verhältnis von Produktion und Reproduktion der Arbeitskraft und damit allgemein wachsende gesellschaftliche Bedürfnisse nach Bildung, vielseitiger Freizeitgestaltung usw. und damit auch eine wachsende gesellschaftliche Bedeutung für den Sport ergeben;

b) darauf, daß die *unmittelbare* Tätigkeit des Sporttreibens in der Erfahrung der sporttreibenden Individuen in der Tat einen vergleichsweise nur geringen direkten Bezug zu politischem Handeln erkennen läßt (inwiefern hier doch direktere, wenn auch elementare Beziehungen in der unmittelbaren Betätigung selbst bestehen, dazu vgl. u.a. RITTNER 1974).

Hiermit es allerdings nur *eine* Seite des Problems politischer Repräsentation des Sports angesprochen – eine Seite, die keineswegs verabsolutiert werden kann, wenn die gesamte gesellschaftliche Realität des Sports erfaßt werden soll. Genau eine solche Verabsolutierung aber klingt an, wenn für den Sport aus den genannten Gründen eine notwendige politische Autonomie reklamiert, wenn Sporttreiben zu einem solcherart eigenständigen Bedürfnis hypostasiert wird, daß es nicht im Rahmen einer allgemeinen politischen, letztlich klassenspezifische Interessen artikulierenden Gesamtprogrammatik, sondern nur autonom von den für den Sport unmittelbar verantwortlichen Selbstverwaltungsorganisationen vertreten werden könne. Eine solche Verabsolutierung wurde und wird im übrigen unterstützt durch die in der bürgerlichen Sportwissenschaft nachdrücklich vertretene Freiraumideologie (GÜLDENPFENNIG 1974). Mit dieser Verabsolutierung wird davon abstrahiert, daß auch Sport letztlich in allen seinen Aspekten relativ abhängig ist von politisch determinierenden allgemeineren gesellschaftlichen Bedingungen. Es ist unbestreitbar richtig, daß das Bedürfnis nach Sporttreiben auf sehr abstrakter Ebene als ein allgemeines menschliches Bedürfnis aufgefaßt werden kann bzw. zumindest im Zuge der gegenwärtigen gesellschaftlichen Entwicklung zunehmend hierzu wird (LÜSCHEN 1972, S.103, spricht vom Sport als einem der „sozialen Universalen"). Damit aber ist noch keineswegs richtig, daß der Sport aus den grundsätzlichen gesellschaftlichen Interessen- und Klassenkonflikten herausgehoben wäre. Er ist es ebensowenig, wie z.B. der allgemeine Charakter des Bedürfnisses nach dem Konsum von Nahrungsmitteln bisher in Klassengesellschaften Klassenauseinandersetzungen selbst um die elementaren Voraussetzungen zur allgemeinen Befriedigung dieses Bedürfnisses hat verhindern können. Ebenso ist Sport von ökonomisch und politisch erzeugten allgemeinen gesellschaftlichen Bedingungen relativ abhängig in seinen materiellen Voraussetzungen, in seiner inhaltlichen Ausgestaltung und in seiner Einordnung in allgemeinere politische und pädagogische Rahmenkonzeptionen. Dementsprechend ist es auch unabdingbar, daß in einem Bereich wie dem Sport Stellung bezogen wird im Rahmen der allgemeinen Klassenauseinandersetzungen, daß auch hier versucht wird, diese gesellschaftlichen Bedingungen politisch mit zu beeinflussen, d.h.: im engeren Sinne *sportpolitisch* zur Sicherung der unmittelbar sportbezogenen Interessen zu handeln und zugleich ein *politisches Mandat* über seinen unmittelbaren Bereich hinaus zur Durchsetzung der entsprechenden allgemeinen gesellschaftlichen Bedingungen im Einklang mit den jeweiligen Klasseninteressen wahrzunehmen.

„Politische Autonomie" als Vertretung bürgerlicher Interessen

Auffallend ist angesichts dieser Überlegungen, daß die Leitidee von der „Politischen Autonomie des Sports" von seiten der bürgerlichen Sportführung in den 50er Jahren ohne erkennbare Zugrundelegung von ökonomisch-politischer Analyse der gesellschaftlichen Wirklichkeit in der BRD verkündet und zur Maxime der Sportpolitik erhoben worden ist. An die Stelle solcher Analysen als theoretische Grundlage der Sportpolitik sind vielmehr allgemeine idealistisch-philosophische Begründungen des Sports wie z.B. ORTEGAs „Über des Lebens sportlich-festlichen Sinn" (1955) gesetzt worden. Dementsprechend ist das Werben bei allen relevanten gesellschaftlichen Kräften um Verständnis für die humane Sache des Sports zumindest vordergründig an die Stelle einer konsequent und offen interessenbezogenen politischen Bündniskonzeption gesetzt worden. Dadurch nun, daß hiermit keineswegs eine konsequente „politische Neutralität" der Sportführungen verbunden gewesen ist, wird der eigentliche politische Kern der These von der „Politischen Autonomie des Sports" greifbar:

Es ist nicht von der Hand zu weisen, daß die bürgerliche Sportführung unter Voranstellung dieser Leitidee von der „Politischen Autonomie des Sports" dennoch eine eindeutige politisch-ideologische Anlehnung anstrebte und realisierte, nämlich die Anlehnung an die politischen Grundkonzeptionen der bürgerlichen Klasse. Hierbei geriet sie allerdings in einen grundlegenden Konflikt mit ihrem (z.T. durchaus subjektiv ehrlich gemeinten und in Teilaspekten auch keineswegs erfolglosen) Anspruch, allgemeine sportbezogene Interessen zu vertreten; dieser Anspruch jedoch hieße, Sportpolitik von den Interessen der abhängig arbeitenden Bevölkerung aus zu konzipieren. Auf dieser Grundlage erhält die These von der „Politischen Autonomie des Sports" einen konkreteren Gehalt: Sie ist der Versuch, für die Sportorganisationen und vor allem deren Führung angesichts dieses Konflikts eine relative Autonomie gegenüber kurzfristigen politischen Manövern der bürgerlichen Klasse und vor allem auch des Staates bei einer im übrigen allgemeinen politisch-ideologischen Übereinstimmung zu sichern. Dazu später noch genaueres.

„Politische Autonomie" als Antikommunismus

Zunächst gilt es, den Nachweis für diese grundlegende Identität zwischen politischer Position der Sportführung und den bürgerlichen Interessen zu führen. Aus den genannten Gründen wird das Grundmuster dieser politischen Position wiederum anhand von Aussagen von Willi DAUME (1973) analysiert. Unter Wahrnehmung eines allgemein-politischen Mandats, zu dem die Sportorganisationen angeblich wegen ihres Einheitssportcharakters und wegen der Heterogenität der unter ihnen vereinigten politischen Positionen grundsätzlich nicht berechtigt sind, sagt DAUME 1959: „Die Bundesregierung kämpft auf politischem Feld für die Freiheit unseres Volkes. Darin hat sie unsere volle Unterstützung, wie jede andere politische Koalition sie auch hätte, wenn sie die Regierung stellte." (S. 120) Wäre die hierin steckende Tatsachenaussage („die Bundesregierung kämpft ...") eindeutig und in dieser Eindeutigkeit zutreffend und politisch unwidersprochen, so könnte einer solchen politischen Anlehnung des Sports sicherlich nichts entgegengehalten werden. Jedoch nimmt DAUME hier eine unzulässige Verallgemeinerung einer spezifischen politischen Position vor, deren Kern der Antikommunismus ist. Das wird bei konkreteren Aussagen deutlich: „Es ist bekannt, daß wir nicht Befehlsempfänger der Regierungen und der politischen Parteien sein können, es nicht sein wollen und es auch nicht sind. Wir haben aber immer betont, daß der Sport nicht in einem elfenbeinernen Turm leben kann und in den großen, das Schicksal des ganzen Volkes betreffenden Fragen auch mit dem ganzen Volk mitzugehen hat. So haben wir z.B. an gesamtdeutschen Olympiamannschaften trotz schwerster Zumutungen, die manchmal für die Aktiven und uns über die Grenze des Erträglichen gingen, festgehalten. Wir taten es in der Überzeugung, damit der Wiedervereinigung zu dienen, die ein natürliches Verlangen des Sportes ist" (S. 194). Mit solchen Aussagen stellt die BRD-Sportführung den Sport unter Anmaßung eines nicht in den Gesamtorganisationen diskutierten politischen Mandats in die imperialistische Front nach außen (Alleinvertretungsanspruch gegenüber der DDR usw.) und in die antikommunistische Front nach innen, und zwar mit dem Anspruch einer humanen Selbstverständlichkeit. Im Hinblick auf den letzteren Aspekt heißt es bei DAUME 1956: „Wir haben keinen Staatssport, wir wollen ihn auch nicht" (S. 71). „Sport ist Spiel der Seele auf dem Instrument des Leibes. Im Sinne dieses Wortes muß der Sport für sich selbst da sein. Er hat seinen eigenen menschlichen Zweck, und dieser liegt zuletzt in nichts anderem als eben im Erlebnis des Sports. Darum ist geplanter und gelenkter Sport ein Widerspruch in sich selbst." (S. 74). Antikommunistisch sind diese Aussagen insofern, als in ihnen Grundelemente sozialistischer Sportpolitik als angeblich „sportfremd" und letztlich inhuman zurückgewiesen werden. DAUME sagt es später in rückschauender Betrachtung auch ausdrücklicher: „In der Welt von gestern zielte der Sport unzweifelbar auf den Menschen als Individuum, auf die Freude, die der einzelne daran hat, auf die individuelle Gesellung, die er dabei eingeht, und auf die Gesundheit und das Lebensglück, die ihm als Einzelwesen daraus erwachsen. Solange der Sport überall so verstanden wurde, war es berechtigt, um nicht zu sagen: selbstverständlich, zu behaupten, Sport und Politik hätten nichts miteinander zu tun. (...). Mit dem Eintritt der kommunistischen Staaten in die Welt des Sports hat sich die Sportwelt von gestern in die von heute verwandelt. Diese Tatsache ist uns allen und insbesondere dem Internationalen Olympischen Kommitee noch viel zu wenig bewußt geworden. Aber nur dann, wenn wir diese Tatsache genau erkennen, werden wir wenigstens die eigentlichen Ursachen unserer derzeitigen Konfliktssituation zwischen Sport und Politik erkennen und nicht immer nur an den Symptomen dieses Konfliktes herumzukurieren versuchen." (S. 181 f.).

Diese Zitate könnten durch noch offener antikommunistische Polemiken ergänzt werden, worauf hier jedoch verzichtet werden soll. Sie decken sich inhaltlich mit einer politischen Tendenz z.B. im Verhalten der Westalliierten gegenüber dem Sport in den Westzonen, auf die bereits 1946 Fritz WILDUNG selbst als eher rechter Sozialdemokrat deutlich genug hingewiesen hat und die durch die Sportführungen der BRD fortgesetzt wird; WILDUNG sagte: „Mit dem Sport sieht es hier in der britischen Zone nicht gut aus. Fast alle bürgerlichen Fußballvereine spielen wieder. Verbotene Vereine können sich wieder gründen, aber Arbeitersportvereine sind nicht zulässig. Der Sport muß unpolitisch sein. Die amtlichen Dezernate und Referate sind fast alle in unseren Händen, aber der Sport ist bürgerlich". (Zitiert nach WONNEBERGER 1967, S. 56). Über die politischen Grundlagen einer solchen Position heißt es bei WONNEBERGER: „Besonders ab Ende 1946 zeichnete sich in allen drei westlichen Besatzungszonen ein Prozeß ab, der die Formierung von Sportführungen mit konservativer und reaktionärer politischer Einstellung zum Inhalt hatte und der allmählichen Wiederherstellung der bourgeoisen Führung im Sport diente. Dieser Prozeß war vielgestaltig, nicht selten widerspruchsvoll und für die Masse der Sportler und Sportinteressierten meist nicht durchschaubar. Er verflocht sich unmittelbar mit den restaurativen Bestrebungen, die sich im gesamten gesellschaftlichen Leben der drei Westzonen zeigten. Er war ein Teil des erbitterten Klassenkampfes, den die Reaktion mit allen Mitteln gegen Fortschritt und Demokratie führte. (...). Die restaurativen Kräfte hatten ihre Stützpunkte nicht nur in vielen der wieder entstandenen Vereine, sondern vor allem auch in zahlreichen sportfachlichen Gremien, die innerhalb der Landessportbünde für die einzelnen Sportarten entstanden waren und z.T. bald die ihnen zugedachte sporttechnische in eine sportpolitische Tätigkeit ummünzten, um die Rolle der demokratischen Kräfte zu untergraben. Sie bedienten sich dabei demagogisch des Arguments, eine neutrale unpolitische Sportbewegung aufbauen zu wollen, und denunzierten die von fortschrittlichen Kräften geführten Gremien bei den Besatzungsmächten als Fortführung nicht gestatteter früherer ‚politischer' Organisationen, womit sie die Arbeitersportbewegung meinten." (S. 57 f.). Zugleich wird hier ein politisches Muster wieder aufgegriffen, das bereits bei der Entstehung der Arbeitersportbewegung eine Rolle gespielt hatte: die Verfolgung und Liquidierung von Sportvereinen, die offen und bewußt die demokratischen Ziele der Arbeiterbewegung auch im Bereich des Sports gegen die zunehmend restaurativen, nationalistischen und militaristischen Tendenzen in den bürgerlichen Sportorganisationen einzubringen versucht hatten, durch „Politisch-Erklärung" unter der Herrschaft des sog. „Sozialistengesetzes" (ÜBERHORST 1973; TIMMERMANN 1973). Dies politische Muster heißt „unpolitisch = antisozialistisch"! Dies ist der materialle Gehalt der von DAUME vertretenen Formel von unpolitischem Sport = freiem Sport: Es „kann die freie Welt immer noch gut mithalten, weil der Sport nun mal eine Pflanze ist, die am besten in der Luft der Freiheit gedeiht." (DAUME 1973, S. 152).

Diese gleiche politische Tendenz, nämlich der Kampf gegen politische Positionen der Arbeiterbewegung unter dem Mantel einer als allgemein gültig propagierten antikommunistischen Ideologie, steckt also auch noch in den Aussagen von DAUME: in aller Schärfe allerdings nur nach außen gegen die sozialistischen Länder und vor allem die DDR; nach innen war eine solche Schärfe zum gegebenen Zeitpunkt nicht am Platze, da der politische Einfluß der Arbeitersportbewegung innerhalb der Sportorganisationen der BRD inzwischen weitgehend zurückgedrängt war. Mit dem Aufgeben der organisatorischen Eigenständigkeit war für die Arbeitersportbewegung die Möglichkeit zur konsequenten Einbindung des Sports in die politische Interessenvertretung der Arbeiterklasse verloren gegangen und der Sport zunehmend ungehindert (wenn auch nie vollständig, wie an zahlreichen Beispielen belegt werden könnte) in bürgerliche Strategien eingebaut worden: Die These vom unpolitischen Sport, von der „Politischen Autonomie des Sports" konnte so mindestens als Alibi für das Fehlen eines bewußten und konsequenten Eintretens der Sportorganisationen für fundamentale allgemeine demokratische Forderungen in der politischen Auseinandersetzung der 50er Jahre dienen, äußerstenfalls (in den Spitzen der Sportführungen also) als ideologischer Deckmantel für die direkte Kooperation mit den imperialistischen Kräften.

„Politische Autonomie" als Handlungsspielraum im Rahmen bürgerlicher Strategien

Die Konzeption besteht also darin, mit den von niemandem bestrittenen grundsätzlich humanitären unmittelbaren Aufgaben des Sports zugleich seine angeblich von der Sache her notwendige politische Autonomie bzw. außerpolitische Stellung zu begründen und dies seinerseits zum politischen, antikommunistischen Instrument gegen die Einordnung des Sports in eine Politik im Interesse der Arbeiterklasse einzusetzen. Diese Konzeption ergibt sich konsequent aus der politischen Position der im Zuge der Restauration des Kapitalismus in der BRD durchgesetzten bürgerlichen Sportführung: Sie ergab sich einerseits konsequent aus der Notwendigkeit, sich gegen den politischen Einsatz des Sports durch den Faschismus abzugrenzen (vgl. die, wenn auch im Sport und insgesamt in Westzonen und BRD nie konsequent vollzogenen Ansätze zur sog. „Entnazifizierung"). Sie ergab sich andererseits aus der Tatsache, daß nach der Zurückdrängung der Arbeitersportbewegung aus den Sportführungen diese zu einer konsequenten offen politischen Parteinahme für grundlegende demokratische Forderungen nicht mehr in der Lage waren und deshalb innerhalb der Arbeiterklasse und bei deren Organisationen keinen entscheidenden Rückhalt mehr gewinnen konnten.

Die eigentliche Schwäche der Sportbewegung, daß sie in den Westzonen und in der BRD nicht in eine Politik der antifaschistisch-demokratischen Umwälzung einbezogen werden konnte, sich statt dessen hinter dem Leitprinzip der politischen Autonomie, der scheinbaren politischen Neutralität verstecken mußte – diese Schwäche versuchte die bürgerliche Sportführung ideologisch in eine Position der Stärke des sog. „freien Sports" in der „freien Gesellschaft" gegen die sog. „politische Bevormundung des Sports in den totalitären Staaten" und ebenso gegen vergleichbare Tendenzen im bundesdeutschen Sport selbst umzukehren. Die z.T. deutlichen Worte z.B. DAUMES gegen den Einfluß des Staates auf den Sport und gegen einzelne Maßnahmen der Bundesregierung können nicht darüber hinwegtäuschen, daß es sich lediglich um eine relative Autonomie des Sports handeln konnte, wie oben bereits angedeutet wurde: Auf der Basis allgemeiner politisch-ideologischer Übereinstimmung sollte ein gewisser eigenständiger sportpolitischer Handlungsspielraum der Sportorganisationen und ihrer Führungen gegenüber kurzfristigen politischen Manövern der herrschenden Kreise und vor allem des von ihnen instrumentalisierten Staates bewahrt werden. Eine solche relative politische Eigenständigkeit der Sportspitze, vor allem des DSB, war erforderlich einerseits, um der antikommunistischen Ideologie von der gleichen (oder gar größeren) Effizienz bei größerer Humanität des „freien Sports" hinreichende Glaubwürdigkeit zu verleihen, so daß DAUME noch 1969 sagen kann: „Ich weigere mich immer wieder, zu glauben, daß wir mit unseren freiheitlichen Methoden unterlegen sein müssen." (S. 263). Jene relative Eigenständigkeit war andererseits erforderlich, um den DSB gegenüber den Fachverbänden und Landessportbünden, die auf ihre wesentlich auf historischen Entwicklungen basierende sportorganisatorische Eigenständigkeit pochten (vgl. NITSCH 1974), im Sinne der Gesamtrichtung handlungs- und führungsfähig zu erhalten. Schließlich war sie auch erforderlich, um den DSB gegenüber den internationalen Sportverbänden als sportpolitisch eigenständig, damit glaubwürdig und auch im Sinne der allgemeinen politischen Zielsetzungen (die sich z.B. lange auf eine Ausklammerung der DDR aus den internationalen Sportorganisationen richtete) wirkungsvoll erhalten zu können. Gerade wegen des letzteren Aspekts kam es zu zahlreichen Konflikten zwischen dem DSB und der Bundesregierung. 1958 sagt DAUME: „Wenn ich unser Verhältnis zur Bundesregierung kurz zusammenfassen soll, so muß ich sagen, daß es gut, aber nicht frei von Spannungen war." (S. 100) Und in eben diesen Konflikten und in den ihnen zugrunde liegenden z.T. direkten Eingriffen in die Sportpolitik des DSB (LEMKE 1971) kommt exakt die nur relative Autonomie des Sports gerade gegenüber dem Staat zum Ausdruck.

Daß überhaupt eine solche, wenn auch nur relative, Autonomie des Sports ansatzweise möglich war und daß dementsprechend die These von der „Unabhängigkeit des Sports" mit einiger Glaubwürdigkeit vertreten werden konnte, hatte seine Ursache nicht zuletzt darin, daß der Staat in weiten gesellschaftlichen Bereichen sich in der angesprochenen Entwicklungsetappe noch weitgehend auf seine „liberal-kapitalistische" Rolle beschränkte. Es hatte sich noch keine hinreichende objektive Notwendigkeit für eine entsprechende Planungs- und Steuerungskapazität und ein entsprechendes Instrumentarium zum geplanten und systematischen Eingriff des Staates in alle gesellschaftlichen Bereiche herausgebildet.

„Politische Autonomie" als politische Schwächung der Sportbewegung

Das, was als die angebliche Stärke des „freien Sports" ideologisch zum Leitprinzip zu erheben versucht wurde, die These nämlich von der „Politischen Autonomie des Sports", war in Wirklichkeit im angedeuteten Sinne gerade seine Schwäche. DAUME selbst wirft 1956 die Frage auf, „warum eigentlich der Sport, der doch neben den Gewerkschaften die weitaus größte Organisation deutscher Menschen ist, auf die Regierung so wenig Einfluß hat" (S. 72), und er formuliert die Antwort selbst: „Solange das ganz und gar unumstößliche Prinzip der politischen Neutralität des Sportes so ausgelgt wird, als sei es dem Sport verboten, seine Meinung innerhalb der politischen Kräfte des Volkes zur Geltung zu bringen, neutralisiert er seinen Einfluß selbst". (S. 72). Hier scheint sich Einsicht in die notwendige politische Zuordnung des Sports anzubahnen. Die politische Strategie jedoch, die DAUME dem Sport empfiehlt, verdeutlicht genau den illusionären Charakter, den Sportpolitik so wie die politische Vertretung aller anderen auf die Reproduktion der Arbeitskraft der abhängig Arbeitenden gerichteten Interessen annehmen muß, wenn sie ohne Analyse von Klassenverhältnissen und der Stellung sportbezogener Interessen darin, vor allem aber ohne sicheren Rückhalt in der Arbeiterbewegung konzipiert und betrieben wird; DAUME „droht": „Nichts wäre nun falscher, als wenn der Sport etwa eine eigene Partei aufmachen und sog. Sportdelegierte in die Parlamente hineinschicken würde. Die Interessen der verschiedenen Gruppen machen sich ohnehin schon in den deutschen Parlamenten allzu stark bemerkbar. Es wäre geradezu widersinnig, wenn ausgerechnet der Sport diese Interessengruppen noch um eine vermehren wollte, etwa im Stil einer Poujade-Partei. Vor dieser Sorge kann sich auch die sportfremdeste Parteihierarchie sicher fühlen. Wovor sich aber die Parlamente und die deutschen Parteien nicht mehr sicher fühlen können, daß ist die Tatsache, daß es der deutsche Sport von nun an nicht mehr versäumen wird, vor den Wahlen an die Parlamentskandidaten aller deutschen Parteien die Gretchen-Frage zu stellen: Wie stehst du zu der deutschen Turn- und Sportbewegung? " (S. 72).

Die postulierte Leitidee von der „Politischen Autonomie des Sports" war also im Kern auf einem unlösbaren Widerspruch aufgebaut: Ein in erster Linie auf die Reproduktionsinteressen der Arbeiterklasse gerichtetes Ziel – die Schaffung hinreichender materieller, organisatorischer und inhaltlicher Voraussetzungen für die Befriedigung sportbezogener Bedürfnisse – sollte durch eine Strategie der politischen Autonomie erreicht werden. Diese „Autonomie" aber bestand in einer weitgehenden Abgrenzung gegenüber den allgemeinen Zielen und den politischen und gewerkschaftlichen Organisationen der Arbeiterklasse.

Ergebnis einer solchen widersprüchlichen politischen Strategie mußten widersprüchliche Wirkungen in Bezug auf gesellschaftliche Stellung und Entwicklungsperspektive des Sports sein: Der Sport mußte über seine Führungsorgane zwangsläufig lediglich als Bittsteller für eine humanitäre, „gute Sache" auftreten und konnte nicht als durch starke gesellschaftliche Kräfte unterstützter Interessenvertreter mit dem entsprechenden Nachdruck Forderungen vertreten. Statt in der Kooperation mit allen im Interesse der Arbeiterklasse arbeitenden Kräften politische Prioritäten zu setzen und in diesem Rahmen um in zentrale demokratische gesellschaftliche Forderungen eingebettete sportpolitische Ziele zu kämpfen, – stattdessen also baute die bürgerliche Sportführung zunächst einmal auf das „Vertrauen in die eigene Kraft"; DAUME: Sport sei „Gegenstand von großem öffentlichen Interesse geworden. Er hat, als Ganzes genommen, keinen anderen Sachwalter als den DSB und seine Mitgliedsorganisationen." (S. 89). Allerdings: „Der Sport allein wäre damit überfordert. (...) Er braucht eine Gesellschaft von Freunden außerhalb seiner Reihen." (S. 154). Wird so schon der *politische* Interessenkonflikt abgeschwächt auf die nachdrückliche Bitte unter Freunden, so wird zusätzlich noch der Eindruck erweckt, als habe sich der DSB pluralistisch diese Freunde überall dort gesucht, wo sie zu finden waren, nämlich bei allen relevanten gesellschaftlichen Gruppierungen. Nicht zuletzt wird auch „unser gutes und verständnisvolles Verhältnis mit den Gewerkschaften" (S. 39) betont.

Folgen: disproportionale Entwicklung des Sports

In Wirklichkeit jedoch hatte diese „pluralistische" politische Anlehnung nicht eine Stärkung der politischen Position, sondern aus den bereits genannten Gründen eine Schwächung zur Folge: eben weil die Führung der Sportorganisationen in Folge ihrer bürgerlichen Interessenposition die Kooperation mit ihren „natürlichen" Verbündeten, der Arbeiterklasse und ihren Organisationen, vernachlässigte zugunsten einer vorrangigen Anlehnung an Staat, Kommunen, Wirtschaft und Kirche, bei denen sie aber aufgrund ihrer fehlenden politischen Machtbasis sportpolitische Forderungen lediglich in Form von humanitären Apellen mit der entsprechend geringen Durchschlagskraft vortragen konnte. Das schlug sich in dem nur langsamen, z.T. stagnierenden Abbau von Restriktionen in der gesellschaftlichen Stellung des Sports nieder, wie an entsprechenden Konsequenzen auf der konkreten Erscheinungsebene abgelesen werden kann.

Zunächst muß festgestellt werden, daß u.a. durch erhebliches ehrenamtliches Engagement nicht zu bestreitende Aufbauleistungen vor allem innerhalb der Vereine, ein entsprechendes Anwachsen auch der Mitgliedszahlen in den Sportorganisationen, der sportlichen Betätigung und Leistungen in diesem Zeitraum verzeichnet werden können, auch daß es zahlreiche Initiativen und Anstöße gab, eine widerstandslose Integration der Sportbewegung in die restaurative Formierung der gesellschaftlichen Entwicklung in der BRD in den 50er Jahren zu verhindern (vgl. WONNEBERGER 1967).

Haupttendenzen waren jedoch andere in dieser Entwicklungsphase: Die positiven Tendenzen stießen auf objektive ökonomisch-politische Grenzen. Diese Grenzen bestanden vor allem in den restaurierten kapitalistischen Produktionsverhältnissen und in den mit der in diesem Rahmen vorwiegend extensiv erweiterten Reproduktion des Kapitals gegebenen unzureichenden materiellen Mitteln zur Reproduktion der Arbeitskraft. Damit verbunden waren zunächst ein Vorrang elementarerer reproduktiver Bedürfnisse („Freßwelle", „Wohnungswelle" usw.) und über den Staat nur weit unzureichend bereitgestellte Mittel für den „kollektiven Konsum", unter den gerade der Sport wie vergleichbare andere infrastrukturelle Bereiche wesentlich fällt. Die Folgen dieser objektiven Grenzen war, daß neben einer aus außenpolitischen Motiven beschleunigt vorangetriebenen Spitzensportförderung die Zunahme der Mitgliedszahlen in den Sportorganisationen und der allgemeinen aktiven Sportbetätigung sich nur relativ langsam vollzog. Vor allem aber ergaben sich innerhalb dieser Entwicklung außerordentliche soziale Disproportionen in Bezug auf die sozialschichtmäßige, geschlechtsmäßige und altersmäßige Zusammensetzung der Sporttreibenden, die vor allem aus der nicht demokratisch geplanten und gesteuerten, sondern liberalistisch „frei" wuchernden Wachstumsentwicklung erklärt werden müssen und bis in die Gegenwart anhalten (GÜLDENPFENNIG 1974). Den ebenfalls deutlich sichtbar werdenden regionalen Disproportionen hatte die bürgerliche Sportführung wenig mehr als einen Appell an den „Pioniergeist" (DAUME 1973, S. 176) entgegenzusetzen.

Gegenüber diesen, wenn auch stark disproportional, aber immerhin doch sich entwickelnden Bereichen, gab es Sportbereiche, in denen eine weitgehende Stagnation zu verzeichnen war, obwohl gerade sie von zentraler Bedeutung für die sportbezogenen Interessen der arbeitenden Bevölkerung waren. Hier sind also erhebliche sektorale Disproportionen zwischen den verschiedenen Sportbereichen, etwa zwischen einer guten Entwicklung des Leistungssports und einer Stagnation des Schulsports usw., angesprochen. An erster Stelle ist hier die Misere des Schulsports zu nennen, gegenüber der trotz zahlreicher Bemühungen z.B. von Seiten des DSB (WOLF 1974) kaum Fortschritte erzielt wurden, was sich bis heute auswirkt (vgl. MARTIN 1972; SPORTUNTERRICHT 1974; ARBEITSGRUPPE SPORT 1975).

Darüberhinaus ist auch auf den nur mittelbaren sportpolitischen Effekt der gegebenen politischen Kräfteverhältnisse im Sport hinzuweisen, der darin bestand, daß die unmittelbar sportbezogene Arbeit der Vereine und Lehrtätigkeit der Verbände, die wesentlich auf „staatsbürgerliche Erziehung" ausgerichtete Arbeit der deutschen Sportjugend u.a.m. politisch-bewußtseinsmäßig stark durch eine antikommunistische Beeinflussung der jugendlichen und erwachsenen Sporttreibenden geprägt war. Nicht zuletzt schließlich ist darauf hinzuweisen, daß die politische Ausrichtung der Sportverbände der BRD sich vorwiegend sehr stark behindernd auf den sog. innerdeutschen Sportverkehr und weitere internationale Sportbeziehungen auswirkte (vgl. LEMKE 1971; WONNEBERGER 1967), wodurch die im Sport der BRD gegebenen internen Restriktionen auch auf seine Außenbeziehungen ausgedehnt wurden.

3. *„Partnerschaft zwischen Sport und Staat"*

3.1. Allgemeines

Die sog. zweite Phase in der sportpolitischen Konzeption der BRD-Sportorganisationen ist allgemein gekennzeichnet durch eine explizitere politische Orientierung und umfassendere planerische Aktivität. Diese Kennzeichen reflektieren die Tatsache, daß allein ein quasi vorpolitisches „Besinnen auf die eigene Kraft" die umrissenen Grundprobleme des sozialen Systems Sport nicht hinreichend zu lösen vermocht hatte. Sie reflektieren ferner (bzw. initiieren diese auch wesentlich mit) eine verstärkte Förderungsaktivität der staatlichen und kommunalen Institutionen (also der „öffentlichen Hände" insgesamt). Diese verstärkte Förderungsaktivität vollzog sich bei gleichzeitiger allmählicher Vergrößerung des Anteils der zentralen staatlichen, also der Bundesbeteiligung an den Förderungsmaßnahmen. Der wachsende Anteil des Bundes an der Sportförderung schlägt sich u.a. in einer Erweiterung des institutionellen sportpolitischen Instrumentariums und damit zunehmenden sportpolitischen Steuerungskapazität des Bundes nieder: in der Bildung eines Bundestagsausschusses für Sportfragen, der Deutschen Sportkonferenz, des Bundesinstituts für Sportwissenschaft usw. Parallel hierzu verläuft ein versträrkter Einsatz vor allem auch von Sportförderungsmitteln der Wirtschaft im Sinne eines kapitalistischen Mäzenatentums und sog. „zusätzlicher betrieblicher Sozialleistungen". Die hieran ablesbare allgemeine Interessenparallelität zwischen den angesprochenen Förderungsträgern wird nicht zuletzt dadurch offensichtlich, daß ein entscheidender Anstoß zur Neuorientierung der sportpolitischen Programmatik der Sportorganisationen von Seiten der Deutschen Olympischen Gesellschaft (DOG), einer wesentlich von Wirtschaftskreisen getragenen Sportförderungsorganisation, mit ihrem „Goldenen Plan" (DOG 1962; vgl. dazu BINDER 1972, S. 89 - 93) gegeben wurde. Die sportpolitische Umorientierung kann also bei aller Vorsicht gegenüber einer eindeutigen zeitlichen Abgrenzung um 1960 angesetzt werden. Die Grundzüge der hiermit eingeleiteten sportpolitischen Umorientierung sind bis in die gegenwärtige Entwicklung hinein erkennbar, bzw. sie kommen erst in den letzten Jahren voll zum Tragen, wie im folgenden eingehender gezeigt werden soll.

Im Zuge der weiteren Entwicklung seit 1960 also wird vor allem der Eingriff des Staates zur *systematischen* Grundlage für den Sport auf allen Ebenen, allerdings weiterhin auf der Basis eines liberalistischen Förderungsprinzips im Sinne des „Der Sport plant und realisiert – der Staat unterstützt". Dies liberalistische Förderungsprinzip, das ad-hoc-Entscheidungen gegenüber längerfristiger Planung bevorzugt und die staatliche Unterstützung von privaten Initiativen abhängig macht, läßt sich z.B. für den kommunalen Bereich mit Untersuchungsergebnissen von BLOSS/GLUNCK (1973) erläutern und belegen: Demnach ist Voraussetzung für kommunale (und analog auch staatliche) Sportförderung, „daß die Vereine die Initiative ergreifen und für von der Kommune zu unterstützende Projekte eigene finanzielle Beiträge leisten". (S. 392) „Ebenso wie für den Vereinssport gilt bei den finanziellen Unterstützungen des Freizeitsports, daß eine klar strukturierte Planung und Realisationsstrategie bei den zuständigen Behörden der Stadtverwaltung nicht erkennbar ist. Es entsteht vielmehr der Eindruck, daß auch in diesem Bereich ad-hoc-Entscheidungen vorherrschen. Hallenbäder als

Hauptmöglichkeiten unorganisierten Sporttreibens werden z.B. erst dort errichtet, wo die Bevölkerung am aktivsten ihre Bedürfnisse artikuliert und über die besten Einflußmöglichkeiten in den Entscheidungsgremien verfügt". (S. 393).

Der sportpolitischen Konzeption einer „politischen Autonomie des Sports" ist mit diesem verstärkten Eingriff des Staates objektiv der Boden entzogen. Der mit ihr verbreitete ideologische Schein der politischen Neutralität der Sportorganisationen muß damit zunehmend gegenüber einer stärkeren Offenlegung ihrer praktischen *inhaltlichen* politischen Orientierung und Interessendominanz aufgegeben werden: Die Sportorganisationen versuchen dem seither durch die Konzeption der „Partnerschaft zwischen Sport und Staat" Rechnung zu tragen. Ansatzweise deutete sie sich bereits in der ersten Phase an. Seit 1960 setzt sie sich allmählich als zentrale sportpolitische Orientierung durch: Noch in der Charta des deutschen Sports von 1966 ist diese Konzeption nur relativiert durch pluralistische Einordnung in die „Partnerschaft zu *allen* gesellschaftlichen Gruppen" repräsentiert; dort heißt es: „Schule und Elternhaus, Kirche und Staat, alle gesellschaftlichen Gruppen und die politischen Parteien sind zur Partnerschaft aufgerufen" (CHARTA 1966, S. 37). Bis hin zum DSB-Bundestag 1974 hat sich die Politisierung der sportpolitischen Konzeption der BRD-Sportorganisationen bis zur eindeutig auf den Staat bezogenen Prioritätensetzung innerhalb eines nach wie vor pluralistischen Partnerschaftskonzeptes durchgesetzt; der gegenwärtige DSB-Präsident Willi WEYER sagt zwar: „Wir sind die Gemeinschaft, die das Gespräch mit allen Gruppen sucht" (WEYER 1974, S. 4). Die Tatsache aber, daß vor diesem DSB-Bundestag die Vorsitzenden der vier im Bonner Parlament vertretenen Parteien sprachen, sowie die weiteren Aussagen von WEYER zeigen die deutliche Verschiebung der Priorität in der sportpolitischen Orientierung: „Sport, Parteien und Staat müssen ein neues Verhältnis zueinander finden. Dieses veränderte Verständnis weist die Sportorganisation nicht als lästigen Bittsteller am goldenen Zügel des Geldes aus, sondern als offenen und gleichrangigen Partner, der seine Aufgaben fair wahrnimmt. Nicht mehr, aber auch nicht weniger wollen wir." (S. 19).

Die sportpolitische Formel von der „Partnerschaft zwischen Sport und Staat" kann somit als der Versuch charakterisiert werden, die auf gleicher sozialer und politischer Grundlage wie während der ersten Phase weiterhin beanspruchte politische „Autonomie" des Sports unter veränderten objektiven gesellschaftlichen Bedingungen möglichst weitgehend wahren zu können. Wie weit dieser Anspruch den tatsächlichen objektiven Entwicklungen Rechnung trägt, wie diese sportpolitische Konzeption konkret strukturiert ist und welche Konsequenzen für die gesellschaftliche Realität des Sports in dieser Entwicklungsphase sich aus einer solchen Konzeption ergeben haben, soll nun in groben Zügen betrachtet werden.

3.2. Objektive Bedingungen der Konzeption „Partnerschaft zwischen Sport und Staat"

Die Analyse der objektiven gesellschaftlichen Entwicklungsbedingungen dieser zweiten Phase muß davon ausgehen, daß natürlich wesentliche Faktoren, die die erste Phase relativ stark determiniert haben, ihre Wirksamkeit beibehalten. Hier ist etwa darauf hinzuweisen, daß die mit der ökonomischen Rekonstruktion nach 1945 verbundene Restauration und anschließende ökonomisch ermöglichte und z.T. politisch erzwungene (s. KPD-Verbot 1966 usw.) relative Stabilisierung der kapitalistischen Produktions- und Klassenverhältnisse sich in einer weitgehenden Kontinuität der bürgerlichen Sportführung in der BRD niederschlug. Insofern ist der Übergang zur zweiten Phase auch keineswegs als ein qualitativer Sprung im Sinne eines umfassenden politischen Lernprozesses des gesamten Sozialsystems Sport aufzufassen, sondern vor allem lediglich als ein auf weitgehend gleichbleibenden sozialen und politischen Grundlagen sich vollziehender Anpassungsprozeß an veränderte objektive gesellschaftliche Entwicklungsbedingungen.

Übergang zur überwiegend intensiv erweiterten Reproduktion des Kapitals

Diese Entwicklungsbedingungen, die sich im Zuge der 60er Jahre in wesentlichen auch für den Sport relevanten sozialpolitischen und infrastrukturellen Veränderungen niederschlugen, wurden wesentlich bestimmt durch ökonomische Umwälzungen, die sich um 1960 verstärkt durchsetzten. Vor allem ist hier die Ausschöpfung der Möglichkeiten zur überwiegend extensiv erweiterten Reproduktion des Kapitals, besonders also die „Ausschöpfung des Arbeitspotentials" (HOLZINGER 1974, S. 30) zu nennen. Sie erzwang, verbunden mit weiteren ökonomischen Monopolisierungstendenzen (REINHOLD u.a. 1972; HESS 1974), die verstärkte Entwicklung intensiver Wachstumsfaktoren und den Übergang zur überwiegend intensiv erweiterten Reproduktion des Kapitals (PETRAK 1974, S. 74 - 84).

Wesentliche Bedeutung im Rahmen der intensiven Wachstumsfaktoren kommt der Beschleunigung der wissenschaftlich-technischen Revolution zu. Hiermit ergaben sich auch veränderte Anforderungen an die Reproduktion der gesellschaftlichen Arbeitskraft (PETRAK 1974, S. 56 - 306): Notwendig wurde die quantitativ möglichst weitgehende Ausschöpfung der verfügbaren gesellschaftlichen Arbeitskraft ebenso wie die Bereitstellung qualitativ hinreichend für die veränderten Produktionsbedingungen qualifizierter gesellschaftlicher Arbeitskraft. Für diese veränderten und z.T. gewachsenen Anforderungen an die gesellschaftliche Arbeitskraft mußten entsprechende Voraussetzungen geschaffen werden. Sie waren einerseits bereits in den 50er Jahren erkennbar in Form eines wachsenden individuellen konsumorientierten „Reproduktionsniveaus" (HOLZINGER 1974, S. 19), dessen Wachstum sich in den 60er Jahren fortsezte. Sie mußten andererseits durch Schaffung infrastruktureller Voraussetzungen (Bildungs-, Gesundheits-, Freizeitbereich) nach 1960 erst bereitgestellt werden. Mit entsprechenden Reformmaßnahmen sollten die im Zuge der anarchischen ökonomischen Rekonstruktion nach 1945 entstandenen außerordentlichen strukturellen Disproportionen (v.a. zwischen verschiedenen Wirtschaftszweigen, aber auch zwischen ökonomischer Entwicklung und infrastruktureller Entwicklung) kompensiert werden. Besonders bei diesem zweiten Aspekt handelt es sich um Voraussetzungen, denen zunehmend nicht mehr allein im Bereich der individuellen Konsumtion, sondern nur durch verstärkte *kollektive* bzw. gesellschaftliche Organisation der Reproduktionsbedingungen entsprochen werden kann (PETRAK 1974, S. 169 - 179).

Erweiterte Funktion des Staates

Hiermit sind wichtige ökonomische Faktoren genannt, die für die weitere Entwicklung des Sports in den 60er Jahren veränderte, und zwar begünstigende objektive Rahmenbedingungen setzten. Das wird dann unmittelbar deutlich, wenn man den Sport als einen Bereich auffaßt, der zumindest mit wesentlichen seiner Aspekte auch Beitragsmöglichkeiten zur Reproduktion der Arbeitskraft zu leisten vermag und somit genau von der Notwendigkeit infrastruktureller Reform- und Entwicklungsmaßnahmen betroffen ist.

Politisch gesehen setzten sich diese Rahmenbedingungen vor allem über eine verstärkte Aktivität des Staates in konkrete Maßnahmen um – ein Prozeß übrigens, der zumindest auf Bundesebene erst mit erheblicher Verzögerung gegenüber den objektiven Notwendigkeiten, verstärkt erst seit dem Eintreten der Sozialdemokratie in die Bundesregierung (v.a. seit 1969) die Sportpolitik entscheidend zu beeinflussen begann (BUNDESMINISTERIUM DES INNERN 1971). Im „CDU-Staat" (SCHÄFER/NEDELMANN 1969) hatte er die konservativen bzw. rückwärtsgewandten, gegen soziale Anpassungsprozesse an die veränderten ökonomischen Bedingungen gerichteten Tendenzen nicht ernsthaft zu überwinden vermocht. Diese allgemeinen Tendenzen wurden in ihren Auswirkungen für den Sportbereich zudem verstärkt durch die Übernahme der Ausrichtung der Olympischen Spiele 1972 durch die BRD. Die verstärkten Anstrengungen zur allgemeinen Sportförderung in Bezug auf diesen aktuellen Anlaß waren nicht zuletzt Ausdruck auch der politischen Bemühungen der bürgerlichen Sportführungen und -verwaltungen, dem zunehmenden Zurückfallen der BRD in der sportbezogenen internationalen Systemkonkurrenz (vor allem gegenüber der DDR) entgegenzuwirken.

Jene angesprochene verstärkte Aktivität des Staates in der Schaffung von Voraussetzungen für die Reproduktion der Arbeitskraft ist – allgemein gesehen – ein Ausdruck der erweiterten Funktion des Staates, wie sie sich als Intervention in alle wesentlichen gesellschaftlichen Bereiche vor allem zur Schaffung günstiger Voraussetzungen für die profitorientierte Verwertung und weitere Akkumulation des Kapitals im Zuge der monopolistischen Umwälzung in der hier diskutierten Entwicklungsetappe herausgebildet hat (HESS 1974). Hier ist vor allem von Bedeutung, daß auch die verstärkten Maßnahmen für nur noch kollektiv zu sichernde reproduktive Bedarfe genau in den erweiterten Funktionsbereich des Staates fallen, der wegen des allgemeinen Charakters dieser reproduktiven Erfordernisse die materiellen u.ä. Voraussetzungen hierfür zu schaffen hat.

Dabei ist festzustellen, daß der in erster Linie an der Sicherung der Monopolinteressen orientierte Staat mit der verstärkten Übernahme solcher Funktionen nicht unversehens zum „Sozialstaat" wird. Das ergibt sich aus der Tatsache, daß es ja vor allem die kollektiven, „die vom Staat zentralisierten Lohnteile" (PETRAK 1974, S. 276), also v.a. Steuern der Arbeiterklasse sind, die in solchen Maßnahmen staatlich „umverteilt" werden, woraus die Arbeiterklasse die berechtigte Forderung nach Priorität für entsprechende soziale und infrastrukturelle Maßnahmen seitens des Staates ableiten kann. Der sog. „Sozialstaat" erweist sich jedoch stattdessen deutlich als Sachwalter der Monopolinteressen, insofern er nämlich die angesprochenen sozialen und infrastrukturellen Maßnahmen stets nur insoweit (und auch das nur unter dem Druck einer kampfbereiten Arbeiterbewegung) in Angriff nimmt, als es zur Sicherung der profitablen Kapitalverwertung und zur Abwendung der weitestgehenden sozialen Disproportionalitäten unabdingbar ist. Gerade unter dem letztgenannten Aspekt unterscheiden sich konservative und sozialdemokratische Staatsauffassungen erheblich voneinandern: Dort, wo sozialdemokratische Politik im Rahmen der genannten allgemeinen Staatsfunktion und unter Berücksichtigung einer längerfristigen Perspektive durch die Struktur der kapitalistischen Produktionsverhältnisse verursachte soziale Disproportionalitäten in Bereichen zur Reproduktion der Arbeitskraft mittels infrastruktureller Maßnahmen zumindest abzuschwächen versucht (GODESBERGER PROGRAMM 1959, S, 18), – dort arbeitet konservative Politik auf eine möglichst weitgehende Freihaltung nicht unmittelbar produktionsorientierter gesellschaftlicher Bereiche auch vom „sozialstaatlichen" Einwirken des Staates mit der ideologischen Begründung hin, nur so könne die freie Entfaltung des Individuums gegenüber der staatlichen Bevormundung und „Betreuung" (SCHELSKY 1973b) gewahrt bleiben – eine Begründung, die zugleich den „Vorteil" bietet, daß sie einen praktizierten Gegenbeweis gegen die Theorie vom staatsmonopolistischen Kapitalismus zu liefern scheint.

Die staatliche Sportförderungspolitik, in der sich in der hier diskutierten zweiten Phase die objektiven gesellschaftlichen Entwicklungsbedingungen niederschlagen und konkretieren, spiegelt deutlich die veränderten ökonomischen Bedingungen ebenso wie die divergierenden politischen Konzeptionen zu deren Beantwortung wider: Der Staat übernimmt eine wachsende, aber noch immer begrenzte Rolle in der Schaffung infrastruktureller Voraussetzungen im Sportbereich. Der wachsenden Bedeutung hinreichender infrastruktureller Voraussetzungen zur Reproduktion der Arbeitskraft wird auch im Bereich des Sports insgesamt durch eine verstärkte Sportförderung (beginnend mit dem „Goldenen Plan") ansatzweise entsprochen. Diese Förderung bleibt allerdings gegenüber den reproduktiven Erfordernissen vom Interesse der arbeitenden Bevölkerung aus weit unzureichend. Z.B. gibt es „wohl keine einzige größere Stadt in der Bundesrepublik, wo die Richtlinien zur Schaffung von Erholungs-, Spiel- und Sportanlagen der Deutschen Olympischen Gesellschaft aus dem Jahre 1967 in Bezug auf die Sportplätze erfüllt sind" (Deutsche Volkszeitung vom 9.1.1975). Jene Förderung ist insofern also auf die nur sekundäre und zumindest noch immer nicht hinreichend „nachgewiesene" Bedeutung dieser reproduktiven Erfordernisse vom Interesse des Kapitals aus konsequent abgestimmt. Im Rahmen der insgesamt seit etwa 1960 verstärkten Sportförderung sind wiederum die angedeuteten politischen Diskrepanzen zwischen konservativen und sozialdemokratischen Konzeptionen in einer unterschiedlichen Intensität der Förderung vor und nach 1966 (bzs. 1969) ablesbar (BUNDESMINISTERIUM DES INNERN 1971).

Auf dieser Grundlage wird deutlich, daß die für die sportpolitische Konzeption der Sportorganisationen in dieser zweiten Phase kennzeichnende Formel vom „partnerschaftlichen Verhältnis zwischen Sport und Staat" nicht nur einen ideologischen Gehalt hat. Es ist keineswegs so, daß sie nur eine faktisch umfassende, unmittelbare Abhängigkeit des Sports vom Staat verschleierte (obwohl jene Formel den Grad der Abhängigkeit nicht adäquat widerspiegelt). Vielmehr ist sie auch Ausdruck des widersprüchlichen Verhaltens des Staates gegenüber diesem gesellschaftlichen Bereich: Es ist einerseits durch objektiv notwendigen verstärkten Eingriff gekennzeichnet, andererseits durch ein noch immer relativ weitgehendes liberalistisches Förderungsprinzip im Sinne des: „Der Sport plant und realisiert – der Staat unterstützt", das gerade zur konsequenten Schaffung der infrastrukturellen Voraussetzungen für soziale Chancengleichheit in einem reproduktiven Bereich wie z.B. dem Sport nicht hinreichend sein kann. Im 2. Sportbericht der Bundesregierung heißt es dementsprechend in vollständiger Übereinstimmung mit der Konzeption der Sportorganisationen: „Bei der Förderung des Sports läßt sich die Bundesregierung davon leiten, daß die Unabhängigkeit des Sports auf der Grundlage partnerschaftlichen Zusammenwirkens gewahrt bleiben muß." (BUNDESMINISTERIUM DES INNERN 1973, S. 7)

Relative politische „Stabilität"

Schließlich ist festzustellen, daß das über Jahre hin kontinuierliche Festhalten an einer sportpolitischen Globalkonzeption nur unter Berücksichtigung eines weiteren wesentlichen objektiven Bedingungsfaktors erklärt werden kann: einer relativ starken innerorganisatorischen und externen (gesamtgesellschaftlichen) politischen „Stabilität". Sowohl das Letztere ist über einen für die zweite Phase parallelen Zeitraum von einigen Jahren in der BRD der Fall gewesen, wie aus charakteristischen „Kenndaten" zur Entwicklung der

Klassenkämpfe in der BRD etwa zwischen 1959 und 1966 abgelesen werden kann (JUNG u.a. 1970; STEINHAUS 1974; PETRAK 1974, S. 480 - 567), als auch besonders das Erstere: Seit der Ausschaltung der Arbeiter-Sportbewegung aus den Führungspositionen der westdeutschen Sportbewegung hat es über einen langen Zeitraum keine politisch breitenwirksamen Auseinandersetzungen um die politische Grundorientierung innerhalb der westdeutschen Sportorganisationen mehr gegeben (vgl. u.a. NATURFREUNDE-JUGEND 1974). Die Sportführungen konnten weitgehend unbehindert die partnerschaftliche Anlehnung an „den" Staat als entscheidende Voraussetzung zur Sicherung von allgemeinen Bedingungen des Sports suchen. Im folgenden sollen einige Hauptkennzeichen der auf diesen objektiven Bedingungen basierenden sportpolitischen Konzeption betrachtet werden.

3.3. Sportpolitische Programmatik im Rahmen der Konzeption „Partnerschaft zwischen Sport und Staat"

Zu fragen ist hier, wie diese über einen bereits langen Zeitraum „gültige" sportpolitische Rahmenkonzeption von der „Partnerschaft zwischen Sport und Staat" sich in konkreteren Programmen und Plänen der BRD-Sportorganisationen niedergeschlagen hat. Stellvertretend für die vorherrschende programmatische Position in den Sportorganisationen während der zweiten Phase sollen hier wieder vorrangig einige zentral bedeutsame Aussagen des DSB als Gegenstand der Betrachtung herangezogen werden: die CHARTA des deutschen Sports, Aussagen der DSB-Präsidenten KREGEL und WEYER sowie der "SPORTPLAN BERLIN" des Landessportbundes Berlin, der einige wesentliche Grundzüge des „Sportplan '80" des DSB bereits vorwegnehmen dürfte. Die hierin niedergelegten programmatischen sportpolitischen Aussagen sind danach zu befragen:

a) welche Ziele für die Sportentwicklung in der BRD gesetzt werden (Abschn. 3.3.1.);

b) wie die gegebenen und die erforderlichen innerorganisatorischen und gesellschaftlichen Bedingungen zur Realisierung dieser Ziele beurteilt werden (Abschn. 3.3.2.) und schließlich

c) wo die gesellschaftlichen Kräfte, gegen deren zu erwartenden Widerstand die Ziele durchzusetzen wären, und wo die gesellschaftlichen Kräfte, mit denen zur Verwirklichung dieser Ziele zusammenzuarbeiten ist, gesehen werden (Abschn. 3.3.3.).

Wegen der weitgehenden Übereinstimmung zwischen den zu untersuchenden Konzepten in Grundsatzfragen werden sie nicht jeweils für sich, sondern im Zusammenhang nach den genannten übergreifenden Gesichtspunkten befragt; vorliegende Übereinstimmungen werden nicht jeweils durch entsprechende Hinweise und Zitate nachgewiesen.

3.3.1. Ziele

Zur Frage, welche Ziele für die Sportentwicklung in der BRD in den genannten programmatischen Konzepten gesetzt werden, kann lediglich auf einige grundlegende Aussagen zu angestrebten Neuorientierungen eingegangen werden. Darauf bezogene (für die mögliche Realisierung solcher grundlegenden Entwicklungsziele natürlich keineswegs unwichtige) Folgeziele im materiellen, personellen, organisatorischen und instrumentellen Bereich müssen aus dieser Betrachtung ausgeklammert bleiben.

Im Bereich der allgemeinsten Zielangaben, die der Entwicklung des Sports insgesamt vorgegeben werden bzw. bleiben sollen, verbleiben die Konzepte auf der Ebene der abstrakten humanistischen Ziele, die dem Sport seit jeher gesetzt und als realisierbar unterstellt worden sind; so heißt es: „Im Mittelpunkt des Sports steht der Mensch" (WEYER 1974, S. 4). Einer solchen Zielbestimmung kann, solange klargestellt bleibt, daß es sich hier um eine Zielbestimmung handelt, zwar kaum widersprochen werden. Aber sie liefert eben – auch wenn sie präzisiert wird durch den Hinweis auf „wichtige biologische, pädagogische und soziale Funktionen", die der Sport erfüllen solle (CHARTA 1966, S. 35) – auch keine Kriterien für eine auf historisch gegebene, spezifische gesellschaftliche Entwicklungsbedingungen bezogene Prioritätensetzung in sportpolitischen Konzeptionen.

„Sport für alle"

Eine solche Prioritätensetzung, die gegenüber der bisherigen Entwicklung des Sports verstärkt neue Akzente zu setzen versucht, wird jedoch auf einer konkreteren Ebene der Zielbestimmung deutlicher: Sport solle einerseits durch die in ihm geforderte Leistung „eine Chance zur persönlichen Entfaltung" eröffnen (KREGEL 1973, S. 4), er solle andererseits „die gesellschaftspolitische Aufgabe der Lebenshilfe" und der „Daseinsvorsorge", der „sozialen Vorsorge" erfüllen (WEYER 1974, S. 19 bzw. 20). Um die wachsende gesellschaftliche Bedeutung dieser Aufgaben und damit des Sports hinreichend zu legitimieren und zu sichern, komme es demzufolge darauf an, den Sport als ein „Bürgerrecht" verfassungsmäßig zu verankern (KREGEL 1973, S. 5), wie es in der DDR bereits der Fall ist. Quasi als Gegenleistung solle der Sport verstärkt „neben seiner primären Aufgabe, sportliche Aktivitäten zu entwickeln und durchzuführen, auch eine wichtige bildungspolitische Funktion im demokratischen Staat" erfüllen (SPORTPLAN BERLIN 1974, S. 5). Dieses Ziel wird allerdings dadurch stark relativiert, daß es allein auf einer funktionalen Transferüberlegung basiert. Denn die Sportvereine „bilden" – das als Tatsachenaussage! – „Zellen, in denen Eigeninitiative der Bürger in demokratischer Selbstverwaltung praktiziert wird", (S. 5), ohne daß die hiermit angestrebten bildungspolitischen Aufgaben einen expliziten und bewußt angestrebten Bezug zu einer demokratischen gesellschaftlichen Entwicklung erhalten. Ebenfalls ohne einen solchen expliziten Bezug wird die demokratisch-gesellschaftliche „Gemeinnützigkeit" des Sportvereins zudem auch damit begründet, daß er – was bei entsprechender explizit inhaltlicher Zielsetzung richtig wäre – „den auf finanziellen Gewinn ausgerichteten ‚privaten Sportschulen' " Konkurrenz machen solle (S. 17).

Mit den angedeuteten allgemeinen Zielsetzungen für den Sport sind trotz ihrer humanistischen Abstraktheit immerhin Möglichkeiten eröffnet, neue Prioritätensetzungen zu begründen, die den veränderten objektiven gesellschaftlichen Entwicklungsbedingungen wenigstens partiell Rechnung zu tragen vermögen: In allen hier diskutierten Konzepten ist die Rede von der Notwendigkeit, künftig zu einer wenigstens gleichgewichtigen Förderung von Breitensport und Leistungssport (CHARTA 1966, S. 35), zu einer „Einbeziehung des Freizeitsports in alle Vereine" bzw. zu einer „Öffnung der Vereine durch das Angebot im Freizeitsportbereich" (SPORTPLAN BERLIN 1974, S. 9), zu einer fortlaufenden „Anpassung der organisatorischen Grundlagen und methodischen Grundsätze im Spiel- und Übungsbetrieb an die Erfordernisse der sich wandelnden Umwelt und an die Bedürfnisse der Bürger" (KREGEL 1973, S. 6), zur Weiterentwicklung der Arbeit der Vereine durch „den Bedürfnissen aller Mitglieder angepaßte Prioritäten" (WEYER 1974, S. 22) zu gelangen.

Einbeziehung „sozialer Randgruppen"

In solchen Zielsetzungen wird akzentuiert der humanitäre Anspruch erhoben, einen „Sport für alle" im umfassenden demokratischen Sinne des Begriffs verwirklichen zu wollen. Dieser Anspruch hätte sich nun wesentlich an Plänen und Maßnahmen zu beweisen, nicht nur die absolute Zahl sportlich Organisierter und Aktiver quantitativ allmählich zu erweitern, sondern vor allem auch im Zusammenhang damit gezielte Pläne und Maßnahmen zur Überwindung sozialstruktureller Disproportionen (vor allem im Hinblick auf sozialschichtspezifische, altersmäßige, geschlechtsbezogene und sektorale Disproportionen) innerhalb einer insgesamt wachsenden Breite der Sportbewegung in Angriff zu nehmen. Dieser Aspekt jedoch spielt neben der häufig kraftmeierischen Konstatierung wachsender Sporttreibenden-Zahlen und der optimistischen Erwartung künftig ähnlich weiteren Wachstums eine untergeordnete Rolle. Er tritt lediglich verschoben in das Problem „sozialer Randgruppen", das nun verstärkt angepackt werden solle, auf: Maßnahmen für spezielle „Zielgruppen", insbesondere für ältere Menschen, Familien und Kleinkinder sowie die Betreuung von gesellschaftlich benachteiligten Gruppen „wie ältere Menschen, Strafgefangene, ausländische Arbeitnehmer und Versehrte" (SPORTPLAN BERLIN 1974, S. 9 bzw. 10 f.) sollen ergriffen werden.

So begrüßenswert solche programmatischen Zielsetzungen sind, so zeigt die Reduzierung der sozialen Frage im Sport auf sie dennoch, daß hier nicht von den Kernproblemen der gewichtigsten sozialstrukturellen Disproportionen im Sportbereich, der sich hier nicht wesentlich von anderen vergleichbaren gesellschaftlichen Bereichen unterscheidet, ausgegangen wird. Das hieße nämlich ausgehen von den sozialstrukturellen, letztlich klassenmäßigen „Disproportionen" im Produktionsbereich und im hierauf bezogenen Sozialisations- und Qualifikationsbereich, wo die entscheidenden Voraussetzungen für unterschiedliche Verhaltensstrukturen und Entfaltungsmöglichkeiten in reproduktiven Bereichen gesetzt werden.

Zum einen: Zwar gehört das Plädoyer für verbesserte Bedingungen des Sports und seiner Stellung im Qualifikationsbereich seit jeher zu den Schwerpunkten in den sportpolitischen Konzepten der BRD-Sportorganisationen (WOLF 1974), aber: Dort wird einerseits nicht mit der notwendigen Klarheit herausgearbeitet, daß es innerhalb der Gesamtmisere des Schulsports vor allem die Misere des Sports in bestimmten Schularten gibt, nämlich in den Grund- und Berufsschulen als den vorrangigen Ausbildungsstätten für Arbeiterkinder. Andererseits läßt ihr vergleichsweise geringer Erfolg das unzureichende politische Gewicht, mit dem solche über den engeren Bereich der Sportorganisationen hinausreichenden gesellschaftspolitischen Forderungen bisher vertreten worden sind, erkennen. Viele zentrale Maßnahmen des DSB bezüglich des Schulsports muß WOLF (1974, S. 9 - 21) mit Formeln kommentieren, wie: „Bei den zuständigen Stellen praktisch keine Wirkung", „Nach der Verabschiedung der ‚Empfehlungen' keine wesentlichen Veränderungen", „Bei den staatlichen Stellen ohne Resonanz", „Unbehagen des DSB über den am Ende geschlossenen Kompromiß" usw.

Zum anderen: Gegenüber dem Bereich der durch die Struktur der Arbeits- und Produktionsbedingungen gegebenen Voraussetzungen für sozialstrukturelle Disproportionen im Sportbereich schließlich wurden und werden demokratische Forderungen von seiten der Sportorganisationen überhaupt nicht erhoben oder gar vertreten. Diese Bedingungen werden vielmehr als unveränderbar und damit gerade als eine wesentliche Legitimationsgrundlage für kompensatorische gesellschaftliche Funktionen des Sports propagiert: Der Sport solle zur „Humanisierung der Gesellschaft" durch ein bloßes Ergänzungskonzept, durch Freiheit im Reproduktionssektor bei gleichbleibend inhumanen Bedingungen im Produktionssektor beitragen – das ist ein für alle programmatischen Äußerungen gültiges Muster, das hier nicht im einzelnen belegt zu werden braucht.

Wichtig für die Beurteilung des realen Gehalts der überwiegend sehr abstrakt humanistisch vorgetragenen sportbezogenen Entwicklungsziele der Sportorganisationen in dieser zweiten Phase ist daher die Feststellung, daß sie sich beschränken auf die Formulierung eng ausgelegter „innersportlicher" Ziele. D.h.: Es wird kein über den unmittelbaren Einflußbereich hinausreichendes demokratisches politisches Mandat der Sportorganisationen beansprucht. Es werden keine Ziele formuliert und als Forderungen vertreten, die über die unmittelbar sportbezogenen Ziele hinaus die Veränderung allgemeinerer gesellschaftlicher Bedingungen, deren demokratische Entwicklung wesentliche objektive Voraussetzung für entscheidende Verbesserungen auch im engeren Bereich des Sports darstellen würde, zum Gegenstand haben. Darauf hat bereits ausführlich BERNSDORFF (1973, S. 152 f.) hingewiesen. DSB-Präsident WEYER verkündete zwar lautstark: „Nur wenn der Sport alle Möglichkeiten der politischen Mitsprache nutzt, wenn Verbände und Vereine begreifen, daß ihre satzungsmäßig ausgewiesene parteipolitische Neutralität nicht politische Handlungsunfähigkeit bedeuten darf, und wenn Staat und Politik die Mitbestimmung des Sports in unserem Lande weiter fördern, dann werden wir auch die vor uns liegenden Aufgaben erfüllen können" (WEYER 1974, S. 23). Der Anspruch auf ein politisches Mandat der Sportorganisationen im zuvor angesprochenen Sinne als notwendige Konsequenz einer solchen Feststellung wird jedoch nicht erhoben.

3.3.2. Realisierungsbedingungen

Diese Ergebnisse zur Frage nach grundlegenden Zielen für die Sportentwicklung in der BRD in den programmatischen Aussagen hängt eng zusammen mit Ergebnissen, wie sie sich in Bezug auf die Frage nach den Realisierungsbedingungen ergeben, unter der die Konzepte i.f. betrachtet werden sollen. Diese Frage richtet sich auf den Aspekt, wie die gegenwärtig gegebenen und die erforderlichen innerorganisatorischen und gesellschaftlichen Bedingungen zur Realisierung dieser Ziele beurteilt werden. Erst bei konkreterer Angabe von Bedingungen, unter denen die für wünschenswert erklärten Ziele auch für realisierbar gehalten werden, gewinnt nämlich auch die tatsächlich angestrebte Richtung der sehr abstrakt formulierten Ziele konkretere Konturen. Hierzu sollen zunächst einige zentrale Aussagen zum Aspekt der innerorganisatorischen Bedingungen dargestellt und diskutiert werden.

„Pluralismus"

In enger Verbindung zu dem zuvor angesprochenen Verzicht des DSB (und der von ihm repräsentierten Sportorganisationen) auf ein explizites allgemein-politisches Mandat der Sportorganisationen steht der satzungsmäßig im Sinne parteipolitischer Neutralität fixierte und für eine wesentliche innerorganisatorische Entwicklungsbedingung des Sports erklärte „Pluralismus": „Der Pluralismus ist die eigentliche Stärke des DSB: jeder kann bei uns zu Wort kommen und muß nicht erleben, daß ihm bereits im Vorfeld der Entscheidungen das Wort abgeschnitten wird; jeder kann gleichberechtigt und anerkannt an unseren Aufgaben mitwirken und wird nicht in die Rolle des tatenlosen Mitläufers abgedrängt. Dies, meine Damen und Herren, ist zuerst einmal keine Sache von Stimmpaketen, sondern allein eine Sache des Willens unserer Mitgliedsorganisationen, sich für die Einheit in der Vielfalt des DSB zu öffnen und in diesem Geiste der Gemeinsamkeit mitzumachen", behauptet KREGEL (1974, S. 5). Nun ist eine solche Feststellung grundsätzlich schon dann nicht richtig, wenn nicht die Grenzen eines innerorganisatorischen Pluralismus im Hinblick auf die Zielverwirklichung einer interessengebundenen und -orientierten Organisation (und um eine solche handelt es sich zweifellos auch beim DSB) präzisiert und begründet werden. Schon grundsätzlich ist in einem so unbestimmten Sinne postulierter „Pluralismus" weder gleichbedeutend mit Bedingung für optimale Zielverwirklichung noch gleichbedeutend mit Demokratie. Er kann in seinen konkreten Ausprägungen genauso Opportunismus und damit letztlich Preisgabe der Zielsetzung durch unkontrollierte Verschiebung oder durch de facto-Verzicht auf Verwirklichung der Ziele sein.

„Einheitssportbewegung"

Deshalb ist zu fragen, in welchem Sinne der „Pluralismus-Begriff" von seiten der DSB-Führung verwendet wird. Er ist direkt bezogen auf eine weitere, für die Verwirklichung der angedeuteten Ziele in der sportpolitischen Konzeption des DSB in der zweiten Phase für zentral wichtig erklärte innerorganisatorische Bedingung: „Die Einheit des in den Vereinen organisierten Sports" (SPORTPLAN BERLIN 1974, S. 5). „Seine Organisation ist unteilbar" (KREGEL 1973, S. 6). Hier ist die Rede von dem gegebenen und als Bedingung für die weitere Sportentwicklung für weiterhin unabdingbar gehaltenen Charakter des organisierten Sports in der BRD als Einheitssportbewegung – als einer Bewegung also, die die Vertretung spezifischer kultureller und reproduktiver Interessen der arbeitenden Bevölkerung (im Rahmen der Sicherung ihrer allgemeinen reproduktiven Interessen) in einer einheitlichen Organisation betreibt.

Hiermit ist ein Prinzip zugrunde gelegt, wie es etwa auch von den Einheitsgewerkschaften verkörpert wird durch deren Organisierung und Vertretung objektiv gemeinsamer Interessen der Arbeiterklasse unter (pluralistischer!) Einbeziehung unterschiedlicher politischer Positionen in einer Aktionseinheit. Also ist festzuhalten: Ein Begriff von Einheitsorganisation, soll er überhaupt im Kern seinen politischen Sinn behalten, geht davon aus,

a) daß *spezifische Interessen* gesellschaftlicher Großgruppen in ihr vertreten, d.h. gegen entgegengesetzte Interessen anderer Großgruppen durchzusetzen versucht werden,

b) daß diese Interessenvertretung der Großgruppe bei möglichst weitgehender *Pluralität nach innen,* d.h. bei Erfassung eines möglichst breiten qualitativen Spektrums und quantitativen Anteils der Großgruppe, in möglichst weitgehender *Geschlossenheit nach außen* erfolgen sollte.

Betrachtet man nun die Entstehung des Einheitssportgedankens nach 1945, so zeigt sich, daß sie entscheidend geprägt war und erst möglich wurde durch den Willen breiter Schichten in den Arbeiter- und auch in bürgerlichen Sportvereinen, die Sportbewegung in Deutschland so wieder aufzubauen, daß sie

a) parteilich auf die Interessen der Arbeiterklasse bezogen werden konnte und

b) unter dem Dach einer an dem Aufbau einer antifaschistisch-demokratischen gesellschaftlichen Entwicklung beteiligten Einheitsorganisation möglichst breite, politisch durchaus unterschiedlich orientierte Schichten in einem Bündnis zusammenführen konnte.

Im Zuge der angedeuteten gesellschaftlichen und innerorganisatorischen Entwicklung während der ersten Phase wurde dieser Kern der Bedeutung des Einheitssportbegriffs zunehmend verschoben in eine Richtung, die den Klassencharakter und den mit ihm verbundenen demokratischen politischen Anspruch nicht mehr erkennen läßt: KREGEL (1973, S. 8) macht in seinen Ausführungen die Auflösung der ursprünglichen Intentionen des Einheitssportbegriffes sichtbar, wenn er den Einheitscharakter jetzt bezieht und reduziert auf die organisatorische Einheit zwischen Sport in der BRD und Westberlin einerseits sowie zwischen Freizeit- und Leistungssport andererseits!

Hierzu gehört auch die Auflösung des dialektischen Zusammenhangs zwischen qualitativem Aspekt der Einheitssportidee (Orientierung an Klasseninteressen und deren demokratischer innerorganisatorischer Sicherung) und ihrem quantitativem Aspekt (Geschlossenheit einer möglichst großen Zahl hinter der Führung in der Vertretung nach außen), wie sie von WOPP (1974) dem DSB zurecht vorgeworfen wird. Hierbei ist zu berücksichtigen, daß der Anspruch des DSB, durch breite Zusammenfassung unter *einer* Dachorganisation die gemeinsamen Interessen besser vertreten zu können, allein so gesehen ohnehin illusorisch ist: Nicht die Masse allein macht die Durchsetzbarkeit, sondern erst deren Verbindung mit einer „Organisations- und Konfliktfähigkeit" (OFFE 1970) der angesprochenen Interessen sowie ihre politisch-organisatorische Einordnung. Dabei ist allerdings auch über die OFFEsche Auffassung hinaus zu betonen, daß eben die Organisations- und Konfliktfähigkeit eines gesellschaftlichen Bedürfnisses nicht per se gegeben ist oder nicht, sondern durch die Einordnung in eine gesamtpolitische bzw. -gewerkschaftliche Strategie erst hergestellt werden muß. Dies ist beim Sport in der BRD seit jeher gerade auch von seiten der Organisationen der Arbeiterklasse zu wenig geschehen.

Jene ideologische Verschiebung der ursprünglich an den objektiven Interessen der Arbeiterklasse orientierten politischen Intention des Einheitssportsgedankens auf eine scheinbar politisch neutrale Ebene wird vor allem daran erkennbar, daß der Hauptgegner der Sportbewegung und einer demokratischen Sportentwicklung nicht mehr im Monopolkapital gesehen wird, sondern im Staat. So als ob „der Staat" aus sich selbst heraus spezifische Interessen und damit spezifische Kriterien für politische Prioritätensetzungen entwickeln würde. Der Konflikt vollzieht sich objektiv jedoch entscheidend zwischen den Interessen des Kapitals und der Arbeiterklasse über die Lokalisierung der materiellen gesellschaftlichen Ressourcen. Über die staatliche Umverteilung der materiellen Ressourcen wird er lediglich „vermittelt". Indem dieser Klassenkonflikt nun, wie von seiten der bürgerlichen Sportführung, auf die Ebene eines Konflikts allein zwischen Sport und Staat verschoben wird, wird gleichzeitig der zentrale politische Gehalt des Konflikts aufgelöst. Es wird von den Interessen des Kapitals, die auf eine möglichst weitgehende Beschränkung der Mittel für die Reproduktion der abhängigen Arbeitskraft gerichtet sind, abstrahiert. Den reproduktiven sportbezogenen Interessen der Arbeiterklasse scheint so nur noch die angebliche „Knappheit der finanziellen Ressourcen" beim Staat (HUISKEN 1972; GÜLDENPFENNIG 1973) gegenüberzustehen. Mit dieser „Knappheit" wird jedoch lediglich die staatliche Umverteilung vor allem kollektiver Lohnbestandteile der Arbeiterklasse (Steuern) vorrangig im Sinne der Kapitalinteressen gesteuert.

Wenn von seiten der Sportführung postuliert wird, daß Voraussetzungen und Grenzen für die materiellen Grundlagen des Sports allein im Konflikt mit dem Staat durchzusetzen seien, so wird damit die objektive Stellung auch des Sports im grundsätzlichen Klassenkonflikt zwischen Kapital und Arbeiterklasse verdeckt, auf eine andere Ebene verschoben. Für die staatliche Prioritätensetzung, für die unzureichenden Mittel, die der Staat für den Sport u.a. reproduktive Bereiche bereitstellt, werden lediglich noch im Bereich des Staates selbst liegende „Sachzwänge" verantwortlich gemacht. Die sportbezogenen Interessen der Arbeiterklasse können so nicht mehr konsequent vertreten werden, weil ihr Klassencharakter bestritten wird. In konsequenter Weiterführung jener Verschiebung und scheinbaren Auflösung des politischen Gehalts wird der Interessenkonflikt dann zudem ideologisch „umgebogen" in eine „Partnerschaft", um es sich nicht durch offenes Austragen des objektiven Konflikts „mit dem Staat zu verderben", mit dessen Führungsgruppen die bürgerliche Sportführung ja eine weitgehende Interessenidentität verbindet.

Bei diesem Prozeß handelt es sich folglich auch keineswegs nur um eine „Auflösung" der ursprünglich politischen Intention der Einheitssportidee, um ihre politische Neutralisierung, sondern vielmehr tendenziell um ihre Umkehrung, um die Benutzung des Einheitssportgedankens zur *Abwehr* demokratischer Forderungen an den und durch den Sport, d.h. um den Versuch einer Einordnung der sportpolitischen Konzeptionen der DSB-Führung in konservativ-bürgerliche politische Strategien. In jüngster Zeit häufen sich polemische Abwehrreaktionen, die von führenden Vertretern der DSB-Sportorganisationen unter dem Postulat der Einheitssportbewegung vorgetragen werden: Als Antwort auf die Kritik einer unzureichenden Repräsentation verschiedener institutioneller Bereiche des Sports im DSB beschwört KREGEL (1974) die Vorzüge „unserer angewandten Demokratie" die darin bestünden, „daß jährlich über eine halbe Million mehr Menschen Mitglieder in unseren Turn- und Sportvereinen werden" (S.7). Und auf die nachdrückliche Forderung einer verstärkten und vorrangigen Förderung des Breitensports antwortet z.B. NECKERMANN (1973): „Auf keinen Fall dürfen wir die zerstörerische Wirkung unterschätzen, die von der modisch gewordenen Praxis ausgeht, den Breitensport auf Kosten des Leistungssports zu popularisieren." (S. 4). Daß hiermit in der Tat der Einheitssportgedanke zur Abwehr demokratischer Forderungen ideologisch verzerrt herangezogen wird, ist daran zu erkennen, daß von allen Gruppen und Organisationen, die die Diskussion um die politische Orientierung des Sports in den DSB getragen haben, die Gründung irgendwie gearteter „Gegenorganisationen" strikt abgelehnt wird (vgl. WEINBERG 1973; SCHULKE 1974; CSIT 1974; usw.).

Jene Abwehr-Tendenz kann an verschiedenen weiteren zentralen Aussagen abgelesen werden, mit denen in den bürgerlichen Konzepten die für notwendig erachteten Realisierungsbedingungen für die allgemeinen Ziele beschrieben werden:

Sport als „Bürgerinitiative"

Zunächst einmal ist hier vom bestehenden und zu erhaltenden Charakter des Sports als „Bürgerinitiative" die Rede. Die bundesdeutsche Sportbewegung sei „die größte freiwillige Bürgerinitiative in der Welt" (WEYER 1974, S. 20). Daran ist soviel richtig, daß die Entwicklung des Sports in der BRD eine gewaltige Aufbauleistung darstellt, die vor allem durch materielle Leistungen der arbeitenden Bevölkerung in Form von Mitgliedsbeiträgen und ehrenamtlichem Einsatz von Arbeitskraft ermöglicht worden ist. Allgemein ist sie durch günstige objektive gesellschaftliche Entwicklungsbedingungen (relativ krisenarmes Wirtschaftswachstum, zunehmende Notwendigkeit von Investitionen in infrastrukturelle Maßnahmen zur Sicherung der Reproduktion der Arbeitskraft, allmähliche Durchsetzung internationaler Entspannungspolitik u.a.m.) gefördert worden und hat sich unter weitgehender institutionell-organisatorischer (wenn auch nicht ökonomisch-materieller und politischer) Unabhängigkeit des Sports vom Staat vollzogen. Daß dabei „der Sport vom staatlichen Dirigismus freibleiben" konnte (und auch weiterhin solle, vgl. WEYER 1974, S. 19), ist lediglich der Tatsache geschuldet, daß in der Tat der Staat „nicht alles allein leisten" kann (Regierungserklärung Helmut SCHMIDT 1974, zitiert bei WEYER 1974, S. 19) und er sich bei der Erfüllung der sportbezogenen Aufgaben nach dem politischen „Reinigungsprozeß" in der Sportführung nach 1949 auf deren „partnerschaftliche Loyalität" in der Arbeitsteilung auch ohne ständige steuernde Eingriffe („Dirigismus") verlassen konnte.

Gerade deshalb ist mit der bisherigen Freiheit vom staatlichen Dirigismus nichts über eine faktische politische Autonomie der Sportorganisationen oder gar deren Orientierung primär an den Interessen der Arbeiterklasse als ihrer entscheidenden sozialen Grundlage ausgesagt. Ferner ist über die Feststellung hinaus, daß jene „Bürgerinitiative" der Sportbewegung in der Tat eine imponierende Aufbauleistung vollbracht hat, aber auch auf folgendes hinzuweisen:

a) Es ist im Zuge dieses Aufbaus unter den gegebenen Bedingungen zu den genannten und nach wie vor bestehenden sozialstrukturellen und infrastrukturellen Disproportionen gekommen.

b) Es kann nicht davon ausgegangen werden, daß die genannten günstigen und die Sportentwicklung relativ „spontan" fördernden objektiven gesellschaftlichen Entwicklungsbedingungen ohne weiteres künftig ihre bisherige Wirksamkeit behalten werden – eher das Gegenteil deutet sich in der gegenwärtigen krisenhaften Entwicklung innerhalb der imperialistischen Länder an (GIESELER: „Der Sport ist 1974 noch einmal mit dem blauen Auge davongekommen"!, in: Frankfurter Rundschau vom 31.1.1975). Unter dieser Perspektive stellt sich dann allerdings auch die Frage nach der künftigen Richtigkeit des Postulats von der Sportbewegung als privater „Bürgerinitiative" ganz anders.

Zudem wird in der üblich gewordenen Verwendung des Begriffes „Bürgerinitiative" durch die bürgerlichen Sportführer der *politische* Charakter des Begriffes vollständig eliminiert. Er versucht gerade stets die Systemursache oder zumindest die politisch Verantwortlichen für einen bestehenden und in der Initiative bekämpften Mißstand zu benennen, wenn auch die politische Perspektive zumeist spontaneistisch, *nur* auf das unmittelbare Ziel gerichtet bleibt. Aus der Bürgerinitiative als politisch bewußtem Kritiker staatlich vermittelter Systemmängel wird die Sport-„Bürgerinitiative" als politisch unbewußter Musterschüler in konstruktiver Selbsthilfe gegenüber solchen Mängeln.

Daß dieses Postulat in den sportpolitischen Konzeptionen eine zentrale Rolle bei der Angabe der notwendigen Bedingungen für die künftige Entwicklung des Sports spielt, daß es sogar als *die* Voraussetzung für eine *demokratische* Entwicklung propagiert wird, weist genau auf die konservative politische Grundposition, von der aus diese sportpolitischen Konzepte entworfen sind und die hinter den abstrakten humanitären Zielen versteckt ist. KREGEL etwa behauptet, „daß die gesuchte bessere Qualität des Lebens nicht erreicht wird durch noch mehr staatliche Einwirkung, wie man uns dies gelegentlich glauben zu machen versucht, sondern sich nur in dem Maße entwickelt, in dem es gelingt, den Bürger wieder in sein Recht einzusetzen. Es wird soviel von mehr Demokratie gesprochen. Je mehr wir Bürger werden, die in Gesellschaft und Geselligkeit ihr Geschick selber leiten und ihren Staat selber gestalten wollen, desto mehr Demokratie werden wir haben und desto weniger Mißverständnis zwischen Bürger und Staat. Mehr Demokratie heißt also mehr freie und freiwillige Bürgerinitiative." (1973, S. 5). Und WEYER sagt: „Die beste Verankerung der Demokratie aber bietet die Förderung freier und freiwilliger Bürgerinitiative." (1974, S. 19). – Beiläufig ist darauf hinzuweisen, daß an solchen Formulierungen u.a. auch der erhebliche Einfluß des hauptamtlichen Apparats gegenüber der ehrenamtlichen Führung im DSB erkennbar wird. Diese Formulierungen bei KREGEL und WEYER sind nämlich fast identisch mit Aussagen, die sich bei GIESELER, dem langjährigen Generalsekretär des DSB und Ghostwriter der DSB-Präsidenten, in seinen eigenen Texten finden lassen (vgl. u.a. GIESELER 1973). –

Mit den angesprochenen Denkmustern werden Privatismus und Individualismus als sportpolitisches Grundmodell gegen die Anwendung des Modells gesellschaftlich-demokratischer Entwicklungsplanung und -steuerung auch für den Sport gesetzt, und zwar unter dem Vorwand, die Alternative laute: private Initiative des Individuums oder „dirigistischer bzw. zentralistischer Staat". Hierbei ist darauf hinzuweisen, daß, wenn die „staatliche Bevormundung" des Sports zurückgewiesen wird, in den hier diskutierten sportpolitischen Konzeptionen stets nicht Mißtrauen gegenüber „dem" Staat insgesamt oder gar gegenüber konservativen Tendenzen in ihm artikuliert wird, sondern Mißtrauen gegen für sozialistisch gehaltene Tendenzen beim Staat (vgl. etwa die scharfe Zurückweisung des sog. „staatlichen Zentralismus" in den sozialistischen Ländern). Nicht zufällig beruft sich KREGEL in anderem Zusammenhang häufig auf die „genialen" Arbeiten von Helmut SCHELSKY: Gerade SCHELSKY hat ja das elitär-konservative Denkmuster von der Entdemokratisierung der Gesellschaft durch zunehmende sozialstaatliche „Betreuung" des Individuums geprägt (SCHELSKY 1973b). Auf derselben Ebene liegt das Postulat von der notwendigen Beibehaltung des Grundkonzepts „Sport als private Bürgerinitiative".

Diesem Grundkonzept stehen nicht zuletzt auch objektive Entwicklungstendenzen entgegen: Ein abstraktes Mehr an privater „Bürgerinitiative" (so wichtig sie selbstverständlich unter bestimmten Bedingungen ist) ist weder eine Garantie für „mehr Demokratie" noch kann unter den gegenwärtigen gesellschaftlichen Bedingungen überhaupt mit ihm gerechnet werden. Einem solchen Mehr an „Bürgerinitiative" steht die objektive Tendenz der gesamtgesellschaftlich zunehmenden Ausschöpfung von Arbeitskraft im Produktionsprozeß entgegen (GÜLDENPFENNIG 1974). Es muß folglich im Zug der gesellschaftlichen Umschichtung von Arbeitskraft zwischen den Produktionssektoren verstärkt systematisch bezahlte, also nicht ehrenamtliche Arbeitskraft in solchen Freizeitbereichen eingesetzt werden. De facto, siehe die Entstehung und Verwendung neuer Berufe wie Freizeitberater usw., geschieht dies auch schon. Unter dieser Perspektive stellt sich die Frage nach dem Verhältnis privat - staatlich ganz neu. Das gilt besonders, wenn man bedenkt, daß in profitable „private" Räume schnell auch privates Kapital stößt, was ebenfalls auch im Bereich von Sport und Freizeit bereits geschieht. Die anwachsende privatwirtschaftlich organisierte „Freizeitindustire" ist hier ebenso anzuführen wie kommerzielle Sportangebote, vor allem aber das gegenwärtig wegen der unzureichenden finanziellen Basis der Sportbewegung besonders akute Problem der „Werbung im Sport" (NEU 1974; HEINE 1975). Hiermit ist die zunehmende Gefahr der Abhängigkeit des Sports gerade nicht etwa vom staatlichen, sondern von einem „privatwirtschaftlichen

Dirigismus" gegeben, durch den die „allgemeinnützigen" sozialen und pädagogischen Ziele der Sportbewegung in Frage gestellt werden.

Es zeigt sich also, daß der demokratische und soziale Charakter der allgemeinen humanitären Ziele in den sportpolitischen Konzepten auch durch das Postulat, die Beibehaltung des Sports als „private Bürgerinitiative" sei notwendige Bedingung zur Realisierung jener Ziele, erheblich relativiert wird.

Diese Relativierung wird schließlich auch verstärkt durch eine inhaltliche „Übertragung" des politischen Kerns in der Abwehr des sog. staatlichen Dirigismus im Sport. Diese Abwehr ist längst von der ursprünglich antifaschistischen Intention, den Sport vor der staatlich gesteuerten Gleichschaltung und Nutzung im Sinne des faschistischen Herrschaftssystems zu schützen, abgelöst und übertragen worden auf eine eher antikommunistische Tendenz, nämlich den Sport „freizuhalten" von Tendenzen zur Steuerung durch einen staatlichen Bürokratismus, wie er angeblich in den sozialistischen Ländern zum Schaden des Sports vorherrsche. In Wirklichkeit wird hier jedoch nicht die Ursache der „Unfreiheit" des sozialistischen Sports zurückgewiesen, sondern eine entscheidende Voraussetzung für die systematische Einbettung der Sportentwicklung in eine geplante und demokratisch gesteuerte gesellschaftliche Entwicklung. KREGEL sieht allerdings „keine Gründe dafür, daß unser demokratisch-förderatives System mit seinen hohen freiwilligen Leistungen nicht ähnlich effektiv arbeiten können soll wie ein zentralistisches, ohne seine Prinzipien aufzugeben." (1973, S. 7). Die Ablehnung der DSB-Führung gegenüber sog. zentralistischen Tendenzen verliert darüber hinaus ohnehin allmählich ihren grundsätzlichen Charakter und gerät in die Nähe rein taktischer Opportunitätserwägungen. DSB-Präsident WEYER plädiert offen für die Ansätze im DSB, die Führungsstrukturen verstärkt an einem „gemäßigten Zentralismus" auszurichten (1974, S. 3).

Finanzierung

Neben und im Zusammenhang mit diesen und weiteren innerorganisatorischen Bedingungen werden in den sportpolitischen Konzepten auch allgemeine gesellschaftliche Bedingungen für die Realisierung der sportpolitischen Ziele diskutiert. Hier findet sich z.B. der abstrakte Hinweis auf die „ständig wachsende Freizeit – bedingt durch die Arbeitszeitverkürzung" (SPORTPLAN BERLIN 1974, S.9), zu dessen grundsätzlicher Problematik hier bereits einiges gesagt worden ist. Die weiteren Überlegungen zu gesellschaftlichen Bedingungen bleiben allerdings weitgehend beschränkt auf Aussagen über die gegenwärtig notwendigen und künftig zu verstärkenden Finanzierungsquellen für die Sportförderung.

Hier ist vor allem bemerkenswert, daß neben dem peripheren Problem der sog. „Mischfinanzierung" (WEYER 1974, S. 22), das es im Sinne einer lediglich überschaubareren (!) Lastenteilung zwischen Bund, Ländern und

Gemeinden zu lösen gelte, keine wesentlichen Eingriffe in das bisherige Förderungsprinzip zur Beschaffung und Verteilung der materiellen Grundlagen für den Sport für notwendig gehalten werden. Das tatsächliche Hauptproblem steckt aber gerade in der unsozialen und z.T. unkontrollierbaren „Mischfinanzierung" aus Mitgliedsbeiträgen und ehrenamtlicher Arbeitsleistung (REIP 1972), aus Steuermitteln und aus mäzenatenhaften Spenden sowie in der unhaltbaren quantitativen Lastenverteilung zwischen Bund, Ländern und Gemeinden in der öffentlichen Sportförderung. Darüber hinaus soll sogar mit dem Programm der Fortsetzung der „Glücksspirale" ausgerechnet noch die Konkurrenz zu den freien Wohlfahrtsverbänden verewigt werden (WEYER 1974, S. 22 f.).

Vor allem *eine* entscheidende Maßnahme zur Umstrukturierung der finanziellen Basis der Sportförderung, d.h. zur Entlastung der arbeitenden Bevölkerung von der fast ausschließlichen finanziellen Trägerschaft der Kosten für den sportbezogenen Beitrag zur Reproduktion ihrer Arbeitskarft, wird vollständig und konsequent ausgeklammert: die gesetzliche bzw. tarifliche Absicherung, Verallgemeinerung und Erweiterung der bisher lediglich freiwillig-mäzenatenhaft von seiten des Kapitals bzw. einzelner Unternehmen als Spenden oder „zusätzliche betriebliche Sozialleistungen" zugestandenen Förderungsmittel für den Sport, auf die der von AGARTZ geprägte Begriff „Industrie-Feudalismus" zutrifft (vgl. PETRAK 1974, S. 593). Das wirft ein bezeichnendes Licht auf den Interessenzusammenhang der hier diskutierten sportpolitischen Konzeptionen.

Weitere objektiv notwendige allgemeine gesellschaftliche Voraussetzungen für die v.a. an den Interessen der Arbeiterklasse orientierte demokratische Entwicklung des Sports werden nicht gesehen bzw. nicht benannt, obwohl die Sicherung bzw. Durchsetzung solcher Voraussetzungen von seiten des Sports im Sinne eines allgemein-politischen Mandats mit untersützt werden müßte. Dementsprechend wird auch die Frage nach solchen systembedingten Tendenzen und gesellschaftlichen Kräften, die einer entsprechenden Entwicklung entgegenstehen und die daher mit Unterstützung von seiten der Sportbewegung mit politisch zu bekämpfen sind, kaum aufgeworfen.

3.3.3. Bündnisfrage

Von solchen Einschätzungen der innerorganisatorischen und gesellschaftlichen Realisierungsbedingungen für die Ziele der sportpolitischen Konzeption der Sportorganisationen in der zweiten Phase leitet sich konsequent die Einschätzung auch der „Bündnisfrage" des organisierten Sports ab, die jetzt noch kurz skizziert werden soll.

Die Aussagen der Konzeptionen zur Bündnisfrage sind entscheidend dadurch gekennzeichnet, daß nach wie vor die Bedingungen für die Realisierung der postulierten abstrakt-humanitären Ziele des Sports nicht umfassend im Rahmen der allgemeinen gesellschaftlichen Entwicklung gesehen werden. Diese Position wird auch dadurch nicht prinzipiell überwunden, daß in der verstärkten Breitensportorientierung und in der stärkeren bewußten Orientierung auf die Kooperation mit dem Staat ein gewisser gesellschaftsorientierter Lernprozeß in den Sportorganisationen erkennbar ist. Von daher verzichten die Konzeptionen auf eine Analyse der objektiven Widersprüche dieser Entwicklung in der kapitalistischen Gesellschaft und auf die politische Lokalisierung der sportbezogenen Interessen darin. Erst hierauf könnte aber eine begründete demokratische und realistische sportpolitische Konzeption aufgebaut werden. Die Konzeptionen müssen auf eine entsprechende Analyse verzichten, wenn nicht die soziale und v.a. politische Kluft zwischen den sporttreibenden Schichten der arbeitenden Bevölkerung, die im Sport in zumindest vorbewußter „Aktionseinheit" kooperieren, einerseits und den Führungsgruppen in den Sportorganisationen andererseits offensichtlich werden soll. Ohne diese begründete Lokalisierung der sportbezogenen Interessen in den sozialen, ökonomischen und politischen Klassenwidersprüchen dieser Gesellschaft ist es entweder müßig, eine Bündnisfrage überhaupt zu stellen. Die Ziele wären ja allgemeingültig und nicht kontrovers, und eine sportpolitische Konzeption könnte sich auf allgemeine „Appelle an die Vernunft" beschränken. Oder aber *alle* gesellschaftlich relevanten Gruppen und Kräfte – ohne Ansehen ihrer objektiven Interessen – wären zur „Unterstützung der guten Sache" aufzufordern bzw. sich per Konzept zum Bündnispartner zu wünschen. Das erstere ist ein wesentliches Kennzeichen jahrelanger sportpolitischer *Praxis* des DSB, das letztere ist Bestandteil zumindest der sportpolitischen *Konzeptionen:*

Die CHARTA des deutschen Sports (1966) z.B. entwirft ein „Programm der Partnerschaft": „Dieses Programm beruht auf der Initiative freier Bürger; es bedarf zu seiner Erfüllung der Mitwirkung des ganzen Volkes. Schule und Elternhaus, Kirche und Staat, alle gesellschaftlichen Gruppen und die politischen Parteien sind zur Partnerschaft aufgerufen." In anderen programmatischen Aussagen wird dieser Katalog von Bündnispartnern wenigstens noch ergänzt um die Gewerkschaften (KREGEL 1973). Dafür werden die in der Charta noch allgemein angesprochenen Kooperationspartner „politische Parteien" etwa bei WEYER bereits eingegrenzt auf die Parteien, „die diesen freiheitlichen, demokratischen Staat tragen" (1974, S. 4; s. auch SPORTPLAN BERLIN 1974, S. 5), was in der gängigen bürgerlichen Sprachregelung nur heißen kann: die im Bundestag vertretenen Parteien und damit eine Ausklammerung v.a. der angeblich verfassungsfeindlichen Parteien und Organisationen im linken Spektrum

Die bisherige Kooperations*praxis* der Sportorganisationen war unter dem ideologischen Dach jener vorgenannten allgemeinen Appelle denn auch keineswegs von einer den programmatischen Äußerungen entsprechenden gleichgewichtigen pluralistischen Partnerschaft mit allen relevanten gesellschaftlichen Kräften gekennzeichnet. Vielmehr war die Kooperation mit bürgerlichen Organisationen wie Wirtschaftsverbänden, Kirchen usw. stets eindeutig dominierend gegenüber den Versuchen zur Kooperation mit Organisationen der Arbeiterklasse. Das kann allein schon an der Besetzung wichtiger Schlüsselpositionen in den Führungen der Sportorganisationen mit Kapitalvertretern beim fast vollständigen Fehlen überhaupt nur irgendwelcher Vertreter der Gewerkschaften oder anderer Arbeiterorganisationen abgelesen werden.

Hauptkennzeichen der zweiten Phase im Hinblick auf die sportpolitische Bündnisfrage aber ist die bereits zuvor hinreichend skizzierte Konzeption der „Partnerschaft zwischen Sport und Staat". Erwähnenswert ist in diesem Zusammenhang allerdings noch die Tatsache, daß im Wechsel von DAUME/KREGEL zu WEYER im Rahmen der Partnerschaftskonzeption eine noch stärkere Akzeptierung der objektiv notwendig stärkeren Stellung des Staates auch im Sport erkennbar wird. Auch wenn er wie seine Vorgänger DAUME und KREGEL betont: „Die Gemeinschaft des westdeutschen Sports ist keine Erfüllungshilfe der jeweiligen Regierungspolitik. Partnerschaft mit der Regierung schließt auch die Konfliktmöglichkeit ein" (WEYER 1974, S. 4), so ist doch eine Tendenz zu engerer Zusammenarbeit zwischen Sport und Staat bzw. die Akzeptierung einer noch stärkeren Abhängigkeit des Sports von staatlich vermittelten Existenzbedingungen unverkennbar.

4. „Gewerkschaftliche Orientierung des Sports"

4.1. Allgemeines

Eine gewekschaftlich orientierte Sportkonzeption ist allgemein zu kennzeichnen als der Versuch, Sportpolitik unter expliziter Berücksichtigung objektiver gesellschaftlicher Entwicklungsbedingungen konsequent auf eine an den Interessen der Arbeiterklasse orientierte Basis zu stellen.

Dieser Versuch muß sich unter kritischer Auseinandersetzung mit den Widersprüchen in der vorherrschenden sportpolitischen Konzeption der zweiten Phase vollziehen: Ein entscheidender solcher Widerspruch besteht darin, daß einerseits die verfassungsmäßige Verankerung von „Sport als Bürgerrecht" angestrebt wird, daß aber andererseits der organisierte Sport von den Konsequenzen staatlicher Garantierung dieses Rechts ebenso wie vom Bündnis mit den für die Durchsetzung einer solchen Verfassungsgarantie entscheidenden politischen Kräften, nämlich den Organisationen der Arbeiterklasse, abgeschirmt werden soll. Genau dieser Widerspruch ist mit der Formel von der „Partnerschaft zwischen Sport und Staat" ausgedrückt. Er ist die Konsequenz aus der Tatsache, daß im Zuge der Entwicklung der BRD-Gesellschaft die Organisation und Vertretung der sportorientierten reproduktiven Interessen der Arbeiterklasse zunehmend in den Händen der bürgerlichen Klasse monopolisiert worden war. Dies mußte die angesprochenen sportpolitisch-konzeptionellen Widersprüche aufgrund der objektiv gegensätzlichen allgemeinen Klasseninteressen zwangsläufig hervorbringen. Dabei ist zu berücksichtigen, daß jener Widerspruch zwischen notwendig verstärkter staatlicher Aktivität im Sportsektor und Beibehaltung politischer „Autonomie" der Sportorganisationen zunehmend ohnehin nur noch in der sportpolitischen Konzeption überlebt. De facto wurde und wird er in Richtung einer weitgehend vorbehaltlosen Kooperation, ja Verflechtung zwischen den bürgerlichen Kräften in wirtschaftlichen und politischen (staatlichen und kommunalen) und den sportorganisatorischen Führungsgruppen „aufgehoben". Der Wechsel z.B. von Willi WEYER aus führender staatlicher in führende sportpolitische Position ist hierfür ebenso exemplarisch wie z.B. die unmittelbaren Verflechtungen zwischen Sportvereins- und -verbandsführungen und kommunalen Sportverwaltungen. Der Klassenwiderspruch *innerhalb* der Sportorganisationen wird damit tendenziell verschärft.

Diese Entwicklung ist Ausdruck der objektiv widersprüchlichen Klasseninteressen, die allgemein auch an den Sport herangetragen und in seinen konkreten Strukturen, Funktionen und sportpolitischen Prioritäten durchzusetzen versucht werden. Sie wirkt sich auf der Ebene konkreter sportpolitischer, -organisatorischer und -praktischer Erscheinungen u.a. folgendermaßen aus: Objektive Anforderungen an die Reproduktion der Arbeitskraft werden im Zuge der zweiten Phase sportpolitisch aufgegriffen und v.a. in der tendenziell demokratischen Konzeption verstärkter Breitensportförderung umgesetzt. Darauf aufbauend realisierte Maßnahmen führen durchaus zu einer verstärkten Einbeziehung zunehmender Schichten der arbeitenden Bevölkerung (vgl. u.a. EMNID 1974 und DSB 1974). Diese tendenziell fortschrittliche Entwicklung in der zweiten Phase geht jedoch einher mit einer ebenfalls verstärkten Herausbildung sozialer, regionaler und sektoraler Disproportionen in Angebot und Wahrnehmung von Sportmöglichkeiten für die arbeitende Bevölkerung. Ferner zeigen sich verstärkte Tendenzen einer politischen und ideologischen Isolierung der sportbezogenen Bedürfnisse in den scheinbar „außerpolitischen", ja außergesellschaftlichen Freiraum einer individualistisch geprägten „Freizeitgesellschaft" hinein, also einer Verstärkung der Orientierung der Sporttreibenden auf eine weitere „Privatisierung" und Entpolitisierung hin (HOLZINGER 1974); in diesen Zusammenhang sind auch fortschreitende soziale „Entmischungstendenzen" in der Freizeit zu rechnen (SCHEUCH 1971): Sie verstärken die Ausprägung von spezifischen Bedürfnissen und Interessen und damit Tendenzen zur Differenzierung in der Arbeiterklasse, die der zunehmenden Herausbildung von grundlegenden gemeinsamen Interessen der Klasse als entscheidender objektiver Basis der politischen Stärke der Arbeiterbewegung entgegenstehen (PETRAK 1974, S. 131 - 154). Nicht ohne Grund findet der Sport, wenn er solche Tendenzen fördert, Unterstützung von seiten des Kapitals (SPRENGER/PAPADOPOULOS 1973). Dessen objektive Interessen gegenüber der Förderung einer breitensportlichen Entwicklung sind u.a. abzulesen an der Verwendung des Sports in einem unmittelbar produktions- und profitorientierten Sinne, nämlich bei den gegenwärtig diskutierten bzw. praktizierten Konzepten zur Bewegungspause am Arbeitsplatz (EICHLER u.a. 1972).

Beiläufig nur ist hier auf Auswirkungen dieser allgemeinen Widersprüche auch im Bereich des Leistungssports hinzuweisen; z.B. im internationalen Zurückfallen des BRD-Spitzensports trotz kontinuierlich gesteigerter materieller und organisatorischer Aufwendungen. Dies Zurückfallen gefährdet bereits erheblich die ökonomischen und politischen Interessen, die sich mit der relativ aufwendigen Förderung des Spitzensports durch Kapital und Staat verbinden. Als Ursachen dieses Zurückfallens dürften vor allem von Bedeutung sein:

a) die mangelnden wissenschaftlichen und organisatorischen Planungs- und Steuerungskapazitäten für den Spitzensport im kapitalistischen System der BRD und

b) die sportspezifischen Auswirkungen einer allgemeinen Motivationskrise des kapitalistischen Systems, die die notwendigen Voraussetzungen für die gesellschaftliche Orientierung im Leistungsverhalten vor allem wesentlicher Schichten der abhängig arbeitenden Bevölkerung untergräbt.

Diese krisenhafte Entwicklung des Leistungssports wird keineswegs, wie ADAM (1974) vorschlägt, durch eine „ideologische Gegenoffensive" gegen die linke Leistungssport-Kritik aufzuhalten sein, weil sie hier natürlich nicht ihre Wurzeln hat. Ebenso wird auch eine konsequentere „Professionalisierung" des BRD-Spitzensports im Sinne der ADAMschen Vorschläge keine demokratische und damit grundlegende Lösung dieser krisenhaften Entwicklung bringen können. ADAM artikuliert mit seinen Vorschlägen jedoch in der bürgerlichen Sportführung vorherrschende Auffassungen über die weitere Entwicklung des Leistungssports.

Angesichts dieser widersprüchlichen Entwicklung des Sports in der BRD haben sich in den letzten Jahren verstärkt Kräfte innerhalb und außerhalb der Sportorganisationen artikuliert, die Gegenpositionen zu den vorherrschenden bürgerlichen Konzeptionen der zweiten Phase zu formulieren beginnen. Diese Gegenpositionen kristallisieren sich gegenwärtig ansatzweise in der Konzeption einer gewerkschaftlichen Orientierung des Sports. Es handelt sich um Gegenkräfte, die sich durchaus im Rahmen der zweiten Phase der sportpolitischen Entwicklung herausbilden und den vorherrschenden Einfluß der bürgerlichen Konzeption „Partnerschaft zwischen Sport und Staat" noch keineswegs zu gefährden vermögen. Sie haben gegenwärtig in den Sportorganisationen der BRD eine noch sehr begrenzte politische und organisatorische Basis. Unter dem Einfluß in den letzten Jahren weiter veränderter objektiver gesellschaftlicher Entwicklungsbedingungen beinhalten sie jedoch eine Perspektive, die in der sportpolitischen Entwicklung der BRD zunehmend an Bedeutung gewinnen wird. I.f. sollen daher Grundzüge einer gewerkschaftlich orientierten Sportpolitik umrissen werden.

Es handelt sich bei den angesprochenen Tendenzen um sportpolitische Neuorientierungen, wie sie gegenwärtig vor allem im Bereich der Deutschen Sportjugend (vgl. einige Problemschwerpunkte der Diskussion in der Zeitschrift „Olympische Jugend"), im Allgemeinen Deutschen Hochschulsportverband (ADH 1974 a und b) und in Sportkommissionen der Gewerkschaft Erziehung und Wissenschaft (GEW 1974 a; dies allerdings noch weitgehend ohne Auswirkungen auf die sportpolitische Konzeption der Sportkommission beim GEW-Vorstand, vgl. GEW 1974 b) diskutiert werden. Die sich hier andeutenden Konzeptionen können in zusammengefaßter Form folgendermaßen charakterisiert werden: Die spezifischen und organisatorisch eigenständig repräsentierten sportbezogenen Interessen der arbeitenden Bevölkerung sollen in inhaltlicher Abstimmung und organisatorischer Kooperation mit solchen allgemeinen demokratischen gesellschaftlichen Entwicklungszielen sportpolitisch vertreten werden, wie sie v.a. von den Gewerkschaften als den Organisationen zur Vertretung der sozialen und reproduktiven Interessen der Arbeiterklasse verfolgt werden. Die Konzeption der gewerkschaftlichen Orientierung des Sports umfaßt also vor allem zwei Aspekte:

a) Bestimmung und Begründung sportpolitischer Zielsetzungen aus dem Rahmen der allgemeinen gewerkschaftlichen Programmatik heraus. Sie kann im Hinblick auf die hier anstehenden Probleme als „an der Verbesserung der Lebenschancen der abhängig Beschäftigten orientierte Freizeitpolitik" (KOHL 1974, S. 399) definiert werden, wobei „Freizeitpolitik" in gewerkschaftlicher Sicht entscheidend gerade auch „Arbeitspolitik" (S. 393) ist und keineswegs auf unmittelbar freizeitbezogene, isolierte Forderungen beschränkt bleibt;

b) nachdrücklichere Vertretung und Durchsetzung solcher sportpolitischen Ziele in Kooperation mit den bzw. in Anlehnung an die Gewerkschaften.

Einer entsprechenden Programmatik kommt entgegen, daß gerade in der jüngsten Entwicklung in der BRD die Gewerkschaften sich verstärkt Fragen der Freizeit und im Zusammenhang damit auch des Sports zuzuwenden beginnen. Somit zeichnet sich eine für erfolgreiche Arbeit auf der Basis einer „gewerkschaftlichen Orientierung des Sports" notwendige komplementäre Entwicklung einer „Sportorientierung der Gewerkschaften" und anderer Organisationen der Arbeiterklasse ab.

Eine wesentliche Grundannahme für die Konzeption der gewerkschaftlichen Orientierung des Sports besteht auch in einer materialistischen Auffassung von Persönlichkeit (SEVE 1973): Danach sind die Individuen keine Summe voneinander unabhängiger Rollen, die in den verschiedenen gesellschaftlichen Verhaltensbereichen verschiedene und jeweils unabhängige Interessen hervorbrächten und daher auch jeweils in unabhängigen Systemen und Organisationen (z.B. Sportorganisationen) organisiert und vertreten werden müßten und könnten, sondern vielmehr komplex und integriert handelnde Persönlichkeiten, die entscheidend geprägt sind von ihrer gesellschaftlichen Klassenlage, ihre entscheidenden Entwicklungsimpulse also für *alle* (ohnehin integrierten und interdependenten) Verhaltensbereiche gemeinsam letztlich von ihrer Stellung im Produktionsprozeß erhalten, auf den sie vorbereitet werden oder in dem sie bereits stehen bzw. gestanden haben (vgl. auch RITTNER/DINGEL 1974). Damit sind für die Interessenentstehung, -artikulierung, -organisierung und -vertretung eindeutige Konsequenzen gegeben. Auch Sport kann so in seinen für die Arbeiterklasse vorrangigen Aspekten, also den breitensportlichen Aspekten, als ein Bereich der Reproduktion der Arbeitskraft aufgefaßt werden (GÜLDENPFENNIG 1974). Damit sind auch die Gewerkschaften als die Organisationen der Arbeiterklasse, die vor allem den Kampf um die Schaffung und Sicherung der Bedingungen für die Reproduktion der Arbeitskraft führen, direkt angesprochen. Die gewerkschaftliche Orientierung von gesellschaftlichen Organisationen, die Teilbereiche zur Reproduktion der Arbeitskraft organisieren (wie z.B. eben die Sportorganisationen), kann so, allgemein gesehen, den *gemeinsamen* Charakter im übrigen keineswegs identischer Interessen, Bedürfnisse und Verhaltensbereiche herausheben und so deren Einordnung in eine an den Gesamtinteressen der Arbeiterklasse orientierte Politik organisatorisch sichern: „Solange die Gewerkschaften bestehen, haben sie das konkrete Ganze der Arbeitnehmerinteressen vertreten." (LEMINSKY/OTTO 1974, S. 306).

Die Durchsetzung einer solchen Konzeption setzt allerdings ein Umdenken sowohl innerhalb der Sportorganisationen wie in den Gewerkschaften, ein gegenseitiges, politisch wie sachspezifisch begründetes Aufeinanderzugehen voraus. Besonders aus den Sportorganisationen ist einer solchen Konzeption gegenüber – wird sie konsequent vertreten – aufgrund der zuvor skizzierten vorherrschenden politischen Tendenzen bei den Sportführungen Widerstand zu erwarten, ja bereits manifest geworden. Das in jüngster Zeit in der BRD insgesamt weiteren Einfluß gewinnende „Rechtskartell" (HAUG 1974) darf in seiner politischen Bedeutung auch für den Sport keineswegs unterschätzt werden. Daneben ist festzustellen, daß auch bei den Gewerkschaften verstärkt an einer gewerkschaftlichen sportpolitischen Programmatik gearbeitet werden muß.

Im folgenden sollen die veränderten gesellschaftlichen Bedingungen betrachtet werden, die die objektiven Voraussetzungen für die Entstehung und Durchsetzbarkeit einer solchen Konzeption darstellen. Hierbei ist folgendes zu beachten: Die objektiven gesellschaftlichen Entwicklungsbedingungen, die als wesentliche Voraussetzungen für die Durchsetzung und Stabilisierung der Konzeption „Partnerschaft zwischen Sport und Staat" in den Sportorganisationen dargestellt worden sind, geben natürlich uneingeschränkt auch einer gewerkschaftlich orientierten Sportkonzeption die entscheidenden Bedingungen vor. Es ist ja gerade so, daß diese Konzeption gleiche objektive Bedingungen aufgrund einer unterschiedlichen Interessenbasis politisch anders beantwortet als die bürgerlichen Sportführungen. Dennoch können gerade in den letzten Jahren auch weitergehende gesellschaftliche Entwicklungstendenzen ausgemacht werden, die die Voraussetzungen für die Entstehung und Organisierung demokratischer Kräfte innerhalb der Sportbewegung objektiv verbessern. Einige dieser weitergehenden Entwicklungstendenzen sollen i.f. umrissen werden.

4.2. Objektive Bedingungen der Konzeption „Gewerkschaftliche Orientierung des Sports"

Einige wesentliche Faktoren in der gesellschaftlichen Entwicklung der BRD der letzten Jahre haben während der zweiten Phase veränderte objektive Entwicklungsbedingungen auch für das Sozialsystem Sport geschaffen, die die Möglichkeiten für notwendige Veränderungen in der bisher vorherrschenden sportpolitischen Globalkonzeption der BRD-Sportorganisationen verbessern. Obwohl sie in anderen gesellschaftlichen Bereichen bereits zu tiefgreifenden Strukturwandlungen, Verschiebungen im politischen Kräfteverhältnis usw. geführt haben, haben sie sich im Sozialsystem Sport erst in organisatorisch peripheren Bereichen erkennbar auswirken können. Sie erlangen also aufgrund der gesellschaftlich dezentralen Stellung des Sports in der BRD erst mit der üblichen zeitlichen Verzögerung und abgeschwächt, aber damit zweifellos nicht weniger unausweichlich Einfluß. Damit sind zugleich verbesserte Chancen dafür gegeben, daß die Entwicklung der sportpolitischen Arbeit der Sportorganisationen sich nicht weiterhin auf einen auf gleichbleibender sozialer und politischer Basis aufbauenden bloßen Anpassungsprozeß an veränderte gesellschaftliche Bedingungen beschränkt, sondern daß innerhalb des Sozialsystems Sport insgesamt ein qualitativer Lernprozeß durchgesetzt werden kann. Ein solcher Lernprozeß könnte ein bewußtes Aufgreifen der bislang aufgrund der vorherrschenden sportpolitischen Orientierung vernachlässigten Aufgaben und damit ein bewußtes Anknüpfen an die nach 1933 und erneut nach 1949 weitgehend zurückgedrängten demokratischen Traditionen der deutschen Sportbewegung durch eine politisch begründete Einordnung der Sportorganisationen (bzw. wesentlicher Kräfte in den Sportorganisationen) in die sich gegenwärtig entfaltende antimonopolistisch-demokratische Bewegung (NEUHÖFFER 1974) möglich machen.

Verschärfung der kapitalistischen Krise

Restauration der kapitalistischen Produktionsverhältnisse und relative politische „Stabilisierung" auf deren Basis waren in der BRD möglich und entscheidend bedingt durch besonders günstige Entwicklungs- und Wachstumsbedingungen der westdeutschen Wirtschaft. Das Fortschreiten der allgemeinen Krise des Kapitalismus (REINHOLD 1972, S. 90 - 126) schien damit für die BRD „aufgehoben", der kapitalistische Krisenmechanismus „außer Kraft gesetzt". Der kapitalistische Krisenzyklus in diesen Entwicklungsetappen war jedoch durch für die BRD außerordentlich günstige Entwicklungsfaktoren lediglich gemildert, aber de facto keineswegs aufgehoben (S. 241 - 333). Dennoch konnte der ideologische Schein des „Wirtschaftswunders" und die damit faktisch einhergehende zügige, wenn auch nicht gesamtgesellschaftlich geplante und gesteuerte und damit ungleichmäßige Expansion der materiellen Grundlagen der gesellschaftlichen Entwicklung für einen gewissen Zeitraum (laut STEINHAUS 1974, S. 356 f.: besonders etwa 1959-1965) eine erhebliche Abschwächung der Klassenkämpfe in der BRD bewirken. Dies konnte den ebenfalls ideologischen Schein von der „Latenz" oder gar „Stillegung" des Klassenkonflikts in der BRD hervorrufen. Dieses ideologische Muster trat v.a. in zwei Varianten auf:

a) in der konservativen Variante von der angeblichen Ablösung der Klassengesellschaft durch die „nivellierte Mittelstandsgesellschaft" (SCHELSKY 1965) und
b) in der „kritischen" Variante von der angeblichen Verschiebung bzw. Überlagerung des Klassenkonflikts in bzw. durch eine „Disparität von Lebensbereichen" (OFFE 1970, S. 185; HABERMAS 1973, S. 56 ff.).

Die Unhaltbarkeit dieses ideologischen Musters ist zwar evident (PETRAK 1974; JUNG u.a. 1970; STEINHAUS 1974). Dennoch war die zuvor angesprochene Entwicklung insgesamt mit einer vorübergehenden Schwächung der politischen Positionen der Arbeiterklasse verbunden. Hiermit waren entscheidende Grundlagen auch für die Durchsetzung der bürgerlichen Interessen im Bereich des Sports gegeben, wie sie für die erste und zweite Phase kennzeichnend war und ist.

Diese objektiven gesellschaftlichen Voraussetzungen der sportpolitischen Entwicklung in der BRD haben sich seit der ökonomischen Krise 1966 - 1968 entscheidend verändert. Ursachen und Entwicklung weder dieser zyklischen Krise noch deren verschärfte Entsprechung in der gegenwärtig anhaltenden zyklischen Krise, die durch gleichzeitigen Rückgang des Wirtschaftswachstums, Inflation und Arbeitslosigkeit gekennzeichnet ist, können hier analysiert werden (vgl. u.a. HUFFSCHMID 1974). Festzustellen ist jedoch: Die notwendig krisenhafte Entwicklung der gesellschaftlichen Produktion und Reproduktion im Kapitalismus ist wieder verstärkt und unmittelbar sichtbar geworden. Sie schlägt sich gegenwärtig u.a. nieder in einer relativen, z.T. sogar absoluten Verschlechterung der Lebensbedingungen der Arbeiterklasse, wie an der Entwicklung der Reallöhne, an zahlreichen infrastrukturellen und reproduktiven Bereichen usw. abgelesen werden kann: „Es wächst der Widerspruch zwischen den zunehmenden Reproduktionsbedürfnissen der Arbeiterklasse und ihrer ungenügenden Befriedigung." (PETRAK 1974, S. 283).

Verschärfung des Klassenkampfes

Diese Erfahrungen haben bei der Arbeiterklasse der BRD und ihren Organisationen die Notwendigkeit verstärkt wieder bewußt gemacht, die gesellschaftliche Entwicklung insgesamt und damit auch die Entwicklung in allen relevanten gesellschaftlichen Bereichen konsequent von den Interessen der Arbeiterklasse aus zu bestimmen und die dafür notwendigen politischen Voraussetzungen zu schaffen. Die Folge war und ist eine „erneute Verschärfung des Klassenkampfes" (STEINHAUS 1974, S. 357), die sich in einer zunehmenden Kampfbereitschaft der Arbeiterklasse für tagespolitische Ziele zur unmittelbaren Sicherung der Reproduktion ihrer Arbeitskraft wie auch für Ziele zu grundlegenden gesellschaftlichen Umstrukturierungen niederschlagen. Es kann folglich von der „Phase ab 1966 als einer neuen Periode in der westdeutschen Nachkriegsgeschichte, als einer Periode des Aufschwungs des Klassenkampfes" (S. 405) gesprochen werden.

Letztlich wird gegenwärtig ansatzweise auch die sportpolitische Auseinandersetzung um die Schaffung und Sicherung der Voraussetzungen für die sportbezogenen Interessen der Arbeiterklasse von dieser objektiven gesellschaftlichen Entwicklung in der BRD geprägt und wird künftig noch stärker geprägt werden. STEINHAUS (1974, S. 356) grenzt für die Entwicklung der Klassenauseinandersetzungen in der BRD 3 Perioden ab: 1949 - 1958 als Phase starker ökonomischer und politischer Klassenauseinandersetzungen, 1959 - 1965 als Phase relativer „Stabilität", 1966 - 1974 als Phase erneut zunehmender politischer und ökonomischer Kämpfe (vgl. auch PETRAK 1974, S. 514 ff.). Es zeigt sich, daß diese Perioden als politischer Faktor neben und im Zusammenhang mit primär ökonomischen Faktoren auch für die sportpolitische Entwicklung nicht ohne Einfluß waren und sind. Wobei dieser Einfluß durch die relative Randstellung des Sports gegenüber den zentralen ökonomischen und politischen Entwicklungen und durch die damit verstärkt wirksam werdenden sportspezifischen „Eigengesetzlichkeiten" allerdings jeweils erheblich abgeschwächt, auch relativiert und modifiziert wird. Die Kämpfe der westdeutschen Arbeiterklasse zur Durchsetzung ihrer Interessen vollziehen sich in den letzten Jahren zunehmend „in einer wachsenden Breite und Tiefe" (STEINHAUS 1974, S. 400). D.h. sie weisen einerseits „eine Tendenz der Annäherung, eine Tendenz des zunehmend geschlossenen und aktiven Handelns der verschiedenen Abteilungen der Arbeiterklasse im Prozeß der Klassenauseinandersetzungen" (S. 401) auf. Andererseits ist neben der Lohnfrage mehr und mehr der ganze Komplex der Arbeits- und Lebensbedingungen in das Blickfeld der Arbeiterklasse gekommen. (S. 404).

Für die sportpolitische Entwicklung, in der die sportbezogenen Interessen der Arbeiterklasse bisher nur sehr widersprüchlich vertreten und durchgesetzt werden konnten, müssen beide Aspekte grundsätzlich von großer Bedeutung sein, auch wenn bisher *direkt* sportbezogene Forderungen noch kaum Gegenstand oder Bestandteil der Kampfaktionen gewesen sind. Zumindest *indirekte* Bezugspunkte zum Sport aber spielen bereits eine wesentliche Rolle, wie nachfolgend gezeigt wird.

Wachsende Kampfbereitschaft ist insgesamt notwendig besonders in der gegenwärtig verschärft krisenhaften Entwicklung des Kapitalismus in der BRD, in der sich eine Verschlechterung der allgemeinen Lebensbedingungen der lohnabhängig arbeitenden Bevölkerung abzeichnet. Dies wird allein schon daran erkennbar, daß sich der Staat tendenziell aus der Förderung nicht unmittelbar profit- bzw. konjunkturwirksamer Bereiche und aus solchen in der vorigen Entwicklungsetappe eingeleiteten Reformvorhaben, die über die unmittelbare Sicherung der Verwertungsbedingungen des Kapitals hinaus wenigstens potentielle Ansätze demokratischer Veränderungen beinhaltet haben, unter dem Vorwand der „Knappheit der finanziellen Ressourcen" und unter Beschwörung gegen die berechtigten Forderungen der Arbeiterklasse gerichteter Maßhalteappelle wieder zurückzuziehen beginnt (HUFFSCHMID 1974). Hiermit geht eine Gefährdung nicht nur der zentralen Grundlagen für die Sicherung der Reproduktion der Arbeitskraft einher, sondern gerade auch eine Gefährdung der materiellen Grundlagen peripherer reproduktiver Bereiche wie des Sports. Sie läßt einen Entwicklungs- und Wachstumsoptimismus, wie er von seiten der bürgerlichen Sportführung ohne Analyse der gegenwärtigen gesellschaftlichen Entwicklungsbedingungen im Sinne eines ökonomisch und politisch unabhängigen Wachstumsoptimismus sui generis propagiert wird (s.u.a. WEYER 1974, S. 20), als Illusion erkennbar werden. Angesichts solcher Entwicklungen ist die verstärkte Kampfbereitschaft der Arbeiterklasse eine unabdingbare Notwendigkeit, die auch für den Sportbereich von wachsender Bedeutung ist und sein wird. Mit den im Zuge der intensiv erweiterten Reproduktion des Kapitals gewachsenen Anforderungen an die Arbeitskraft der Lohnabhängigen hat sich bei der Arbeiterklasse zugleich ein erhöhtes „Anspruchsniveau" an die Reproduktionsbedingungen herausgebildet (SCHUMANN 1974, S. 49), das einerseits zur Ausweitung reproduktionsorientierter Ziele der Arbeiterbewegung führen mußte und geführt hat, andererseits nur durch kampfbereite Interessenwahrnehmung und -vertretung ansatzweise durchgesetzt werden kann.

Gegenüber „links"-opportunistischen Auffassungen, die den Tageskampf um die Sicherung der Reproduktion der Arbeitskraft geringschätzen oder als „Reformismus" ablehnen und sich inzwischen auch im Sportbereich wortreich zu artikulieren beginnen (SSG 1975), ist hier beiläufig festzuhalten, daß es falsch wäre, etwa „deshalb auf den Kampf um die Sicherung der Reproduktion der Arbeitskraft zu verzichten, weil sie eine Bedingung für das Funktionieren des Kapitalismus ist und die Verbesserung der Arbeits- und Lebensbedingungen der Arbeiterklasse unter den Arbeitern Illusionen über den Kapitalismus wecken könnte. Bei der Durchsetzung ihrer Klasseninteressen geht es darum, daß dieArbeiterklasse alle sich im Kapitalismus bietenden Möglichkeiten nutzt, um ihre Existenz- und Kampfbedingungen zu verbessern." (PETRAK 1974, S. 42; vgl. auch HESS 1974, S. 838 - 841). Und in diesen Zusammenhang sind genau auch sportbezogene Forderungen, die die Reproduktionsbedingungen der Arbeiterklasse verbessern helfen, einzuordnen. Zwar ist dabei zu berücksichtigen, daß unter kapitalistischen Produktionsverhältnissen zur Vertretung und Durchsetzung sportbezogener Forderungen stets das *unmittelbar* ökonomisch relevante Ziel der Gesunderhaltung der Arbeitskraft im Vordergrund stehen muß, was auch in allen Begründungen für die wachsende gesellschaftliche Bedeutung des Sports herausgestellt wird. Die reproduktiven Aufgaben des Sports wie der Reproduktionsbereiche insgesamt und diesbezügliche Forderungen können jedoch nicht hierauf beschränkt werden. Sie müssen vielmehr im Sinne einer erweiterten Reproduktion der Arbeitskraft verbunden mit allseitigen Möglichkeiten zur Entfaltung der Persönlichkeit umfassend angelegt sein (vgl. PETRAK 1974, S. 97 und 302; GÜLDENPFENNIG 1974). In jedem Falle jedoch – und das muß gegenüber den vorherrschenden Konzeptionen der Sportorganisationen in der ersten und zweiten Phase festgestellt werden – sind die materiellen Grundlagen auch des Sportbereiches Gegenstand und Bestandteil des gesellschaftlichen Verteilungskampfes und werden nicht etwa interessenneutral allein aus humanistischen Erwägungen Gutwilliger bereitgestellt. Mit einer demokratischen Entwicklung der materiellen, inhaltlichen und strukturellen Aspekte des Sportbereiches kann daher im umfassenden Sinne auch nur gerechnet werden, wenn die Organisationen der Arbeiterklasse dies zu ihren Forderungen erheben.

Entwicklung der Gewerkschaften

Bei der Organisierung der Kämpfe zur Sicherung der unmittelbaren und allgemeinen Reproduktionsbedingungen kommt den Gewerkschaften eine entscheidende Bedeutung zu. Die Entwicklung ihrer Stellung in den Klassenkämpfen der BRD und ihrer programmatischen und praktischen Politik zählt daher objektiv zu den wesentlichen gesellschaftlichen Voraussetzungen auch für die Entfaltung demokratischer Gegenkräfte gegenüber den herrschenden sportpolitischen Konzeptionen in den BRD-Sportorganisationen. Dies gilt, obwohl und nachdem sie aus verschiedenen Gründen (vgl. ADH 1974 a) über Jahre hin die Sportpolitik aus ihrem Aufgabenbereich ausgeklammert und damit zu der weitgehenden Durchsetzung der bürgerlichen Interessen in den Sportorganisationen indirekt beigetragen haben.

Das „Programm der Partnerschaft" der bürgerlichen Sportführungen enthält eine scheinbar pluralistische Ansprache an „alle gesellschaftlichen Gruppen" (CHARTA 1966, S. 37), die die objektiv unterschiedliche Interessenorientierung und gesellschaftliche Relevanz der angesprochenen Gruppen scheinbar ignoriert, in Wirklichkeit aber vor allem die Kooperation mit der Wirtschaft und dem Staat sucht. Diesem Programm ist hier die objektiv *zentrale* Bedeutung der Gewerkschaften für die Organisierung und Durchsetzung der sozialen und reproduktiven Interessen der Arbeiterklasse gegenüberzustellen. Der gewerkschaftliche Kampf „ist notwendig, um die Reproduktion der Arbeitskraft zu sichern und um das Selbstbewußtsein der Arbeiterklasse, das Vertrauen in die eigene Kraft zu entwickeln" (PETRAK 1974, S. 32). Er wird im Hinblick auf seine unmittelbaren ökonomischen Funktionen „an mehreren Fronten geführt:

– an der Front der Löhne und Gehälter,
– an der Front der Steuern und staatlichen Haushalte,
– an der Front der Preise und
– an der Front der Arbeitsbedingungen." (VETTER 1974, S. 29).

Gegenwärtig bezieht er darüber hinaus wieder stärker Forderungen zur allgemeinen gesellschaftlichen Sicherung der Reproduktionsbedingungen der Arbeiterklasse mit ein: „Eine solche systematische Verknüpfung von Tageszielen wie Lohnforderungen mit weitergreifenden gewerkschaftlichen Zielen ist bisher aber erst in Ansätzen sichtbar." (LEMINSKY/OTTO 1974, S. 41).

Dennoch werden die Arbeiterklasse und ihre Organisationen, vor allem die Gewerkschaften dabei zwangsläufig durch die Allgemeinheit ihrer Forderungen auch gerade in die Auseinandersetzung mit dem bürgerlichen Staat um grundsätzliche Fragen der Steuerung der gesellschaftlichen Entwicklung gezwungen: Es „ergibt sich für die Arbeiterklasse die Notwendigkeit, sich nicht auf den traditionellen Rahmen des ökonomischen Kampfes zu beschränken, sondern den Kampf auch gegen den Staat, gegen das imperialistische System insgesamt zu richten." (PETRAK 1974, S. 268). Daraus hat sich eine „Politisierung der Gewerkschaften" ergeben (LEMINSKY/OTTO, S. 40), denn „in dem Maße, in dem bewußt wird, daß die Existenz des einzelnen zunehmend von nicht mehr indivuell lösbaren Faktoren abhängt, müssen die Gewerkschaften diese Faktoren beeinflussen, wenn Schutz und Sicherheit der Mitglieder ihr oberstes Ziel sein soll" (S. 41). Dazu bedarf es eines gesellschaftlichen „Mehr an Planung" (S. 39) und einer verstärkten Einwirkung der Gewerkschaften auf den Staat, „wobei es zu partieller Kooperation oder zu partieller Konfrontation mit dem Staat und anderen gesellschaftlichen Gruppen kommen kann." (S. 37) „Die gewerkschaftlichen Zielvorstellungen sind dabei nach wie vor zu einem großen Teil konkret antikapitalistisch" (S. 37), obwohl bereits 1959 und dann im Grundsatzprogramm von 1963, stark beeinflußt durch das GODESBERGER PROGRAMM der SPD von 1959, in der allgemeinen Grundsatzprogrammatik eine „Entscheidung der Gewerkschaften gegen die ‚sozialistischen und antikapitalistischen Zielsetzungen des MÜNCHENER PROGRAMMS'" von 1949 (S. 250) gefaßt, d.h. der Gedanke des sozialistischen Endziels aufgegeben wurde „zugunsten einer ständigen Gestaltung von Wirtschaft und Gesellschaft" (S. 36), zugunsten einer pragmatistischen Reduktion auf „konkrete Konzepte" (S. 37).

Diese Widersprüche sind Ausdruck der Tatsache, daß „in den DGB-Gewerkschaften zwei Grundtendenzen wirken", nämlich einerseits „die Gewerkschaften stärker als Kampforganisationen zu profilieren", andererseits „ihre Entwicklung zum ‚Ordnungsfaktor' des staatsmonopolistischen Kapitalismus" durchzusetzen (PETRAK 1974, S. 454). Wesentlich mitbedingt sind diese grundlegenden Widersprüche und ihre praktischen Konsequenzen durch den starken Einfluß der Sozialdemokratie und ihrer ambivalenten Haltung gegenüber der gesellschaftlichen Entwicklung im Kapitalismus. Insgesamt erhalten jedoch die Gewerkschaften aufgrund der Tatsache, daß in und mit ihnen die Arbeiterklasse in Aktionseinheit, im organisatorischen Rahmen der Einheitsgewerkschaft ihre Interessen vertritt, ihre zentrale Bedeutung für die demokratische gesellschaftliche Entwicklung: „Wenn auch die Gewerkschaften ihre volle Kampfkraft gegenwärtig nicht umfassend entfalten, so kann doch keine politische Kraft in der BRD an der Tatsache vorbei, daß es sich objektiv um antimonopolistische Organisationen handelt." (S. 389).

Gewerkschaftliche Freizeitpolitik

Im Rahmen dieser allgemeinen Positionsbestimmung gewerkschaftlicher Politik in der BRD haben sich die Gewerkschaften in den letzten Jahren verstärkt auch Fragen der Freizeit als Bestandteil der allgemeinen Reproduktionsbedingungen der Arbeiterklasse zugewandt. Hiermit ist eine weitere wichtige objektive Voraussetzung für die „gewerkschaftliche Orientierung des Sports" angesprochen.

Das grundsätzlich über die unmittelbar ökonomischen Aspekte hinaus erweiterte Spektrum gewerkschaftlicher Ziele wird ausgedrückt im Grundsatzprogramm des DGB von 1963; dort heißt es: „Als gemeinsame Organisation der Arbeiter, Angestellten und Beamten nehmen der DGB und die in ihm vereinten Gewerkschaften die wirtschaftlichen, sozialen und kulturellen Interessen aller Arbeitnehmer und ihrer Familien wahr." (LEMINSKY/OTTO 1974, S. 46). Z.B. in den DGB-Leitsätzen zum Umweltschutz von 1972 heißt es: „Solange die Gewerkschaften bestehen, haben sie das konkrete gesellschaftliche Ganze der Arbeitnehmerinteressen vertreten und dem Wohle der Bevölkerung gedient." (S. 306). Dieser umfassende Komplex der „Arbeitnehmerinteressen" ist nun aufgrund der Entwicklung der Produktionsbedingungen nicht mehr zu reduzieren auf eine „einfache Reproduktion der verausgabten Arbeitskraft", er erfordert zunehmend auch „ein umfangreiches System der Entspannung und Erholung" (PETRAK 1974, S. 122) u.a.m. Dem wird in einer verstärkten Orientierung der Gewerkschaften auch auf freizeitpolitische Problemkreise entsprochen. Zwar haben in den allgemeinen programmatischen Grundsatzaussagen zur gewerkschaftlichen Politik seit jeher auch die freizeitrelevanten Fragen der Arbeitszeitverkürzung und -verteilung eine zentrale Rolle gespielt. Gegenwärtig aber werden auch inhaltliche Fragen der arbeitsfreien Zeit insgesamt verstärkt Gegenstand gewerkschaftlicher Politik. Dabei treten vor allem die *Zusammenhänge* zwischen Arbeitstätigkeit und -bedingungen einerseits und

Freizeitstruktur und -tätigkeiten andererseits in den Mittelpunkt gewerkschaftlicher Analyse und Programmatik. Das drückt sich aus im DGB-Aktionsprogramm von 1972 sowie in zahlreichen nach 1970 vom DGB erarbeiteten programmatischen Aussagen zu jeweils mehr oder weniger freizeit- bzw. reproduktionsrelevanten infrastrukturellen Bereichen wie Bildungswesen, Gesundheitswesen, Umweltschutz, Wohnungs-, Stadt- und Regionalplanung u.a.m. (LEMINSKY/OTTO 1974) sowie in der Zunahme theoretischer Auseinanderstzung mit Problemen der Freizeit in den Gewerkschaften (vgl. Gewerkschaftliche Monatshefte Heft 7/1974).

Die gewerkschaftliche Freizeitpolitik geht dabei von folgendem Grundsatz aus: „Freizeitpolitik ist in gewerkschaftlicher Sicht in erster Linie ‚Arbeitspolitik' und erst in zweiter Linie eine Politik für die freie Zeit." (KOHL 1974, S. 393). Dieser Grundsatz ist praxisorientierter Ausdruck der Erkenntnis, daß in der dynamischen Wechselbeziehung zwischen Arbeit und Reproduktion der Arbeitskraft (GÜLDENPFENNIG 1974) die entscheidenden Entwicklungsimpulse vom Produktionssystem ausgehen. Für die Durchsetzung demokratischer Reproduktions- und Entfaltungsmöglichkeiten etwa im Freizeitbereich stellt also die allgemeine Struktur des Produktionssystems bis hin zur konkreten Arbeitsplatzsituation unterschiedlicher Schichten der Arbeiterklasse die entscheidenden Voraussetzungen dar. Reformansätze im Reproduktions- und Freizeitbereich sind daher auf entsprechende demokratische Strukturveränderungen im Produktionssystem angewiesen, wobei sie diese wiederum unterstützen und beschleunigen helfen können. Das hat zur Konsequenz, daß gerade eine auch auf inhaltliche Veränderungen im Freizeitbereich abzielende gewerkschaftliche Politik verstärkt das Schwergewicht ihrer Forderungen auf Veränderungen im Bereich der Arbeitsbedingungen usw. verlegen muß und sich weniger auf *unmittelbar* reproduktionsbezogene Forderungen beschränken kann. Sie ist vor allem gekennzeichnet durch Verlagerung des Schwergewichts der Forderungen

a) von der unmittelbaren Reproduktions- (Lohnfragen usw.) stärker zur Produktionsseite (Arbeitsbedingungen usw.) hin,

b) innerhalb der Reproduktionsseite von den individuellen (Lohnfragen usw.) stärker auf kollektive Reproduktionsbedingungen (Steuerpolitik, Schaffung und Verbesserung gesellschaftlicher infrastruktureller Einrichtungen usw.) –

natürlich jeweils ohne die ursprünglichen Schwerpunkte gewerkschaftlicher Politik aufzugeben (vgl. auch STEINHAUS 1974, S. 400 - 408).

Diese Tendenzen sind von unmittelbarer Bedeutung zur Grundlegung auch einer gewerkschaftlichen bzw. gewerkschaftlich orientierten Sportpolitik, auch wenn sich das bisher in einer konkreten Sportpolitik der Gewerkschaften noch kaum niedergeschlagen hat. Die Rahmeneinschätzung gewerkschaftlicher Freizeitpolitik, die entscheidende Voraussetzungen auch für eine entsprechende Sportpolitik darsellt, kann folgendermaßen zusammengefaßt werden:

„Die Freizeitqualität ist weitgehend abhängig von der Arbeits- und Arbeitsplatzqualität. Die beruflich Benachteiligten – Band-, Schicht- und Akkordarbeiter oder die Beschäftigten ohne abgeschlossene Berufsbildung, also die Mehrheit der Industriearbeiterinnen und -arbeiter – sind auch in der Freizeit benachteiligt. Sie haben in der Regel eine höhere Arbeitsintensität, einen verlängerten Arbeitsumfang (Mehrarbeit!), eine ungünstigere Freizeitverteilung (Nachtarbeit, Feiertagsarbeit), sind ausgeschlossen von flexiblen Arbeitszeitregelungen, haben im Durchschnitt immer noch einen kürzeren Urlaub und partizipieren dementsprechend auch weniger an Weiterbildungs- oder politischen Aktivitäten als die übrigen Berufsgruppen. (...)

Der von den Gewerkschaften vorangetriebene und von den Unternehmensleitungen durch Kostenüberwälzungen und Rationalisierungen immer härter geführte Verteilungskampf ist daher zunehmend auch ein Kampf um die Verteilung der Chancen, d.h. um mehr Qualität des Lebens. Die durch die Umstände erzwungene Neuorientierung und Neubesinnung der Gewerkschaften ist schon längst in vollem Gange.

Das freizeitpolitische Resumee dieser Situation muß es sein, sich dem unternehmerischen Interesse der Fixierung der freien Zeit als Konsum- und Erholungszeit durch eine anders gelagerte Orientierung entschieden entgegenzusetzen. Dies würde praktisch bedeuten, dafür einzutreten, daß die freie Zeit

– nur soviel wie nötig zur Erholung und Entspannung und sowenig wie möglich zum reinen Ausgleich von Mängelerfahrungen in der Arbeitswelt in Anspruch genommen werden muß,

– dagegen soviel wie möglich der persönlichen, sozialen und politischen Entfaltung und Selbstbestimmung dient. Ein Teil der Freizeit ist demnach notwendigerweise auch Bildungszeit.

Dies muß das Leitmotiv einer gewerkschaftlichen Politik sein, die auf eine Verbesserung der Chancen der abhängig Beschäftigten im Bereich der Arbeit wie auch im Bereich der arbeitsfreien Zeit abzielt." (KOHL 1974, S. 395 f.).

Hiermit sind sowohl entscheidende Problemstellen für bisherige soziale und andere Disproportionen auch im Sportbereich umrissen, als auch Ansatzpunkte zu einer demokratischen Sportpolitik angedeutet. Allerdings sind damit auch klare Grenzen für den Stellenwert sportbezogener Aspekte im Rahmen einer demokratischen Freizeitpolitik angegeben – eine wichtige Feststellung angesichts bürgerlicher Freizeitkonzeptionen, die die künftige Sportentwicklung isoliert von anderen reproduktionsorientierten Funktionen des Freizeitbereiches sehen und sich in illusionärer Weise die künftige Freizeitentwicklung vorwiegend als einen Ausbau *sportbezogener* Freizeitmöglichkeiten vorstellen (DIECKERT 1972), statt diese in den Rahmen einer an den Gesamtinteressen der arbeitenden Bevölkerung orientierten demokratischen Freizeitkonzeption zu stellen und sie von hier aus zu begründen.

Zu berücksichtigen ist hier darüber hinaus, daß auch die Freizeitpolitik der Gewerkschaften allgemein objektiven Grenzen unterliegt. Von Bedeutung ist etwa die Tatsache, daß vermehrte quantitative Freizeit und qualitative materielle Ausstattung der Freizeitvoraussetzungen Bestandteil der Gesamtforderungen der Gewerkschaften im gesellschaftlichen Verteilungskampf sind und daher gegen andere Forderungen, die wesentlich für die Reproduktion der Arbeitskraft der abhängig Arbeitenden sind, abgewogen werden müssen. KOHL stellt z.B. richtig fest: „Angesichts der nicht nur durch die Preissteigerungen härteren Gangart des Verteilungskampfes dürfte es den Gewerkschaften schwerfallen, ihren Mitgliedern den Nutzen nichtfinanzieller Verteilungseffekte in Gestalt wachsender Freizeit plausibel zu machen." (KOHL 1974, S. 397; vgl. auch KÜLP/MÜLLER 1973). Diese Grenzen sind natürlich auch für sportbezogene Forderungen von Bedeutung und sind bei gewerkschaftlicher Orientierung des Sports in Rechnung zu stellen.

Eine explizite Orientierung der Gewerkschaften auf inhaltliche sportpolitische Fragen ist neben einem Grundsatzreferat des DGB-Vorsitzenden VETTER vor der Arbeitsgemeinschaft Deutscher Sportämter 1972 (VETTER 1972) noch kaum zu finden. Es findet sich allerdings eine Reihe von indirekten Aussagen, die die Einbeziehung einer auch inhaltlich begründeten sportpolitischen Programmatik im Grunde zwingend erscheinen lassen, etwa wenn im gesundheitspolitischen Programm von 1972 eine Umorientierung von der Krankenversorgung hin zur Gesundheitssicherung gefordert wird (LEMINSKI/OTTO 1974, S. 218). Diese im Rahmen der gegenwärtigen Verbreiterung der Grundlagen gewerkschaftlicher Politik zweifellos überraschende „Leerstelle" dürfte vor allem auf die Entwicklung nach 1950 im Sportbereich und auf die dadurch verursachte Vernachlässigung einer organisierten und politisch begründeten Kommunikation zwischen den BRD-Sportorganisationen und den Gewerkschaften zurückzuführen sein. In dem erwähnten VETTER-Referat jedoch sind immerhin einige wichtige Ansatzpunkte gegeben, die die Richtung einer gewerkschaftlichen Sportpolitik anzudeuten vermögen: Dem Sport wird der Anspruch streitig gemacht, weiterhin „zweckfreies Spiel um seiner selbst willen" sein zu dürfen oder auch nur zu sein (S. 2). Vielmehr werden wichtige Aufgaben des Sports in der Integration reproduktiver und politischer Aspekte gesehen: „Er soll auf breiter Basis Ausgleich schaffen zu der oft einseitigen Belastung in der Arbeitswelt und er soll zugleich Fähigkeiten vermitteln, die uns – neben anderem – in die Lage versetzen, die Ursachen dieser Belastungen zu beseitigen." (S. 4). Es wird auf die sozialen Widersprüche in den Sportorganisationen hingewiesen: „Die Vereine werden vielfach von Menschen aus ganz anderen Schichten als denen der Aktiven geleitet." (S. 7). Und es wird die Tendenz zurückgewiesen, etwa durch manipulativen Einsatz von Betriebssporteinrichtungen „die Arbeitnehmer über ihre tatsächliche Lage im eigenen Betrieb hinwegzutäuschen und sie durch vielfache Annehmlichkeiten an einen Betrieb zu binden", und demgegenüber die Forderung erhoben, „diese sozialpolitisch insgesamt sicherlich sinnvollen Institutionen umzugestalten, damit sie zu echten Vereinen der Arbeitnehmer werden und nicht der Fremdbestimmung durch die Unternehmensleitung überlassen bleiben." (S. 11). Insgesamt verfügen die Gewerkschaften „noch über kein ausgefeiltes sportpolitisches Programm", das es nun auszuarbeiten gelte (S. 13).

Internationale Entspannung

Die zunehmende Breite und Tiefe der Ziele der Arbeiterbewegung auch in der BRD, verbunden mit einer verstärkten Kampfbereitschaft zur Durchsetzung ihrer Interessen wird als objektive gesellschaftliche Voraussetzung auch für eine gewerkschaftlich orientierte Sportpolitik wesentlich verstärkt und unterstützt durch internationale Entwicklungen, vor allem die zunehmende Durchsetzung der Entspannungspolitik (MATTHIESSEN 1975). Allerdings ist auch nicht zu verkennen, daß Auswirkungen der Entspannungspolitik und internationale Erfolge demokratischer Bewegungen spezifisch in der BRD vor allem im Zuge der verschärften ökonomischen Krise innenpolitisch von starken konservativen Formierungstendenzen begleitet werden. Sie können gegenwärtig am klarsten an der Berufsverbotssituation abgelesen werden (BETHGE/ROSSMANN 1973) und beinhalten Tendenzen und Gefahren einer erneuten Erstarkung der antikommunistischen und damit antidemokratischen Restauration als – international gesehen – einer Sonderentwicklung der BRD (ABENDROTH 1974; NEUHÖFFER 1974).

Grundsätzlich ist festzustellen, daß auch und gerade ein gesellschaftlicher Bereich wie der Sport entscheidend abhängig ist und gefördert wird von einer internationalen Festigung des Friedens und der Entspannung. Dies zeigt sich besonders in seinen internationalen, also vor allem Spitzensport-Aspekten, aber auch allgemein in seiner gesamten Entwicklung. Die ausdrückliche Unterstützung der Entspannungspolitik liegt daher im Interesse auch des Sports selbst. Eine solche Unterstützung muß zweifellos eindeutig hinausgehen über eine opportunistische bzw. technokratische bloße Sicherung des Sportbereiches als eines Sektors „partiellen Friedens", wie es von SCHELSKY (1973 a) vorgeschlagen worden ist. Das ist von realistischen Kräften auch in den Führungen der BRD-Sportorganisationen offenbar erkannt und akzeptiert worden und hat so z.B. zu sportpolitischen Erfolgen wie den Sportabkommen zwischen DSB und DTSB vom Mai 1974 und Dezember 1974 geführt. Der widersprüchliche Charakter dieses politischen Lernprozesses innerhalb der BRD-Sportorganisationen ist zugleich im selben Zusammenhang deutlich geworden, an dem Konflikt zwischen DSB- und DFB-Führung, der im Mai 1974 zum Rücktritt des DSB-Präsidenten KREGEL führte.

4.3. *Sportpolitische Programmatik im Rahmen der Konzeption „Gewerkschaftliche Orientierung des Sports"*

4.3.1. Leitprinzipien

Die Konzeption einer gewerkschaftlich orientierten Sportpolitik ist bisher nur ansatzweise ausgearbeitet und daher auch in ihrer Wirkung noch außerordentlich begrenzt. Vielmehr ist von der Notwendigkeit auszugehen, Sportpolitik in der BRD verstärkt auf die Basis einer solchen noch konkreter auszuarbeitenden Konzeption zu stellen. Diese Notwendigkeit ist – wie dargestellt – durch wesentliche objektive gesellschaftliche Entwicklungstendenzen nahegelegt. Die vorliegende Arbeit will einige Überlegungen zur Ausarbeitung einer gewerkschaftlich orientierten Sportkonzeption beitragen. Die nachfolgenden Überlegungen gehen dabei einerseits z.T. über bereits öffentlich diskutierte und praktizierte Ansätze einer solchen Konzeption hinaus. Andererseits verwerfen sie keineswegs von vornherein alle sportpolitischen Ansätze, die außerhalb bzw. ohne bewußten Bezug zu dieser Konzeption entwickelt worden sind, sofern sie nicht im offenen Widerspruch zu ihr stehen und somit integriert werden können. Hier ist z.B. zu bedenken, daß wesentliche etwa humanistisch orientierte Kräfte innerhalb der Sportorganisationen in ihrer organisatorischen oder pädagogischen Praxis objektiv z.T. durchaus in einem Sinne gewirkt haben, wie er mit der Konzeption von der gewerkschaftlichen Orientierung des Sports intendiert ist. Sie haben damit wesentlich zu dem bedeutenden Aufschwung der Sportbewegung in der BRD beigetragen, obwohl sie aufgrund der sportpolitischen Fehlentwicklungen im Zuge der Restauration des Kapitalismus in der BRD in der bewußten gesellschaftlichen, demokratisch-politischen Einordnung ihrer praktischen Tätigkeit desorientiert worden sind.

Gewerkschaftlich orientierte Sportpolitik geht vor allem von 3 Leitprinzipien aus, unter denen sie eine demokratische Veränderung in den Sportorganisationen der BRD anstrebt:

1. Bestimmung und Vertretung sportbezogener Forderungen vor allem von den allgemeinen materiellen, vor allem den reproduktiven, sozialen und politischen Interessen der abhängig arbeitenden Bevölkerung aus;
2. Organisation des Sports, seiner inhaltlichen Angebote und seiner Interessenvertretung nach außen, in einer einheitlichen Organisation, in der die Mitglieder der angeschlossenen Teilorganisationen nach einem einheitlichen Modus auf allen Entscheidungsebenen demokratisch mitbestimmen;
3. Vertretung und Durchsetzung der Ziele der Sportorganisationen in Kooperation mit allen demokratischen gesellschaftlichen Kräften, also denjenigen Kräften, die ihre Politik in erster Linie objektiv und faktisch an den Interessen der abhängig arbeitenden Bevölkerung ausrichten.

Die konkrete Bedeutung dieser allgemeinen Leitprinzipien wird an einigen konkreten Zielen, die im Abschn. 4.3.2. dargestellt werden, verdeutlicht. Zuvor sollen jedoch noch einige grundsätzliche Bemerkungen zur Kooperation zwischen Sportorganisationen und Gewerkschaften und zur Erläuterung der Leitprinzipien gemacht werden.

Gewerkschaftliche Orientierung als Stärkung der Sportbewegung

Auf solcherart gewerkschaftlich orientierte Aussagen, wie sie in Abschnitt 4.1. skizziert wurden, reagierte die bürgerliche Sportführung mit dem Vorwurf, hier werde „zur Spaltung des DSB aufgerufen" (KREGEL 1974, S. 7). Gegenüber der sportpolitischen Stärke des DSB, die gerade in seiner Einheitsorganisation bestehe, gegenüber der Notwendigkeit der „Sprecherrolle" des DSB für die gesamte Turn- und Sportbewegung in der BRD und Westberlin (KREGEL in der FRANKFURTER RUNDSCHAU vom 28.12.1973: „Der Sport muß mit einer Zunge reden"), gegenüber der Rolle des DSB „als Anwalt des Sports für alle" (KREGEL 1974, S. 7) – werde hiermit die Schwächung der sportpolitischen und gesellschaftlichen Position des DSB betrieben, indem hier der Weg „vom Dialog zum Klassenkampf" auch im Sport propagiert werde (S. 6). Das Gegenteil ist richtig.

Die bürgerliche Sportführung vermutet in der Forderung, demokratischen politischen und gewerkschaftlichen Positionen der Arbeiterbewegung auch innerhalb der Sportorganisationen verstärkten inhaltlichen und organisatorischen Einfluß einzuräumen, eine Schwächung der „Autonomie des Sports" und eine Beschneidung des sportpolitischen Handlungsspielraums seiner Organisationen. Der ideologische Charakter einer solchen Argumentation liegt auf der Hand: Das Argument von der politischen Autonomie des Sports ist von seiten der bürgerlichen Sportführung ja stets nur gegenüber sog. „dirigistischen Eingriffen des Staates" angewendet werden, nie aber etwa im Sinne einer notwendigen Autonomie gegenüber der politischen, materiellen und personellen Abhängigkeit des Sports von privatwirtschaftlichen, also Kapitalinteressen, die das Bild des Sports in der BRD auf allen organisatorischen Ebenen von der Vereinsführung bis zu den Verbandsspitzen entscheidend prägen. Dies hat sich, um nur ein Beispiel zu nennen, erst gerade wieder an der aktuellen Auseinandersetzung um das Problem der Werbung im Sport und an der kompromißlerischen Einschränkung lediglich einer zu offensichtlichen Abhängigkeit des Sports von ökonomischen Interessen der Privatwirtschaft durch die „Leitlinien für die Werbung im Sport" des DSB gezeigt (vgl. HEINE 1975; NEU 1974). Entscheidende Probleme und Widersprüche der sportpolitischen Orientierung der Sportorganisationen ergeben sich gerade aus dieser kapitalorientierten Interessenfixierung der Sportführungen: Die Kapitalinteressen sind stets in erster Linie am Profit orientiert und damit auch lediglich an der Sicherung höchstens der dafür gerade erforderlichen betrieblichen und gesellschaftlichen Voraussetzungen. Daraus ergibt sich ihr Interesse

a) unter quantitativem Aspekt an einer möglichst weitgehenden Beschränkung aller für das Kapital als „Kostenfaktor" zu Buch schlagenden Reproduktionsmittel für die abhängige Arbeitskraft sowie

b) unter qualitativem Aspekt z.B. an einer Freizeitgestaltung, in der Konsum und politisch wie inhaltlich „neutrale" Unterhaltung u.ä. vorherrschen, jedenfalls aber nicht an einer Freizeitgestaltung, in der die aktive „persönliche, bildungsmäßige, soziale und politische Entfaltung der abhängig Beschäftigten"(KOHL 1973, S. 18) im Vordergrund stehen.

Entgegen solchen letztgenannten Zielen „verführen die von der Wirtschaft ausgehenden Impulse eher zu einem passiven, konsumorientierten Verhalten, umso mehr, als die Wirtschaft das vorhandene Leistungs- und Aktivitätspotential der Konsumenten als Arbeitnehmer zuvor bereits maximal ausgenutzt hat". (S. 18). Dieser Interessenzusammenhang wird z.B. deutlich an den Motiven der Unternehmen zu sog. „zusätzlichen betrieblichen Sozialleistungen" für Freizeit und Erholung, zu denen auch die kapitalistische Betriebssportförderung zählt (zahlreiche Belege hierzu vgl. bei SPRENGER/PAPADOPOULOS 1973, deren Untersuchung den ideologischen Schleier von der freizeitpolitischen Selbstdarstellung der Unternehmerverbände, z.B. in BDA 1973, reißt): „Bis hin zu jenen Sphären der proletarischen Existenz, die das Kapital früher weitgehend (wenn auch zu keiner Zeit uneingeschränkt) der ‚individuellen Lösung' überließ – die Gestaltung der Freizeit, das Hobby, bestimmte Kulturbedürfnisse usw. –, sind die Monopole heute bestrebt, nichts dem Selbstlauf zu überlassen." (PETRAK 1974, S. 468).

Es ist also die „traditionelle" Abhängigkeit des Sports in der BRD von Kapitalinteressen, die die Basis für die ideologische Scheinargumentation von der angeblichen „Schwächung" der Position der Sportorganisationen durch inhaltlich begründete und organisatorisch abgesicherte gewerkschaftliche Orientierung ihrer sportpolitischen Konzeption liefert.

Die objektive gesellschaftliche Stellung des Sports verweist demgegenüber darauf, daß die Sportbewegung in der BRD durch eine gewerkschaftliche Orientierung ihrer Sportpolitik nur *gestärkt* werden kann – allerdings auf Kosten des gegenwärtig dominierenden Einflusses der Kapitalinteressen. Hierfür spricht, daß Sport einerseits einen wesentlichen Bestandteil der sozialen und reproduktiven Interessen der Arbeiterklasse ausmacht, daß andererseits die Sicherung dieser Interessen sich nicht außerhalb des gesellschaftlichen Verteilungskampfes um die materiellen Grundlagen der gesellschaftlichen Entwicklung vollziehen kann und daß schließlich gesellschaftliche Organisationen wie etwa der DSB für sich genommen nur eine außerordentlich begrenzte „Organisations- und Konfliktfähigkeit" (OFFE 1970) im Sinne der Interessen der Arbeiterklasse besitzen.

Demokratische Sportbewegung als Stärkung der Arbeiterbewegung

Auf der anderen Seite ist auch für die Gewerkschaften u.a. Organisationen der Arbeiterklasse ein verstärktes Engagement in einem reproduktiven Bereich wie dem Sport, der die mitgliedermäßig größte gesellschaftliche Massenorganisation in der BRD aufweist, von erheblicher Bedeutung. Hier gilt es, politischen und organisatorischen Einfluß auf die Interessen und Organisationen der Arbeiterklasse in einem Bereich wieder zurückzugewinnen, der zunehmende gesellschaftliche Bedeutung aufweist und in der Entwicklung nach 1945 weitgehend den bürgerlichen Interessen überlassen werden mußte.

Angesichts sich verschärfender Klassenauseinandersetzungen in der gesamtgesellschaftlichen Entwicklung und angesichts der Tatsache, daß es bei der vielschichtigen Organisierung der Arbeiterklasse insgesamt gegenwärtig „kein Vakuum mehr" gibt (PETRAK 1974, S. 467), kommt der Frage zunehmende Bedeutung zu, im Sinne welcher Interessen die Massen auch in ökonomisch und politisch peripheren, aber deshalb keineswegs unwichtigen Bereichen wie dem Sport vorrangig organisiert und beeinflußt werden. Die Frage ist in der gegenwärtigen sportpolitischen Situation in der BRD deutlich im Sinne der bürgerlichen Interessen beantwortet, womit gerade die Gewerkschaften in Zusammenarbeit mit allen demokratisch-antimonopolistischen Kräften zur Entfaltung einer entsprechenden sportpolitischen Aktivität herausgefordert sind. Sie kann allerdings gerade unter komplizierten Bedingungen, die in einer gesellschaftlichen Massenorganisation mit relativ spezifischen Sachzielen wie den Sportorganisationen gegeben sind, nicht einfach sein (S. 472 f. und 463 f.). Sie ist aber umso dringlicher, als sich gegenwärtig in der BRD unter den Einwirkungen der ökonomischen Krise erneut starke konservative Restaurationstendenzen ausbreiten. Und die historische Entwicklung etwa in der Weimarer Zeit hat ja Erfahrungen darüber bereitgestellt, welche politische Entwicklung gesellschaftliche Massenorganisationen wie die bürgerliche Sportbewegung nehmen können, wenn die Arbeiterklasse und ihre Organisationen kein hinreichendes politisches Gegengewicht aufzubauen vermögen. Gegenwärtig ist die Gefahr relevanter faschistischer Entwicklungen in den Sportorganisationen der BRD zweifellos nicht gegeben. Allerdings hätten die Organisationen der Arbeiterklasse für den Fall, daß das nicht so wäre, gegenwärtig auch kaum politische und organisatorische Mittel in der Hand, um einer solchen Gefahr zu begegnen.

Zunächst einmal gilt es also, die Notwendigkeit für ein sportpolitisches Engagement in den Gewerkschaften überhaupt in einem breiteren Maße wieder bewußt zu machen. Dann müssen geeignete organisatorische Voraussetzungen in den verschiedenen Bereichen und Ebenen der Gewerkschaften dafür geschaffen werden, daß eine gewerkschaftliche Sportkonzeption erarbeitet und wirkungsvoll vertreten werden kann (ADH 1974 b). Eine solche Konzeption sollte sich auf der Basis der folgenden inhaltlichen Überlegungen bewegen.

Die grundlegenden Leitprinzipien für eine gewerkschaftlich orientierte Sportpolitik sind bereits vorstehend genannt worden. Zu ihnen werden i.f. noch ergänzende Erläuterungen gegeben, ehe abschließend einige zentrale Ziele dieser Konzeption beschrieben werden.

Sportpolitik von den Interessen der Arbeiterklasse aus

Das erste Leitprinzip lautet: Bestimmung und Vertretung sportbezogener Forderungen vor allem von den allgemeinen materiellen, vor allem den reproduktiven, sozialen und politischen Interessen der abhängig arbeitenden Bevölkerung aus.

Hierbei wird davon ausgegangen, daß für die ganz überwiegende Mehrheit der Bevölkerung der gesamte Lebensprozeß von der Arbeit her wesentlich determiniert und strukturiert wird. Es wird zudem davon ausgegangen, daß in der kapitalistischen Gesellschaft die überwiegende Mehrheit der künftig, gegenwärtig oder vormals erwerbstätigen Bevölkerung in lohnabhängiger Arbeit beschäftigt ist, also in einem weiten Sinne des Begriffes zur Arbeiterklasse zu rechnen ist. Die Interpretation des Sports als Bereich der Reproduktion der Arbeitskraft stellt diese allgemeinsten objektiven Voraussetzungen für den Sportbereich in Rechnung und strebt für die materielle, inhaltliche und organisatorische Gestaltung des Sports Lösungen an, die diese Zusammenhänge reflektieren. Ein solcher Ansatz ist nicht „inhuman", basiert nicht auf einer inhumanen Verkürzung der Auffassung vom Menschen, wie ihm von seiten bürgerlicher Kritiker vorgehalten wird (vgl. vor allem SCHMITZ 1974, S. 97 - 103). Er ist vielmehr realistisch und insofern demokratisch, als er die materialistische Einordnung sportbezogener Bedürfnisse in die gesamten gesellschaftlichen Interessen der arbeitenden Bevölkerung gestattet. Und er widerspricht auch nicht pädagogischen Zielen einer allseitigen Entfaltung der Persönlichkeit und eines sportbezogenen Beitrages hierzu (vgl. SCHMITZ ebenda). Er bietet hierfür gerade erst eine wesentliche Voraussetzung, indem er einerseits die sport bezogenen Beiträge zur Reproduktion der Arbeitskraft nicht mechanistisch auf bloße Wiederherstellung restringierter Arbeitskraft für die gegenwärtigen gesellschaftlichen Bedingungen beschränkt, sie aber andererseits auch nicht idealistisch an diesen die Entfaltung des Individuums behindernden Bedingungen vorbei hypostasiert (vgl. GÜLDENPFENNIG 1974).

Einordnung des Sports in eine Gesamtkonzeption von der Reproduktion der Arbeitskraft strebt keine Verarmung des vielfältigen Spektrums sozialer, kommunikativer, kultureller, sensomotorischer u.ä. Bedürfnisse und Verhaltensmöglichkeiten z.B. im Freizeitsektor an. Sie will im Gegenteil deren Entfaltung erst verstärkt dadurch ermöglichen, daß die entscheidenden gesellschaftlichen Voraussetzungen hierzu zutreffend analysiert bzw. erst geschaffen werden. Mit der Einordnung des Sports in ein Konzept von der Reproduktion der Arbeitskraft ist die Tendenz auch zu einer verstärkten „Politisierung" des Sports verbunden. Sie sollte allerdings nicht dazu führen, daß die unmittelbar sportbezogenen Tätigkeiten, also vor allem das Sporttreiben selbst, etwa belastet oder tendenziell sogar abgelöst werden durch permanente Auseinandersetzungen mit über die unmittelbar sportbezogene praktische Tätigkeit hinausgehenden arbeitsbezogenen, politischen und allgemeinen gesellschaftlichen Fragen. Dies ist zu beachten gegenüber bestimmten publizierten Aussagen zur Konzeption vom Sport als Reproduktion der Arbeitskraft, die solche Tendenzen unter dem Protest bürgerlicher Kritiker vielleicht suggeriert haben mögen. Damit wäre in der Tat der *spezifische* Charakter der reproduktiven Funktionen des Sports verfehlt und ignoriert. Die Konzeption von Sport als Reproduktion der Arbeitskraft zielt neben einigen auch auf die unmittelbare sportbezogene Betätigung bezogenen Alternativvorstellungen (vgl. z.B. DAUGS u.a. 1975) vor allem auf die Sicherung der politischen und organisatorischen Voraussetzungen für die allgemeine Orientierung des Sportbereiches an den Gesamtinteressen der Arbeiterklasse.

Demokratische Einheitssportbewegung

Das zweite Leitprinzip lautet: Organisation des Sports, seiner inhaltlichen Angebote und seiner Interessenvertretung nach außen, in einer einheitlichen Organisation, in der die Mitglieder der angeschlossenen Teilorganisationen nach einem einheitlichen Modus auf allen Entscheidungsebenen demokratisch mitbestimmen.

Es soll also im Rahmen einer gewerkschaftlich orientierten Sportkonzeption nicht nur aus kurzfristig-taktischen, sondern aus den bereits dargestellten grundsätzlichen Erwägungen heraus am Prinzip der Einheitssportbewegung im Sinne der organisatorisch möglichst geschlossenen Vertretung *aller* sportbezogenen Bereiche und Teilorganisationen nach außen festgehalten werden. Allerdings wird dabei das Prinzip der Einheitssportbewegung nicht im Sinne des derzeitig von seiten der bürgerlichen Sportführung vertretenen Sprachgebrauchs als Instrument zur Abwehr demokratischer sportpolitischer Entwicklungen verstanden und angewendet werden können. Vielmehr müssen mindestens zwei Voraussetzungen erfüllt werden:

Der Anspruch der DSB als „Sprecher" und Vertreter des gesamten Sports in der BRD nach außen kann, organisatorisch gesehen, nicht mehr allein auf dem Monopolanspruch des sog. „freien Vereins" aufgebaut werden. Dieser Monopolanspruch hat bisher zur Folge, daß anderen sportbezogenen Organisationsformen im Rahmen der Einheitsgesamtorganisation lediglich und allenfalls die Möglichkeit einer von der Mitbestimmungskompetenz her diskriminierten „Anschlußorganisation" eingeräumt wird bzw. ihnen die sportpolitische Existenzberechtigung gar völlig abgesprochen wird, wie es in bürgerlichen Sportkonzeptionen wie etwa dem bereits diskutierten „SPORTPLAN BERLIN" mit seiner Tendenz einer noch weiteren Verstärkung des Monopolanspruches des „freien" Sportvereins anzutreffen ist. (Der „SPORTPLAN BERLIN" setzt sich hiermit u.a. auch in Gegensatz zum Deutschen Städtetag, der in seinen Leitsätzen 1974 auch an der „Förderung des nicht vereinsgebundenen Sports", S. 9, als Aufgabe der Kommunen festhält). Vielmehr muß das Prinzip der Einheitssportbewegung verstärkt die organisatorische Zusammenfassung und demokratische Mitbestimmung unterschiedlich strukturierter sportbezogener Organisationen bedeuten bzw. ermöglichen.

Die organisatorisch einheitliche Vertretung des Sports nach außen kann nur dann verstärkt die Durchsetzung der sportbezogenen Interessen der Arbeiterklasse sichern, wenn diese einheitliche Vertretung auf einer verstärkten innerorganisatorischen Auseinandersetzung um die Einordnung sportpolitischer Zielsetzungen in die gegenwärtige gesellschaftliche Gesamtentwicklung und ihren expliziten Bezug zu widersprüchlichen Klasseninteressen aufbaut. Das weitgehende Fehlen einer solchen innerorganisatorischen politischen Auseinandersetzung hat politische Verselbständigungstendenzen der bürgerlichen Sportführungen zweifellos begünstigt. Das bedeutet vor allem, daß die Interessen der Arbeiterklasse stärker in den Sportorganisationen bewußt politisch artikuliert und vertreten werden müssen.

Demokratische Bündnispolitik

Hiermit ist der Zusammenhang zum dritten Leitprinzip angedeutet. Es spricht die Notwendigkeit einer demokratischen Bündnispolitik an. Über die bisherigen Ausführungen hinaus braucht es hier zunächst nicht weitergehend erläutert zu werden.

4.3.2. Ziele

Diese Leitprinzipien werden nun an einigen Bereichen gewerkschaftlich orientierter sportpolitischer Programmatik konkretisiert. Die Thesen beanspruchen nicht, ein umfassendes Programm selbst bereits zu entwerfen, sondern sollen nur einige Akzente setzen.

Sport im Betrieb

1. Ausgehend von der Erkenntnis, daß objektive gesellschaftlich notwendige reproduktive Bedürfnisse, wie z.B. regelmäßiges und hinreichend intensives Sporttreiben, erst bei Bereitstellung eines adäquaten und leicht erreichbaren Angebotes auch zu subjektiven Bedarfen werden (SCHERHORN/ EICHLER 1971), und ausgehend von dem demokratischen Grundsatz, daß dementsprechend solche motivierenden Angebote in den verschiedenen Lebensbereichen zur flexiblen Wahrnehmung bereitgestellt werden sollen, müssen die entsprechenden Voraussetzungen auf der betrieblichen Ebene als dem entscheidenden gesellschaftlichen Lebensbereich der arbeitenden Bevölkerung dafür verbessert werden, daß sich individuelles, gruppenorien-

tiertes oder sogar in einer zusammenhängenden Betriebssportorganisation organisiertes Sporttreiben entfalten können. Bei der Unterstützung einer solchen Forderung sollen die übergreifenden Sportorganisationen (Verbände) nicht davon ausgehen, daß sich der Sport im Betrieb allein in Form von Vereinen (Betriebssportvereinen, Universitätssportclubs usw) organisiert.

2. Um die Durchsetzung dieses Ziels einheitlich zu gewährleisten, sind entsprechende gesetzliche Voraussetzungen zu schaffen, die die Wirtschaftsunternehmen, öffentlichen Institutionen usw. zur Erstellung und Erhaltung baulich und ausstattungsmäßig geeigneter und hinreichender sowie personell (qualifizierte Übungsleiter) hinreichend besetzter Sporteinrichtungen verpflichten.

3. Solange solche gesetzlichen Voraussetzungen nicht bestehen, sind Übergangslösungen in Verhandlungen auf Betriebs- bzw. Unternehmensebene (oder auch im Rahmen von tariflichen Vereinbarungen) zwischen Gewerkschaften, Betriebsräten und (soweit bereits vorhanden) Betriebssportorganisationen auf der einen und den Unternehmen bzw. öffentlichen Verwaltungen auf der anderen Seite auszuarbeiten und zu verwirklichen.

4. Die Durchführung der betrieblichen Sportangebote im Rahmen entsprechender Vereinbarungen bzw. gesetzlicher Vorausetzungen ist der allgemeinen Verantwortung des Betriebsrates zu unterstellen, der in Abstimmung und Kooperation mit der Betriebssportorganisation die inhaltliche und organisatorische Gestalt des Betriebssports im Sinne der Belegschaft zu gewährleisten versucht. Dies ist zu verbinden mit einer entsprechenden Aufklärungsarbeit, mit der die wachsende Bedeutung des Sports für die gesellschaftliche und individuelle Entwicklung verstärkt bewußt zu machen und die Bereitschaft zu regelmäßigem Sporttreiben innerhalb der Belegschaften zu verbessern versucht wird, unter gleichzeitiger Herausarbeitung der systembedingten Widersprüche, die sich aus dem Sport als Bereich der Reproduktion der Arbeitskraft im kapitalistischen Produktions- und Gesellschaftssystem ergeben.

5. In die gewerkschaftliche Betriebsräteschulung und allgemeine gewerkschaftliche Bildungsarbeit sind daher sport- und freizeitbezogene Aspekte aufzunehmen.

6. Die konkreten Sportmöglichkeiten in diesem Rahmen sollten inhaltlich und organisatorisch so gestaltet sein, daß sie

a) die sozialen Beziehungen zwischen unterschiedlichen betrieblichen Gruppen und Schichten der Belegschaften, die „horizontale Verflechtung" und die auch über unmittelbar sportbezogene Fragen hinausgehende Kommunikation verbessern können,

b) über einen auf niedrigem sportlichem Fertigkeitsstand ablaufenden, lediglich gesundheitsorientierten „Trimm-Dich-Sport" hinausgehen und durch vielseitige Lernprozesse zur Erweiterung sportbezogener Verhaltensmöglichkeiten beitragen,

c) den arbeitsplatznahen Sport dementsprechend auch nicht reduzieren auf durch kurze Arbeitspausen zeitlich und inhaltlich reglementierte Entspannungs- und Ausgleichsübungen, die durch die Struktur der Arbeitstätigkeit und die bloßen „Poren im Produktionsprozeß" einseitig determiniert und restringiert werden (zur Kritik der Konzeption von der „Bewegungspause am Arbeitsplatz" vgl. EICHLER u.a. 1972),

d) die Arbeitnehmer aller Altersgruppen und gerade auch die weiblichen Arbeitnehmer ansprechen und einzubeziehen vermögen,

e) die spezifischen Arbeitsbedingungen z.B. der Schichtarbeiter berücksichtigen (RAANE 1974, S. 437 f.), und anderes mehr.

7. Die Wahrnehmung solcher verbesserten Sportmöglichkeiten durch die Belegschaften ist wesentlich abhängig von und damit zugleich auch zu unterstützen durch demokratische Veränderungen in den Arbeitsbedingungen, in den betrieblichen u.a. Mitbestimmungsmöglichkeiten usw., so daß die angesprochenen und weitere betriebssportbezogene Forderungen eingebettet werden müssen in den Zusammenhang allgemeiner gewerkschaftlicher Forderungen.

Sport im Ausbildungssystem

1. Förderung und Reform des Sports im gesamten Ausbildungssystem soll ausgehen von dem Prinzip: in geeigneten und hinreichenden Sportstätten und durch voll ausgebildete Sportlehrer vollzogener Sportunterricht für alle Kinder und Jugendlichen während ihrer gesamten schulischen und beruflichen Ausbildung.

2. Besondere Dringlichkeit bei entsprechenden Ausbaumaßnahmen hat der Sportunterricht in den Grundschulen. Ausgerechnet in diesem Bereich, in dem entscheidende Voraussetzungen für Sportinteresse und Lernverhalten im Sport vor allem bei den Kindern gesetzt werden müßten, die bis dahin keine entsprechende Förderung in Familie und sozialer Umgebung gefunden haben (also vor allem Arbeiterkinder), findet sich im Rahmen der gesamten Schulsportmisere die schlechteste materielle, personelle und damit Unterrichtssituation für den Schulsport (BLOSS/GLUNCK 1974).

3. Dieselbe Dringlichkeit ist dem Sportunterricht im Rahmen der beruflichen Ausbildung einzuräumen. Hier ist die gegenwärtige Situation des Sports noch unerträglicher als in den Grundschulen durch das fast völlige Fehlen von Sportunterricht in den Berufsschulen, obwohl etwa 80% der Jugendlichen die berufliche Ausbildung im dualen System zwischen Berufsschule und Lehrlingsausbildung durchlaufen. Der Großteil der künftig abhängig Arbeitenden befindet sich hier in einer außerordentlich benachteiligten Situation gegenüber den sozial ohnehin privilegierten Jugendlichen, die ihre schulische und berufliche Ausbildung an weiterführenden Schulen und Hochschulen fortsetzen und dort wesentlich bessere Sportunterrichts- und Sportmöglichkeiten vorfinden. Bis zum umgehend und mit Nachdruck in Angriff zu nehmenden vollen Ausbau des Sportunterrichts in den Berufs-

schulen sind den Berufsschülern und Lehrlingen als Sofortmaßnahme zumindest geregelte und angeleitete Sportmöglichkeiten z.B. im Rahmen des Betriebssports des jeweiligen Ausbildungsbetriebs im Sinne einer Angleichung an die mit dem Hochschulsport bereits gegebenen Bedingungen für die Studierenden zu schaffen.

4. Darüberhinaus muß es angesichts der nach wie vor bestehenden Misere des Schulsports zu einer Verbesserung der personellen und curricularen Situation des Sportunterrichts im Ausbildungssystem insgesamt kommen. Zu weiteren Einzelforderungen in diesem Zusammenhang wird hier auf das Papier der GEW-Sportkommission am IfL Marburg (GEW 1974 a) verwiesen. Ein curricularer Aspekt ist allerdings neben vielen anderen noch herauszuheben: Als wichtiger Bestandteil der verstärkt auch in den Sportunterricht einzubeziehenden theoretischen Unterrichtselemente sind allgemeine Beziehungen zwischen Arbeit, Freizeit und Sport und deren spezifische Situation in der BRD aufzunehmen.

5. Grundsätzlich dürfen solche auf den Sport im Ausbildungssystem bezogenen Forderungen nicht gegen andere gewerkschaftliche Ziele im Ausbildungssystem gerichtet sein, wie das aus einer Resolution des Ausschusses deutscher Leibeserzieher: „Lehrerschwemme – aber nicht im Schulsport" (ADL 1974) hervorgeht, die das gewerkschaftlich bekämpfte bürokratische Scheinargument von der künftig zu erwartenden allgemeinen „Lehrerschwemme" aufgreift, um eine isolierte Ausnahmestellung für den Sportunterricht begründen zu können. Gewerkschaftlich orientierte Forderungen für den Schulsport sind nur *im Rahmen* der gesamten gewerkschaftlichen Politik zum Ausbildungssystem zu formulieren.

Sportorganisationen

1. Eine entscheidende Grundlage für die verstärkte gewerkschaftliche Orientierung der sportpolitischen Arbeit der Sportorganisationen ist die Schaffung der politischen und entsprechenden organisatorischen Voraussetzungen bei den Gewerkschaften für die Erarbeitung und Vertretung einer gewerkschaftlichen sportpolitischen Position. Erst auf einer solchen Grundlage können systematisch „gewerkschaftliche Vorstellungen und Forderungen in die Sportkonzeptionen der bestehenden Sportorganisationen eingebracht und mit Unterstützung des DGB verwirklicht werden" (ADH 1974 b, S. 1). Solche organisatorischen Grundlagen wären z.B. die Bildung von Sportkommissionen auf den verschiedenen Organisationsebenen des DGB oder auch der Einzelgewerkschaften.

2. Die Einwirkung der Gewerkschaften auf die sportpolitischen Zielsetzungen und praktischen Maßnahmen der Sportorganisationen hätte sich u.a. auf folgenden Wegen zu vollziehen:

a) Durch Basisaktivität sporttreibender Gewerkschaftsmitglieder in den Sportvereinen, um hiermit gewerkschaftliche Ziele und Forderungen gegenüber der übrigen Mitgliedschaft deutlich zu machen und zu vertreten sowie um die Repräsentation der politischen und sozialen Interessen der Arbeiterklasse gerade auch in den Sportvereins- und -verbandsführungen und deren Zusammensetzung stärker durchzusetzen;

b) durch eine verstärkte Kooperation auf Betriebsebene mit den Betriebssportorganisationen und deren ebenfalls zu verstärkende Repräsentanz in den Sportorganisationen;

c) durch Bildung von gemeinsamen Kommissionen zwischen DGB und DSB auf den unterschiedlichen Organisationsebenen, die eine Abstimmung und Vereinheitlichung sportpolitischer Positionen und Maßnahmen auf demokratischer Basis zu versuchen hätte;

d) durch allgemeine sportpolitisch-programmatische Forderungen und Aktivität der Gewerkschaften.

3. In den Sportorganisationen selbst muß die bisherige Monopolstellung des Vereins als dem Basis-Organisationsprinzip der Sportverbände, demgegenüber anders strukturierte sportbezogene Organisationen lediglich als in den Mitbestimmungsrechten beeinträchtigte „außerordentliche" oder „Anschlußorganisationen" Berücksichtigung finden, zugunsten einer organisatorischen Zusammenfassung und demokratischen Mitbestimmung unterschiedlich strukturierter sportbezogener Organisationen überwunden werden.

4. Grundsätzlich muß es um die Beibehaltung der organisatorischen Eigenständigkeit der Sportorganisationen bzw. genau genommen erst um deren tatsächliche Durchsetzung gehen, da bisher zumindest die Spitzenorganisationen (vgl. etwa die Stellung der Stiftung Deutsche Sporthilfe im geschäftsführenden Präsidium des DSB, vgl. KREGEL 1974, S. 4 f.), aber auch die Vereine selbst (vgl. das Problem Werbung im Sport, usw.) demokratisch nicht kontrollierbaren Einflüssen vor allem von kapitalorientierten Organisationen bzw. kapitalistischen Unternehmen unterliegen.

Finanzierung des Sportbereichs

1. Bei der Finanzierung des Sportbereichs ist von den Grundsätzen auszugehen, daß

a) die Kosten für den Sportbereich nicht wie bisher über Mitgliedsbeiträge, durch Steuern aufgebrachte öffentliche Mittel, lottoähnliche (Toto, Glücksspirale u.ä.) bzw. wohlfahrtsähnliche Aufkommen (Sportbriefmarken, Einzelspenden für Sporthilfe, u.ä.) fast ausschließlich aus Lohnbestandteilen der Arbeiterklasse selbst aufgebracht werden sollen und

b) die Bereitstellung und Verteilung der für die Finanzierung des Sportbereiches erforderlichen Mittel von privat, konjunkturell u.ä. bedingten kurzfristigen und zufälligen Entscheidungen unabhängig gemacht und verstärkt auf verbindliche und langfristig geplante, systematisch schwerpunktsetzende Grundlagen gestellt werden sollen.

2. Das bedeutet im Hinblick auf die Bereitstellung der Mittel u.a., daß die private Wirtschaft als ein entscheidender „Nutznießer" verbesserter und

damit indirekt kostensparender Reproduktionsbedingungen für die von ihnen profitbringend eingesetzte abhängige Arbeitskraft verstärkt zu verbindlichen, gesetzlichen oder tariflichen oder ähnlich gesicherten Leistungen für den Sportbereich herangezogen werden muß, während sie bisher durch Schaffung betrieblicher Sporteinrichtungen als „freiwillige betriebliche Sozialleistung", durch mäzenatenhafte Spendenleistungen oder durch unmittelbar profitorientierte Werbeverträge mit Sportvereinen usw. lediglich dann sportfördernde Maßnahmen ergreift, wenn damit über die mittelbar profitfördernden Beiträge des Sports zur Reproduktion der Arbeitskraft hinausgehende weitere unmittelbar ihren privatwirtschaftlichen Interessen entgegenkommende Vorteile verbunden sind.

3. Im Bereich der öffentlichen Mittel für den Sport muß eine Neuverteilung der Lasten zwischen Bund, Ländern und Gemeinden vorgenommen werden, durch die die schwächste unter den „öffentlichen Händen", die insgesamt als Träger zahlreicher infrastruktureller Maßnahmen überforderten und unhaltbar verschuldeten Gemeinden entlastet werden müssen. (Vgl. „Sinkende Lebensqualität in den Gemeinden in DEUTSCHE VOLKSZEITUNG vom 16.1.1975). Eine solche Neuverteilung muß sich angesichts und im Falle sich weiter verschlechternder ökonomischer Bedingungen in der BRD mindestens auf dem bisherigen Gesamtniveau öffentlicher Sportförderung vollziehen, das bisher (wie z.B. im fortzuschreibenden „Goldenen Plan", der 1974 ausgelaufen ist, festgestellt) ohnehin nur Minimalziele beinhaltet und diese nicht einmal erreicht hat. In diesem Rahmen sind Sportförderungsmaßnahmen in ökonomisch, infrastrukturell und sozial „schwachen" Regionen, Stadtteilen usw. gezielt und vorrangig zu ergreifen.

4. Bei den Sportvereinsmitgliedsbeiträgen ist, solange auf sie nicht überhaupt verzichtet werden kann, eine Abstufung nach sozialen Gesichtspunkten verstärkt zu berücksichtigen.

4.3.3. Ausblick

Bei der hier dargestellten Konzeption einer gewerkschaftlichen Orientierung des Sports handelt es sich bisher lediglich um Rahmenüberlegungen, die noch abstrakt bleiben und weitgehend nicht sportpolitische Praxis in der BRD sind. Sie sollen die Funktion haben, nicht als „fertiges", geschlossenes Denkmodell akzeptiert oder abgelehnt zu werden, sondern in der Diskussion vor allem in den verschiedenen Sportbereichen, in den Gewerkschaften und anderen demokratischen Organisationen konkretisiert, präzisiert, weiterentwickelt und in praktische Konsequenzen überführt zu werden. Erst hier könnten die angestellten Überlegungen ihre Relevanz und ihre Praktikabilität erweisen. Zudem ist zu berücksichtigen, daß für eine umfassende gewerkschaftlich orientierte sportpolitische Konzeption natürlich nur ein Ausschnitt von Problembereichen exemplarisch umrissen worden ist; auf der Basis derselben allgemeinen Grundsätze wären darüber hinaus Vorstellungen zu erarbeiten zum kommunalen Sport, zum Sport in Wohnnähe,

Naherholung und Urlaub, zu den internationalen Sportbeziehungen und zum Spitzensport, zum allgemein-politischen Mandat der Sportorganisationen, zur Sportwissenschaft und zu weiteren relevanten Bereichen.

Mit den hier ansatzweise konkretisierten allgemeinen sportpolitischen Zielsetzungen wird durchaus anerkannt, daß einerseits private und individuelle bzw. mit möglichst konfliktarmem Kleingruppenverhalten ausgefüllte „Rückzugsräume" aus dem Arbeitsprozeß und den allgemeinen gesellschaftlichen Konflikten im Rahmen der Reproduktion der Arbeitskraft durch die Intensivierung der Arbeitsanforderungen und die Verschärfung dieser Konflikte objektiv notwendig (und durch den ökonomischen Entwicklungsstand auch partiell möglich) sind. Der Sport kann ein solcher Bereich der Entspannung und Erholung sein. Andererseits aber muß ein solcher partiell notwendiger privatistischer „Rückzug" in Freizeitbereiche bewußt an die Politik für eine demokratische gesellschaftliche Entwicklung, die konsequent an den Interessen der Arbeiterklasse orientiert ist, angebunden werden. Ansätze hierfür sind in der Konzeption der gewerkschaftlichen Orientierung des Sports angedeutet. Sie können in der künftigen sportpolitischen und gesellschaftlichen Entwicklung der BRD aufgrund der objektiven Entwicklungsbedingungen zunehmend an Bedeutung gewinnen und damit die bürgerlichen Fehlorientierungen der Sportpolitik in der ersten und zweiten Phase allmählich zurückdrängen.

Allerdings ist noch einmal zu betonen, daß es sich bei der skizzierten gewerkschaftlich orientierten Sportkonzeption um ein *Programm* handelt, das im Rahmen objektiver gesellschaftlicher Entwicklungsbedingungen zu seiner Verwirklichung entscheidend vom politischen Handeln der Arbeiterklasse und ihrer Organisationen abhängig ist. In diesem Charakter ist die vorstehende Aussage gegen positivistische bzw. technokratische „Prognosen" angeblich von politischem Handeln unabhängiger künftiger „Entwicklungen" (DIECKERT 1972) ebenso klar abzuheben wie gegen pseudokritische, in Wirklichkeit kulturpessimistische Zukunftsvisionen (BEHRENS 1974).

Gerade angesichts der gegenwärtig sich verschärfenden ökonomischen Krise und sich verschlechternder Lebensbedingungen sowie der Gefahr gesamtgesellschaftlich konservativer Formierungstendenzen zum Abbau demokratischer Rechte in der BRD ist es eine Frage von großem politischem Gewicht, auf welcher Seite der gesellschaftlichen Entwicklung der Sportbereich, in dem ein großer und zunehmender Teil der Arbeiterklasse organisiert ist, steht. Es muß daran gearbeitet werden, daß es die Seite des demokratischen gesellschaftlichen Fortschritts wird.

LITERATUR

ABENDROTH, Wolfgang (1974). Zur Rolle des Antikommunismus heute: In: Das Argument, H. 87.

ADAM, Karl (1974): Ideologische Gegenoffensive starten? In: Die Zeit vom 25.1.1974. Und: Das Geheimnis der DDR-Erfolge. In: Die Zeit vom 18.10.1974.

ADH (Allgemeiner Deutscher Hochschulsportverband) (1974 a): Zur gewerkschaftlichen Orientierung des Hochschulsports. Schriftenreihe zum Hochschulsport, H. 6.

ADH (1974 b): Vorlage zum Grundsatzprogramm des Deutschen Gewerkschaftsbundes zum Sport. Hektograf. Papier (1.11.1974). Darmstadt.

ADL (Ausschuß deutscher Leibeserzieher) (1974): Lehrerschwemme – aber nicht im Sport! In: Sportunterricht, H. 10.

ADS (Arbeitsgemeinschaft Deutscher Sportämter) (1974): Leitsätze kommunale Sportförderung. Sportförderungsgrundsätze des Deutschen Städtetages. In: Gemeinde und Sport. Jahrbuch 1974/1975. Frankfurt.

ARBEITSGRUPPE SPORT (1975): Schulsport im Abseits. Reinbek.

BADSTÜBNER, Rolf (1965): Restauration in Westdeutschland 1945 - 1949. Berlin.

BDA (Bundesvereinigung der Deutschen Arbeitgeberverbände) (1973): Grundsätzliche Überlegungen zum Freizeitproblem. Köln.

BEHRENS, Alfred (1974): Die Fernsehliga. Spielberichte vom Fußballgeschäft der Zukunft. Berlin.

BERNSDORFF, Walter (1973): „Freizeit" als Bezugsfeld für ein Sportcurriculum? In: JOST, Eike (Hrsg.) (1973): Sportcurriculum. Schorndorf.

BETHGE, Horst/ROSSMANN, Erich (Hrsg.) (1973): Der Kampf gegen das Berufsverbot. Dokumentation der Fälle und des Widerstands. Köln.

BINDER, Sepp (1972): Nun siegt man schön. In: RICHTER, Jörg (Hrsg.) (1972): Die vertrimmte Nation oder Sport in rechter Gesellschaft. Reinbek.

BLOSS, Hans/GLUNCK, Udo-Axel (1973): Sport und Politik – dargestellt am Beispiel der Sportförderung der Stadt Karlsruhe. In: Sportunterricht, H. 11.

BRUNS, Wilhelm/DIECKERT, Jürgen (1969): Die Stellung der politischen Parteien Deutschlands zu Sport und Leibeserziehung. In: Die Leibeserziehung, H. 12.

BUNDESMINISTERIUM DES INNERN (1971): Sportförderung des Bundes. Köln.

BUNDESMINISTERIUM DES INNERN (1973): Sportbericht der Bundesregierung 1973. Bundestags-Drucksache 7/1040 vom 26.9.1973.

BUNDESMINISTERIUM DES INNERN (1974): Antwort der Bundesregierung auf die Große Anfrage der Fraktionen der SPD, F.D.P.. Bundestags-Drucksache 7/2592 vom 4.10.1974.

CDU (Christlich Demokratische Union) (1974): Das Sportprogramm der CDU. Verabschiedet am 23.9.1974 vom Bundesvorstand der CDU. Bonn.

CHARTA des deutschen Sports (1966): Hrsg. vom Sportbeirat des Deutschen Sportbundes. Frankfurt 1968.

CSIT (Comite sportif international du travail) (1974): Mitteilungsblatt des Comites der Freunde der CSIT in der BRD, Nr. 1 - 3/1974.

DAUGS/NEUBERG u.a. (1975): Zur Konzeption der Skikurse im Rahmen des Hochschulsportmodells der TU Berlin. Schriftenreihe zum Hochschulsport, H. 11.

DAUME, Willi (1973): Deutscher Sport 1952 - 1972. München.

DIECKERT, Jürgen (1972): Entwurf eines Curriculum-Modells Leibeserziehung. In: Die Leibeserziehung, H. 7.

DKP (Deutsche Kommunistische Partei) (1971): Leitsätze der DKP für einen demokratischen Fortschritt im Sport in der BRD. Düsseldorf.

DOG (Deutsche Olympische Gesellschaft) (1962): Der Goldene Plan in den Gemeinden. Frankfurt/Wien. 2. Aufl.

DSB (Deutscher Sportbund) (1974): Die Trimm-Aktion und ihre Auswirkungen. Ein Kommentar zur 4. Umfrage (1974) das Emnid-Instituts zur Reichweite der Aktion „Trimm Dich durch Sport". Frankfurt.

DSV (Deutscher Skiverband) (1974): Skiplan '80. München.

EICHLER, Gert, u.a. (1972): Die Bewegungspause. 2 Bände. broschiert o.O., o.J. (Hamburg 1972).

EMNID-Institut (1974): Reichweite der Aktion „Trimm Dich durch Sport". Hektograf. Papier April 1974. Bielefeld.

F.D.P. (Freie Demokratische Partei) (1974): Liberale Leitlinien zur Sportpolitik. Vorgelegt vom Bundesbeirat der F.D.P. broschiert o.O., o.J. (Bonn 1974).

FOCKE, Katharina (1974): Freizeitpolitik des Bundes. In: Hochschulsport, H. 24.

GEW (Gewerkschaft Erziehung und Wissenschaft) (1974 a): Plattform der Sportkommission in der GEW zur Sportpolitik im Ausbildungsbereich. Diskussionsvorlage, erstellt von der GEW-Sportkommission am IfL Marburg. Hektograf. Papier.

GEW (1974 b): Arbeitspapier Sportkommission. Entwurf der GEW-Sportkommission. Hektograf. Papier Nov. 1974.

GIESELER, Karl-Heinz (1973): Der bundesdeutsche Sport nach München. Hektograf. Papier 17.3.1973.

GODESBERGER PROGRAMM der Sozialdemokratischen Partei Deutschlands. Köln 1959.

GÜLDENPFENNIG, Sven (1973): Grenzen bürgerlicher Sportpädagogik. Köln.

GÜLDENPFENNIG, Sven (1974): Erweiterte Reproduktion der Arbeitskraft – Ein Ansatz zur Bestimmung des Verhältnisses von Sport und Arbeit. In: GÜLDENPFENNIG/VOLPERT/WEINBERG (Hrsg.) (1974): Sensumotorisches Lernen und Sport als Reproduktion der Arbeitskraft. Köln.

HABERMAS, Jürgen (1973): Legitimationsprobleme im Spätkapitalismus. Frankfurt.

HAHN, Erich (1974): Theoretische Probleme der marxistischen Soziologie. Köln.

HAUG, Wolfgang Fritz (1974): Faschismus-Theorie in antifaschistischer Perspektive. In: Das Argument, H. 87.

HEINE, Erich (Hrsg.) (1975): „Sport und Werbung". ADH-Dokumentation zur Sportpolitik, H. 2.

HESS, Peter (1974): Fragen der Theorie des staatsmonapolistischen Kapitalismus und ihre Kritiker. In: Blätter für deutsche und internationale Politik, H. 8.

HOLZINGER, Lutz (1974): Gesellschaftliche Arbeit und private Hauswirtschaft. Starnberg.

HUFFSCHMID, Jörg (1974): Im Namen der Investitionsneigung. Zur herrschenden politischen Krisendiskussion in der BRD. In: Blätter für deutsche und internationale Politik, H. 12.

HUISKEN, Freerk (1972): Zur Kritik bürgerlicher Didaktik und Bildungsökonomie. München.

JUNG/SCHUSTER/STEINHAUS (1970): Kampfaktionen der westdeutschen Arbeiterklasse 1966 - 1970. In: Das Argument, H. 62.

KOHL, Heribert (1973): Freizeitverhalten der Arbeitnehmer. Hektograf. Papier des Wirtschafts- und Sozialwissenschaftlichen Instituts des Deutschen Gewerkschaftsbundes.

KOHL, Heribert (1974): Gewerkschaftliche Ansätze einer Freizeitpolitik. In: Gewerkschaftliche Monatshefte, H. 7.

KREGEL, Wilhelm (1973): Sportpolitik in der Bundesrepublik Deutschland aus der Sicht des DSB. In: Leistungssport, H. 1/1974.

KREGEL, Wilhelm (1974): Rede auf dem a.o. DSB-Bundestag am 9.2.1974. In: ADH-Dokumentation zur Sportpolitik, H. 1.

KRÜGER, Arnd (1975): Sport und Politik. Von Turnvater Jahn zum Staatsamateur. Hannover.

KÜLP, Bernhard/MÜLLER, Robert (1973): Alternative Verwendungsmöglichkeiten wachsender Freizeit. Ökonomische und sozialpolitische Implikationen. Göttingen.

LEMINSKY, Gerhard/OTTO, Bernd (Hrsg.) (1974): Politik und Programmatik des Deutschen Gewerkschaftsbundes. Köln.

LEMKE, Wilfried (1971): Sport und Politik. Eine Dokumentation der innerdeutschen Sportverkehrs. Ahrensburg.

LÜDTKE, Hartmut (1972): Freizeit in der Industriegesellschaft. Opladen.

LÜSCHEN, Günther (1972): Zur Soziologie des Sports. In: BAITSCH/BOCK/u.a. (Hrsg.) (1972): Sport im Blickpunkt der Wissenschaften. Berlin u.a.

MARTIN, Dietrich (1972): Schulsport in Deutschland. Schorndorf.

MATTHIESSEN, Gunnar (1975): Die Krise des Westens und die Perspektiven der Entspannungspolitik 1975. In: Blätter für deutsche und internationale Politik, H. 1.

NATURFREUNDEJUGEND Deutschlands (1974): Naturfreundejugend und Sport. Ein Bericht von Jochen Zimmer zum Kultur- und Freizeittreffen der Naturfreundejugend 1974. Hektograf. Papier.

NECKERMANN, Josef (1973): Referat aus Anlaß der Zusammenkunft mit den Präsidenten bzw. Vorsitzenden und Koordinatoren der Fachverbände. Hektograf. Papier 16.11.1973.

NEU, Achim (1974): Beitrag zum Thema Sport und Werbung. In: Hochschulsport, H. 30.

NEUHÖFFER, Paul (1974): Die Rechtsgefahr und die Notwendigkeit einer demokratischen Offensive. In: Blätter für deutsche und internationale Politik, H. 12.

NITSCH, Franz (1974): Die Organisation des Sports in Deutschland 1945 - 1974. In: Olympische Jugend, H. 7.

OFFE, Claus (1970): Politische Herrschaft und Klassenstrukturen. Zur Analyse spätkapitalistischer Gesellschaftssysteme. In: KRESS/SENGHAAS (Hrsg.) (1970): Politikwissenschaft. Frankfurt. 2. Aufl.

ORTEGA y GASSET (1955): Über des Lebens sportlich-festlichen Sinn. In: Deutscher Sportbund (Hrsg.) (1955): Jahrbuch des Sports 1955/56. Frankfurt.

PETRAK, Heinz (Leiter eines Autorenkollektivs) (1974): Proletariat in der BRD. Reproduktion - Organisation - Aktion. Berlin (DDR).

RAANE, Peter (1974): Gewerkschaftliche Ansätze zur Veränderung der Arbeitszeit. In: Gewerkschaftliche Monatshefte, H. 7.

REINHOLD, Otto (Leiter eines Autorenkollektivs) (1972): Der Imperialismus der BRD. Berlin (DDR).

REIP, Hans (1972): 20 Millionen Stunden für den Sport. In: Olympisches Feuer, H. 8.

RITTNER, Volker (1974): Sport und politische Bildung. In: Olympische Jugend, H. 8.

RITTNER, Volker/DINGEL, Frank (1974): Rollentheorie im Sport. In: AUSSCHUSS DEUTSCHER LEIBESERZIEHER (Hrsg.) (1974): Sozialisation im Sport. VI. Kongreß für Leibeserziehung. Schorndorf.

SCHÄFER/NEDELMANN (Hrsg.) (1969): Der CDU-Staat. Analysen zur Verfassungwirklichkeit der Bundesrepublik. 2 Bände. Frankfurt.

SCHELSKY, Helmut (1965): Auf der Suche nach der Wirklichkeit. Düsseldorf/Köln.

SCHELSKY, Helmut (1973 a): Friede auf Zeit. Die Zukunft der Olympischen Spiele. Osnabrück.

SCHELSKY, Helmut (1973 b): Mehr Demokratie oder mehr Freiheit? In: Frankfurter Allgemeine Zeitung vom 20.1.1973.

SCHERHORN, Gerhard/EICHLER, Gert (1971): Der Wunsch nach sportlichen Erholungszentren in der Großstadt. Hamburg.

SCHEUCH, Erwin K. (1971): Der Sport in der sich wandelnden Gesellschaft. In: Jahrbuch des Sports 1971/72. Frankfurt.

SCHMITZ, Josef N. (1974): Sport und Leibeserziehung zwischen Spätkapitalismus und Frühsozialismus. Schorndorf.

SCHULKE, Hans-Jürgen (1974): Spaltung des Sports? In: Olympische Jugend, H. 4.

SCHUMANN, Michael (1974): Bestandsaufnahme, Analyse und Entwicklungstrends im Produktionsbereich. In: VETTER, H.O. (Hrsg.) (1974): „Humanisierung der Arbeit als gesellschaftspolitische und gewerkschaftliche Aufgabe. Frankfurt.

SEVE, Lucien (1973): Marxismus und Theorie der Persönlichkeit. Berlin (DDR) (2. Aufl.).

SPD (Sozialdemokratische Partei Deutschlands) (1974): Leitsätze zur Sportförderung. Bonn.

SPORTPLAN BERLIN (1974): Vorgelegt vom Landessportbund Berlin am 29.10.1974.

SPORTUNTERRICHT (1974): H. 3.

SPRENGER, Rolf-Ulrich/PAPADOPOULOS, Sotirios (1973): Der sozialpolitische Beitrag der Wirtschaft zur Freizeitgestaltung der Arbeitnehmer. Eine empirische Untersuchung über Struktur und Entwicklung zusätzlicher Sozialleistungen für Freizeit und Erholung in Bayern. München.

SSG (Sozialistische Studentengruppe Hamburg) (1975): Herrn Sven Güldenpfennigs Umwälzung der Wissenschaften. Hektogtaf. Papier 31.1. 1975.

STEINHAUS, Kurt (1974): Streikkämpfe in der BRD von 1971 bis 1974. In: Das Argument, H. 86.

TIMMERMANN, Heinz (1973): Geschichte und Struktur der Arbeitersportbewegung 1893 - 1933. Ahrensburg.

ÜBERHORST, Horst (1973): Frisch, frei, stark und treu. Die Arbeitersportbewegung in Deutschland 1893 - 1933. Düsseldorf.

VETTER, Heinz-Oskar (1972): Sport als gesellschaftliche Aufgabe. Vortrag auf der 16. Arbeitstagung der Arbeitsgemeinschaft Deutscher Sportämter am 2.11.72.

VETTER, Heinz-Oskar (1974): Humanisierung der Arbeit als gewerkschaftliche Aufgabe. In: ders. (Hrsg.) (1974): Humanisierung der Arbeit als gesellschaftspolitische und gewerkschaftliche Aufgabe. Frankfurt.

WALLER, Klaus/MICHELS, Henner (1974); Sport - Profit - Politik. Frankfurt.

WEINBERG, Peter (1973): Staatsmonopolistische Formierung, Sport und demokratische Bewegung in der BRD. In: Blätter für deutsche und internationale Politik, H. 10.

WEYER, Willi (1974): Zwei Ansprachen auf dem Bundestag des Deutschen Sportbundes 1974. In: DSB (Hrsg.) (1974): Die gesellschaftspolitische Rolle des Sports. Broschüre, o.O., o.J. (Frankfurt 1974).

WINKLER, Hans-Joachim (1972): Sport und politische Bildung. Opladen.

WOLF, Norbert (Hrsg.) (1974): Dokumente zum Schulsport. Bemühungen des Deutschen Sportbundes 1950 - 1974. Schorndorf.

WONNEBERGER, Günther, und Kollektiv (1967): Die Körperkultur in Deutschland von 1945 - 1961. Berlin (DDR).

WOPP, Christian (1974): Quantität und Demokratie. Ein Beitrag zur Reform des Sports in der Bundesrepublik. In: Olympische Jugend, H. 2.